**BMW-Zweizylinder-Motorräder
ohne Geheimnisse**

HANS-JOACHIM MAI

1000 Tricks
für schnelle BMWs

MOTORBUCH VERLAG STUTTGART

Einband und Schutzumschlag: Siegfried Horn und Hans-Joachim Mai

Fotos und Zeichnungen im Innenteil: 600, davon
BMW 110
Mai 481
Penz 4
Zabrocky 1
Dr. Paul Simsa 1
H.-G. v. d. Marwitz 3

ISBN 3-87943-266-0

10. Auflage 1987
Copyright © by Motorbuch Verlag, 7 Stuttgart 1, Postfach 1370.
Eine Abteilung des Buch- und Verlagshauses Paul Pietsch GmbH & Co. KG.
Sämtliche Rechte der Verbreitung – in jeglicher Form und Technik – sind vorbehalten.
Satz und Druck: studiodruck, 7441 Raidwangen.
Bindung: Franz Spiegel Buch GmbH, 7900 Ulm/Jungingen.
Printed in Germany.

INHALTSVERZEICHNIS

	Seite
Typenkunde	7
Montagehinweise R 51/2	9
Die BMW-Fahrwerke	30
Arbeiten an der R 51/3-Telegabel	37
Fahrwerkspflege für die Schwingenmaschinen	39
Die Bremsen	51
Werkzeuge (Zeichnungen)	58
Die BMW-Motoren	59
Das Schlossern am Motor	66
Zusammenbauen des Motors	88
Reparatur einzelner Bauteile	94
Entwicklungsschritte der Zweizylindermodelle	96
Spezialwerkzeuge (Zeichnungen)	104
Die zwei Bauarten der BMW-Wechselgetriebe	106
Demontage des R 51/3-Getriebes	109
Demontage der Getriebe ab R 50 bis R 69 S	120
Kraft-Umleitung (Hinterachsgetriebe)	133
Demontage des Hinterachsgetriebes der R 51/3 – R 68	136
Arbeiten am Hinterachsgetriebe der R 50 – R 69 S	141
Die elektrische Anlage	147
Die Drehstrom-Lichtmaschinen	166
Kleine Kerzenkunde	168
Der elektrische Anlasser der neuen BMW-Modelle	171
So lebt sie länger	172
Die individuelle BMW	181
Vordergabel nach Wunsch	193
Das BMW-Gespann	197
Der Anbau des Seitenwagens	203
Was sonst noch fürs Gespannfahren wichtig ist	207
Auf einen Sprung zu den neuen BMWs	209
P. S.	218
Alle technischen Daten	219
Kommentar zur 3. und 4. Auflage	230

▶

Erfahrungen mit den neuen BMWs	231
Fahrwerkspflege	236
Telegabelmontage	237
Laufräder	244
Hinterachsgetriebe	246
Motor und Getriebe	250
Fehlersuche	251
Vergaser	252
Kommentar zur 5. und 6. Auflage	255
„Strich-Sechs"-Überlegungen	256
Welche „Neue" soll man wählen	257
Die Flaggschiffe	259
Die Detailverbesserungen	266
1) Änderungen am Motor	266
2) Getriebe	270
3) Fahrwerk, Räder und Bremsen	275
Gesamteindrücke	278
Vorwort	
zur zehnten völlig überarbeiteten und erweiterten Auflage	279
Chronik: Die einzelnen Jahrgänge	280
Nahaufnahmen	286
Die Drei- und Vierzylinder ab 1983	310
Schlußwort zur zehnten Auflage	321

Typenkunde

Die Ahnen

BMW-Motorräder gibt es seit 50 Jahren, das fünfzigjährige Firmenbestehen konnte man in München bereits im Jahre 1966 feiern. Die ersten Konstruktionen des Werkes, das sich seinerzeit noch »Bayerische Flugzeugwerke« und später erst »Bayerische Motoren Werke« nannte, entstanden auf dem Gebiet der Flugmotoren.
Die ersten Motorradmotoren kamen bald nach dem Ersten Weltkrieg ins Produktionsprogramm, als sich die bis dahin sehr ruhmreiche Flugmotorenfertigung zunächst nicht mehr fortsetzen ließ. Im Bild unten ist einer jener BMW-Motoren gezeigt, die als Ahnen sämtlicher späteren Entwicklungen gelten müssen. Anfangs für den Einbau in die Nürnberger »Victoria«-Fahrwerke konzipiert, dann kurzzeitig auch in der bereits BMW-eigenen »Helios« verwendet, hatte dieser Zweizylinder-Boxer-Viertakter schon die typischen Merkmale der BMW-Motoren, die dann in den folgenden Dezennien immer moderner ausgebaut und verfeinert wurden.
Als im Jahr 1923 mit der R 32 das erste BMW-Motorrad das Licht der Welt erblickte, war das schon eine typische BMW: Der Zweizylindermotor war nun quer ins Fahrwerk gebaut worden, hatte ein angeblocktes Getriebe bekommen und der Antrieb des Hinterrads erfolgte bereits damals über längsliegende Welle und daran anschließendes Kegelradgetriebe. Der 500-ccm-Motor erreichte eine Leistung von 8,5 PS bei 3300 U/min, für einen Seitenventiler damals schon beachtlich. Das Vorderrad hing in einer gezogenen Kurzschwinge, die auf ein Blattfederpaket abgestützt war, während das Hinterrad noch ungefedert geführt wurde.
Dieser ersten BMW folgte im Jahr 1925 die R 37, die schon einen Motor mit im Kopf hängenden Ventilen hatte, und die auch leistungsmäßig mit 16 PS bei 4000 U/min einen enormen Fortschritt darstellte.
Diese beiden Grundtypen, ein Seitenventiler und ein OHV-Motor, durchlebten in den folgenden Jahren nebeneinander mannigfaltige Entwicklungsstufen. Es gab statt des zunächst verwendeten Rohrrahmens bald auch Versuche mit Stahlblech-Profilrahmen, die Vorderradschwinge wurde später durch eine Telegabel eigener Konstruktion ersetzt, aber erst im Jahr 1938 bekam die BMW R 51 eine Hinterradfederung, dem damaligen technischen Stand so weit voraus, daß sie sich grundsätzlich bis ins Jahr 1954 unverändert halten konnte.
Ebenfalls im Jahr 1938 kam die R 66 heraus, die damals mit einem 600-ccm-

Im Fahrwerk der Victoria steckte der erste BMW-Motor, der später zunächst in ein eigenes Fahrwerk unter dem Namen »Helios« eingebaut wurde, dann aber mit der R 32, diesmal quer in den Rahmen gehängt, die BMW-Motorrad-Tradition begann.

Schon die R 5 hatte einen ähnlichen Motoraufbau wie die spätere R 51/2, sie besaß bereits zwei Vergaser (mit je einem kleinen Luftfilterchen), hatte aber einen noch völlig in sich abgeschlossenen Ventilmechanismus, der seine eigene Ölfüllung bekam. Man sieht deutlich die Öleinfüllverschraubung oben am Deckel des Kopfes. Beachtenswert ist übrigens auch die Gestängeübertragung der Fußschaltbewegung. Der Motor war noch nicht oben am Rahmen angeschraubt!

OHV-Motor bereits die gleichen 30 PS aufwies, die die 1968er R 60 hat, die außerdem auch schon den Stirnradantrieb der oberhalb der Kurbelwelle liegenden Nockenwelle besaß und die schließlich auch noch aus einem ganz anderen Grund in die Geschichte der BMW-Motorräder einging: eine R 66 war es, die am 24. November 1938 als 100 000ste BMW das Band verließ.

Dieser ultrakurze Abriß der BMW-Vorkriegs-Motorrädertypenreihe muß hier genügen, denn die einzelnen Konstruktionen waren trotz ihrer traditionsgebundenen stets gleichen Grundform so vielfältig, daß eine detailliertere Typenkunde der Vorkriegs-BMWs diesen Rahmen sprengen müßte. Außerdem wollen wir uns ja nicht unbedingt als Geschichtsforscher betätigen, sondern wir wollen mehr von der praktischen Seite her die heute noch interessanten, greifbaren BMW-Modelle durchleuchten. Und diese Modelle fangen nun mal mit den ersten Maschinen der BMW-Produktion nach dem Zweiten Weltkrieg an.

Als Vorgängertypen hatten wir die R 51 und die R 66 erwähnt. Diese beiden Maschinen wurden dann nach dem Krieg mit zunächst nur geringfügigen Änderungen als R 51/2 und R 67 weitergebaut. Wobei als erste im Jahr 1950 die 500-ccm-Maschine ihr großes Comeback feierte.

Die R 51/3 kam kurz darauf, im Frühjahr 1951, heraus, und diese Maschine wurde sozusagen Großvater für alle folgenden Zweizylinder-BMWs bis zur heutigen Zeit.

Denn die R 51/3 hatte schon 1951 einen Motor, der sowohl in der äußeren Form als auch in den inneren Einzelheiten genauso aussieht wie der Motor einer R 50/2 der letzten Serien. Wenn man

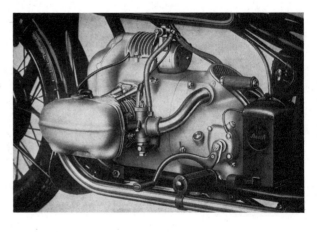

Beim Motor der R 51 waren schon beide Ansaugrohre in einen gemeinsamen Luftfilterraum geführt. Der Deckel über der Lichtmaschine war jetzt stärker verrippt, der Fußschalthebel direkt auf die Schaltwelle aufgesetzt, andere Vergaser wurden verwendet ...man sieht die typische Feinarbeit, die bei BMW immer besonders gepflegt wurde.

trotzdem längst nicht alle Teile des 1951er-Motors in den Nachfolgetypen verwenden kann, dann läßt sich daraus erkennen, wie intensiv bei BMW die Entwicklung im Stillen betrieben wurde.

Doch gehen wir mehr ins Detail. Wer sich heute eine R 51/2 kaufen möchte, weil er sie billig bekommt, der sei gewarnt. Es gibt zwar hier und da noch vereinzelt Ersatzteile, auch die Beschaffung von Kolben usw. wird keine heftigen Schwierigkeiten bereiten; aber z. B. schon eine Reparaturanleitung für diese Maschine ist nirgendwo mehr aufzutreiben. Auch kann man sich beim Basteln an der 51/2 nicht nach den Handgriffen richten, die für die übrigen BMW-Motoren weitgehend gemeinsam richtig sind, denn die »Strich zwei« hatte ja einen völlig anderen Motoraufbau.

Trotzdem kann ich mir vorstellen, daß die Herrichtung einer 51/2 jemanden reizen könnte, immerhin war der Motor mit 24 PS ja nicht viel zahmer als der 26-PS-Motor der heutigen R 50. Also kümmern wir uns einmal um die wichtigsten Daten.

Die schlichten Einstellwerte finden sich zusammen mit anderen technischen Daten im letzten Teil des Buches, hier gibt's zunächst Erklärungen und dann ein paar Bastelhinweise.

Der grundsätzliche Aufbau des Motors ist als Zweizylinder-Viertakt-Boxermotor

Bild oben: So sah die Vorkriegs-R-51 aus. Fahrwerk vorn mit der bereits bewährten BMW-Telegabel (die bei der R 66 sogar verstellbare Dämpfung besaß!), während es hinten die Geradwegfederung aufwies, wie sie auch die Nachkriegsmodelle lange behielten.

Unten der Motor der R 51/2 aus der ersten Nachkriegs-Serienfertigung. Vergaser leicht auf Schrägstrom gestellt, Luftfilter abgedeckt, Ventildeckel für jedes Ventil einzeln aufgesetzt. Der Motor ist jetzt oben gegen das Fahrwerk abgestützt!

natürlich der gleiche geblieben. Die Ventile waren im Kopf hängend angeordnet und wurden von je einem Paar Schraubendruckfedern auf ihre Sitze gepreßt. Hier schon ein Unterschied zur früheren R 5 und R 51: Diese beiden Modelle hatten Haarnadelventilfedern! Die Kipphebel im Zylinderkopf der R 51/2 waren in schwimmenden Buchsen gelagert, hier wiesen die beiden vorhergehenden Motoren Nadellager auf.

All diesen drei Typen (R 5, R 51, R 51/2) gemeinsam aber waren die zwei »halbhoch« liegenden Nockenwellen, die über eine Kette angetrieben wurden. Aus dem Bild ist diese Anordnung recht gut zu erkennen. Der Kettentrieb der Nockenwelle wurde ja lange Zeit ebenso verwendet wie der Antrieb durch Stirnzahnräder, bis schließlich die R 51/2 das letzte Modell mit Kettentrieb blieb. Sicher ist diese Kette nicht ganz problemlos gewesen, denn hier spielen nicht nur Dimensionierung, Drehzahlen und Schmierung eine Rolle, sondern vor allem auch die Art der Kettenführung. Eine wie bei der R 51/2 in einer Art Viereck umlaufende Kette hat bei höheren Drehzahlen bestimmt unter Peitschen zu leiden und ist damit besonders empfindlich auf laufende Spannungskontrolle.

Die Steuerkette der R 51/2 trieb zwei halbhoch liegende Nockenwellen und die Lichtmaschine.

Eine Modernisierung dieses Kettentriebs hätte die Einführung besonderer Kettenführungen erfordert, was unter den gegebenen Platzverhältnissen bestimmt eine weitgehend geänderte Motorgehäuseform nötig gemacht hätte. Diese Umkonstruktion war durch einen Zahnradantrieb zu vermeiden, also wurde im Zuge der Rationalisierung, die nach dem Krieg mehr denn je lebenswichtig für jedes Werk war, das Typenprogramm in dieser Beziehung vereinheitlicht.

Die (in Fahrtrichtung gesehen) linke Nockenwelle trug vorn den Unterbrechernocken, die rechte Welle hatte Mitnehmerbohrungen für die walzendrehschiebergesteuerte Entlüftung des Motorgehäuses. Außerdem trug die rechte Nockenwelle ein Schraubenrad, von dem aus die im Ölsumpf liegende Zahnradölpumpe über eine lange Kopplungswelle angetrieben wurde.

Beide Nockenwellen wurden in druckgeschmierten Gleitlagern gehalten, wogegen sich die Kurbelwelle bereits (wie auch heute noch zum Teil) in zwei Kugellagern drehte. Die Ölversorgung für die Steuerkette wurde sorgsam durch ein besonderes Ölrohr gesichert, durch das die Kette von ihrer Innenseite her das Schmiermittel zugeführt bekam. Wie aus dem Bild links deutlich hervorgeht, diente das Antriebsritzel der oberhalb der Nockenwellen außen auf dem Gehäuse montierten Lichtmaschine als Kettenspanner, durch die exzentrische Lage der Lichtmaschinenachse zu ihrem Gehäuse konnte die Steuerkette auf den Wert 3 mm Durchhang (an einer Kontrollöffnung unterhalb des Verteilers zu messen) einfach durch Verdrehen der Lichtmaschine in ihrer Aufnahme eingestellt werden.

Wenn eine neue Steuerkette aufgelegt werden mußte, dann geschah dies natürlich bei völlig ausgebauter Lichtmaschine, und die Kette mußte zuerst über die lange linke Nockenwelle hinübergehoben werden, bevor sie auf die Zahnräder aufgelegt werden konnte. Die Einstellung der Ventilsteuerzeiten beim Auflegen der Kette war durch Markierungen an den Zahnrädern weitgehend problemlos. Man stellte den rechten Kolben (immer in Fahrtrichtung) auf OT, dann

Das war die R 51/2, die erste Nachkriegs-BMW in der 500-ccm-Klasse!
Unten: Kurbelwellenmontage.

wies die Markierung des Zahnrads auf der Kurbelwelle senkrecht nach oben. Die beiden Nockenwellen wurden nun so gedreht, daß die Marken auf ihren Zahnrädern jeweils zur Motormitte (also gegeneinander) gerichtet waren, womit die Steuerzeiten automatisch richtig eingestellt waren. Bei etwa unmarkierten Zahnrädern kann man die Steuerzeiten nach den im Anhang genannten Steuerwinkelwerten einstellen, muß dabei aber berücksichtigen, daß diese Werte bei einem Ventilspiel von 2 mm gemessen werden.

Das Kurbelgehäuse der R 51/2 war bereits (wie die heutigen Gehäuse) ein sogenanntes Tunnelgehäuse, also ungeteilt. Die beiden Kurbelwellenhauptlager saßen nicht etwa direkt im Motorgehäuse, sondern hatten eigene »Lagerdeckel«, die ihrerseits flanschartig mit dem Gehäuse verschraubt wurden. Der hintere Lagerdeckel war im Durchmesser nur geringfügig größer als das Lager selbst, während der vordere Deckel so groß war, daß man durch die von ihm verschlossene Öffnung im Gehäuse die Kurbelwelle ein- und ausbauen konnte. Der Vorgang der Kurbelwellenmontage sei hier kurz gestreift, weil er sich etwas von der bei späteren Modellen notwendigen Methode unterscheidet. Nachdem Zylinderköpfe, Zylinder, Kolben, Zündverteiler, Unterbrecher, Lichtmaschine, beide Nockenwellen und schließlich auch die Schwungscheibe abgebaut sind, stellt man den Motor so auf die Werkbank, daß die Schwungscheibenseite unten liegt und die Ölwanne zum Körper zeigt. Das Motorgehäuse wird nun (nachdem man die Haltemuttern des vorderen Lagerdeckels abgenommen hat) etwas angewärmt (etwa 60 bis 70°C), so daß man die Kurbelwelle komplett mit leichten Schlägen nach vorn klopfen kann. (Dazu wird natürlich das Gehäuse etwas schräg angehoben.) Nun muß die Kurbelwelle so gedreht werden, daß beide Pleuel im inneren (unteren) Totpunkt stehen. Dann kann man die Kurbelwelle am Zahnrad etwas anheben und nach rechts verschieben. Das nun unten befindliche Pleuel (das des in Fahrtrichtung rechten Zylinders) läßt sich jetzt in den Raum zwischen bei-

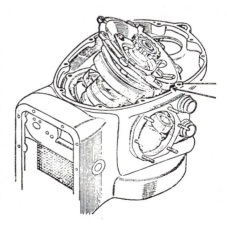

den Versteifungsrippen bugsieren, es zeigt also nach oben, etwa zwischen die beiden Steuerwellen. Kurbelwelle nun nach rechts verdrehen, so daß der untere breite Kurbelwellenschenkel ebenfalls in Richtung Nockenwellen zeigt! Bevor die Kurbelwelle endgültig durch Kippen nach rechts oben aus dem Gehäuse genommen werden kann, muß man noch darauf achten, daß der vordere Lagerdeckel mit seiner Aussparung für die rechte Nockenwelle an der mittleren Nase (Gewindeauge für Kettenkastenbefestigung) anliegt. Dann hat man genügend Bewegungsfreiheit zum Herauskippen der Welle.

Der Einbau geht ähnlich vor sich, es wird so zunächst wieder das Gehäuse angewärmt (diesmal etwa auf 80° C) und mit der Schwungscheibenseite auf die Werkbank gelegt. Die Kurbelwelle ist vormontiert, Lagerdeckel und Kettenrad sind also bereits befestigt.

Die Markierung am Kettenrad der Kurbelwelle muß nach links weisen, die beiden Aussparungen des vorderen Lagerdeckels (für die Nockenwellen) zeigen nach rechts. Während das untere Pleuel in Richtung Lichtmaschine gestellt wird, muß das obere Pleuel nach rechts gedreht werden. Mit der linken Hand hebt man nun die Welle etwas an und kippt sie (ähnlich wie vorher bei der Demontage), wobei das untere Pleuel festgehalten wird, während man das obere Pleuel in die rechte Zylinderbohrung einführt. Wieder wird also die Welle von rechts oben nach links unten ins Gehäuse eingeführt. Und wieder achtet man auch darauf, daß die Nockenwellenaussparung am Lagerdeckel mit der Nase am Gehäuserand übereinstimmt.

Jetzt muß nur noch das untere Pleuel in die linke Zylinderbohrung eingeführt werden, wozu man die Welle ein wenig anhebt, nach rechts drückt und leicht um den inneren Totpunkt hin- und herdreht. Mit einem Schraubenzieher kann dann das Pleuel hinübergedrückt werden.

Diese Beschreibung hört sich etwas kompliziert an, rein handwerklich gibt es aber keine Schwierigkeiten. Man muß nur wie üblich darauf achten, daß der Wellendichtring* auf der Schwungscheibenseite nicht beschädigt wird. Natürlich darf auch der vordere Lagerdeckel nicht verdreht angeschraubt werden. Es ist gut, wenn man vor dem endgültigen Absenken der Welle diesen Deckel bereits in die richtige Stellung zu den Schraubenlöchern im Gehäuse bringt. Das hintere Kugellager rutscht recht leicht in seinen Sitz, sofern das Motorgehäuse genügend warm gemacht wurde und nicht während zu lange dauernder Hin- und Herfummelei wieder abkühlen konnte.

Die übrigen Montagearbeiten am Motor der R 51/2 erfordern nur normale handwerkliche Fähigkeiten, in grundsätzlichen Fragen kann man sich unbedingt an die später für die modernen Motoren gegebenen Hinweise halten. Es kommt hier ja nicht darauf an, nun genau zu erklären, daß die Zylinderfüße der R 51/2

Die BMW-Telegabel enthielt pro Holm einen separaten Stoßdämpfer, dessen Zugstange oben an der Gabelbrücke und dessen Dämpferrohr unten im Führungsrohr angeschraubt wurden. Am unteren Ende der Zugstange saß ein kleiner Ventilmechanismus, der für verschieden harte Dämpfung beim Ein- und Ausfedern sorgte.

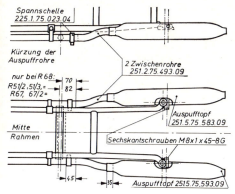

Die Ersatzteilnummern der einzelnen Zusatzteile für den Umbau auf die leiseren modernen Schalldämpfer lauten:
A = Schalldämpfer rechts = 251.5.75.583.09
B = Schalldämpfer links = 251.5.75.593.09
Z = zwei Zwischenrohre = 251.2.75.493.09
S = zwei Spannschellen = 225.1.75.023.04
Die Befestigungsschrauben am Schalldämpfer selbst haben M 8×1 Feingewinde und sind 45 mm lang. Zahnscheiben als Sicherung vorsehen!

mit sechs Muttern am Gehäuse gehalten wurden, während es heute bei den Typen R 50/R 60 nur noch vier sind. Derartige Dinge wird man ja selbst merken. Grundsätzlich wird man natürlich auch bei der Demontage eines unbekannten Motors mit besonderer Ruhe vorgehen, wird sich also z. B. aufschreiben, in welcher Reihenfolge und an welchen Stellen man Scheiben und Federn abgenommen hat. Ebenso wird man sich notieren, daß z. B. beim Aufsetzen des Ölpumpendeckels die Ansaugbohrung gegenüber

Unten: Der Schaltplan der R 51/2.

der Steigleitung zu liegen hat, daß der gewellte Federring vor dem Aufsetzen der Schwungscheibe auf den hinteren Kurbelzapfen gehört, daß die Scheibenfeder an dieser Stelle nicht vergessen werden darf und viele ähnliche Feinheiten, auf die im Rahmen dieses Buches nicht eingegangen werden kann. Passungen, Drehmomentwerte, Spielmaße und Einstelltoleranzen bedürfen ebenso kaum einer eingehenden Erklärung.

Eine Feinheit sei noch erwähnt: Wenn man die rechte Steuerwelle oder den Entlüfter ausbauen will, dann muß man die Entlüfterhalteschraube vor dem Abnehmen der Schwungscheibe lösen. Dann geht's leichter!

Wenn man eine R 51/2 heute noch fahren will, dann wird man wohl in keinem Punkt (sorgfältige Durchsicht vorausgesetzt) Schwierigkeiten bei der Zulassung

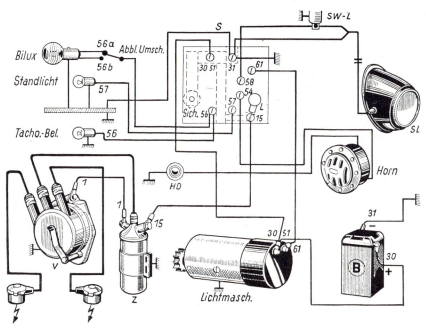

durch den TÜV bekommen ... bis auf das Auspuffgeräusch. Früher wurden (auch bei den ersten Modellen R 51/3 und R 67 und R 67/2) serienmäßig Schalldämpfer verwendet, deren hinteres Ende wie ein Fischschwanz aussah. Diese Dämpfer dürften nicht mehr innerhalb heute tolerierbarer Phon- (neuerdings Decibel-)Werte liegen. Darum sollte man schon vorm Gang zum TÜV neue Schalldämpfer mit runder Austrittsöffnung anbauen. Diese bringen wesentliche Geräuschminderung, ohne daß die Leistungscharakteristik des Motors verschlechtert wird.

Aus der Zeichnung Seite 13 gehen die Daten hervor: Man braucht gebogene Zwischenrohre, um die Mitte der neuen Dämpfer an die Mitte der Auspuffrohre anzugleichen. Ebenso muß man für den Kippständer ein neues Trittrohr (Nr. 251 569 007 09) anschweißen, weil die neuen Dämpfer das alte Rohr etwas zu weit überdecken. Hier wird sich aber ein etwas geübter Bastler je nach vorhandener Werkstattausrüstung selbst helfen können.

Die elektrische Anlage der R 51/2 gehört zu den Teilen, die gegenüber den modernen Ausführungen wesentliche Unterschiede aufweisen. Während man heute Zündanlage und Stromerzeugung für Beleuchtung völlig voneinander getrennt hat, war bei der R 51/2 beides noch innerhalb der gleichen Anlage vorgesehen. Die R 51/2 hatte also Batteriezündung und eine Gleichstrom-Lichtmaschine mit Spannungsregler. Den beiden Zylindern wurde der Zündfunke über einen Hochspannungsverteiler zugeleitet, wie er ja bei Automobilmotoren allgemein üblich ist. Eine automatische Verstellung des Zündzeitpunkts in Relation zur Motordrehzahl war noch nicht vorgesehen, da mußte man mit Handzündverstellung arbeiten: Zum Antreten volle Spätzündung, mit steigender Motordrehzahl in Richtung Frühzündung verschieben. Rauhen Motorlauf bei hoher Belastung kann man im Fahrbetrieb mit etwas Gefühl bereits durch Verstellung des Zündzeitpunkts besänftigen. Voraussetzung ist natürlich, daß auch die Vergaser einwandfrei im Gleichlauf arbeiten und daß sich keine groben Einstellfehler der Grundeinstellung (Unterschied zwischen den Zündzeitpunkten beider Zylinder nicht größer als etwa 1 bis 2 Grad Kurbelwellenwinkel) eingeschlichen haben. Die verwendete Gleichstrom-Lichtmaschine besitzt einen angebauten Bosch-F-Regler, der die Spannung auf das für die Batterie zuträglichen Werte begrenzt. Grundsätzlich ist diese Lichtmaschine genauso zu behandeln wie die später zu besprechende neuere Maschine der R 51/3, nur eben in der äußeren Form und in den Abmes-

Dies war die erste R 51/3, die noch keine Duplex-Bremse vorn hatte und die auch noch das alte Luftfiltergehäuse aufwies. Man achte auf den Handschalthebel, der wie bei der 51/2 blieb.

Der Motor der R 51/3 war völlig neu konstruiert, Getriebe, Rahmen und Achsantrieb weitgehend vom Vorgängermodell übernommen. Hier ist schon ein Eberspächer-Luftfiltergehäuse angebaut.

sungen, liegen die Unterschiede. Immerhin hatte aber die walzenförmige Lichtmaschine der R 51/2 auch bereits als Höchstleistung 75 Watt, entspricht damit etwa den 60-Watt-Lichtmaschinen der ersten R 51/3 und R 67 Baumuster. Man könnte also, ohne in Schwierigkeiten zu geraten, einen der neueren Regler an diese alte Lichtmaschine anbauen, schlimmstenfalls müßte er von der Lichtmaschine weggebaut werden, wenn darin der Raum nicht reicht. Ein weggebauter Regler hat außerdem den Vorteil, daß er vibrationsgeschützt aufgehängt werden, daß er auch gegen höhere Temperaturen einigermaßen gesichert werden kann, was ja in der Enge der Lichtmaschine nicht unbedingt gewährleistet ist.

Wenden wir uns aber nun dem Fahrwerk der R 51/2 zu, das sich praktisch nicht vom Fahrwerk der R 51/3 und der R 67 unterscheidet. Die Telegabel hat (wie im Bild auf Seite 12 zu sehen) einen innenliegenden, hydraulischen Stoßdämpfer in jedem Gabelholm. Die Ölfüllung beträgt 130 ccm pro Holm, und wenn Verdacht auf Ölverlust besteht, soll man natürlich nicht einfach Öl nachkippen, sondern man muß vorher das Altöl ablassen, und zwar möglichst restlos (was durch mehrmaliges Durchfedern der Gabel zu erreichen ist), und soll dann erst die genau richtige Menge einfüllen.

Das mußte gesagt werden, denn sobald wesentlich zuviel Öl in den Gabelholmen vorhanden ist, wird die Gabel bocksteif, außerdem wird das überschüssige Öl an allen Ecken herausgedrückt, was letztlich auch für den Wellendichtring nicht günstig ist. Ölverluste an der Telegabel können eigentlich nur dadurch auftreten, daß eben dieser Wellendichtring (im führenden Gabelunterteil, das man deshalb Gabelführungsrohr nennt) seinen Geist aufgibt. Normalerweise wird solcher Verschleiß erst nach sehr langer Laufzeit vorkommen (wenn nicht durch ausgesprochen harten Geländebetrieb übermäßige Verschmutzung aufgetreten ist), es kann aber auch sein, daß dann selbst ein Auswechseln des Wellendichtrings keine sofortige Besserung bringt. In diesem Fall muß man prüfen, ob nicht etwa die obere Gleitbuchse verschlissen ist. Wenn dort nämlich mehr als etwa 0,12 bis 0,15 mm Spiel zwischen dieser Ferrozell-Buchse und dem Hauptrohr der Gabel besteht, dann wird dem Wellendichtring zuviel Elastizität zugemutet, er wird innerhalb kurzer Zeit einseitig klaffen und wieder Öl durchlassen.

Häufig gibt es gerade bei der Gabel der R 51/2 noch einen kleinen Fehler, den man bei der Montage bereits ausschalten kann. Wenn man die kleine Papierdichtung zwischen der Ferrozell-Buchse und dem Wellendichtring trocken einbaut, dann kann sie sich beim Festziehen der Überwurfmutter verdrehen und schon Undichtigkeiten hervorrufen. Also wird diese kleine Papierdichtung vor der

Montage eingefettet, was man im übrigen auch mit dem Wellendichtring tun sollte.

Einen weiteren kleinen Trick kann man darin sehen, daß die Federn vorm Zusammenbau der Gabel ebenfalls etwas eingefettet werden, denn wenn sie völlig trocken an den Verkleidungsrohren reiben, gibt es unschöne, quietschende Geräusche.

Die untere Gabelführungsbuchse ist weniger kritisch. Zwar läuft sie mit engerem Spiel im Führungsrohr (nur 0,04 bis 0,08 mm, also knapp ein Zehntel Millimeter maximal), aber sie hat wesentlich weniger unter eindringendem Schmutz zu leiden. Auswechseln ist hier durch die einfache Sprengringbefestigung kein Problem.

Die Demontage der Stoßdämpfer bereitet auch keine Schwierigkeiten. Wenn man die Stoßdämpferstange oben gelöst hat und außerdem die Haltemutter des Stoßdämpferrohrs im unteren Gabelführungsrohr, dann kann man die gesamte Mechanik einfach durch Herausziehen der Sicherungsklemmfeder aus dem oberen Teil des Stoßdämpferrohrs auseinanderziehen. Bei einer solchen Arbeit sollte man dann gleich prüfen, ob das Stoßdämpferventil frei spielt und nirgendwo verkantet. Auch die Buchse, in der die Stoßdämpferstange geführt wird, sollte auf übermäßiges Spiel nachgesehen werden.

Die Unterschiede zwischen der Gabel der R 51/2 und der später bei der R 51/3 und R 67 verwendeten sind nicht sehr groß. Prinzipiell arbeiten beide Gabeln genau gleich. Aber die laufende Überarbeitung sämtlicher Einzelteile, die BMW traditionsgemäß mit besonderer Sorgfalt betreibt, macht sich leider auch hier bemerkbar, so daß Austausch einzelner Teile nicht unbedingt möglich ist. Zum Beispiel haben die Gabelfedern zwar gleiche Federdrahtstärke (5,5 mm für Solo- und 6,5 mm für Gespannbetrieb) behalten, aber die Länge der entspannten Federn ist geändert worden: Die Federn der R 51/2 sind in entspanntem Zustand 198 mm lang (bzw. 174 für SW-Betrieb), während die der R 51/3 usw. bereits um fast 30 mm länger sind, nämlich 227,5 mm (204 mm) mit einer Toleranz von ±2 mm.

So würde also im ungünstigsten Fall ein Ersatzteil unbedingt nach Muster

Die Schnittzeichnung des R 51/3-Motors der ersten Bauserie, erkennbar übrigens nur am alten Luftfilter.

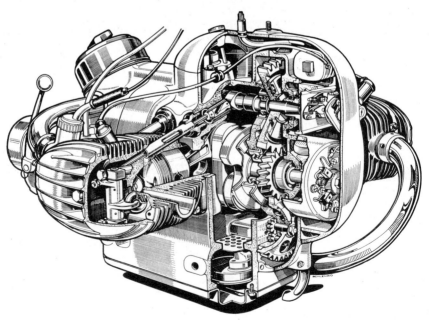

bestellt werden müssen, denn Ersatzteilkataloge sind ja auch nicht mehr überall zu finden. Das werden wir später auch bei Motorteilen finden. Da sieht äußerlich ein Motor wie der andere aus, beim Montieren merkt man (ohne Nachmessen) keinen Unterschied, und trotzdem paßt nicht immer alles zusammen. Auch da muß aus Platzgründen auf ganz genaue Erklärung und Aufzählung verzichtet werden, auch da muß man bei Bestellungen nach Möglichkeit außer Baujahr und Fahrwerksnummer auch noch ein Teilemuster beilegen. **Übrigens: Da es sich bei diesen alten Maschinen ja nie um Garantie-Ersatzteilbestellungen handeln kann, pflegen die Werke derartige Muster gleich zu verschrotten.** Unbedingt würde ich empfehlen, dem Musterteil einen großen Zettel anzuhängen »**Muster bitte zurückschicken!**« Zwar wird man nichts mehr damit anfangen können, aber fürs nächstemal hat man dann schon Vorrat, vielleicht braucht man solch ein Musterteil auch, wenn man kein Originalersatzteil mehr bekommt und es dann von einem befreundeten Mechaniker anfertigen lassen muß. In solchen Fällen ist ein Muster immer besser als eine eigene Zeichnung, die möglicherweise entscheidende Fehler enthält (Zeichnen ist gar nicht so leicht, auch das muß man lange lernen, und man staunt, welche grundsätzlichen und sinnentstellenden Fehler dabei zustande kommen können.)

Die Hinterradfederung der R 51/2 ist genauso zu behandeln wie die der R 51/3 und R 67/R 68, dazu braucht im übrigen keine besondere Erklärung gegeben zu werden, denn hier ist alles schlichte Schrauberei. Auch hier achtet man darauf, daß die Gleitbuchsen nicht zuviel Spiel haben, daß die senkrechten Rohre nicht zu sehr unrund verschlissen sind ... mehr kann man nicht tun. Bei dem recht kurzen Federweg der Geradwegfederung kann man auch durch den Einbau eines zusätzlichen Dämpfers nicht mit großem Nutzen rechnen.

Das beim Bremsen übliche Versteifen der Federung hängt im übrigen nicht mit dieser fehlenden Dämpfung zusammen, sondern damit, daß die Reaktionskräfte (die Bremsankerplatte ist ja gleich auch Gleitstück der Federung) ein Verkanten der Gleitbuchsen auf dem senkrechten Führungsrohr hervorrufen ... und dagegen ist man machtlos. So wird man also vom Fahrstil her darauf achten, nicht gerade in sehr schlecht gepflasterten Kurvenstücken hart zu bremsen, weil dann das Hinterrad zu springen pflegt.

Einziger Montagehinweis zum Auseinandernehmen der Hinterradfederung: Die Führungsrohre werden nach Lösen und Herausziehen der Klemmschrauben von unten nach oben herausgeschlagen. Beim Wiedereinsetzen achtet man natürlich darauf, daß die Aussparungen an den Gleitrohren nach hinten zeigen, also zu den Klemmschrauben hin. Später, bei

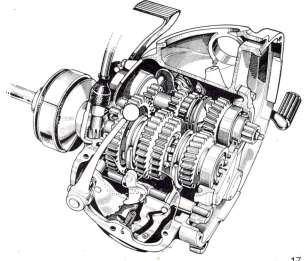

Das ist das Getriebe der R 51/3 und R 67/2 usw. Man beachte, daß die Drehrichtung des Antriebs entgegen der Drehrichtung des Abtriebs verläuft, später bei den Schwingenmodellen änderte sich das.

der R 51/3, kamen zusätzlich zu den Klemmschrauben oben noch Überwurfmuttern hinzu, mit denen die Federhalteringe nach oben gezogen wurden. Diese Überwurfmuttern erleichtern die Montage insofern, als man nicht mehr vorm Festklemmen der oberen Schrauben die Maschine mehrfach durchfedern lassen muß, die Lage der Federhalteringe ist durch die Überwurfmuttern besser festgelegt.

Die R 51/2 wurde nicht lange gebaut, denn vom Produktionsbeginn im Januar 1949 bis zum Auslauf der R 51/2 im Februar 1951 waren es ja nur zwei Jahre. Spätere Modelle blieben erheblich länger in der Produktion. Aber immerhin war die 25 000ste BMW der Nachkriegsserie bereits am 29. November 1950 fällig, und das war eine R 51/2.

Schon bald danach, Mitte Januar 1951 etwa, genauer gesagt bei der Brüsseler Motorradausstellung, entstanden die ersten Gerüchte, die von einer verbesserten R 51/2 und sogar von einer Neuauflage der R 66 wissen wollten.

Die nächste Ausstellung, nämlich die holländische vom 9. bis 19. Februar 1951 in Amsterdam, brachte dann tatsächlich auch schon die neuen BMWs als R 51/3 und R 67. (Zwei Dinge sind da interessant: Wie lange dauerte doch damals eine Motorradausstellung? Brüssel elf Tage, Amsterdam zehn Tage — heute sind's nur noch vier Tage! Und: Schon damals wurde eine neue BMW zuerst im Ausland vorgestellt. Ein Zeichen, wie

Dies ist die neuere R 51/3, die bereits die Faltenbälge an der Telegabel, die neuen Schalldämpfer, das neue Luftfilter und Vollnabenbremsen besitzt.

ernst man im Werk stets den Exportmarkt nehmen mußte!)

Das in Brüssel entstandene Gerücht, wonach die R 66 eine Neuauflage erleben sollte, wurde insofern Wahrheit, als die beiden neuen Modelle, sowohl die R 51/3 als auch die R 67, hinsichtlich der Motorkonzeption tatsächlich auf der R 66 aufbauten. Die beiden Nockenwellen R 51/2 gehörten der Vergangenheit an, denn die neuen Motoren wiesen nur noch eine, direkt über der Kurbelwelle angeordnete Nockenwelle auf. Ihr Antrieb erfolgte nunmehr, wie bereits erwähnt, durch Stirnzahnräder, und außerdem wurde diese Nockenwelle jetzt nicht in Gleitlagern, sondern in Kugellagern gehalten.

Neben dieser Änderung der Steuerung war die Einführung der getrennten Magnetzündung wesentlichstes Merkmal der neuen Typen. Jetzt konnte man also völlig ohne Lichtmaschine und Batterie den Motor laufen lassen, was bei der Störungsanfälligkeit der Lichtmaschinen damals überall begrüßt wurde. Ausfall der Batterie bedeutete nicht gleichzeitig Stillstand des Motors, da konnte also alles mögliche verschmort sein, ohne daß man tagsüber auf die Weiterfahrt verzichten mußte.

Diese neue Magnetzündanlage blieb bis Ende des Jahres 1969 praktisch unverändert allen Zweizylinder-BMWs erhalten,

Rechts der Schnitt durch das Hinterachsgetriebe. Bei den Modellen mit Geradwegfederung lag das große Tellerrad noch in Fahrtrichtung rechts vom Ritzel, während es bei den Schwingenmaschinen links (also innen) liegt. Kardangelenk am Achsgetriebe.

Unten: Explosivdarstellung der Hinterradfederung der älteren (R 51/2- und frühen R 51/3-) Ausführung. Obere Befestigung des Federhalterings noch allein durch Klemmung, Abschluß durch einfachen Pilz. Mit »D« ist der Führungsbolzen bezeichnet.

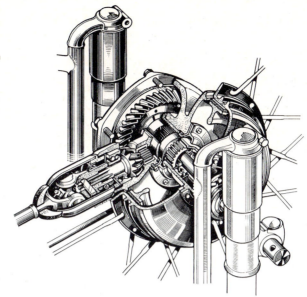

auch an der auf der Kurbelwelle montierten Gleichstrom-Lichtmaschine änderte man nicht viel. Sie bekam im Lauf der Zeit nur eine etwas höhere Leistung (nämlich 60/90 Watt) und schließlich auch noch den modernen Bosch-Z-Regler, aber Aussehen und Befestigung wurden nicht angetastet.

Diese beiden Aggregate werden später noch genauer behandelt, hier mag die Erwähnung genügen.

Am Fahrwerk der R 51/3 und der R 67 hatte man keine weitgehenden Neuerungen eingeführt, hier verließ man sich auf die bewährte Tauglichkeit der Telegabel mit der hydraulischen Dämpfung — und leider ebenso auf die Geradwegfederung des Hinterrads.

Auch das Getriebe bekam nur eine unwesentliche andere Form (Luftfilterbefestigung), innerlich behielt es alle Teile der R 51/2. Genauso konnte man das

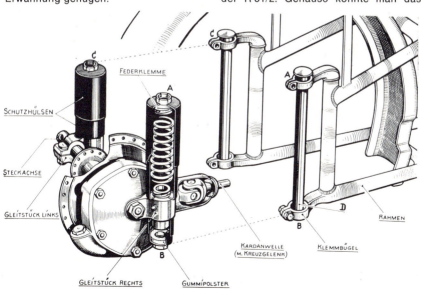

Hinterachsgetriebe unverändert lassen, die in späteren Kapiteln gegebenen Montagehinweise sind also auch für die R 51/2 weitgehend zutreffend.

In der Zeit vom Serienanlauf bis zu den neuen Modellen mit Vollschwingenrahmen (1955) wurden sowohl die Motoren als auch die Fahrwerke der R 51/3 und der R 67 noch verschiedenen Verfeinerungen unterzogen. Aus den Bildern der einzelnen Baumuster geht ja schon äußerlich so mancher Fortschritt hervor, man achte besonders auf die Gestaltung des Luftfilters oder des Rücklichts, man achte auch auf die Telegabel, die zunächst mit Schutzhülsen, später mit Faltenbälgen versehen wurde.

Anhand einer kleinen Zusammenstellung etlicher Änderungen kann hier einmal ganz deutlich die Entwicklungssorgfalt gezeigt werden, die bei BMW »werksüblich« ist.

Zunächst die Änderungen an R 51/3 und R 67, die ab Serienbeginn eingeführt wurden: Ab Motornummer 523 530 (R 67 = 610 580) bekam der Kupplungshebel am Getriebe eine Nachstellschraube. Damit wurden allerdings ein neuer Hebel, eine neue Kugellagerbüchse und ein neues Druckstück nötig.

Ab 524 030 wurden die Lagerbuchsen in den Schwinghebeln des Ventiltriebs verlängert, so daß die bis dahin verwendete Zwischenbuchse entfallen konnte. Die Lichtmaschine erhielt eine zusätzliche Masseklemme (31), und die beiden Anschlüsse 30 und 51 wurden voneinander getrennt. Die Befestigung der Lichtmaschinen-Grundplatte am Motorgehäuse geschah ab jetzt durch Schrauben mit Innensechskantkopf.

Ab 524 168 (R 67 = 611 180) erhielten die Kolben einen zweiten Ölabstreifring.

Ab 525 130 (611 380) hatte das Steuerwellenzahnrad (das seitdem aus Duraluminium besteht) keine Nabenbuchse aus Stahl mehr. Während man das frühere Zahnrad mit Stahlbuchse kalt auf die Nockenwelle aufpressen mußte, wird das Dural-Zahnrad auf etwa 100 bis 150°C erhitzt und dann auf die Welle geschoben, worauf es mit dem Spezialwerkzeug fest gegen Anschlag aufgepreßt wird. Gleichzeitig erhielt der Ölmeßstab auch eine untere Meßmarke (man sieht, welche äußeren Einwirkungen teilweise die Konstruktion beeinflussen!)

Ab 525 239 (611 400) wurde die Nockenwelle insofern geändert, als die Nockengleitbahnen nicht mehr genau parallel zur Längsachse der Welle blieben, sondern eine leichte seitliche Schräge erhielten. Diese Schräge (sie beträgt 6' = Winkelminuten!) stellt sicher, daß der auflaufende Stößel dauernd gedreht wird, also ständig mit einem anderen Teil seiner Lauffläche auf der Nockenbahn gleitet.

Wie häufig die Serie zum Teil teure Dinge verwendete, weil man vorerst eben noch keine preiswertere, aber gleich wirksame Konstruktion finden konnte, geht aus den mehrfachen Änderungen der Kolbenringbestückung hervor. Da wurden keine Ausgaben gescheut, man baute z. B. der R 51/3 ab 525 560 bis 526 109 eingeläppte Kolbenringe ein, bis man dann ab 526 110 bis 526 209 serienmäßig »Nova«-Winkelringe verwendete.

Das waren die Änderungen, die bis 1952 durchgeführt wurden. Dann, ab Anfang 1952, gab es ausgesprochen neue Baumuster, die sich in folgenden Dingen von den früheren unterschieden:

Die Kolben hatten nunmehr drei Winkelringe. für die R 67/2 wurde die Verdichtung von 5,6 : 1 auf 6,5 : 1 heraufgesetzt. Das Motorgehäuse der R 67/2 erhielt eine Dural-Buchse für das hintere Kurbelwellen-Kugellager. Man achtete auch darauf, daß das neue Gehäuse mit Buchse gegen das alte ohne Buchse auswechselbar blieb, außerdem übernahm man diese Änderung mit Motornummer 526 760 auch auf die R 51/3.

Wie schon erwähnt, wurden die Luftfilter häufig Änderungen unterzogen. Hier wurde der R 67/2 ein Eberspächer-Naßluftfilter aufgesetzt (genau wie der ebenfalls 1952 erschienenen R 68, der Sportausführung), aufgrund dessen nun auch die Vergaserbestückung auf Hauptdüse 110 (R 67/2) 115 (R 68) und 105 (R 51/3 ab Nr. 526 710) geändert wurde.

Die 1952er-Modelle hatten eine geänderte Übersetzung des ersten Gangs, nämlich 4 : 1 (36 : 9 Zähne), die Kardanwelle bekam am Stoßdämpfer des Ge-

Das war die R 67/2 in letzter Ausführung mit dem BMW-Spezial-(Steib-TR-500-)Seitenwagen. Der Motor hatte (gut und gern!) 28 PS, neue Schalldämpfer, Naßluftfilter und die auf 6,5:1 leicht erhöhte Verdichtung. Die Telegabel hatte Faltenbälge, besonders wichtig natürlich die Vollnabenbremsen. Laufräder immer noch 19 Zoll.

triebeausgangs (der Hardyscheibe) eine Abdeckschale (und zwar bei der R 67/2 und der R 68). Diese Haube kann übrigens mit geringem Aufwand auch an frühere Getriebegehäuse angebaut werden.
Wichtigste Änderung war aber wohl die Einführung der Duplexbremse für das Vorderrad. Damit konnte man dann auch die R 68, die mit ihren 35 PS immerhin gut die 150 km/h erreichte, einwandfrei halten. Die R 68 war im übrigen noch in anderen Teilen etwas abweichend von den Tourenmaschinen. So hatte sie zusätzlich zur fliehkraftgeregelten Zündverstellung noch eine Handverstellung, die einen Winkelbereich von 10 Grad überstrich — wobei wohl meist die Grundeinstellung falsch justiert wurde. Es mußte nämlich bei ruhenden Fliehgewichten auf 12 Grad vor OT eingestellt werden, allerdings mußte die Handverstellung dabei schon voll in Richtung »früh« geschoben sein. So ergab sich dann im Endeffekt der Bereich von 2 Grad vor OT bis 42 Grad vor OT, denn der Fliehkraftregler hatte einen Ausschlag von 30 Grad.
Jetzt setzte auch der schon beschriebene Umbau auf Überwurfmuttern der oberen Federhalteringe der Hinterradfederung ein, außerdem bekam der Kraftstoffbehälter einen Klappdeckel für den eingebauten Werkzeugkasten, der Kippständer verbreiterte Auflagefläche, und die Auspufftöpfe brauchten daraufhin größere Ausbuchtungen für den Ständer. (Mit der gleichen Änderung erhielten sie auch eine Blende mit 21 mm ⌀).
So sahen die Maschinen also Anfang 1952 aus. Wenn die weiteren Änderungen im gleichen Stil aufgezählt werden sollten, würden wir hier erheblich mehr Raum benötigen, als zur Verfügung steht, deshalb beschränken wir uns auf die wichtigsten Dinge.
Änderungen im Getriebe brachten ein Ölfangblech für die Schmierung der Abtriebswelle und ein Entlüfterröhrchen, dazu kam eine Rücklaufbohrung für beide Getriebewellen-Ölversorgungen und schließlich eine Ölfangnische für

Die Schwingenmodelle

Im Jahr 1955 gab es wieder große Wachablösung im BMW-Programm. Die Motoren wurden zwar weitgehend beibehalten, dafür hatte man jetzt die Fahrwerke gründlich geändert. Nachdem die sogenannte Earles-Vordergabel zunächst bei Rennmaschinen Furore gemacht hatte, kam allgemein in der Motorradindustrie die Mode auf, das Vorderrad in einer Schwinge zu führen. Viele danebengeratene Konstruktionen bewiesen seinerzeit aber, daß man beim Bau einer Vorderradschwinge äußerste Sorgfalt walten lassen muß, daß also eine Schwinge nicht unbedingt preiswerter in der Herstellung wird als eine Telegabel. Sicher, die Telegabel erforderte genau bearbeitete sehr lange Bohrungen, was mit erheblichen Werkzeugkosten verbunden ist, die Schwinge hingegen konnte praktisch aus ein paar gebogenen Rohren bestehen, an die man irgendwie die Federelemente anhängen konnte. Mit diesen Federelementen brauchte sich nun der Konstrukteur nicht mehr selbst herumzuschlagen, das besorgten spezialisierte Firmen, die Dämpfer und Feder zu einem sogenannten »Federbein« zusammenfaßten. Sicher sind diese Erleichterungen nicht wenig schuld an den vielerorts sehr nachlässig überdachten Vorderradschwingen, die nicht nur das Konstruktionsprinzip in Verruf brachten, sondern sogar manches Motorradwerk in häßlichen Verdacht.

Wie BMW üblich, konnte man hier natürlich bei einer Neukonstruktion, auch wenn man einer Mode folgte, nicht den billigen Weg gehen. Man machte Versuche in gewohnter Gründlichkeit und kam dann zu der bis 1969 beibehaltenen Vorderrad-Langschwinge, die wahrscheinlich wegen dieses BMW-typischen Fertigungsaufwands nicht gerade billiger als die vorherige Telegabel wurde. Die Lagerung der Schwinge wurde zwei Kegelrollenlagern übertragen, außerdem wurde für den Betrieb mit Seitenwagen nicht nur eine andere Federstärke vorgesehen, sondern auch ein anderer Schwingendrehpunkt, in den man die Achse nur umzuhängen braucht.

Dieser Aufwand wird einem erst so recht deutlich, wenn man weiß, daß andere

Dies ist das R-60-Gespann. Seitenrad mit Vollnabenrad und Öldruckbremse. Seitenradfederung durch Gummi-Drehschubfeder.

Beliebteste Sportmaschine aus der ersten Serie der Schwingenmodelle war die R 69 (noch ohne »S«), die den 35-PS-Motor der R 68 bekommen hatte, der ja bereits weitgehend narrensicher war. Diese Maschine lohnt wohl auch heute noch, sie enthält kein großes Risiko, wenn man sich mit den 35 PS zufriedengibt.

Firmen eine vordere Langschwinge einfach in Gummibuchsen, sogenannten Silentblocs, hielten, daß das Höchste der Gefühle vielleicht eine Bronzebuchse an der Lagerstelle war.

Für die Hinterradfederung war seit der NSU Max bereits der konstruktive Weg deutlich vorgezeichnet, hier gab es schlechterdings nichts Besseres, als ebenfalls eine Schwinge vorzusehen. Federweg und Antriebselemente (Kette bzw. bei BMW der Kardantrieb) schrieben dieses Radführungsprinzip praktisch zwingend vor. Auch da hatten die neuen BMWs als Schwingenlager die Kegelrollenlager, die zwar sorgfältiger Abdichtung bedürfen, die aber unter sauberen Betriebsbedingungen Spielfreiheit immer gewährleisten.

Hier ist natürlich die Änderung des Fahrwerks nicht ganz einfach gewesen. Die längsliegende Antriebswelle wurde ja nun an einer anderen Stelle als vorher geknickt, wenn das Hinterrad einfederte, sie mußte also ein Gelenk an dieser Knickstelle bekommen. Die alte Geradwegfederung hatte die Knickstelle einmal direkt am Hinterachsgetriebe und zum zweiten vorn am Getriebeausgang. Vorn konnte man eine gewebeverstärkte Gummischeibe (Hardyscheibe) verwenden, während man hinten ein Kreuzgelenk (Kardangelenk) vorsah. Bei den Schwingenmodellen war nur noch eine Knickstelle, eben die vordere, übriggeblieben, wegen des größeren Federwegs mußte auch hier die Auslenkbarkeit des Kreuzgelenks besonders berücksichtigt werden. Schließlich mußte man darauf achten, daß durch unterschiedliche Knickpunkte (Schwingendrehpunkt liegt etwas hinter dem Kreuzgelenk) beim Einfedern auch eine Längenänderung der Welle auftrat, mußte also einen Längenausgleich, eine Längs-Verschiebbarkeit innerhalb der Wellenübertragung, vorsehen.

Die genauen Konstruktionsdetails ersieht man aus der bebilderten Demontagebeschreibung recht gut, da merkt man dann auch, wie schwierig es war, alle Forderungen geometrischer Art unter einen Hut zu bringen. Das ging sogar soweit, daß man für das Bremsgestänge zum Hinterrad genau den richtigen Drehpunkt suchen und durch Hebelei erreichen mußte! Die ersten Schwingenmodelle waren die R 50, die R 60 mit dem bekannten 600-ccm-Motor und zunächst auch 28 PS (wie die R 67/2, während die R 67 mit der niedrigeren Verdichtung ja nur 26 PS erreichte) und dann die R 69 mit dem von der R 68 bekannten Sportmotor, der bei 35 PS belassen wurde. Diese R 69 erfreut sich großer Beliebtheit, speziell der Motor hat einen sagenhaften Ruf; zwar nicht den, besonders schnell zu sein, aber angeblich »ewig« zu halten. Anschließend an diese drei Modelle kam dann bald die nächste Änderung der Typenreihe: als 500-ccm-Maschine wurde die R 50 S angeboten, die mit einer Verdichtung von 9,2 : 1 nun schon die gleichen 35 PS aufwies wie früher die R 69. Außerdem kam aber dann auch in der 600er-Klasse die R 69 S heraus, die mit 42 PS den Anschluß an die englische Konkurrenz, die 650er-Twins, wiederherstellte. Im Fahrwerk blieben die Maschinen gleich. Hinzu kamen lediglich später noch der hydraulische Lenkungsdämpfer sowie der Schwingungsdämpfer auf der Kurbelwelle vorn vor der Lichtmaschine.

Betrachtet man diese Änderungen anhand der dazugehörigen Jahreszahlen und Fahrgestellnummern, dann wird deutlich, daß man bei BMW einfach aus wirtschaftlichen Erwägungen nicht mehr im selben Tempo wie früher verbessern konnte. Man erinnert sich daran, daß schließlich eine finanzielle Krise eintrat, die nur durch wesentlich verstärkte Weiterentwicklung der BMW-Automobile endlich wieder aufgehalten werden konnte. Immerhin ging ja in der Zeit der letztgenannten Modelle der Motorradabsatz allerorten zurück, so daß man nicht mehr viel Arbeit und Geld investieren konnte. Erst in neuester Zeit hat sich daran Entscheidendes geändert, als man nämlich zu dem Entschluß kam, anstelle des bisherigen, nur (oder vornehmlich) aus Prestigegründen aufrechterhaltenen und deshalb unwirtschaftlich arbeitenden Motorradzweigs des Werks, durch Einsatz sowohl konstruktiver als auch finanzieller Kräfte wieder eine funktionierende, rationelle und mit einem straffen Vertriebssystem auch gewinnbringende Fertigung aufzuziehen. Der im Jahre 1969 begonnene Serienanlauf der neuen Motoren, 500—750 ccm, gleitgelagerter Kurbelwelle, Drehstromlichtmaschine 12 V und vielen anderen Raffinessen, die hier nicht behandelt werden können, verspricht auch ein neuer Start für das BMW-Motorradgeschäft zu werden, verspricht, an die seitherige Tradition, der Konkurrenz immer einen Schritt voraus zu sein, wieder anzuschließen.

Hier die Liste der wesentlichen Verbesserungen der R 69 S: Im Februar 1962 (Fahrgestell-Nr. 656 276) wurde der Rahmen in der Gegend des hinteren Schwingenlagers durch Knotenbleche verstärkt. April 1962 (656 529) bekam der Motor stärkere Zylinderfußflansche, nachdem bei scharfer Fahrweise tatsächlich etliche Zylinder abrissen (das kann und muß hier gesagt werden, denn schließlich gehört es ja unbedingt zur Kaufberatung, nach der sich der Interessent für eine gebrauchte BMW richten kann! Außerdem ist das so bekannt, daß Verschweigen nur lächerlich erschiene). Im Mai 1963 wurde die Entlüftung des Hinterachsgetriebes verbessert, diese Änderung erscheint nicht so wesentlich, da sind auch vorher selten Klagen gekommen.

Wichtiger ist sicher die Änderung der Entlüfterscheibe des Motors auf der Nockenwelle. Diese war bis September 1963 genau wie bei den Tourenmodellen ausgeführt, hatte also für die Drehschieberscheibe zwei Mitnehmerstifte, die in Bohrungen im Nockenwellenzahnrad griffen. Hin und wieder konnten sich diese Stifte lockern und herausfallen, was man nun durch angearbeitete Nasen an der Drehschieberscheibe unmöglich machte. Auch ein nachträglicher Umbau ist werksseitig vorgesehen, man kann also die neue Drehschieberscheibe verwenden, wenn man vorher ins Nokkenwellenzahnrad die entsprechenden Bohrungen einarbeiten läßt.

Ebenfalls im September 1963 bekam die Kurbelwelle den Schwingungsdämpfer aufgesetzt, und zwar mit Fahrgestell-Nr. 657 099. Schließlich wurde im Mai 1964 auch noch die Vorderradschwingenlagerung mit einem Schmiernippel versehen. Weitere Änderungen waren: Hypoidöl-Verwendung im Hinterachsgetriebe mit den dazugehörigen chemisch beständigen Dichtringen (auch nachträglich einzubauen);

Käfige für die Kurbelwellenlager aus Nylon (ergibt ruhigeren Lauf und ist natürlich auch nachträglich montierbar);

Trennung des kleinen Gehäusedeckels über der Ölpumpe vom übrigen Räder-

Die R 50 in der ersten Ausführung hatte noch nicht die beliebte große Rückleuchte.

kastendeckel zwecks Montage eines Drehzahlmesserantriebs;
Ausdrehung der Ventilführungen in Richtung des Ventiltellers (damit der Schaft nicht so schnell durch Ölkohleansatz in der Führung festklemmen kann);
vorderer Lagerdeckel der Kurbelwellenlagerung aus Leichtmetall hergestellt anstelle der früheren Grauguß-Ausführung;
Wegfall der gesonderten Führungsbuchsen für die Stößel, was aufgrund der Erfahrungen mit dem Boxermotor im BMW-Wagen unbedenklich erschien;
Einführung von Kolbenringen aus biegsamerem Sphäroguß, eine Änderung, die man auch an der R 60 durchführen sollte, obwohl sie zunächst nur für die R 69 S gedacht war;
schließlich werden als Neuestes Kolbenringe mit Molybdän-Beschichtung verwendet.

Man merkt, daß man auch heute noch, trotz der nun jahrzehntelangen Entwicklungsarbeit, die in allen BMW-Motoren steckt, durch neue technologische Verfahren und neue Erkenntnisse immer wieder verbessern kann, daß man bei BMW auch nichts unversucht gelassen hat, wenn schon nicht in der Leistung, so doch wenigstens hinsichtlich der Zuverlässigkeit stets auf dem neuesten Stand zu bleiben.

Welche gebrauchte BMW soll man sich nun kaufen?

Anhand dieser nun doch recht ausführlich gewordenen Typenkunde (die trotz dieser Länge, wie der Kundige weiß, immer noch nicht alle Änderungen vollständig umfaßt) kann man sich die Richtlinien für die Auswahl einer gebrauchten BMW festlegen. Zuvor muß man einmal wissen, was man von der Maschine verlangen will, muß zum zweiten wissen, wieviel Geld man aufwenden kann, und muß drittens schließlich überlegen, ob man zeitlich und handwerklich Aufwand treiben will, um das einmal gekaufte Modell zu modernisieren.

Grundsätzlich, das wurde schon gesagt, ist heute eine R 51/2 nicht mehr zu empfehlen. Einzig und allein, wenn ihr Preis unter 150 DM liegt, würde ich interessehalber noch zugreifen, und dann auch nur, wenn ich damit hauptsächlich im

Gespannbetrieb fahren wollte. Das Fahrwerk auch der R 51/3, R 67, R 67/2 und R 67/3 (mit Vollnabenbremsen) und der R 68 ist für Solobetrieb nicht unbedingt erfreulich. Zwar ist die Telegabel ausreichend gut, doch stört die ungedämpfte und unter Verkanten beim Bremsen leidende Hinterradfederung, die ja auch hinsichtlich des Federwegs und der Weichheit ungenügend ist, beim Solofahren erheblich. Auch bei diesen Maschinen wäre also nur unter Berücksichtigung eines niedrigen Einkaufspreises und vielleicht mit dem Argument des Gespannbetriebs heute ruhigen Gewissens Zuraten möglich. Natürlich kann man Einschränkungen machen: Schließlich sind unsere Väter mit völlig ungefederten Hinterrädern auch nicht von einem Schlagloch ins andere gestürzt, unsere Straßen sind besser geworden, aber man muß ein erhebliches Maß an Charakterstärke (manchmal kann man sogar »Angst« empfehlen) mitbringen, wenn man mit diesen Hinterradfederungen solo mit moderneren Maschinen um die Wette fahren will.

Umbauten der 51/3 u. a. waren seinerzeit an der Tagesordnung, in den meisten Fällen wurde eben diese Hinterradfederung auf Schwinge geändert. Das ist aber keine Spielerei, wer das kann, der braucht dazu keine Anleitung — wer eine Anleitung braucht, der schafft's auch damit nicht. Wenn man eine der älteren Maschinen ins Auge faßt, dann sollte man überlegen, ob der Aufwand an Versicherungsprämie für die doch motorisch recht zahme 51/3 lohnt, selbst die R 67/2 und die /3 haben da eigentlich nur im Gespannbetrieb noch Sinn. Die R 68 kann laut Werksvorschrift nur solo gefahren werden (wenigstens in der ersten Ausführung, später wurde dann doch Gespannbetrieb zugelassen), und ähnlich war es zunächst mit der Schwingenmaschinen Sportausführung, der BMW R 69. Immerhin läßt sich aber durch Motortausch fast jedes beliebige Modell zusammenstellen, so daß Gespannbetrieb auch mit den schnellen Motoren theoretisch (vorbehaltlich der Zulassung durch vielleicht pedantische TÜV-Leute) möglich ist.

Wenn man sich also mit dem nicht nur unmodernen, sondern auch etwas unkomfortablen und nicht ganz so ruhig auf der Straße liegenden älteren Fahrwerk begnügen will, dann sollte man vielleicht doch die R 68 bevorzugen. Der Preisunterschied zur R 67 ist nicht so gewaltig, hinsichtlich der Steuer und der Versicherung besteht gar kein Unterschied, warum sollte man also dann das langsamere Motorrad wählen? Aber, wie gesagt: Aufpassen wegen Seitenwagenzulassung, wenn man's vorhat. Überlegen auch, ob man sich so viel innere Ruhe zutraut, die vielen PS der R 68 in dem etwas unzulänglichen Fahrwerk zu bändigen! Hier liegen nämlich die eigentlichen Bedenken.

Mit Beginn der Serie der Schwingenmaschinen fällt die Wahl nicht mehr so schwer. Klar ist wieder der einzige Vorteil der R 50, die niedrigere Steuer (Versicherung ist ja ab 475 ccm immer gleich teuer!), vielleicht auch eine geringfügig höhere Lebensdauer gegenüber der R 60. Letztere könnte man vielleicht deshalb vorziehen, weil sie gestattet, manche Verbesserungen der R 69 S (oder R 69) einzubauen. Preislich liegt die R 50 gebraucht meist ein ganzes Stück unterhalb der R 60, auch das mag vielfach den Ausschlag geben.

Sehr selten wird die R 69 angeboten. Zwar ist sie nur in relativ geringen Stückzahlen gebaut worden, aber das geringe Angebot deutet auch darauf hin, daß dieses Modell so beliebt ist, daß jede Maschine bald einen Käufer findet, also nicht erst auf dem Anzeigenmarkt ausgeschrieben werden muß. Entsprechend dem geringen Angebot sind auch die Preise der R 69 (ohne S!) verhältnismäßig hoch. Vielleicht kommt man günstiger weg, wenn man versucht, zunächst eine R 60 oder gar R 50 komplett anzuschaffen und sich dann im Lauf der Zeit durch Herumhorchen einen Motor der R 69 zu besorgen. Der Umbau geht schnell und ist einfach zu bewerkstelligen, einzig die Übersetzungsänderung des Hinterachsgetriebes könnte Sorgen bereiten.

Auch der R-68-Motor läßt sich übrigens in ein Schwingenfahrwerk einbauen, dazu muß man das Kupplungsseil-Widerlager ändern, sowie die Kupplungs-

Nach längerer Entwicklungszeit sieht die R 69 S im Jahre 1962 schon fast genauso aus wie 1969. Sie hat das große Luftfiltergehäuse mit Papierfiltereinsatz, die große Rückleuchte, auch schon serienmäßig Blinkanlage, aber sie hat noch nicht (hier wohl kaum zu erkennen) die Versteifung des Rahmens in der Gegend des Schwingenlagers hinten, außerdem fehlt am vorderen Lichtmaschinendeckel noch die Ausbuchtung für den Schwingungsdämpfer. Die wichtigsten Verbesserungen kamen erst nach 1962!

druckstange und die Befestigungsschrauben zum Getriebe hin etwas länger wählen. Motoraufhängung und Getriebeanschluß sind gleich. Die Kupplungsdruckstange muß für den R-68-Motor einen Vierkant haben, während ja die Druckstangen der neuen Kupplungen an den Schwingenmodellen eine 60-Grad-Konusspitze haben.

Bei der Auswahl der günstigsten Gebrauchtmaschine ist selbstverständlich, daß man jeweils entsprechend dem Preis möglichst das neuere Baujahr wählt. Besonders wichtig wird das dann, wenn man sein Auge auf das Modell R 69 S geworfen hat, das für extrem scharfe Fahrweise doch erst frühestens ab etwa 1963 als genügend zuverlässig gelten kann. Selbst wenn die abreißenden Zylinder nur selten vorgekommen sind und vor allem auch durch Zusammentreffen ungünstiger Umstände (ungleich angezogene Fußmuttern!) — ich wäre selbst immer etwas unruhig.

Etwa ab Ende 1963 kann man aber die R 69 S meist unbesehen kaufen, da hat sie dann schon den Schwingungsdämpfer auf der Kurbelwelle und kann zu den modernsten Maschinen gerechnet werden. Aber natürlich ist dann der Preis wieder höher, so daß man vielleicht mit einem selbst umzubauenden älteren Modell sparen kann ... je nach handwerklichen Fähigkeiten und Möglichkeiten.

Im übrigen bietet die R 69 S auch den erfreulichsten Gespannbetrieb, trotz der etwas spitzeren Leistungskurve bringt sie doch spürbar mehr Spaß. Die R 60 nimmt eine Zwischenstellung ein. Man deklariert sie als reine Tourenmaschine und glaubt dann an erhöhte Zuverlässigkeit, obwohl doch eigentlich gemeint ist, daß sie speziell für den nicht allzu sportlich gefahrenen Langstreckenbetrieb gedacht ist.

Für den Weg zur Arbeit ist jede BMW zu schade, solange dieser Weg nicht mindestens 10 km beträgt und solange man noch unbedingt auch winters auf salzgestreuten Straßen fahren muß. Da reicht die samstägliche Wäsche nicht, um allem Salzfraß genügend Einhalt zu gebieten. Doch darüber wird später noch zu reden sein.

Die BMW-Fahrwerke

Fahrwerkskunde

Die Fahrwerke unserer Motorräder, also sowohl der eigentliche Rahmen als auch die Führung und Federung von Vorder- und Hinterrad, nehmen, wenn man einmal die technische Entwicklung von ihren Anfängen her verfolgt, immer stärker die entscheidende Rolle im Hinblick auf die Fahrsicherheit ein. Während man in früheren Zeiten froh war, wenn sich die Maschine überhaupt einigermaßen geradeaus und in Kurven fahren ließ, während man damals in Kauf nahm, daß man außer der Körperkraft auch noch etwas vorausschauendes Gefühl einsetzen mußte, um die Reaktionen der Maschine rechtzeitig zu erkennen und zu beherrschen, wird heutzutage durch die Dichte des Straßenverkehrs und durch die erreichbaren Geschwindigkeiten von einer Maschine mit Recht gefordert, daß sie kein »Eigenleben« beginnt, daß sie z. B. bei welligem Untergrund nicht halbe Meter weit seitlich wegsetzt, daß sie keine merkwürdigen Lenkeigenschaften entwickelt, kurz: daß sie es gestattet, ohne daß man Heimtücken erwarten müßte, Grenzbereiche der Reifenhaftung fahrerisch zu erreichen.

Diese Aufgabe kann ein Fahrwerk nur dann erfüllen, wenn es

1. möglichst verwindungssteif ist,
2. für beide Laufräder ausreichend große Federbewegungen ermöglicht,
3. beide Räder außerdem exakt führt,
4. die Federbewegungen in richtig dosiertem Maß dämpft: natürlich – nach dem heutigen Stand der Technik – hydraulisch.

Zu Punkt 1, »verwindungssteifer Rahmenbau«, haben sich viele Konstrukteure ebenso viele Ideen einfallen lassen. Sie reichen vom Einrohrrahmen über den Blechschalenrahmen, über Profilstahl-(und Leichtmetall-)Rahmen, über »Rückgrat«-Rohrrahmen bis zum

Schon die BMW R 32, Baujahr 1923, hatte einen soliden Doppelrohrrahmen. Man betrachte einmal die Vorderradfederung: gezogene Kurzschwinge mit Blattfedern.

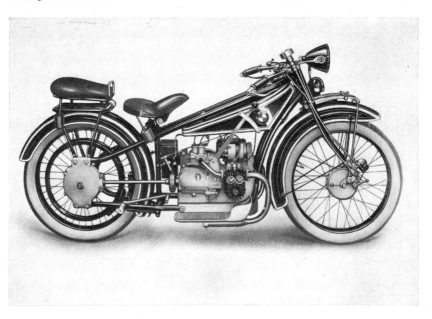

vollständigen Doppelrohrrahmen in mannigfacher Gestaltung. Diese vielen Bezeichnungen können hier nicht im einzelnen erklärt werden, nur soviel sei gesagt, daß man immer dann, wenn man nicht allzusehr auf niedrigen Preis achten muß, dafür aber wegen der möglichen Geschwindigkeiten ein Höchstmaß an Steifigkeit dringend braucht, mit Vorliebe zum sogenannten Doppelrohrrahmen greift. Er bietet den Vorteil der breiten Basis für die Halterungen des Motors und die Lagerung der (heute selbstverständlichen) Hinterradschwinge, er bietet außerdem auf einfache Weise eine recht starre Fixierung des »Steuerkopfs« (korrekt müßte er »Lenkkopf« heißen), so daß man allein wegen dieser Vorzüge versucht sein könnte, ihn als die einzig vertretbare Rahmenbauart hinzustellen. Aber es ist auch für eine ausgeklügelte Großserienfertigung nicht immer leicht zu gewährleisten, daß die zwei Rohrbögen, die schließlich zu einem Rahmen zusammengestellt werden, auch wirklich so genau gleich gebogen sind, daß das Fertigteil ohne Ausrichtarbeiten maßhaltig bleibt. Verzug durch die meist durchgeführten Rahmenschweißungen kommt hinzu ... alles in allem steckt in einer Großserie von Doppelrohrrahmen erheblich mehr Versuchsarbeit als in den meisten anderen Rahmenbauarten. Weshalb ja auch die echten Doppelrohrrahmen so dünn gesät sind, weshalb bei Neuentwicklungen häufig mit Stolz besonders raffinierte (und fertigungsgünstige) Bauartkombinationen gepriesen werden, die letztlich doch nur aus Gründen der Fertigungsvereinfachung und damit der Verbilligung erdacht wurden, nicht etwa wegen ihrer fahrtechnischen Vorzüge.

BMW baut Doppelrohrrahmen seit der R 32, also seit der allerersten BMW. Stilistisch bis auf den heutigen Tag sämtlich auf den ersten Blick als typische BMW-Rahmen zu identifizieren, beinhalten sie allerdings von Modell zu Modell, oft sogar innerhalb einer einzigen Modellreihe, schon sehr wesentliche Verbesserungen. An den Beispielen der Rahmen der R 51, dann der R 51/3 und schließlich der letzten Schwingenmo-

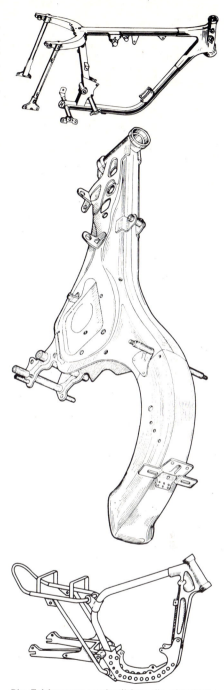

Die Zeichnungen verdeutlichen die einzelnen Rahmenbauarten: Oben Einrohrrahmen, darunter aus zwei Halbschalen geschweißter Blechrahmen, ganz unten Kombi-Rahmen mit Leichtmetall-Gußträger vorn.

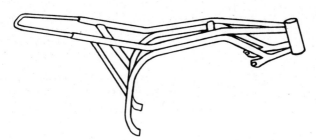

Links: Dieser Rahmen ist ein Musterbeispiel dafür, wie man einerseits gern die Vorzüge des Doppelrohrahmens nutzen möchte (breite Schwingenlagerung) und andererseits aber zeigen will, daß man auch ohne Rohrunterzug einen einwandfreien Rahmen bauen kann. Der Motor muß hier mittragen.

delle (R 50/60/69 S) lassen sich die Weiterentwicklung und die Auswertung von immer neuen Erfahrungen sehr deutlich zeigen.

Der zweite Punkt, der die ausreichenden Federwege für beide Räder betrifft, ist etwas umstrittener. Weniger bestehen Zweifel darüber, wie groß der mindestens zu fordernde Federweg sein soll, als vielmehr darüber, wieweit man mit einer Vergrößerung des Federwegs zweckmäßigerweise gehen soll. Langhu-

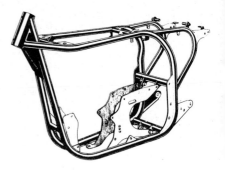

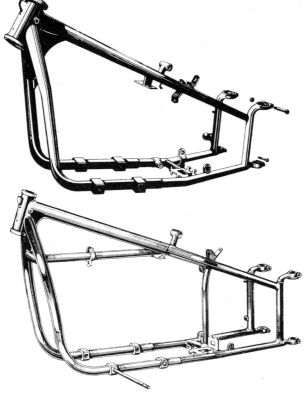

Oben: Der klassische Doppelrohrrahmen der Federbett-Norton. Man beachte die Versteifungen vom Lenkkopf zum Unterzug. Motor und Getriebe in gewaltigen »Blechen« befestigt.

Die BMW R 51 (oberes Bild) hatte zwar schon einen ähnlich aussehenden Rahmen wie die R 51/3 (Bild unten), aber beim genauen Hinsehen merkt man den Fortschritt: unterhalb des Lenkkopfes ist eine Querversteifung, von der ein Stützrohr zur Sattelnase führt. Von dort aus verbindet ein senkrechtes Rohr den oberen mit dem unteren Rahmenzug. Jetzt ist übrigens die Befestigung des Motors oben am Rahmen möglich!

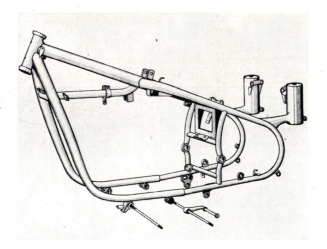

Die Rahmen der Schwingenmodelle zeigen ganz deutlich, daß man größten Wert darauf legte, die Schwingenlagerung sehr breit zu halten. Etwas unorthodox die obere Befestigung der hinteren Federbeine in den angesetzten Hülsen. Vorsicht: an der Schweißstelle zum Rahmen hin rostempfindlich!

bige Federung, also großer Federweg, bringt nämlich nicht nur den Vorteil großer Federweichheit und damit hohen Fahrkomfort, sie birgt durch die zwangsläufige Änderung der Lenkgeometrie bei Federbewegungen auch Probleme bezüglich der Beherrschbarkeit der Maschine in sich.

Bisher scheint sich als günstiger Wert für Vorderradfederung irgendeine Größe zwischen 120 und 180 mm Federweg herauskristallisiert zu haben, während für das Hinterrad mit Werten zwischen 90 und 150 mm sicher gut auszukommen ist. Voraussetzung gerade für die Hinterradfederung, die ja nicht nur für Solofahrt, sondern auch für die Belastung mit zwei Personen ausgelegt sein muß, bleibt aber eine entsprechende Verstellbarkeit der Federhärte, also der Federvorspannung, die mindestens in zwei, besser aber in drei oder noch mehr Stufen erfolgen soll.

Punkt 3 schließlich, die exakte Radführung, kann für das Hinterrad als weitgehend entschieden gelten, hier wird heute durchweg eine Langschwinge verwendet.

Nicht entschieden ist aber ein anderer Punkt, nämlich die Lagerung dieser Langschwinge. Hier geht BMW einen sehr aufwendigen Weg, indem man die teuren Kegelrollenlager verwendet, die einerseits spielfreie Lagerung, andererseits leichte Beweglichkeit garantieren. Wichtig ist in diesem Zusammenhang aber auch, daß die Lagerung der Hinterradschwinge eine genügend breite Basis hat, so daß nicht etwa die Kräfte, die vom Hinterrad her ausgeübt werden, in der Gegend der Schwingenlagerung den Rahmen verbiegen können. Gerade dieser Vorteil des Doppelrohr-

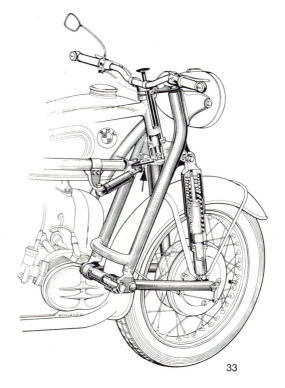

Die Vorderschwinge der R 69 S unterscheidet sich von der der Tourenmodelle durch den zusätzlich angebauten hydraulischen Lenkungsdämpfer (Pfeil), den auch die R 50 S bekam.

rahmens kann nicht hoch genug eingeschätzt werden, erweist es sich doch immer wieder, daß zu schmale und damit nicht genügend starre Lagerpunkte für die Hinterradschwinge die Maschine seitlich schwanken lassen. Die Auswirkung auf die Lenkung ist klar: hier gibt's dann Pendelneigung.

Die Vorderradfederung steht bei BMW seit 1955 ebenfalls unter dem Zeichen der Langschwinge, und zwar der geschobenen Langschwinge. Früher schon hatte BMW (bereits bei der R 32) Erfahrungen mit gezogenen Kurzschwingen sammeln können, dann kam die Ära der Teleskop-Vorderradgabeln, auf die man in neuester Zeit wieder zurückgegriffen hat.

Die geschobene Langschwinge hat ihren Ursprung (wenigstens nach dem Krieg) in der von dem Engländer Earles für Rennbetrieb entworfenen Earles-Gabel. Man rühmte ihr seinerzeit nach, daß sie bessere Bodenhaftung des Vorderrads bei besserem Ansprechen der Federung auf kleine Bodenunebenheiten bringe. Ganz so eindeutig schien aber im Rennbetrieb die Überlegenheit der geschobenen Langschwinge nicht zu sein, denn viele Firmen, die ihre Werksmaschinen zunächst mal schnell auf Schwinge umstellten, kehrten nach kurzer Zeit reumütig zur konstruktiv weitgehend erforschten Telegabel zurück. Diese ließ sich aufgrund der vorhandenen Erfahrungen viel besser konstruktiv beherrschen; man wußte, worauf es hier ankam. Bei der Langschwinge hätte man vor dem Renneinsatz zu viele Grundsatzfragen klären müssen.

Diese Untersuchungen blieben auch der deutschen Motorradindustrie nicht erspart. Im Zug der »Vorderschwingenmode« hat so mancher Konstrukteur, der seine Erzeugnisse selbst erprobte, Bekanntschaft mit dem Straßenpflaster machen müssen, weil die Schwinge eben Eigenschaften zeigte, die vorher fast unbekannt waren. So konnte man Lenkerpendeln in einem Ausmaß anregen (und zwar durch einen einzigen kurzen Schlag gegen den Lenker), das unweigerlich zum Sturz führte. Bis die richtigen (oder wenigstens serienbrauchbaren) Werte für Nachlauf und Lenkungswinkel gefunden waren, bis die Steifigkeit der Schwingenlagerung stimmte, hat sicher so mancher verzweifelt nach der »guten alten Telegabel« geschielt.

Wiederum ging BMW den teuren Weg, man griff zu Ovalrohren, die sowohl in ihrem oberen Teil (Gabelbrücke) als auch am unteren Ende (Schwingenlager) sorgfältig querversteift wurden. So brachte man die erste Voraussetzung für beherrschbare Lenkgeometrie: möglichst geringe Verwindung des Schwingenträgers.

Die Lagerung wurde wieder den Kegelrollenlagern übertragen, wodurch man unkontrollierte Reibungsdämpfung in der Lagerstelle ausschaltete. Die Werte für den Nachlauf wurden für Solobetrieb und Gespanneinsatz einstellbar vorgesehen, auch die obere Befestigung der Federbeine läßt sich für Gespannbetrieb umstellen. Auf diese Weise — steifer Schwingenträger, spielfrei einstellbare Lagerung, genau einhaltbarer Nachlaufwert — wurde BMW mit den Problemen der Vorderrad-Langschwinge weitgehend fertig.

Wie empfindlich allerdings diese Konzeption auf Störungen ist, läßt sich aus einigen Richtwerten für die Fahrwerkskontrolle herauslesen. So wird Schlag der Felge bis höchstens 0,2 mm seitlich erlaubt, die maximale Unwucht beträgt 9 g am inneren Felgenrand, und für die Anbringung von dauernd mitgeführten Lasten (etwa Polizei-Funkausrüstung der Behördenmaschinen) gibt es detaillierte Werksempfehlungen. Schließlich deutet auch der z. B. bei der R 69 S und R 50 S serienmäßig verwendete hydraulische Lenkungsdämpfer darauf hin, daß eben die Schwinge ein gewisses Maß an sorgfältiger Abstimmung der einzelnen die Straßenlage bestimmenden Faktoren erfordert.

Vielleicht ist darin mit ein Grund dafür zu sehen, daß man bei den allerneuesten BMW-Modellen doch wieder auf die Telegabel zurückkommt. Sie ist zwar für die Fertigung teurer und schwieriger, aber für die Konstruktion und vor allem bezüglich der Empfindlichkeit gegen kleine Störungen wesentlich unkomplizierter.

Stoßdämpfung en détail

Der letzte Punkt der Forderungen an ein gutes Motorradfahrwerk, nämlich die für beide Räder genau abgestimmte hydraulische Dämpfung, muß ein wenig genauer erklärt werden. Eine Feder schluckt zwar zunächst bei Bodenunebenheiten den entstehenden Stoß, doch gibt sie ihn in fast derselben Größe zurück, sobald die Belastung wieder fortfällt. Die Feder allein würde also, wenn sie einmal zusammengedrückt und wieder entlastet wird, ständig diese Bewegungen wiederholen. Folge: die Maschine würde dauernd auf und ab schwingen.

Mit der Dämpfung dieser Schwingungsbewegungen wird nun erreicht, daß die beim Stoß von der Feder aufgenommene Energie zum Teil aufgezehrt wird. Die Feder schwingt im Rückweg nicht mehr so weit aus, wie es der aufgenommenen Stoßenergie entspräche, sondern im besten Fall nur wieder bis zur Normallage. Praktisch feststellbar ist das folgendermaßen: Wenn man die Maschine am Hinterradschutzblech in einem gleichmäßigen Rhythmus hinunterdrückt und wieder hochzieht, würde man ohne den Dämpfer keine Schwierigkeiten haben, das Spiel soweit zu treiben, daß die Maschine richtig springt, daß das Hinterrad vom Boden abhebt. Mit dem Dämpfer jedoch wird man das nicht fertigbringen. Die Maschine kommt gleich nach dem Loslassen wieder in Nullage der Federung zur Ruhe.

Die Funktion eines Stoßdämpfers beruht darauf, daß man die Stoßenergie in Wärme umwandelt. Früher benutzte man dazu eine Art Reibungsbremse, machte also, grob gesagt, nur die Gelenke der Federelemente schwergängig. Auf diese Weise nahm man aber in Kauf, daß sowohl die Einfederbewegung als auch das Ausfedern in gleichem Maß gedämpft wurden, man verhärtete also nur die Federung.

Verlangt wird jedoch gerade, daß die Federung auf kleinste Bodenwellen sofort durch Nachgeben reagiert, daß die dabei aufgenommene Stoßenergie erst beim Ausfedern vernichtet (besser umgewandelt) wird. Einfedern soll leicht, Ausfedern schwer gehen.

Da uns hier nur das Prinzip zu interessieren braucht, weil wir die Reparatur eines Dämpfers sowieso aus handwerklichen Gründen gar nicht vornehmen können, beschränken wir uns auch auf eine ganz stark vereinfachte Zeichnung eines separaten Stoßdämpfers, wie er in den Federbeinen der Schwingenmaschinen verwendet wird. In einem ölgefüllten Rohr gleitet ein Kolben (K), der von der Kolbenstange (S) entsprechend den Federbewegungen bewegt wird. Im Kolben sind zwei Ventile vorgesehen, also Bohrungen, die durch je eine kleine bewegliche Klappe verschlossen werden.

In der linken Skizze wird der Kolben nach unten gedrückt (Einfedern), wobei sich das Ventil V 1 öffnet. Dieses Ventil ist recht groß, es kann eine Menge Öl schnell hindurchfließen, also wird die Bewegung des Kolbens nicht sehr stark gehemmt.

In der rechten Skizze nun wird der Kolben nach oben gezogen (Ausfedern), wobei sich das große Ventil V 1 schließt und dafür das wesentlich kleinere V 2

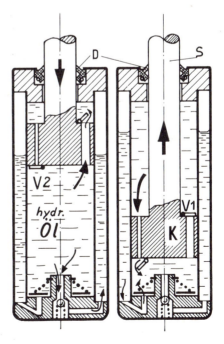

geöffnet wird. Jetzt ist der Durchgang eng, das Öl muß sich durch eine kleine Bohrung hindurchquälen, das erfordert natürlich viel Kraft. Entsprechend wird diese Ausfederbewegung sehr kräftig gehemmt, sie geht also langsamer vor sich. Die zunächst in der Feder gespeicherte Stoßenergie wird durch diese Hemmung im günstigen Fall völlig vernichtet, die Feder kann also nur bis in die Ruhelage zurückschwingen. Der Ausdruck »vernichtet« ist im übrigen nicht zutreffend, denn (nach dem Gesetz der Erhaltung der Energie, das Robert Mayer 1842 formulierte) Energie kann man nicht vernichten, man kann sie nur umwandeln. Hier im hydraulischen Dämpfer wird sie letztlich in Wärme umgewandelt, was einer der Gründe dafür ist, daß die in der Skizze dargestellte Dämpferkonstruktion tatsächlich wesentlich komplizierter aussehen muß. Erwärmung der Flüssigkeit bewirkt ja bekanntlich deren Ausdehnung, so daß nach kurzer Zeit mit Sicherheit die oben im Rohr angedeutete Dichtung zwischen Dämpferstange und dem Deckel des Rohres nachgeben würde. Und noch ein Grund ist zu erkennen, der die so schön einfache Gestaltung des Dämpfers leider unmöglich macht: Die Kolbenstange, die beim Einfedern in den oberen Ölraum eintaucht, beansprucht Raum, verdrängt Öl, das irgendwo in einen Ausgleichsraum ausweichen muß. Deshalb besteht also ein Stoßdämpfer grundsätzlich aus dem eigentlichen Arbeitsraum oberhalb und unterhalb des Kolbens und einem zusätzlichen Ausgleichsraum. Bei den BMW-(Boge-)Dämpfern ist der Ausgleichsraum in dem Rohr untergebracht, das am unteren Ende das Gewinde zur Aufnahme des Leichtmetallteils trägt. Daraus kann man ableiten, daß leichte Beschädigungen dieses Rohrs keinen Einfluß auf die Dämpferfunktionen haben müssen, denn schließlich gleitet der Dämpferkolben ja im weit kleineren Arbeitsrohr.

Das Wissen um die Stoßdämpferfunktion und das Innenleben des Dämpfers erleichtert uns die Diagnose, wenn wir den Dämpfer verdächtigen, an irgendeinem Fehlverhalten des Fahrwerks die Schuld zu tragen.

Dämpferdefekte

Wir können mögliche Defekte eines Dämpfers erkennen: Einmal kann die Kolbenstangendichtung undicht werden, woraufhin Luft in den Arbeitsraum des Dämpfers gelangt und nun ruckweises Arbeiten bewirkt (die Luftblasen gehen ja leicht durch die Ventile). Zum anderen kann Verschleiß zwischen Kolben und Zylinder zur Folge haben, daß das Öl nicht durch die Ventile, sondern den bequemeren Weg am Kolben vorbei fließt. Zum dritten ist natürlich jeder mechanische Defekt denkbar, die kleinen Ventilchen könnten brechen, deren Federn (sie werden unter Federdruck auf ihre Sitze gepreßt) könnten ebenso brechen und was der Ärgernisse mehr sind.

Im Bild ist so ein defekter Dämpfer gezeigt, seine »Innereien« sind ganz kräftig zermahlen.

Wie macht sich ein Schaden am Stoßdämpfer bemerkbar? Zuerst wird natürlich die Maschine mit dem entsprechenden Rad nicht mehr so sauber Bodenkontakt halten, sie wird in Kurven seitlich auswandern. Außerdem wird sie nach Bodenwellen nachschwingen. Aber viel deutlicher merkt man einen Stoßdämpferdefekt am Geräusch: bei kleinsten Schlaglöchern gibt es dolle Schläge, so daß man zunächst denkt, die Lenkungslager oder die Radlager seien verschlissen. Auch kommt Pendelneigung in der Lenkung mit Vorliebe bei einseitigem Dämpferdefekt vor, so daß man sich im Zweifelsfall, wenn andere Fehlerquellen bereits durch Untersuchung ausgeschieden sind, um die einwandfreie Funktion der Stoßdämpfer kümmern sollte.

Richtwerte gibt BMW für die Dämpfer der Schwingenmaschinen hauptsächlich für spezielle Stoßdämpferprüfgeräte an, mit diesen Richtwerten wird man als Bastler nicht viel anfangen können. Einen schlechten Stoßdämpfer erkennt man aber auch mit etwas Gefühl, wenn man ihn von Hand prüft. Beim Auseinanderziehen muß er viel, beim Zusammenschieben weniger Widerstand bieten. Vor allem muß er ganz gleichmäßig beweglich sein, darf also in keiner Stellung irgendwie klemmen und darf nicht ruckweise mal leichter, mal schwerer zu bewegen sein. Vorsicht im übrigen bei einer Freihandprüfung: die Dämpfer sind nicht darauf ausgelegt, vollständig zusammengedrückt zu werden. Wenn man in dieser Endlage mehr als 500 g Kraft aufwendet, zerstört man den Dämpfer!

Die zweite Vorschrift für die Behandlung der Stoßdämpfer heißt: Man soll sie nur stehend und nicht etwa liegend aufbewahren. Auch das ist einleuchtend, denn bei langer Lagerung im liegenden Zustand wird die Kolbenstangendichtung einseitig belastet, und zwar so sehr, daß sie sich tatsächlich plastisch verformen kann. Dadurch wird sie natürlich undicht. Und außerdem kann das Stoßdämpferöl weitgehend in den Ausgleichsraum sickern, wodurch in den Arbeitsraum Luft gelangen würde. Auch das ist ja unerwünscht und wird normalerweise durch geschickt angeordnete Ventile verhindert. Innerhalb des Dämpfers soll nur das Dämpferöl bewegt werden, es soll keinesfalls zu Schaum geschlagen werden. Im übrigen ist bei verschlossenen Dämpfern heute kein ausgesprochenes Öl mehr als Dämpferflüssigkeit vorgesehen, das gibt's nur noch bei der üblichen Dämpfung innerhalb von Teleskopgabeln.

Arbeiten an der R 51/3 - Telegabel

Bei diesen sind die Dämpferteile häufig wesentlich einfacher gestaltet, sie lassen sich, auch bei den älteren BMW-Telegabeln, vollständig zerlegen, reinigen und ohne Spezialwerkzeuge wieder funktionstüchtig zusammenbauen.

Sehen wir uns, bevor wir die Reparaturarbeiten am modernen Schwingenfahrwerk beginnen, kurz die Demontage einer BMW-Telegabel der R 51/3 an, zumindest hinsichtlich der besonders zu beachtenden Spezialhandgriffe.

Das Ausbauen der Gabel aus dem Fahrwerk bereitet keine Schwierigkeiten. Vorsicht: Motor unter der vorderen Aufhängung unterstützen, sonst kippt die Maschine vornüber. Lenker, Scheinwerfer und Lenkungsdämpfer lassen sich ebenfalls durch einfache Schlosserei demontieren, so daß wir gleich mit dem Abschrauben der beiden Verschlußkappen auf den Gabelholmen beginnen können. Darunter liegt eine Gummidichtung, die wir beim Zusammenbauen nicht vergessen dürfen.

Jetzt kommen wir an die eigentliche Halteschraube heran, mit der die Gabelholme an der Gabelbrücke befestigt sind. Diese Schraube wird herausgedreht, dann etwas angehoben, so daß wir darunter an der Mutter der Stoßdämpferstange gegenhalten und die Halteschraube völlig von der Dämpferstange herunterdrehen können. Auf Unterlagsscheiben achten!

Die Mutter SW 41, die als Gegenmutter des Lenkungslagers dient, wird nun abgeschraubt, dann kann mit einem kurzen, aber kräftigen Hammerschlag von unten die obere Gabelbrücke von den beiden Gabelholmen gelöst werden.

Nach Abschrauben der Einstellmutter SW 41 werden Kugeln herausfallen: es müssen oben und unten je 24 Kugeln von 5,5 mm Durchmesser eingebaut werden. Am besten verwendet man neue Kugeln und, wenn möglich, bei der geringsten Beschädigung der Lagerschalen der Lenkungslager auch an dieser Stelle Neuteile.

Scheinwerferträger mit Gummiringen abnehmen, Öl aus den Gabelholmen ablassen, Gabel mit dem Lenkungshauptrohr in den Schraubstock spannen, Zwischenlage von zwei Holzstücken ist dabei nötig, um das Rohr auf keinen Fall zu beschädigen. Diese Schonbacken aus Hartholz bekommen in Längsrichtung je einen dreieckigen (prismatischen) Ausschnitt, mit dem man das runde Rohr am besten festhalten kann.

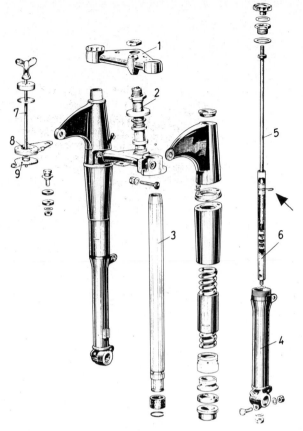

Für die Einzelteile der Telegabel gibt es sehr viele verschiedene Bezeichnungen, so daß oft durch falsche Benennung Mißverständnisse entstehen. Hier sind einige wichtige Bauteile mit Ziffern versehen: 1 = Gabelbrücke oben, 2 = Lenkrohr mit unterer Gabelbrücke und Lenkungslagern, 3 = Gabelstandrohr oder Hauptrohr, 4 = Gabelführungsrohr, 5 = Dämpfer-Kolbenstange, 6 = Dämpferrohr oder Dämpferzylinder, 7 = Lenkungsdämpferspindel, 8 = Lenkungsdämpfer-Widerlager, 9 = Lenkungsdämpfer-Druckscheibe.
Mit dem Pfeil ist die Klemmfeder zur Sicherung der Dämpferstangen-Führung gekennzeichnet, die herausgezogen werden muß, bevor die Stange mit dem Dämpferkolben demontiert werden kann. Das mit 8 bezeichnete Widerlager trägt die Dämpfer-Reibscheiben und wird mit dem Rahmen fest verbunden. Diese Reibscheiben könnte man, um sie gegen Schmutz unempfindlicher zu machen, durch Scheiben aus Bronze ersetzen. Aber fest mit dem Widerlager verbinden.

Die untere Federverkleidungshülse läßt sich von Hand durch eine halbe Drehung aus dem Bajonettverschluß lösen und dann hochschieben. Jetzt kommt man mit einem Zapfenschlüssel an die Überwurfmutter (Matra-Best.-Nr. 285) heran und kann diese herausschrauben. Dazu hält man den Schlüssel oben fest und dreht am Außenrohr der Gabel mit der Steckachse die Mutter aus dem Gewinde. Die unteren Gabelführungsrohre (so nennt man auch häufig die Außenrohre, die die Aufnahmebohrung für die Achse tragen) lassen sich jetzt abziehen, wobei der Stoßdämpfer komplett mit Außenrohr und Dämpferstange in diesem Führungsrohr hängenbleibt. Abnehmen können wir den Dämpfer erst, wenn die unten innerhalb der Achsbohrung versteckten Muttern mit einem schlanken Steckschlüssel herausgeschraubt wurden. Hier gehört beim Zusammenbauen unbedingt eine neue Sicherungsscheibe hin. Im oberen Teil des Stoßdämpferrohrs finden wir eine einfache Klemmfeder (einen Drahtbügel), die wir zur restlosen Demontage des Dämpfers noch aus ihrem Sitz ziehen müssen. Jetzt können Dämpferkolben, Dämpferstangenführung und Ventile überprüft werden.

Die Skizze unten zeigt prismatische Klemmung eines Rohrstückes: auf diese Weise wird es im Schraubstock zwar festgehalten, aber nicht zerdrückt.

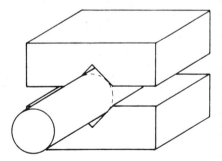

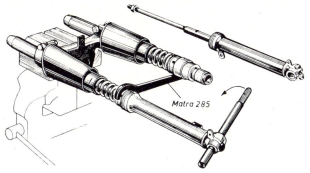

Mit dem Hakenschlüssel wird die Überwurfmutter am Gabelführungsrohr festgehalten, so daß man unten mit einem durch die Achsbohrung gesteckten Dorn die Verschraubung lösen kann. Den Hakenschlüssel kann man dabei gegen das andere Gabelrohr abstützen.

Die Gleitbuchsen der Gabel lassen sich nach Abnehmen des Seegerrings am unteren Ende des Hauptrohrs abziehen, damit kommt man auch an die Dichtringe heran. Auswechseln der Federn geschieht durch Abschrauben der Spannstücke, in denen die Federn wie mit einem Gewinde befestigt sind.

Wichtige Prüfdaten für die Gabel sind: größter Schlag der Hauptrohre beim Prüfen auf Rundlauf = 0,2 mm, Laufspiel der oberen Gleitbuchse 0,08 bis 0,11 mm, Laufspiel der unteren Buchse 0,04 bis 0,08 mm.

Beim Zusammenbauen muß man darauf achten, daß beide Standrohre so in die untere Gabelbrücke gesteckt werden, daß der Abstand von Gabelbrückenunterkante bis zum oberen Gabelrohrende 192 mm beträgt und bei beiden Holmen (Standrohren) gleich groß ist. Dann zieht man die Klemmschrauben der Gabelbrücke provisorisch an und montiert weiter. Ein kleiner Trick ist noch nötig, um den Federn etwas Vorspannung zu geben: Die Außenrohre der Gabel (die die Vorderachse aufnehmen) werden so an die Überwurfmutter mit dem Federträger angeschraubt, daß die Achsbohrungen unten etwa 20 Grad vor Endstellung stehen. Nach dem Anbauen des Schutzblechs liegen die beiden Achsbohrungen dann in einer Flucht, aber die Federn sind leicht vorgespannt. Das Einbauen der Gabel geschieht so, daß das Lenkungslager (dessen Kugeln man zur Montage zweckmäßig mit etwas Fett an ihrem Platz festklebt) sorgfältig spielfrei eingestellt wird. Dazu lockern wir vor allem noch mal die Klemmschrauben an der unteren Gabelbrücke und montieren die obere Gabelbrücke vollständig, stellen die Lenkungslager spielfrei ein (aber auch nicht zu stramm), und erst ganz zum Schluß, nachdem alle anderen Befestigungsschrauben und Muttern festsitzen, werden die Klemmschrauben der unteren Gabelbrücke endgültig angezogen. Nicht vergessen, den Lenkungsdämpfer unten zu versplinten!

Fahrwerkspflege für die Schwingenmaschinen

Während wir bei der Telegabel die Dämpfung und vor allem die Gabelgleitbuchsen kontrollieren mußten und als Einzelteile auswechseln konnten, brauchen wir uns bei der Vorderradschwinge und der Hinterradschwinge nur noch ab und zu um die Kegelrollenlager der Schwinge selbst Gedanken zu machen. Stoßdämpferreparatur kommt nicht in Frage. Das Auswechseln der Stoßdämpfer erfordert bei den vorderen Federbeinen eine Hilfsvorrichtung, vor allem dann, wenn die Maschine längere Zeit bei schlechtem Wetter (auf salzgestreuten Straßen) gefahren wurde. Die Hinterradstoßdämpfer können wir ohne aufwendiges Spezialwerkzeug ausbauen.

Demontage der vorderen Stoßdämpfer

Federbein abschrauben, dabei darauf achten, daß die beiden Befestigungsschrauben mit Feingewinde versehen sind, achten auch auf die Lage der Druckscheiben an den Gummilagern der

gehabt. Ins untere Holzbrett werden wir nur eine kleine Delle einarbeiten, in der sich das untere Federbeinauge festhalten kann, außerdem natürlich die Bohrungen für die Gewindestangen, die ich in der Größe M 8 gewählt habe.

Wichtig ist, daß das obere Befestigungsauge fixiert wird, das geschieht hier mit einem Dorn, der über zwei Flacheisen auf die überstehenden Stangen gestützt ist. Mit den zwei Spannmuttern wird nun die Federhülse nach unten gedrückt, und zwar so weit, daß man mit einem Gabelschlüssel SW 9 mm den »Zweikant« an der Stoßdämpferstange fassen kann. So schraubt man die Stange aus dem oberen Befestigungsteil heraus.

Die Schwierigkeit liegt darin, daß durch Korrosion das Leichtmetallteil oben mit der Federhülse zusammenklebt, man könnte es mit Hammerschlägen versuchen — unfeine Methode. Wenn diese Stelle erst mal gelöst ist, kann man na-

Federbeinaugen. Aus zwei Gewindestangen und zwei Holzbrettchen kann z. B. die Spannvorrichtung gebaut werden. Wir müssen die äußere Verkleidungshülse des Federbeins nach unten drücken, und zwar ohne daß das obere Befestigungsauge mitwandert. Dazu sägen wir in das eine Holzbrett ein rundes Loch von 58 mm Durchmesser, zweckmäßigerweise wählen wir natürlich Sperrholz, Stärke etwa 10 mm. Auf den Bildern ist das obere Spannstück aus Aluminium von 5 mm Dicke herausgearbeitet, die Bohrung auf der Drehbank ausgedreht. Ich habe aber vorher auch mit Sperrholz einwandfrei Erfolg

türlich den querstehenden Dorn herausziehen und am Befestigungsteil (und nicht an der Dämpferstange) drehen, das geht schneller. Federhülse und Feder lassen sich jetzt abnehmen. Aus dem unteren Leichtmetallbefestigungsteil wird der Dämpfer auch herausgeschraubt, hier werden wir etwas mehr Kraft aufwenden müssen, immerhin ist das Gewinde dort wesentlich größer. Wir biegen aus einem etwa 30 mm breiten Blechstreifen eine Art Schelle, die ums Dämpferrohr herumgelegt wird. Beide Schenkel der Schelle werden ganz eng am Rohr in den Schraubstock gespannt, dann in Losdrehrichtung umgelegt, so daß sie sich mitsamt dem Dämpferrohr verklemmen. Jetzt kann man mit einem Dorn durch das Befesti-

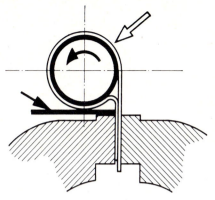
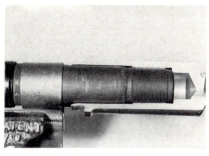

gungsauge am Leichtmetallstück drehen und den Dämpfer herausschrauben. Pech hat man nur dann, wenn beides wieder so fest zusammenkorrodiert ist, daß man mit großer Kraft nur das angebördelte Gewindestück auf dem Dämpferrohr dreht, nicht aber das Gewinde selbst ausschraubt. In solchem Fall hilft tatsächlich nur noch kräftiges Erhitzen des Leichtmetalls, das sich dabei ausdehnt und auf diese Weise meist überlistet werden kann. (Siehe dazu die beiden Bilder, die die untere Stoßdämpferbefestigung aufgesägt zeigen. Aufsägen sollte man aber vermeiden, das Leichtmetallteil allein kostet etwa 30 DM!)

Bei einer Demontage der Dämpfer ist auch darauf zu achten, ob die beiden Gummilager oben und unten in den Federbeinaugen noch brauchbar sind. Sie sollen keine Anrisse zeigen, wenn man sie etwas zusammendrückt. Im Zweifelsfall lieber auswechseln.

Der Einbau des Dämpfers geht natürlich in der umgekehrten Reihenfolge vor sich, dazu bedarf es keiner Erklärungen. Dämpfer kräftig festziehen, Dämpferstange oben vollständig ins Leichtmetallteil einschrauben und vor allem die Gummipuffer auf der Dämpferstange nicht vergessen.

Hinterradfederbeine

Die Demontage ist einfach, man braucht nur die Leichtmetallkappe abzuschrauben und gelangt dann an die Haltemutter (M 8, SW 14, später SW 13), die sich normalerweise leicht lösen läßt. Dazu hält man mit dem Schraubenzieher die Dämpferstange fest. Trick: Gewinde vor dem Lösen, soweit zugänglich, sauberkratzen, dann dreht sich die Mutter über den gesamten Weg leicht! Man verdirbt sonst möglicherweise den Schlitz in der Dämpferstange.

Das Federbein wird nach unten herausgezogen, und der Dämpfer wird, wie oben beschrieben, schließlich auch aus dem unteren Leichtmetallteil herausgeschraubt. Beim Einbauen ist wieder auf die Gummipuffer zu achten, ebenso muß wieder die M-8-Mutter oben sorgfältig fest angezogen werden.

Radlagerausbau

Während die Radlager der R 51/3 anfangs noch normale Kugellager waren und keine besonderen Hinweise für die Demontage benötigten, mußten bei der Konstruktion der neuen Lagerung mit Kegelrollenlagern einige Kniffe angewendet werden.

Kegelrollenlager sind einstellbar, man muß das seitliche Spiel genau festlegen, damit das radiale Spiel ebenfalls stimmt. Die Naben haben auf der linken Seite (in Fahrtrichtung) eine Abschlußschraube, die mit einem Spezialschlüssel (Bild) gelöst werden soll. Leider werden viele Fahrer an dieser Stelle derart heftig mit Rost zu kämpfen haben, daß vor dem

Beim Pfeil löst sich die Bördelung.

Lösen der Schraube das Spezialwerkzeug seinen Dienst quittiert. Ebenso viele Fahrer werden sich gar nicht erst die Mühe machen, das Spezialwerkzeug aufzutreiben oder gar anzufertigen, sie werden diese Abschlußschraube brutal mit einem Dorn und einem schweren Hammer losschlagen. Und es muß zugegeben werden, daß diese Methode, so grob sie auch sein mag, oft letzte Rettung bleibt, denn gerade diese Schraube mit ihrem sehr großen Gewindedurchmesser setzt Löseversuchen selbst bei verhältnismäßig geringer Korrosion kräftigen Widerstand entgegen.

Das Original-Spezialwerkzeug (oben) hat vier Stifte, 4 mm dick und etwa ebenso lang, die in die Bohrungen der Abschlußschraube fassen. Das Werkzeug wird in den (möglichst stabilen) Schraubstock gespannt, und dann versucht man das aufgesteckte Laufrad (und nicht die Schraube) zu drehen. Meist wird bei ungeschickter Führung des Rads das Werkzeug aus den Bohrungen der Schraube herausrutschen... so recht gefallen mag mir das Werkzeug nicht.

Eigenbau lohnt manchmal, vor allem wenn man in der Lage ist, die vier Bohrungen für die Schlüsselstifte genau genug zu setzen. Im Bild ist gezeigt, wie mein Eigenbauwerkzeug aussieht: ein Stück Flachmaterial mit zentraler Bohrung (Gewinde M 10) und den vier eingeschraubten Stiften. Diese sind bei mir nicht mehr nur 4 mm dick (so zähes Material hat man ja meist nicht zur Hand, daß man mit dieser Dicke auskommen würde), sondern es sind M-6-Schrauben, die auf 5 mm Durchmesser heruntergefeilt (bzw. gedreht) und fest ins Flachmaterial geschraubt wurden (Gewinde nur mit Bohrer Nr. 2 gebohrt). Entsprechend sind die vier Bohrungen der Abschlußschraube der Radlagerung bei meiner Maschine auch auf 5 mm aufgebohrt, genügend Material ist dran.

Der Trick bei diesem Werkzeug liegt aber woanders. Das Rad wird nämlich nicht nur aufgelegt, so daß die Stifte bei schiefem Drehen aus den Bohrungen der Schraube herausrutschen könnten, sondern es wird mit einem Stück Gewindestange M 10 sehr fest (durch die Achsbohrung) an das Werkzeug angeschraubt. Wenn jetzt noch die Stifte abscheren, hat man ein ruhiges Gewissen, wenn man zu 1000-g-Hammer und Dorn greift. Erfahrungsgemäß helfen zwei bis drei kräftige Schläge erheblich besser als zehn bis zwanzig weniger starke. Wer Angst hat, kann den Dorn ja mit einer Zange fassen... obwohl man da-

bei nicht so gut im Gefühl hat, wohin man schlagen muß.
Wenn die Abschlußschraube erfolgreich überlistet wurde, ist der Rest schnell geschehen. Von der Innenseite, also aus Richtung der Bremstrommel, schlägt man dann nämlich alle beiden Lageraußenringe mitsamt den Zwischenbuchsen gemeinsam zur rechten Radseite heraus – und wird sie meist wegwerfen, weil nach den kräftigen Schlägen die Gefahr besteht, daß man Rollen oder gar die Lauffläche der Lagerringe beschädigt hat. Meist wird auch noch der Käfig des bremsseitigen Lagers dranglauben, denn wenn man hier nicht den berühmten »passenden Dorn« verwendet, wird sich der Lagerinnenring (der ja dann keine Führung hat) verdrehen und den Käfig verdrücken.

Das Ausbauen der Radlager wird man also so lange hinausschieben, bis wirklich eine Notwendigkeit dazu besteht. Ans äußere Lager (das linke) kommt man sowieso ohne Demontage heran, dieses Lager ist es auch, das in den meisten Fällen einer gründlichen Reinigung und des Neufettens bedarf. Das bremsseitige Lager pflegt auch noch nach 40 000 km hellgelbes Fett zu haben, ohne schwarze Schmutzspuren.

Zum Einbauen der Lager ist der passende Dorn weniger wichtig, weil man ja auch mit einem schlanken Dorn die beiden Lageraußenringe gezielt eindrücken kann.

Bei der Prüfung auf Verschleiß und erneuerungsbedürftige Teile vergessen wir nicht die Buchse, gegen die die Dichtlippe des Wellendichtrings läuft, anzusehen. Im Bild ist gezeigt, wie sie nicht aussehen darf, nämlich mit eingeschmirgelten Rillen und rauher Oberfläche. Polieren oder Abschleifen ist sinnlos, eine solche Buchse muß ausgewechselt werden, sie würde in kurzer Zeit den Dichtring (den wir spätestens nach 20 000 km auswechseln werden) wieder verderben.

Die älteren Modelle der Schwingenmaschinen hatten als Radlagerdichtung noch einen einfachen Filzring, der nicht lange überlebte. Er wurde nach außen mit einer Blechkappe festgehalten, was eine anders geformte Abschlußschraube

Ganz oben: So kommt der Lagerinnenring mit der inneren Distanzbuchse aus der Nabe.
Darunter: Die Buchse mit der Lauffläche für den Filzdichtring darf nicht wiederverwendet werden, wenn sie solche Verschleißspuren zeigt.
Darunter: Die Radlager-Abdichtung nach außen geschah zunächst durch Filzring (links im Bild) und später durch einen Wellendichtring. Die Zeichnung gibt die Einzelteile der älteren Radlagerung einmal hintereinander aufgereiht wieder.

nötig machte. Umrüsten ist unbedingt zu empfehlen, auch wenn die Abschlußschraube neu gekauft werden muß. Innen, also in Richtung der Bremstrommel, wurde der Filzring beibehalten, hier liegt keine Notwendigkeit für einen Wellendichtring vor.

Einstellen der Radlager

Die Kegelrollenlager müssen ein genau festgelegtes seitliches Spiel haben, was durch Ausgleichscheiben erreicht wird. Zum Prüfen des Spiels brauchen wir leider unbedingt eine Hilfsvorrichtung, die aus einem einfachen Stück Rohr besteht. Wichtig ist daran, daß beide Rohrenden möglichst genau parallel zueinanderstehen, da andernfalls ja auch die Lagerinnenringe gegeneinander schräg verspannt und vortäuschen würden, daß zuwenig Spiel vorhanden ist.

Das Rohrstück kann man durch Feilen der Enden nicht genau genug herstellen, man muß es schon auf der Drehbank in einem Arbeitsgang an beiden Enden bearbeiten. Jeder Dreher weiß, wie man so etwas macht.

Der vollständige Lagersatz wird mit diesem Abstandsrohr zusammengespannt. Dazu klemmt man die Steckachse zunächst in den Schraubstock und setzt dann der Reihe nach die einzelnen Lagerteile auf:

Lagerinnenring der Bremsseite mit Rollen und Käfig; innere Distanzbuchse (mit kleinem Durchmesser), ihre Aussparung für den Paßring zeigt nach oben; Lageraußenring; Paßring; eventuell Paßscheiben; äußere Distanzbuchse; Innenring mit Rollen und Käfig des zweiten Lagers gemeinsam mit dem dazugehörigen Außenring.

Auf diesen Lagersatz steckt man nun das Hilfsrohr (20,1 mm Innendurchmesser, etwa 30 mm Außendurchmesser und etwa 100 mm lang) und spannt das Ganze mit der Achsmutter zusammen.

Das heißt, daß man nun die beiden Lagerinnenringe mit der inneren Distanzbuchse und dem Paßring kräftig gegeneinandergezogen hat, die äußere Distanzbuchse muß jetzt noch leicht beweglich sein, denn sonst würden ja die Lagerrollen unter Druck stehen. Man prüft durch Daumendruck gegen die äußere Distanzbuchse (Bild), ob sie sich tatsächlich leicht bewegen läßt und vor allem, ob sie nicht etwa sogar Spiel hat. Ist sie stramm gespannt, dann geht der Druck der Achsmutter vom Lagerinnenring über die Rollen auf den Außenring und die äußere Distanzbuchse. Diese ist also zu lang, oder der Paßring in der inneren Distanzbuchse ist zu kurz.

Man müßte also eine weitere Distanzscheibe unter den inneren Paßring unterlegen, dann die Prüfung wiederholen. Oder aber der äußeren Distanzbuchse die überflüssigen Hundertstel Millimeter abschleifen ... eine etwas mühsame und auch heikle Arbeit. Dazu würde im Notfall Schmirgelleinen auf eine ebene Platte gelegt, worauf man die Seitenflächen der äußeren Distanzbuchse abzieht, und zwar unter ständigem Drehen, damit die beiden Enden der Buchse auch weiterhin zueinander parallel bleiben.

Wenn die Einstellung stimmt und die Lager sauber gewaschen (oder neu) sind, werden sie schön mit Wälzlagerfett eingerieben und eingebaut. Dazu

kann man, wie erwähnt, einen schlanken Dorn nehmen, aber mit dem genau passenden Rohrstück oder Dorn, Außendurchmesser etwas geringer als der Lageraußenring (46,5 mm), geht das Einbauen wesentlich ordentlicher vor sich. Man kann auch die einzelnen Lagerteile durch Einstecken der Zwischenbuchse, die für die Vorderradlagerung die dünne Vorderachse aufnimmt, in einer Flucht halten. Dann rutscht der Lagersatz leichter auf seinen Platz.

Zum Schluß wird wieder der gewellte Ring aufgelegt, dann wird die große Blechabdeckscheibe mit der Abschlußschraube mit Buchse und Dichtring festgezogen. Und damit das Lösen dieser Deckschraube später leichter geht und nicht soviel brutale Gewalt erfordert, können wir das große Gewinde jetzt gleich entweder einfetten oder besser mit Mo-S 2-Paste einreiben, das hält den Rost bis zur nächsten Inspektion mit Sicherheit fern.

Ausbauen der Schwingenlager

Die vordere Langschwinge ist, genau wie die hintere, in Kegelrollenlagern gehalten. Vor diesen Lagern sitzt eine Dichtung mit sehr langer Staublippe, damit möglichst kein Wasser an die empfindlichen Lagerlaufflächen gelangt. Aber ganz läßt sich hier Korrosion nicht verhindern, es empfiehlt sich also, spätestens alle 20 000 km auch die Vorderschwingenlager zu kontrollieren. Die Achse der Vorderschwinge ist im Gegensatz zur Hinterschwingenachse ein durchgehendes Stück Rundmaterial (wegen des Kreuzgelenks läßt sich das bei der hinteren Lagerung nicht so schön gestalten). Die Schwingenachse ist von rechts nach links in die Gabel eingeschraubt, dann auf der linken Gabelseite mit einer Gegenmutter festgehalten. Diese Mutter (es ist eine flache Hutmutter am unteren Ende des linken Schwingenträgers) wird zuerst gelöst. Dann kann die Schwingenachse mit dem Schlüssel auf der rechten Seite gefaßt und ein kleines Stück herausgeschraubt werden.
Wir haben sicher schon bemerkt, daß im Zapfen der Schwingenachse links noch ein Gewinde vorhanden ist — und hier wird jetzt ein Hilfswerkzeug eingeschraubt. Ein Dorn mit etwa 10-mm-Gewinde M 8 dient als Schlagbolzen, mit dem die Schwingenachse vollständig von links nach rechts ausgetrieben wird. Bei dieser Arbeit wird uns eine Gewindestange M 8 noch ausreichen, ein richtiger Montagedorn (Matra 519) erscheint erst beim Zusammenbauen zweckmäßig. Während die Schwingenachse herausgeschlagen wird, fallen sicher bei beiden Seiten die Paßscheiben zwischen Schwinge und Schwingenträger heraus. Aufpassen, daß die beiden (nicht immer gleich dicken) Scheiben auch wieder an die gleiche Stelle wie vorher montiert werden! Die Schwinge selbst halten wir natürlich fest, damit sie nicht gleich beim Austreiben der Achse herunterfällt, wenn sie vom Treibdorn rutscht.
Wie schon bei den Radlagern, so laufen auch die Dichtringe der Schwingenlager auf besonderen Buchsen, die jetzt mit einem Schraubenzieher herausgehebelt werden. Den Wellendichtring demontieren wir auf die gleiche Weise. Ebenso läßt sich der Lagerinnenring mit den

sie nachher auf einer ebenen Platte noch richten kann (sofern man nicht schnell genug neue Blechscheiben auftreibt).

Lager und Distanzbuchse werden wiederum gewaschen und begutachtet. Lageraußenringe, die so aussehen wie auf dem Foto, sollten als schrottreif angesehen werden, da muß also dann das komplette Lager neu gekauft werden. Und nach einer Laufzeit von etwa 30 000 km dürfte auch der Wellendichtring nicht mehr brauchbar sein, der dann wiederum gemeinsam mit der Buchse, gegen die seine Dichtlippe läuft, ausgewechselt werden muß.

Die Demontage der Schwingenlager sollte man, sofern man noch eine ältere Maschine hat, gleich dazu benützen, sich ins Querrohr der Schwinge den später serienmäßig verwendeten Schmiernippel einzubauen. Hier ist aber

Rollen herausnehmen, nur der Lageraußenring ist nicht so leicht zu erreichen. Es gibt mehrere Möglichkeiten: Entweder schlägt man ihn mit einem Dorn von der Gegenseite heraus, dann aber wird man die unter dem Lagerring sitzende Blechscheibe zerdrücken. Oder aber man benutzt einen speziellen Auszieher für diese Lageraußenringe, wie er handelsüblich bei den verschiedenen Werkzeugfirmen in den Katalogen zu finden ist. Da aber ein solcher Auszieher nicht gerade billig ist, wird meist wohl doch mit einem Dorn gearbeitet werden. Dabei ist vielleicht von Vorteil, wenn man nicht einen schlanken, dünnen Dorn nimmt, sondern einen, der gerade noch durch die Bohrung der Deckscheiben hindurchgeht. Dann nämlich beschädigt man diese Bleche kaum — oder zumindest nur so wenig, daß man

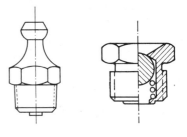

etwas Überlegung nötig. BMW benutzt einen sogenannten Trichter-Schmiernippel, dessen Gewindegröße M 8×1 ist. Diese Nippel erfordern eine konischspitze Fettpresse, während ja in den meisten Bastlerwerkstätten noch die früher üblichen Fettpressen für Kegelwulst-Schmierköpfe vorhanden sein dürften. Hat man solch eine Fettpresse, sollte man doch lieber die dazugehörigen Nippel verwenden, außerdem wäre zu bedenken, daß ein Gewindebohrer M 8×1 auch nicht überall gleich zur Hand sein dürfte; man wird also auf die nächstkleinere Nippelgröße mit M-6-Gewinde übergehen. Für den einen Schmiernippel lohnt eine so umfangreiche Anschaffung (ein Gewindebohrersatz ist ja nicht gerade billig) sicher nicht.

Der serienmäßige Schmiernippel wird entsprechend der Skizze angebracht, man feilt zusätzlich um die Gewindebohrung eine kleine Fläche an, gegen die der Nippel (mit Curil festgeklebt) abdichten kann. Außer dem Nippel wird dann aber noch die neuere Art der inneren Deckbleche der Schwingenlager gebraucht, die etwa 22 mm Innendurchmesser haben und das Fett vom Nippel überhaupt erst bis zu den beiden Lagern gelangen lassen.

Nachdem alle Teile gewaschen und neu gefettet wurden, werden zunächst die Deckscheiben in die Schwinge eingelegt, dann die Lageraußenringe eingeschlagen. Einsetzen der Innenringe mit

Rollen und Käfig, dann Aufsetzen der Distanzbuchse und schließlich Eindrücken des Wellendichtrings schließen die Montage ab. Der spezielle Dorn zum Einziehen der Schwingenachse wird nicht unbedingt gebraucht, er kann aber die Arbeit erleichtern und vor allem vermeiden helfen, daß das Gewinde der Schwingenachse beschädigt wird. Dazu wird im übrigen nicht allein ein Dorn, sondern auch eine Führung für diesen Dorn benötigt. Die Führung, ein Stück Rundmaterial mit Außengewinde M 16×1,5 und mit einer genau mittigen Bohrung von 8,1 mm Durchmesser, schraubt man ein Stückchen ins Gewinde des Schwingenträgers hinein, schiebt den Montagedorn durch die mittige Bohrung und zieht nun die Schwingenachse von rechts nach links hindurch. Die genaue Führung der Achse durch das Gewindestück erleichtert das Einfädeln der Achse ins Gabelgewinde; ohne diese Führung müßte man lange probieren. Das fällt insofern etwas schwer, als man ja an beiden Seiten der Schwinge noch auf die Paßscheiben zu achten hat, deren linke mit Vorliebe dann herauszufallen pflegt, wenn man gerade meint, das Gewinde richtig angesetzt zu haben. Hüten muß man sich beim Einfädeln der Schwingenachse vor Hammerschlägen, damit verdirbt man nur den Gewindeanfang.

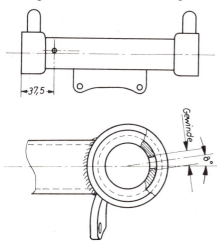

Die beiden Paßscheiben zwischen der Gabel und der Schwinge selbst müssen so ausgesucht werden, daß sich die Schwinge mit dem eingebauten Lagersatz mit etwa 0,1 mm Spiel in die Gabel einführen läßt. So wird verhindert, daß man die Gabel, deren untere Enden ja nicht sehr beweglich sind, zum Einstellen des Schwingenlagerspiels zu stark zusammenziehen muß.

Die Achse wird soweit festgezogen, daß der Schwingenarm spielfrei langsam nach unten sinkt. Dann kontert man mit der Hutmutter kräftig und kann nun schon wieder mit der Montage des Kotflügels beginnen.

Hinterradschwinge

Die Lager der hinteren Schwinge sind grundsätzlich auf die gleiche Art auszubauen:
Schutzkappe abschrauben, dann Gegenmutter lösen und schließlich den Achsstummel herausdrehen. Zweckmäßigerweise wird man natürlich vorher bereits das Hinterachsgetriebe abgenommen, wird außerdem die Kardanwelle vorn vom Flansch des Getriebes gelöst haben, und die beiden Federbeine sind ebenfalls schon abgenommen. Auch das Schutzblech muß demontiert werden, sonst bekommt man ja die Schwinge nicht aus dem Fahrwerk heraus.
Der Dichtring der Schwingenlager hat wiederum eine spezielle Laufbuchse, die meist schon nach etwa 20 000 km eingeschliffene Riefen hat. Die Lager dürften nach 30 000 km ebenfalls reif zum Auswechseln sein.

Der Ausbau der Lageraußenringe klappt diesmal nicht so einfach wie bei der Vorderschwinge, weil man nicht mit einem Dorn von der Innenseite herankommen kann. Also bleibt nichts anderes übrig, als einen Griff in den Geldbeutel zu tun und einen Spezialauszieher zu beschaffen — oder aber eine Werkstatt aufzusuchen, die einen solchen Auszieher besitzt (das sind, wenn man den Leserbriefen glauben darf, die mich beim MOTORRAD laufend erreichen, gar nicht mal so viele Werkstätten, leider!). Siehe Bild Seite 46 unten rechts. Man kann natürlich mit Improvisation und zwei am Ende scharf geschliffenen Montierhebeln auch recht weit kommen. Zumindest soweit, bis man mit einer einfachen Eigenbauvorrichtung aus zwei Flacheisen hinter den Lagerring greifen kann. Er sitzt nicht besonders fest (wenn kein Rost im Spiel ist) und läßt sich auch dann herausziehen, wenn man nicht viel Kraft anwenden kann. Ein Beispiel einer dergestalt improvisierten Ausziehzange zeigt das Bild. Auch kann man sich ja einen speziellen Auszieher machen, dessen Form stark vereinfacht dem handelsüblichen Muster nachempfunden ist.

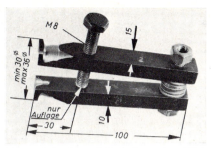

Die Montage der Schwingenlager bringt keine Probleme. Einstellen muß man wieder mit etwas Gefühl, so daß zwar kein Spiel vorhanden ist, aber auch die Schwinge nicht ausgesprochen schwergängig läuft. Natürlich prüft man das bei abgenommenem Hinterachsgetriebe, sonst verdirbt dessen Gewicht die Feinfühligkeit. Aufpassen muß man noch, daß die Schwinge mittig im Rahmen sitzt, daß also an beiden Lagerstellen der Abstand zwischen Schwinge (Lagersitz) und Rahmen gleich groß ist. Das mißt man einfach mit der Schieblehre. Beachten muß man dabei jedoch, daß die Schwinge am hinteren Ende, also am Anschluß des Hinterachsgetriebes, nicht am Rahmenbogen scheuert. Dazu ist vor der Spieleinstellung eine Probe mit aufgestecktem Hinterachsgetriebe angebracht. Stimmt das Lagerspiel, darf die Konterung der Achsstummel nicht vergessen werden — dann zum Schluß die Abdeckhutmutter aufschrauben.

Bei all diesen Arbeiten wird natürlich vorausgesetzt, daß man mit dem Schraubenschlüssel einigermaßen umgehen kann, daß also nicht jedesmal erklärt werden muß, welche Teile (sofern nicht besonders bemerkenswert) vor dem Schrauben abgebaut werden müssen. Es wird also nie gesagt: Jetzt schrauben wir erst das Schutzblech ab . . . das muß ein interessierter Bastler wirklich selbst sehen.

Was aber noch zu erwähnen wäre: Wenn Rost im Spiel ist, funktioniert so manche Schrauberei nur noch mit Gewalt, oft gar nicht mehr. So wird z. B. das Lösen der Lagerzapfen der hinteren Schwingenlagerung dann zur Quälerei, wenn der Zapfen im Rahmengewinde festgerostet ist und die beiden Schlüsselstifte des Bordwerkzeug-Spezialschlüssels immer wieder aus den Bohrungen des Lagerzapfens herausrutschen. Hier kann man sich letztlich nur noch durch eine Umkonstruktion helfen, indem man nämlich an den herausschauenden Teil des Lagerzapfens einen »Zweikant« anfeilt, an den man einen normalen Gabelschlüssel ansetzen kann.

Die Lenkungslagerung

Zu den wenigen Stellen an BMW-Motorrädern, die etwas unterdimensioniert sind, gehören die Lenkungslager. Deshalb sind sie recht pflegebedürftig und erfordern häufiges Nachstellen. Meist sind sie schon bei den ersten Anzeichen von leichtem Klapperspiel (bemerkbar vor allem beim Bremsen mit der Vorderradbremse) durch Kugeleindrücke in den Lagerschalen verdorben, so daß sie ausgewechselt werden müssen.

Bei Gespannbetrieb fällt eine verschlissene Lenkungslagerung nicht so stark auf, da wird sie durch den etwas angezogenen Lenkungsdämpfer überspielt. Solo jedoch wundert man sich darüber, wie schwierig es wird, genau den »Strich« zu fahren, den man sich anfangs einer Kurve vorgenommen hatte . . . dann ist's auch schon höchste Zeit, sämtliche Lagerschalen und Kugeln auszuwechseln.

Im Bordwerkzeug ist ein flacher Schlüssel SW 41 enthalten, der für die Einstellmutter der Lenkungslager bestimmt ist. Auf seinem anderen Ende hat er einen Ringschlüssel SW 36, mit dem man die Gegenmutter (oberhalb der Gabelbrücke) hart anziehen soll. Vielleicht, je nach Häufigkeit der Schlosserei, lohnt sich ein richtiger kräftiger Gabel- oder Ringschlüssel für diese Mutter im Lauf der Zeit, den Gabelschlüssel SW 41 werden wir aber nicht durch einen besseren ersetzen können, denn der Sechskant der Einstellmutter erfordert eben einen flachen Blechschlüssel.

Zum Nachstellen der Lenkungslager reicht es aus, den Drehknopf (Sterngriff) des Lenkungsdämpfers herauszuschrauben. Dazu muß an seinem unteren Ende zuerst der Splint gezogen werden, dann hält man die Widerlagerscheibe unten am Reibungsdämpfer fest und kann dann den Sterngriff mit seiner langen Zugstange vollständig ausschrauben.

Bei den S-Modellen (R 50 S und R 69 S), die einen hydraulischen Lenkungsdämpfer haben, muß dessen komplettes Kniegelenk unter der unteren Gabelbrücke abgeschraubt werden. Dazu braucht man einen recht dünnwandigen Steckschlüssel SW 12, nach Abnehmen dieser Mutter mit Federring kann dann der Sterngriff mit seiner Stange ebenfalls nach oben herausgezogen werden.

Jetzt liegt auf der oberen Gabelbrücke die Gegenmutter fürs Lenkungslager frei. An die Einstellmutter kommt man aber noch nicht einwandfrei heran, dazu müssen erst die Lenkerklemmen abgenommen werden. Ein 17er-Steckschlüssel mit Knarre erleichtert das Lösen der (Feingewinde-)Muttern unterhalb der oberen Gabelbrücke. Hier nachher neue Federringe verwenden!

Das Nachziehen der Einstellmutter fürs Lenkungslager sollte man nicht »übern Daumen peilen«, sondern es lohnt sich schon, dazu auch noch das Vorderrad auszubauen. So verfälscht das Gewicht des Rads nicht das Gefühl, man kann an der jetzt leichteren Gabel viel feiner merken, wenn man etwas zu stark angezogen hat. (Achtung: Beim Vorderradausbauen muß der Motor vorn unterstützt werden, sonst kippt die Maschine!) Die Einstellung muß im übrigen nach dem Anziehen der Gegenmutter nochmal überprüft werden, sie ändert sich nämlich dabei immer (trotz Festhaltens der Einstellmutter) ein wenig.

Auswechseln der Lenkungslager

Hierzu muß die Gabel völlig aus dem Rahmen genommen werden, man kommt also ums Abnehmen des Scheinwerfers nicht herum. Ebenso muß jetzt auch das Halteblech des Lenkungsdämpfers vom Rahmen abgeschraubt werden, bei den S-Modellen löst man das Kniegelenk sowohl von der Gabel als auch von der Kolbenstange des Lenkungsdämpfers.

Den Lenker legt man am besten auf dem Tank ab (Lappen unterlegen); Abblendschalter und Blinkerschalter abnehmen und mit dem Scheinwerfer vorsichtig herunterhängen lassen. Die obere Gabelbrücke wird nach Lösen der beiden Halteschrauben und der Mutter SW 36 von der Gabel heruntergehoben, dann kommt man an die Einstellmutter SW 41 heran und kann diese nun ebenfalls vom Lenkungsrohr herunterdrehen. Jetzt pflegen die ersten Kugeln aus der unteren Lagerung herauszufallen; nicht aufpassen, sondern gleich wegwerfen und neue verwenden! Die beiden Lager lassen sich ohne Schwierigkeiten mit einem längeren Dorn aus ihrem jeweiligen Sitz heraustreiben, und für die neuen Lager verwenden wir, mit Fett eingeklebt, je 23 Kugeln mit 5,5 mm Durchmesser.

Das Zusammenbauen bringt keine Probleme, auch bei den S-Modellen braucht nach dem einfachen Auswechseln der Lenkungslager die Einstellung der Lage des Hydraulikzylinders nicht nachreguliert zu werden. Es sei denn, man hat versehentlich die Klemmschelle am Rahmenrohr gelockert.

Die Einstellung des Hydraulikzylinders muß so geschehen, daß in beiden Endlagen kein Druck oder Zug auf den Dämpferkolben ausgeübt wird. Man mißt dazu, wie weit die Dämpferstange hineingedrückt und herausgezogen werden kann (bis zum leichten Anschlagen), und achtet beim Anbau darauf, daß diese Endlagen nur bis auf etwa 2 bis 3 mm angenähert erreicht werden. Die Kerbmarkierung am Hydraulikzylinder muß stets die tiefste Stelle in Einbaulage sein (hinterer unterer Anschluß).

Die Bremsen

Ein schwieriges Kapitel sind Pflege und Instandhaltung der Bremsen. Hier ist eine Menge Verantwortungsgefühl erforderlich, nicht nur bei den etwas komplizierteren Reparaturen, sondern schon bei der einfachen Pflege.
Das fängt an mit der ständigen Beobachtung der Bremswirkung, so daß man laufend über den Zustand der Bremse Bescheid weiß und immer (aber auch wirklich immer) bereit ist, eine wirkungsvolle Notbremsung hinzulegen. Natürlich gehört dazu auch ein gewisses Maß an Fahrtraining, um die Maschine während des Bremsens zu beherrschen ... aber die technische Seite ist wichtiger.
Viele Leute fürchten sich vor der Vorderradbremse, vielleicht nicht mal so sehr wegen der scheinbaren Gefahr des Überschlagens (das ist tatsächlich kaum möglich), als vielmehr deshalb, weil ein überbremstes Vorderrad sich schnell querstellt und die Fuhre unlenkbar macht. Selbstverständlich muß man das Bremsen mit der Vorderradbremse üben (hinten drauftreten, bis es pfeift, das kann auch der Anfänger, ohne die Maschine hinzulegen); ebenso selbstverständlich wird man dann innerhalb kurzer Zeit gar nicht mehr auf den Gedanken kommen, nur mit der Fußbremse arbeiten zu wollen. Denn die Vorderradbremse bringt wegen der Verlagerung des Gewichts nach vorn, wegen der dadurch größeren Last auf dem Vorderrad, wesentlich bessere Verzögerung als die Hinterradbremse. Das Hinterrad wird beim Bremsen immer entlastet, bei den früheren Geradwegfederungen der 51/3 usw. konnte man das Hinterrad bereits bei recht zarter Fußbremsung meterweit hüpfen lassen, völlig ohne Bodenkontakt, natürlich auch ohne jegliche Verzögerung.
Wenn es also auf Feinfühligkeit und beste Verzögerung ankommt, dann nur vorn oder wenigstens überwiegend vorn bremsen. Bei Glätte gilt das genauso, wobei die Vorderradbremse durch die Betätigung von Hand feinfühliger ist und eben deshalb auch bis an die Grenze besser dosiert werden kann. Wenn man in solchen etwas schwierigen Situationen außer mit der Schräglage, dem Straßenpflaster und vielleicht dem falsch gefahrenen »Strich« obendrein noch mit verschlampten Seilzügen oder festkorrodierten Bremsschlüsseln zu kämpfen hat, kann man meist gleich aufgeben und sich besser eine Lücke zwischen den Bäumen an der Straße suchen.
Bremsenpflege ist sogar in jedem Handbuch für jedes Motorrad beschrieben, diese Arbeit scheint also inoffiziell zum Lehrpensum für den Führerschein 1 dazuzugehören. Reparaturen an der Bremse jedoch traut sich kaum jemand zu beschreiben, weil man eigentlich hier die Verantwortung gar nicht dafür übernehmen kann, daß der Fahrer alles richtig versteht und außerdem mit genügender Sorgfalt arbeitet.
Grundsätzlich muß also das Kapitel »Bremsen« mit einer Mahnung beginnen: Wer gegenüber seiner eigenen Schlosserei nicht kritisch genug und nicht jeden Handgriff gewissenhaft zu überprüfen gewöhnt ist, wer überhaupt nicht viel Erfahrung mit der Bastelei hat, der sollte die Finger davon lassen! Mehr als das Ausstauben der Bremstrommel und vielleicht das sanfte Überschleifen mit mittelgrobem Schmirgelleinen sollte er nicht machen. Schon das genaue Einstellen der Doppelnocken-Vorderradbremse einer BMW erfordert ein wenig Erfahrung und Nachdenken, das muß man zwei- bis dreimal gemacht haben, um es richtig hinzukriegen.

Die einzelnen Handgriffe bei der Demontage:
Fangen wir mit der einfacheren Hinterradbremse an. Die beiden Rückholfedern der Bremsbacken brauchen nicht ausgehängt zu werden, denn die Backen lassen sich durch Herausklappen abnehmen. Man kann einen Schraubenzieher zu Hilfe nehmen, muß sich aber vorsehen, daß man nicht die Finger zwischen die beiden zusammenklappenden Backen bekommt.

Der Bremsschlüssel wird erst nach völligem Herausschrauben der Bremshebel-Klemmschraube und Abnehmen des Hebels selbst nach innen durchgeschlagen, wobei man darauf achtet, wo die Unterlegscheibe montiert ist.

Sie gehört zwischen Nocken und Ankerplatte (die hier ja Gehäuse des Hinterachsgetriebes ist), die zweite Scheibe ist fester Bestandteil des Bremsnockens. Außerdem ist sie auf einer Seite angeschnitten, so daß man sie beim Abklappen des Backens nicht verbiegt. Darauf achtet man also auch noch, daß man nämlich den Backen, auf dessen Seite die Scheibe angeschnitten ist, allein herausklappt. Durch diese Vereinfachung des Backenausbauens können die Federn so gebogen sein, daß man sie auch mit einer Bremsfederzange nicht herausziehen kann, sie lösen sich nur, wenn die beiden Backen zueinander im spitzen Winkel stehen (mittleres Bild).

Bei der Vorderradbremse wird man hingegen kaum ohne Bremsfederzange auskommen. Gewiß läßt sich die Feder auch mit einer Gripzange so fest fassen, daß man sie mit Handkraft auseinanderziehen und aus der Bohrung im Backen aushängen kann, aber dann bekommt die Feder Klemmspuren, Kratzer und Rillen, an denen besonders leicht Risse anfangen können. Also sollte man sich gar nicht erst angewöhnen, die Bremsrückholfedern mit irgendeiner Universalzange, Gripzange oder etwa mit Schraubenziehern herauszuwürgen, sondern soll die 8 bis 10 DM für eine ganz normale Bremsfederzange ausgeben ... und fürderhin ein ruhiges Gewissen haben.

Die Bremsfederzangen gehören zum Programm fast aller Werkzeughersteller: Bei Belzer haben sie die Bestellnummer 2680 = 215 mm lang = 12,15 DM; Nummer 2681 = 350 mm lang = 17,50 DM. Bei Hazet lauten die entsprechenden Nummern 796 = 215 lang = 8,40 DM bzw. 797 = 340 lang = 13,40 DM. Bei Dowidat heißt die Bestellnummer z. B. 135 = 215 mm lang = 7,50 DM bzw. 136 = 330 mm lang = 12,10 DM. Die Preise sind nicht miteinander vergleichbar, denn bei fast jeder Angabe sind irgendwelche Rabattsätze zu berücksichtigen, die auch noch von Verkaufshaus zu Verkaufshaus unterschiedlich bemessen werden. Aber rund gerechnet wird ein Zehnmarkschein immer ausreichen, wenn man sich mit der kürzeren (entsprechend mehr Handkraft erfordernden) Zange zufriedengibt.

Die häufigste Arbeit an den BMW-Bremsen wird nicht so sehr das Ausstauben sein, sondern, sofern auch bei schlechtem Wetter gefahren wurde, viel eher das sorgfältige Reinigen und Neufetten der Bremsschlüssellagerung. Hierzu darf auf keinen Fall Öl oder normales Wälzlagerfett verwendet werden, sondern

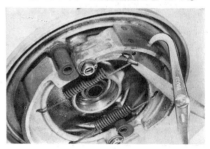

Niet mit Rohr anziehen

Bremsbacken

Bremsbelag

Stützdorn

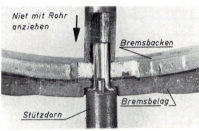

Nietkopf mit Spezialdöpper schließen

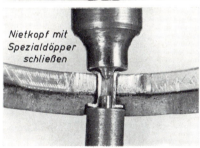

nur hochhitzebeständiges, nichtausblutendes, spezielles Bremsschlüsselfett, wie man es im übrigen in besseren Motorradhäusern kaufen kann. Hersteller dieses Fetts ist u. a. die Firma Klüber Lubrication, München, bei der man schlimmstenfalls einen Bezugsquellennachweis anfordern muß (Fett: ZB 91 GG). Wichtig beim Neufetten ist, daß auf keinen Fall auch nur kleinste Spuren des Fetts auf die Bremstrommel oder die Bremsbeläge geraten können. So habe ich mir schon lange angewöhnt, bei allen Arbeiten an Bremsen vorm Anfassen der Backen immer die Hände zu waschen, das ist bestimmt keine übertriebene Sorgfalt.

Ebenso wichtig ist, daß man des Guten nicht zuviel tut, daß überschüssiges Fett bei Erwärmung also nicht an Trommel oder Beläge fließen kann. So reicht von dem obenerwähnten Klüber-Fett ein erbsengroßes Stück für Bremsschlüssellagerung und Bremsnockenfläche vollständig aus, man streicht also nur einen dünnen Film auf die Reibfläche des Nockens und reibt den Rest in die Rillen der Bremsschlüsselwelle.

Die nächste Arbeit, die man nach etwa 20 000 bis 25 000 scharf gefahrenen Kilometern mit großer Sicherheit ausführen muß, ist das Auswechseln der Bremsbeläge. Dazu ist zu beachten, daß niemals irgendwelche unbekannten Belagsorten verwendet werden, die zufällig im Bohrbild und im Durchmesser den Originalbelägen gleich sind.

Wenn man hier experimentieren will, muß man bereits ein recht hohes Stadium bastlerischer Fähigkeiten entwickelt haben, muß sich vor allem darauf gefaßt machen, daß ganz merkwürdige Eigenschaften der Bremsen zutage treten. Da kann die sonst schon recht giftige Vorderradbremse völlig unbrauchbar werden, weil sie sofort festbeißt (das wird aber selten der Fall sein, die serienmäßige Belagqualität bietet da schon sehr viel und dürfte besonders in hohen Geschwindigkeitsbereichen gerade brauchbare Verzögerung bringen), oder, was viel schlimmer wäre, die Bremswirkung beschränkt sich mehr auf die niedrigen Geschwindigkeitsbereiche und läßt über 120 km/h rapid nach. Hier ist also Vorsicht geboten.

Weiterhin ist Zurückhaltung am Platz, wenn man nicht über die notwendige Handfertigkeit beim Aufnieten der neuen Beläge verfügt. Abgesehen davon, daß eigentlich für das Umlegen des Schließkopfs der Belaghohlniete ein spezieller »Döpper« nötig ist, der die richtige Rundung gewährleistet und der vor allem das Aufreißen des Nietkopfs verhindert, kann man schließlich auch allein durch zu hartes Zuschlagen den Bremsbelag am Nietloch sprengen.

Und genauso schnell schleicht sich ein anderer Fehler ein:

Man nietet richtig immer von der Mitte des Backens aus zu den beiden Enden hin, wobei dann trotz aller Vorsicht doch hin und wieder ein hauchdünner Spalt zwischen den Leichtmetallbacken und dem Reibbelag klafft. Da hilft nichts, der Belag muß wieder abgenommen (Niete ausbohren) und neu vernietet werden.
Der Fehler liegt dann vielleicht daran, daß der Niet nicht genügend kräftig angezogen wurde, bevor der Schließkopf umgebördelt wurde. Krummgestauchte Niete, gerissene Nietköpfe, geplatzte Beläge sind fast genauso schlimm wie Fett auf den Reibflächen. Nur sind sie viel tückischer, sie versagen erst dann, wenn man die Bremswirkung tatsächlich bitter nötig braucht.

Nicht nur die Gummischeibe unterm Bremshebel erscheint wichtig, sondern auch der kleine Trick beim Pfeil: vor dem Abnehmen des Bremshebels zeichnet man mit einem kurzen Meißelhieb die Stellung auf Hebel und Bremsschlüsselwelle. Dann findet man nachher beim Zusammenbau schneller die richtige Lage des Hebels wieder.

So wird man also im Zweifelsfall lieber die Bremsbacken in einer guten Werkstatt belegen lassen (das muß ja nicht unbedingt eine spezielle BMW-Werkstatt sein, mittlerweile gibt's ja in jeder größeren Stadt ausgesprochene Bremsen-Werkstätten), so teuer pflegt das nicht zu sein, als daß man das Risiko des ungeübten Selberbastelns in Kauf nehmen müßte.

Ein paar kleine Tips seien zum Abschluß der Bremsenpflege noch gegeben:
Man kann z. B. das Festkorrodieren der Bremsschlüsselwellen ein wenig hinauszögern, wenn man zwischen Bremshebel und Ankerplatte eine Gummischeibe legt (Bild), die dem Wasser den Eintritt erschwert. Weiterhin sollte man die Gelenke der Umlenkhebelei des Fußbremshebels stets mit einem Tropfen Öl geschmiert halten, mir ist an solchen Stellen etwas öliger Staub lieber als trocken spiegelnde Sauberkeit. Auch das Nachstellgewinde der Bremsstange zum Hinterrad ist rostgefährdet, hier schmiere ich meist sogar Fett herum.

Der Seilzug der Vorderradbremse läuft vom hinteren Hebel an der Ankerplatte bis zum vorderen Hebel völlig im Freien, was in der Übergangszeit vom Spätherbst auf den Winter fast immer zum Festfrieren des Seilzugs führt. Hier empfiehlt sich eine kleine Gummitülle oder ein Faltenbalg, wie er bei Kleinkrafträdern üblich ist. Man kann ihn ja mit einem Drahtring festziehen, Hauptsache er bleibt an seinem Platz. Besonders

unangenehm ist beim Ausbauen des Vorderrads, wenn die Führung der Bremsankerplatte (Leichtmetall) mit dem Widerlager der Schwinge zusammenkorrodiert ist. Das merkt man erst beim Zusammenbauen richtig, denn dann paßt plötzlich gar nichts mehr zusammen. Also halten wir diese Stelle ebenfalls immer sauber und leicht ölig, vor allem wenn Wintertauglichkeit von der Maschine verlangt wird.

Daß man eine Achse vorm Einbauen leicht einfettet, muß an dieser Stelle hoffentlich nicht besonders betont werden.

Bei einer Demontage der Vorderradbremsbacken müssen wir noch etwas genauer auf die untergelegten Scheiben achten, denn hier hat ja jeder einzelne Backen eine Drehachse, auf der zwei Scheiben durch einen Splint gegen Herausfallen gesichert werden, außerdem liegt natürlich wieder unterm Bremsschlüssel selbst eine Scheibe, die Anstoßen des Backens an der Ankerplatte verhindert. Nach der Demontage wird auch hier die Lagerung des Backens auf seiner Achse zart geschmiert, außerdem muß aber unbedingt je ein neuer Splint verwendet werden. Es gibt kaum Schlimmeres als lockere, etwa abgebrochene Teilchen innerhalb einer Bremse, die sich mit Vorliebe während der Fahrt in kritischen Augenblicken irgendwo verklemmen und alles blockieren.

Einstellen der Vorderradbremse

Während das Einstellen der Hinterradbremse keinerlei Schwierigkeiten bereitet (man stellt eben so lange nach, bis die Backen gerade noch nicht schleifen), muß man die Doppelnockenbremse des Vorderrads mit einem kleinen Trick regulieren. Dazu ist der Anschlag für den unteren Bremsbacken vorgesehen. Die Gegenmutter daran wird losgedreht, dann kann man am Vierkant anfassen und diesen Anschlag so drehen, daß der eine Backen mit Sicherheit frei läuft, also noch nicht an der Trommel schleift. Damit hat man eine sichere Endstellung des einen Backens erreicht, in diese Lage muß der Bremsbacken nach dem Bremsen immer wieder zurückkehren.

Durch die Rückholfedern wird dann auch der andere Backen in Endstellung gebracht, der Anschlag bewirkt, daß nun alle Federkraft eben auf den zweiten Backen wirkt. Hat man diese Grundeinstellung zu weit reguliert, kann also der vordere äußere Bremshebel zu weit nach vorn gezogen werden, dann ist durchaus möglich, daß der hintere Bremshebel nicht in Nullstellung zurückgeht, sondern gar den Backen zu Anliegen bringt.

Besonders knifflig wird die Einstellung der Vorderradbremse dann, wenn die beiden Bremsschlüsselwellen zuviel Spiel haben, natürlich auch dann, wenn sie übermäßig schwergängig sind. In beiden Fällen wird die Handkraft nur ungleichmäßig auf beide Backen verteilt (da kann sich z. B. eine Welle verkanten und festklemmen), die Bremswirkung wird dadurch etwa halbiert.

Eine letzte Spezialität der Vorderradbremse verdient noch kurze Erwähnung: Der Seilzug wirkt einmal mit dem Seil

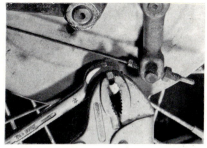

Wenn man schon nicht mit dem passenden Schlüssel am Einstellvierkant dreht, dann aber wenigstens mit der fest gespannten Gripzange, so daß man nicht abrutscht. Vorher natürlich Kontermutter (SW 14) lockern, nachher festziehen nicht vergessen.

Beim Pfeil pflegt die kleine Feder abzurutschen, wenn sich ihre Rundung an dieser Stelle durch Ermüdung vergrößert hat. Nachbiegen hilft nur vorübergehend. Neue Feder ist immer besser. Vorm Zusammenbau der Bremse muß die Verstellung des Exzenteranschlages also mal bewegt werden, um den sicheren Sitz der Feder zu prüfen.

auf den vorderen Bremshebel, mit der Hülle zum anderen auf den hinteren Hebel. Ausgenutzt wird die sogenannte »Scherenwirkung« des Bowdenzugs. Sobald man die Seilzughülle dicht am Bremshebel unten irgendwo (etwa am Schwingenarm) festlegt (z. B. mit Isolierband oder einem Plastik-Kabelbinder), kann nur noch der vordere Bremshebel vom Seil selbst betätigt werden, weil der Hülle die Bewegungsfreiheit fehlt. In Höhe der unteren Gabelbrücke ist ungefähr die letzte Haltemöglichkeit für den Seilzug, weiter unten bringt das unerwünschte Starre.

Laufräder und Reifen

Zum Einspeichen der beiden Laufräder kann hier nicht viel gesagt werden, denn das Einspeichen selbst und das Zentrieren bzw. Speichenspannen sind ausgesprochene Geduldsarbeiten, die ich nicht jedem zumuten möchte. Wer sich freiwillig 'rantraut, der braucht auch keine für die BMW typische Anleitung. Nur die Zeichnungen der Einspeichlehren sind wichtig, denn man kann die Felge nicht einfach mittig über der Nabe einrichten. Die Lehre kann natürlich für einmaligen Gebrauch aus Sperrholz ausgesagt werden, das wird sich ja wohl mit 1 mm Genauigkeit bearbeiten lassen.

Wichtig ist weiterhin, daß man die richtigen Felgen verwendet, deren Punzung auch mit den BMW-Naben übereinstimmt. (Wobei die Bezeichnung »Punzung« die Richtung der Ausbeulungen für die Speichennippel bedeutet.) Beim Zentrieren und Spannen der Laufräder ist darauf zu achten, daß der maximale Seitenschlag unter 0,2 mm liegt. Höhenschlag sollte die Felge möglichst gar nicht haben, sonst kommt man beim Auswuchten (z. B. bei S-Modellen 9 g am inneren Felgendurchmesser) auf keinen grünen Zweig. BMW läßt 1 mm im Durchmesser gerade noch zu (das ist also ±0,5 mm).

Viele Erfahrungen mit ungeeigneten Reifen haben mich immer wieder, selbst bei Gespannbetrieb, reumütig zu den ja unter Motorradfahrern nicht umsonst so berühmten Metzeler-Profilen zurückkehren lassen. So will ich hier keine anderen Fabrikate irgendwie schlecht wegkommen lassen, sondern mich darauf beschränken, die für mein Gefühl bestgeeigneten Reifen zu erwähnen. Da ist für das Vorderrad jeder BMW, gleichgültig ob solo oder im Gespann gefahren, der Metzeler Block C 5 hervorzuheben, dessen feingliedriges, in Längsrichtung verlaufendes Blockprofil sehr gute Haftung auch bei mäßigem Pflaster ergibt. Die Zwischenräume zwischen den einzelnen Blöcken sind groß genug, um Wasser-»Dränung« zu bewirken, die ausgeprägte Längsrichtung der Blockreihen gibt gute Führung in den Kurven.

Für S-Modelle wird natürlich auch ein S-Reifen gewählt, der für Geschwindigkeiten oberhalb 150 km/h zugelassen ist. Hier wäre noch die neueste Metzeler-Reifenschöpfung zu erwähnen, die mehr für reinen Straßenbetrieb auf guter Straßenoberfläche geeignet erscheint: Rille 10. Bei diesem sind die Längsrillen nicht wie früher üblich zusammenhängend, sondern ebenfalls, aber feiner als beim Block C 5, unterteilt.

Für das Hinterrad der Solomaschine wähle ich wieder Block C 5, während auf dem Gespann-Hinterrad natürlich

Die Metzeler-Reifen von links nach rechts: Rille 10 (Vorderrad), Block C (Hinterrad), Block K (Gespann-Hinterrad) und Trial als Winterreifen. Leider wird inzwischen der Block K fürs Gespann nur noch selten hergestellt, so daß man auch auf dem Gespann-Hinterrad jetzt den Block C fahren müßte.

der dafür speziell hergestellte Metzeler Block K gefahren wird. Er zeichnet sich durch eine sehr gerade Lauffläche aus, während ja die Soloreifen eine mehr gerundete Lauffläche aufweisen. Leider gibt es heute den Block K nur sporadisch. Ausnahme ist Winterbetrieb mit dem Gespann, da wird man, wie auch beim Automobil, auf ein gröberes Profil ausweichen. Nach meinen Erfahrungen ist allerdings hier weniger wichtig, möglichst grobe Stollen zu haben, als vielmehr einen Reifen, der sich auch bei nassem Winterwetter (nach der heute üblichen Salzstreuung) noch leidlich fahren läßt. Deshalb (und weil ein brutaler Geländereifen tatsächlich im Schnee nicht viel mehr Traktion bringt) kommt für Winterfahrten ein sogenannter Trialreifen nicht nur aufs Gespann-Hinterrad, sondern auch auf das Hinterrad der Solomaschine — sofern man sich zutraut, mit der BMW im Schnee solo unterwegs zu sein.

Die Metzeler-Reifen hatten bei einigen meiner Vergleiche bisher noch die günstigsten Verhältnisse zwischen Profilgestaltung und Gummimischung, ich fuhr z. B. ein recht teures Zickzackprofil nur kurzzeitig und nur bei trockener Fahrbahn gern, weil eben dieser Reifen bei Nässe nicht so tugendsam blieb. Wie stark es auf die richtige Gummimischung ankommt, zeigte mir ein anderer Reifen mit symmetrisch gegliedertem, sehr flächigem (allerdings nicht in der Längsrichtung betontem) Normalprofil, der schon mit 4 mm Profiltiefe auf dem Gespann-Hinterrad bei Nässe nicht mehr zu fahren war. Vor allem auf schlechterem (Kopfstein-)Pflaster drehte noch im zweiten Gang das Hinterrad durch, schob die Fuhre seitlich davon.

Nun wird sich im Zug der Weiterentwicklung der eine oder andere Reifenhersteller wieder etwas gründlicher mit Motorradreifen befassen, weshalb das Kapitel eigentlich nie völlig und endgültig abgeschlossen werden kann. Vorerst (das ist Frühjahr 1971) kenne ich noch keinen Reifen, der in allen Eigenschaften an die erwähnten Metzeler herankommt.

Eines aber ist wichtig: Man kann das Profil des Reifens durch Nachhilfe noch ein wenig verbessern. Mit kleinen (etwa 3 mm tiefen) Schnitten in **Längsrichtung** trägt man zur Entspannung des Gummis bei und bringt ihn dazu, sich genauer an die Straßenoberfläche anzulegen. Dafür gibt es ein Gerät (kostet etwa 14 DM) mit Namen »Gilster-Hobel«, in dem rasierklingenähnliche Messer im Abstand von etwa 4 mm, unverrückbar festgeklemmt sind. Damit soll also nicht ein glattgefahrener Reifen »nachgeschnitten« werden (man würde dabei leicht die Karkasse zerstören), sondern es soll nur die Oberfläche des Reifens noch feiner profiliert werden. Derart feine Schnitte lassen sich in der Serienfertigung nicht herstellen, man muß diese Arbeit selbst übernehmen.

Nach meinen Erfahrungen lohnt sich eine solche Behandlung für die Solomaschine auf jeden Fall (wenn man auch keine Wunder erwarten darf!), nur fürs Gespann mit seinem viel höheren Verschleiß habe ich noch keine fühlbare Verbesserung der Reifenhaftung durch »Gilstern« feststellen können.

Das Auswuchten der Reifen kann im übrigen für den Fahrbetrieb bei hohen Geschwindigkeiten viel wichtiger sein als die Auswahl des Reifenprofils. Zwar sind Fälle bekannt, in denen ausgesprochen schlechte (weil zu großflächige) Profile sogar trotz genauer Auswuchtung Lenkerpendeln hervorriefen, doch läßt sich als Regel schon aufstellen, daß besonders die S-Reifen für Hochgeschwindigkeiten weniger vom Profil her kritisch werden können als vielmehr durch schlechte Montage und zu große Unwucht. Nun ist das Auswuchten selbst bei normalen Mittelklasseautomobilen bereits gang und gäbe geworden, es sollten sich also kaum Schwierigkeiten ergeben, die Laufräder eines Motorrads auswuchten zu lassen.

Hier geht's aber nicht um das sogenannte »statische« Wuchten, nämlich das Auspendeln des Rads und das Ausgleichen des sich dabei erweisenden Schwergewichts an irgendeiner Stelle, sondern ums »dynamische« Wuchten, das nur mit einer speziellen Auswuchtmaschine vorgenommen werden kann, bei der das sich schnell drehende Rad durchgemessen wird.

Man wird eine solche Maschine für Motorräder nirgendwo finden. Aber man kann von der Zunft der Vierrädrigen profitieren. Es gibt Auswuchtmaschinen, die das am Fahrzeug angebaute Rad antreiben und dabei die erforderlichen Werte für die Verteilung der Ausgleichgewichte messen. Man muß sich nur eine solche Firma suchen. Dann läßt man dort das Vorderrad auswuchten, wechselt daraufhin das Hinterrad nach vorn (das geht ja bei den BMWs so schön) und wiederholt die Prozedur. Erfahrungsgemäß reicht zwar in den meisten Fällen statisches Auspendeln, wenn aber irgendeine Schwäche in der Lenkung fühlbar wird, sollte man dynamisch wuchten lassen. Und zwar beide Räder!

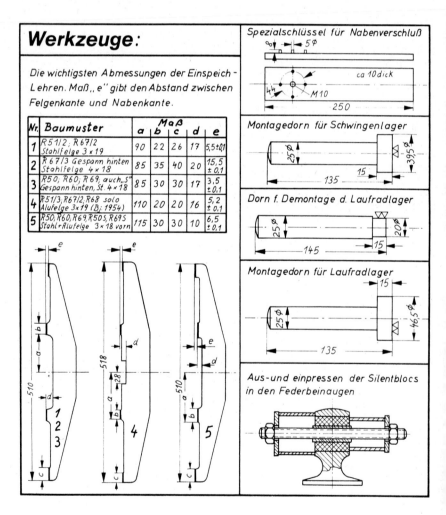

Werkzeuge:

Die wichtigsten Abmessungen der Einspeich-Lehren. Maß „e" gibt den Abstand zwischen Felgenkante und Nabenkante.

Nr.	Baumuster	Maß a	b	c	d	e
1	R51/2; R67/2 Stahlfelge 3×19	90	22	26	17	5,5±0,1
2	R67/3 Gespann hinten Stahlfelge 4×18	85	35	40	20	15,5 ±0,1
3	R50; R60; R69, auch „S" Gespann hinten, St. 4×18	85	30	30	17	3,5 ±0,1
4	R51/3, R67/2, R68 solo Alufelge 3×19 (Bj. 1954)	110	20	20	16	5,2 ±0,1
5	R50; R60, R69, R50S, R69S Stahl+Alufelge 3×18 vorn	115	30	30	10	6,5 ±0,1

Spezialschlüssel für Nabenverschluß

Montagedorn für Schwingenlager

Dorn f. Demontage d. Laufradlager

Montagedorn für Laufradlager

Aus- und einpressen der Silentblocs in den Federbeinaugen

Die BMW-Motoren

Mit einer Konsequenz, wie sie von Motorradherstellern selten praktiziert wird, stellt BMW die Forderung nach bestmöglichem Fahrkomfort an die Spitze der Konstruktionsüberlegungen. Schon bei der Besprechung der Fahrwerke war diese Tendenz deutlich, man brauchte nur die Federwege abzumessen und mit denen der direkten Konkurrenz zu vergleichen. Während man sich aber beim Fahrwerk darauf beschränken kann, gewisse, teils auch gefühlsmäßig aufgestellte Werks-»Normen« einzuhalten, fordert die Bevorzugung des Fahrkomforts in der Motorenkonstruktion etliche Kompromisse, sie fordert auch einige Verzichte. Die Anordnung der Zylinder als »flat-twin«, also als quer im Fahrwerk liegende Boxer-Zylinder, bringt eine Beschränkung der möglichen Schräglage beim Kurvenfahren, die große Schwungmasse am hinteren Ende der Kurbelwelle läßt kein blitzschnelles Hochjubeln des Motors beim Beschleunigen zu. Beide Nachteile werden aber dann voll aufgewogen, wenn man die positiven Auswirkungen auf den Fahrkomfort in den Vordergrund rückt. Mir ist kein Motor bekannt, der auch nur annähernd die Laufkultur eines BMW-Zweizylinders erreicht. Kein anderer Motor schont den Fahrer bei Langstreckenfahrt auf diese Weise. Vibrationen, die etwa die Handgelenke nach 250 km anschwellen lassen, sind BMW-Fahrern unbekannt, sind jedoch bei anderen Konstruktionen, selbst bei modernen Dreizylindermotoren, gang und gäbe. Der perfekte Massenausgleich, den die Boxeranordnung ergibt, wird durch die große Schwungmasse, durch die Steifigkeit des Tunnelgehäuses (Motorgehäuse ungeteilt!) und fertigungstechnische Feinheiten unterstützt. Das Endprodukt ist ein Motor, der mit unwahrscheinlich niedriger Leerlaufdrehzahl schon richtig »rund« läuft, der vibrationsfrei bis hinauf zur Höchstdrehzahl spielt, der keine Neigung zu Klappergeräuschen zeigt und der vor allem hinsichtlich der Zylinderkühlung völlig problemlos ist: eben ein BMW-Motor.

Allein vom technischen Standpunkt kann man also sagen, daß die Motorenkonzeption wohl überlegt ist und in mancher Hinsicht das Optimum des Erreichbaren darstellt, trotz gewisser Nachteile. Man muß durchaus kein BMW-Narr sein, um die Zweckmäßigkeit der komfortbetonten Baurichtung zu verstehen und zu würdigen. Immerhin trägt die Schonung des Fahrers dazu bei, daß er sich dem Verkehrsgeschehen ungestört widmen kann, sie ist so gesehen ein recht wichtiger Beitrag zur Verkehrssicherheit.

Bevor die Schlosserei am Motor beginnt, lohnt es sich, die Einzelteile einmal gesondert zu betrachten. Ein wenig wird dadurch auch schon die Diagnose etwaiger Schäden bei Klappergeräuschen erleichtert. Man weiß erst dann, welche Reparaturen etwa nötig sein könnten, wenn man die verdächtigen Teile im voraus kennt und nicht erst während der Bastelei »zufällig« draufstößt.

Die Kurbelwelle

Beginnen wir die Vorstellung der Einzelteile mit der Kurbelwelle. Sie wird vorn und hinten (bei R 50 und R 60 sowie den Vorgängertypen R 51/3 und R 67) in Kugellagern (6207) gehalten, die Pleuel laufen auf käfiggeführten Rollenlagern. Bei den Sportmodellen R 68 und R 69 sowie der 69 S wird als hinteres Lager ein Tonnenlager verwendet, das die bei der höheren Leistung dieser Motoren und den höheren erreichbaren Drehzahlen auftretende Durchbiegung der Welle auffängt. Das Tonnenlager hat also nicht die Aufgabe, durch höhere Tragfähigkeit die Leistung der Sportmotoren aufzunehmen. Das ließe sich auch mit einem normalen Rollenlager erreichen. Viel wichtiger ist, daß die Kurbelwelle auch bei den hohen Drehzahlen sauber geführt wird, daß die Lager nicht verkantet werden. Denn die Durchbiegung der Welle würde etwa den gleichen Effekt haben wie ein Fluchtfehler der Lagersitze, nämlich vorzeitigen Lagerverschleiß.

Die Kurbelwelle der BMW-Zweizylindermotoren ist recht kompakt gebaut, der Abstand zwischen den beiden Hauptlagern beträgt nur etwa 90 mm, Platz für ein drittes (mittleres) Hauptlager ist ohne grundlegende Änderungen auch des Kurbelgehäuses nicht mehr vorhanden. So mußte man sich, als die Leistung der Motoren immer sportlicher wurde, entsprechend auch die Belastung der Kurbelwelle immer weiter anstieg, eben durch Verfeinerung der Konstruktion helfen, um die Lebensdauer in der BMW-üblichen Höhe zu halten.

Zu diesen Verfeinerungen gehört nicht nur die Verwendung des Tonnenlagers am hinteren Ende der Welle, sondern auch die Änderung des Profils der Pleuelstangen. Während die Modelle der R-51/3-Ära noch das früher allgemein gebräuchliche Doppel-T-Profil-Pleuel hatten, bekamen die späteren Baumuster Schwertpleuel (oder Messerpleuel, BMW nennt sie »Federschaftpleuel«), die u. a. leichter sind. Gleichzeitig wurde auch der Durchmesser des Kolbenbolzens von 18 auf 20 mm vergrößert, womit eine weitere Voraussetzung für höhere Drehzahlen und höhere Leistungen erfüllt war. Die Lagerung des Kolbenbolzens in einer Bronzebuchse im Pleuel blieb bestehen, Buchsenwandstärke allerdings recht dünn (1,25 mm). Das war auch bei den älteren Modellen schon der Fall und scheint im ganzen noch keine wesentlichen Beanstandungen gebracht zu haben.

Aber die geringe Buchsenwandstärke bringt wiederum einen Vorteil: Das obere Pleuelauge kann sehr klein (und damit leicht) bleiben, was bei Verwendung eines Nadellagers keineswegs möglich wäre.

Wenn man sich die ausgebaute Kurbelwelle ansieht, dann kann man auch eini-

Die Tatsache, daß die zwei Hubzapfen in einem gewissen Abstand voneinander liegen müssen, bringt ein drehendes Moment, das durch die zwei Pfeile oben und unten angedeutet ist. Mit den beiden anderen Pfeilen wird gezeigt, daß die Kurbelwelle sich auch in geringem Maße durchbiegen kann ... was im übrigen jede Welle tut. Durch die Wahl des Tonnenlagers für die hintere Kurbelwellenlagerung der S-Modelle wird diese Durchbiegung berücksichtigt.

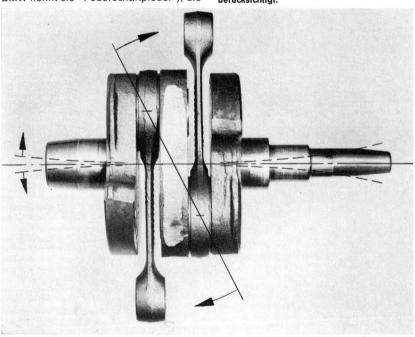

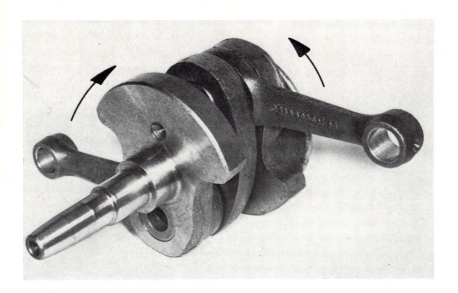

Die Pfeile deuten an, daß innerhalb der Welle Verdrehschwingungen auftreten (vornehmlich bei hohen Drehzahlen), wobei dann die hintere Wange eine andere Bewegung als die vordere vollführt.

ge rechnerisch interessante Details erkennen. Der Abstand zwischen den Pleuellagern bringt die einzige Störung der Momentengleichung, läßt also ein drehendes Moment um die Motorhochachse übrigbleiben. Beim Fahren merkt man das natürlich nicht, da fällt vielmehr das Rückdrehmoment auf, das beim Gasgeben (und Gaswegnehmen) die ganze Maschine um die Längsachse zu kippen versucht. Dieses Rückdrehmoment hat natürlich jedes überhaupt mit rotierenden Massen arbeitende Aggregat. Wenn man einen kleinen Elektromotor in die Hand nimmt und dann anschaltet, merkt man ja deutlich, wie er beim Anlaufen sich entgegen der Drehrichtung gegen die Hand abstützt. Bei Motoren, deren Kurbelwellen quer im Fahrwerk liegen, fällt dieses Rückdrehmoment nicht mehr auf, weil es sich gegen Hinterrad bzw. (je nach Drehrichtung der Kurbelwelle) Vorderrad stützt. Nur längsliegende Kurbelwellen erzwingen vom Fahrer etwas Aufmerksamkeit ... das ist genauso Gewöhnungssache wie das Gegenhalten im Lenker beim Gespannfahren. Also kein Grund zu irgendwelchen Vorurteilen.

Mit der Steigerung der Leistung und hauptsächlich der Drehzahlen trat aber an der so kompakten BMW-Kurbelwelle noch ein weiterer unangenehmer Effekt auf, der unbedingt Abhilfe forderte. Die Kurbelwelle benahm sich wie eine Torsionsfeder, sie verdrehte sich. Natürlich blieben diese Verdrehwinkel in kleinen Grenzen, aber mit der Kurbelwellendrehzahl lag man in so ungünstigem Bereich, daß die Verdrehungen sich zu Schwingungen aufschaukeln konnten. Diese Verdrehschwingungen der Kurbelwelle erwiesen sich als tückisch, denn sie belasteten das Material erheblich stärker als die berechenbaren Kräfte der hohen Drehzahlen und der gestiegenen Leistung.

Man mußte wiederum zu einer Verfeinerung greifen, denn an den Größenverhältnissen ließ sich nichts Wesentliches ändern. So blieb nur der Ausweg, die Verdrehschwingungen der Kurbelwelle zu stören, zu dämpfen. Notwendig wurde diese Dämpfung natürlich nur bei den Sportmotoren, deren Drehzahlen um die 7000 U/min, genauer: bei 6200 U/min, erst die Schwingungen anregten.

Der Schwingungsdämpfer, der dann bei den Sportmotoren auf den Kurbelwellenzapfen vor der Lichtmaschine aufgesetzt wurde, ist nichts weiter als eine Art Schwungscheibe, die durch einen Reibbelag mit der Kurbelwelle gekoppelt ist. Schwingungen werden auf diese Zusatzschwungmasse verzögert übertragen, denn die Reibungskupplung arbeitet mit Schlupf. So geschieht es, daß die Kurbelwellenverdrehung bereits wieder in Gegenrichtung verläuft, wenn die Zusatzmasse gerade bei der Vorwärtsbewegung angelangt ist. Durch Reibung wird dann diese Vorwärtsbewegung der Schwingungsdämpfermasse wieder auf die Kurbelwelle übertragen und dämpft deren Verdrehungsausschlag.

Voraussetzung für einwandfreie Funktion des Schwingungsdämpfers ist natürlich, daß die Schwungmasse spielfrei auf ihrem Lager läuft, daß außerdem der Anpreßdruck der Reibbeläge richtig dosiert wirkt. Verschleiß ist hier möglich, deshalb sollte der Schwingungsdämpfer der Kurbelwelle hin und wieder kontrolliert werden.

Zur Prüfung des Schwingungsdämpfers nimmt man nur den Lichtmaschinendeckel ab und versucht die Dämpfermasse mit der Hand zu drehen. Sie muß sich recht schwer bewegen lassen, darf kein radiales Spiel haben. Andernfalls ist wahrscheinlich das Ringfederelement defekt (verschlissen) und muß ausgewechselt werden (Bestell-Nr. 0070709). Festziehen des Schwingungsdämpfers mit 2,0 mkp Anzugsmoment.

An der Kurbelwelle läßt sich aber noch ein weiteres Beispiel der sorgfältigen Entwicklungsarbeit der BMW-Konstrukteure zeigen. Wir sahen, daß die Welle in Kugellagern gehalten ist, und an diesen Kugellagern finden wir bei den letzten Baumustern wieder eine Besonderheit, die ganz deutlich die Konsequenz beweist, mit der alles getan wird, um den Motor zu höchster Laufkultur zu erziehen. Normalerweise werden die Kugeln im Lager mit einem Blechkäfig auf Abstand voneinandergehalten, ganz »vornehme« Konstruktionen verwenden auch mal einen Messingkäfig, wenn es darauf ankommt, geringe Reibung der Wälzkörper am Käfig zu erreichen. BMW geht hier noch einen Schritt weiter und wählt Lager mit Nylonkäfigen, die ähnliche Vorzüge wie Messingkäfige haben, die aber zusätzlich noch erheblich ruhiger laufen. Diese Neuerung wurde allerdings erst 1966 eingeführt, läßt sich aber auch nachträglich bei einer Motorüberholung ausnutzen. Falls jemand diese Lager mit Nylonkäfig nicht im Handel beziehen kann, hier die BMW-Bestell-Nr. 99 81 250.

Für die Sportmaschinen kommt dieses Lager nur als vorderes Hauptlager in Frage; ein Tonnenlager mit Nylonkäfig ist nicht vorgesehen.

Links das Lager mit Nylonkäfig, rechts mit dem üblichen Blechkäfig.

Der Ölkreislauf

Das nächste interessante Thema ist der Schmierkreislauf. Das an den Lagern, den Zahnrädern sowie an Kolben/Zylindern benötigte Schmiermittel wird auf recht geschickte Weise an die einzelnen Schmierstellen transportiert. Aus dem Vorrat der Ölwanne (unterm Kurbelgehäuse) saugt eine Zahnradpumpe über ein Siebfilter das Öl an und drückt es über Bohrungen durch den Motor.

Wenn das Öl dann an den verschiedenen Schmierstellen seine Arbeit getan hat, fließt und tropft es in die Ölwanne zurück. Dort unten wird es vom Fahrtwind ordentlich gekühlt, bevor es wieder angesaugt wird.

Die Ölpumpe, deren Zahnräder man unten links sieht, drückt das Öl über die mit dem linken Pfeil bezeichnete Bohrung in den Ringkanal, in dem es dann zur Spritzdüse für die Zahnradschmierung befördert wird (rechter Pfeil). Im unteren Bild zeigt der Pfeil auf die Bohrung, durch die Öl zur Schleuderscheibe gelangt.

Die Wege, die das Öl von der Ölpumpe durch den Motor zurücklegt, müssen wir uns etwas genauer ansehen. Nicht nur, weil diese Wege recht interessant sind und vielleicht ein wenig technische Raffinesse zeigen, sondern vor allen Dingen auch deswegen, damit wir nachher beim Zusammenbau des Motors keine Fehler machen. Verstopfte Ölbohrungen können ja bekanntlich zu ziemlich umfangreichen Schäden führen, also sehen wir uns besonders genau an, welche Bohrungen wir beim Teilewaschen nachher kontrollieren müssen.

Die Bilder zeigen den Ölkreislauf der R 50 bzw. R 60/2, der mit geringfügigen Abweichungen auch dem Ölkreislauf der früheren Modelle entspricht. Von der Ölpumpe im vorderen Kurbelwellenlagerdeckel führt eine Bohrung zuerst in den Ringkanal innerhalb dieses Lagerdeckels, der etwa mittig um den Kugellageraußenring herumführt. Durch diesen Ringkanal kommt das Öl zunächst einmal zu der kleinen Spritzdüse links oben am Lagerdeckel. Hier wird es über das kleine Röhrchen direkt zwischen die beiden Steuerzahnräder gesprüht. Beim Abwärtsfließen kommt auch das Zahnrad der Ölpumpe noch in den Genuß der Schmierung, dann läuft das Öl von hier aber direkt in die Ölwanne ab.

Aus dem Ringkanal im Lagerdeckel führt aber noch eine zweite kleine Dosierbohrung, sie ist im Bild unten rechts zu erkennen. Von hier aus wird das Öl in Richtung Kurbelwelle gespritzt, es trifft dabei direkt auf die sogenannte Ölschleuderscheibe auf der Kurbelwelle. Außer der Schmierung des Kurbelwellenhauptlagers, die an dieser Stelle durch Ölnebel geschieht, baut die Schleuderscheibe durch die Wirkung der Fliehkraft einen höheren Öldruck auf, der dazu ausreicht, das Öl in den sehr weit hohl gebohrten Hubzapfen zu drücken. Damit ist die Schmierung des großen Pleuellagers am vorderen Pleuel der Kurbelwelle gesichert.

Die Schleuderscheibe hat eine zweite Aufgabe: sie soll etwaige Schmutzteilchen, die ja allgemein schwerer als das Öl sind, durch die Fliehkraft an ihrem Außendurchmesser festhalten. So wird man also bei jeder Demontage als allererstes die Schleuderscheiben abnehmen und sorgfältig reinigen. Der dort abgelagerte Schmutz ist oft recht hart, die Arbeit erscheint ein wenig mühsam, lohnt sich aber unbedingt.

Das Öl, das nun aus dem Pleuellager austritt, sprüht noch im Kurbelgehäuse herum und schmiert dabei sowohl die Nockenwellenlagerung als auch die Gleitstellen der Stößel. Speziell dafür sind im Gehäuse noch größere Ölbohrungen angebracht, so daß das Schmieröl nicht nur zu den Stößelführungen hingelangt, sondern auch von ihnen wieder abgeführt wird.

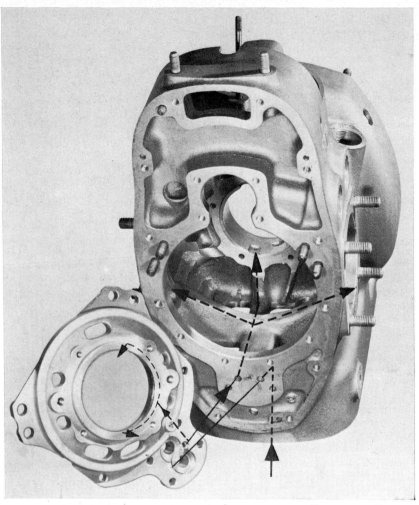

Die dicken Stößel sind hohl, die langen dünnen Stoßstangen auch, so daß die Auflagestellen zwischen Stößel und Stoßstangen sehr gut vom Öl erreicht werden. In den Führungsrohren der Stoßstangen kann das Öl dann auch jeweils in Richtung der Zylinderköpfe fließen, so bekommt der Ventiltrieb das benötigte Schmiermittel. Ein am unteren Teil des Zylinders eingepreßtes Röhrchen sorgt für die Rückführung des Öls, der Ventiltrieb hat also niemals mit altem Öl zu kämpfen, er wird ständig mit Frischöl versorgt.

Ähnlich wie das vordere Pleuellager wird auch das hintere geschmiert.

Ein langer Ölkanal, der in einer auch als Versteifung dienenden Rippe geführt wird, bringt das Öl von der Ölpumpe zum hinteren Kurbelwellen-Lagersitz. Hier finden wir eine kleine Spritzbohrung, aus der das Öl in Richtung Schleuderscheibe gedrückt wird. Wieder ist der Hubzapfen sehr weit hohl gebohrt, wir haben also das gleiche Schmiersystem wie beim vorderen Pleuellager.

Im unteren Teil des hinteren Lagersitzes sorgt eine Ölbohrung, die ins Kurbelgehäuse hineinführt, dafür, daß sich zwischen dem Kugellager und dem hinteren Wellendichtring auf der Kurbelwelle kein Öldruck aufbauen kann, so daß also kein Öl mit Gewalt durch den Wellendichtring in Richtung Kupplung gepreßt wird.

Diese Abflußbohrung mündet nicht

stumpf in die Fläche des Lagersitzes, sie ist zu einer Art Trichter erweitert. Auf diese Weise ragt sie genügend weit nach hinten, um nicht vom Lageraußenring verschlossen zu werden. Hier liegt übrigens auch der Grund dafür, daß wir später bei der Montage die Kurbelwelle als letztes ganz nach vorn gegen den Anschlag am vorderen Lagersitz ziehen. Wird dieser letztere Arbeitsgang versäumt, dann kann es geschehen, daß das hintere Kurbelwellenlager die Abflußbohrung verdeckt, daß sich hinter dem Lager ein Öldruck aufbaut, daß dieser Öldruck den Wellendichtring schließlich überwindet und damit die Kupplung verölt.

Als letzte wichtige Schmierstelle kommen noch die Zylinderlaufbahnen in Betracht. Während früher nur der linke Zylinder über eine kleine Ölbohrung zusätzliches Schmiermittel bekam, werden heute beide Zylinder über Ölbohrungen unter Druck versorgt. Auch hier geschieht die Führung des Schmieröls von der Ölpumpe aus über Gehäuserippen, in die kleine Kanäle gebohrt wurden. An der Kante der Zylinderfuß-Sitzfläche tritt das Öl aus. Es wird in einem Ringkanal, der in den Zylinderfußflansch eingedreht ist, an die Oberseite des Zylinders geführt. Von dort tritt es durch Bohrungen nach innen an die Zylinderlaufbahn. Für den Abfluß dieses Schmieröls muß ja nicht mehr gesorgt werden, so daß die beiden oberen Bohrungen in der Zylinderlaufbahn die einzigen sein können.

Während die Versorgungsbohrungen bei den R 50/2 bzw. R 60/2 Modellen recht groß sind, muß man bei der R 51/3 usw. noch ein wenig Sorgfalt aufwenden, um nicht mit der Zylinderfußdichtung des linken Zylinders die Ölbohrung zu verstopfen. Grundsätzlich soll aber auch bei den neueren Modellen die Fußdichtung nur mit Fett angeklebt werden, nie mit aushärtender Dichtungsmasse.

Zum Schluß sei eine kritische Bemerkung gestattet:

So ausgeklügelt der gesamte Ölkreislauf und die Versorgung der einzelnen Schmierstellen auch erscheinen mögen, darf nicht übersehen werden, daß das Siebfilter, das in die Ölwanne hineinragt, doch recht grobmaschig ist. Und die Reinigungsvorschrift, alle 10 000 km dieses Filter in Benzin auszuwaschen, scheint wohl doch nur der Beruhigung des Konstrukteursgewissens zu dienen. Wenn nämlich so grober Schmutz im Motor ist, daß er sich sogar in diesem Filtersieb absetzen würde, dann dürfte auch diese Reinigungswirkung nichts mehr nutzen.

Ventilsteuerung

Die Nockenwellen der Zweizylinder-BMW-Maschinen werden seit der R 51/3 über schräg verzahnte Stirnräder angetrieben. Die R 51/2, die erste Nachkriegs-Zweizylinder-BMW, hatte noch Kettenantrieb und zwei Nockenwellen.

Die Einstellung macht sowohl bei der alten Ausführung als auch bei den neueren Maschinen keine großen Schwierigkeiten. Selbst dann, wenn keine Markierungen auf den Steuerzahnrädern mehr zu erkennen sind, braucht man die Nockenwelle jeweils nur symmetrisch einzustellen. Das bedeutet, daß man nur darauf achtet, daß das Einlaßventil genauso viele Grad nach OT öffnet, wie das Auslaßventil vor OT schließt. Diese schulbuchmäßigen Steuerzeiten, die man für die Überprüfung der Nockenwelleneinstellung in der Sammlung der technischen Daten findet, sind aber in diesem Fall nicht die tatsächlichen Betriebssteuerzeiten. Zum Prüfen muß nämlich das Ventilspiel zwischen Kipphebel und Ventilschaft auf 2,0 mm eingestellt werden, und zwar bei beiden Ventilen. Bei der Einstellung auf Betriebsventilspiel von 0,15 für Einlaß und 0,20 für Auslaßventil würden die Steuerzeiten natürlich ganz anders aussehen. Hier sei kurz die Prüfung in ihren grundsätzlichen Zügen angegeben:

1. Ventilspiel auf 2,0 bis 2,05 einstellen.
2. Gradscheibe an der Kurbelwelle vorn befestigen.
3. Zeiger am Rahmen befestigen.
4. OT feststellen, entweder nach Schwungscheibe oder nach der Me-

thode, wie sie beim Einstellen der Zündung im entsprechenden Kapitel beschrieben wird.
5. OT-Stellung am Zeiger auf der Gradscheibe markieren.
6. Dünnste vorhandene Fühlerlehre (0,05 mm) zwischen Ventilschaft und Kipphebel halten, Kurbelwelle drehen, bis sich diese Fühlerlehre nicht mehr bewegen läßt. Der Punkt, an dem sie gerade vom Kipphebel festgehalten wird, gilt als Öffnungspunkt für das Ventil. Diese Stellung der Kurbelwelle markiert man auf der Gradscheibe.

Schließlich wird die Kurbelwelle weitergedreht, bis sich die Fühlerlehre gerade eben wieder bewegen läßt, also vom Kipphebel freigegeben wird. Auch diese Stellung wird auf der Gradscheibe markiert, man kann so erkennen, ob die Steuerzeiten dieses einen Ventils wenigstens grob (Toleranz plus/minus 2 bis 3 Grad) mit den Handbuchwerten übereinstimmen. Zur Kontrolle wird man auch das zweite Ventil desselben Zylinders auf die gleiche Art prüfen. Man macht sich zweckmäßigerweise neben den entsprechenden Gradscheibenmarkierungen jeweils den Buchstaben A für Auslaß- und E für Einlaßventil, sonst kommt man hinterher beim Auswerten doch durcheinander. Anhand aller vier Markierungen für die zwei Ventile kann man dann feststellen, ob die Nockenwelle tatsächlich symmetrisch zum OT eingestellt ist.

Die Prüfung der Steuerzeiten wird bei nahezu sämtlichen BMW-Zweizylinder-Modellen beim Ventilspiel von 2,0 mm vorgenommen. Eine Ausnahme bildet z. B. die R 68; bei ihr ist 1 mm Prüfventilspiel vorgeschrieben.

Wenn man sich die Technischen Daten ansieht und dort die Steuerzeiten vergleicht, dann lasse man sich nicht dadurch verwirren, daß z. B. bei der R 51/3 gar keine symmetrische Einstellung angegeben ist. So steht dort, daß das Einlaßventil zwischen 4 und 9 Grad nach OT öffnet, während das Auslaßventil zwischen 5 und 10 Grad vor OT schließt. Die Abweichung von der tatsächlichen Symmetrie beträgt hier nur 1 Grad Kurbelwinkel, ist also unwesentlich. Ich möchte den Monteur sehen, der ohne Meßuhr diese Abweichung exakt feststellen kann. Vor allem ist zu berücksichtigen, daß man die Steuerzeiten ja jeweils nur um den Wert einer Zahnbreite des Zahnradantriebs versetzen kann, das ist erheblich mehr als ein Grad. Man wird also auf jeden Fall durch möglichst symmetrische Einstellung der Werksvorschrift genügend genau entsprechen können.

Das Schlossern am Motor

Im Lauf der Jahre, die ich mit BMW-Motorrädern verbrachte, mußte ich immer wieder feststellen, daß die meisten Schlossereien am Motor sich in der Gegend des Zylinderkopfs und der Zylinder abspielten. Auswechseln der Kurbelwelle war selten notwendig (nach etwa 45 000 bis 55 000 km), Auswechseln der Nockenwelle etwa nach der gleichen Laufzeit. Die Stirnräder sowohl auf der Kurbelwelle als auch auf der Nockenwelle werden erfahrungsgemäß oft schon zu früh ausgewechselt, wenn sie einen zarten Verschleißzustand etwa durch erhöhte Klappergeräusche bemerkbar machen. In Anbetracht der Tatsache, daß man wohl am häufigsten den Zylinderkopf abnehmen muß, erscheint es dringend angebracht, sich einen Drehmomentschlüssel anzuschaffen. Denn wenn die vier Zylinderkopfschrauben ungleichmäßig, zu stark oder zu schwach angezogen werden, kann man sich damit mehr verderben, als wenn man etwa eine ganz zart Öl suppende Zylinderfußdichtung unbeachtet läßt.

Der zweite Punkt, den man vor jeder Schlosserei am Motor beachten sollte: Man mache sich nicht mehr Arbeit als notwendig. Dazu gehört, daß man den Motor vor jeglicher Schrauberei erst einmal ganz gründlich reinigt. Die eine Stunde, die man mit dem Pinsel und Benzin dazu benötigt (bei stark schmierigem Motor, vor allen Dingen, wenn man innerhalb einer schlecht belüfteten Garage arbeiten muß, nimmt man besser Kaltreiniger), spart man sich nachher beim Teilewaschen mit Sicherheit.

Nächster Hinweis, der zur erfreulichen Schlosserei notwendig erscheint: Man halte eine größere Anzahl sauberer Schachteln bereit, in die man die Einzelteile legen kann. So ist z. B. daran zu denken, daß man für jeden Zylinder Einlaß- und Auslaßventil mitsamt den Kipphebeln und den Zylinderkopf-Halteschrauben getrennt weglegt. Auch die Stoßstangen sollte man nicht untereinander verwechseln. Bewährt haben sich für die Ablage von Kleinteilen, die sauber bleiben sollen, Plastikbecher, wie sie z. B. für Joghurt oder Quark verwendet werden. Muß die Schlosserei eine Zeitlang unterbrochen werden, dann soll man nicht zu stolz sein, saubere Lappen über die ausgebauten Einzelteile zu decken.

Man soll auch nicht nach dem Beispiel des Werkstattmanns verfahren, den ich einmal zum Begutachten seiner Werkstatt besuchen sollte. Durch einen Zufall traf ich einen Tag früher als geplant bei ihm ein und geriet dabei mitten in hektische Aufräumungsarbeiten. Die Lehrjungen waren gerade dabei, die Werkstatt auszufegen, einige BMW-Motoren, halb zerlegt, standen unter den Werkbänken herum. Aber sie waren keineswegs etwa abgedeckt, der Staub vom Ausfegen konnte sich wunderschön in den verwinkelten Kurbelgehäusen ansetzen.

So etwas passiert Ihnen als Liebhaber ja selbstverständlich nicht!

Genausowenig könnte es bei Ihnen vorkommen, daß ein abgeschraubter Vergaser, am Gasseilzug baumelnd, beim Herausnehmen des Motors aus dem Rahmen zerdrückt wird. Denn Sie hängen sicher den Vergaser, in einen sauberen Lappen gehüllt, gleich nach oben an den Lenker!

Mit großer Sicherheit werden Sie auch keinen Schlüssel der Größe 15 mm für die Schrauben an BMW-Motorrädern verwenden. Es könnte Ihnen höchstens einmal passieren, daß Sie mit einem 14er-Schlüssel von einer Schraube oder Mutter der Größe M 8 abrutschen. Das ist dann nur zum Teil Ihre Schuld, denn möglicherweise sind Sie für M 8 noch die Schlüsselweite SW 14 gewöhnt. Aber bereits im Jahr 1961 wurde M 8 auf Schlüsselweite 13 umgestellt, so kann es also heute noch vorkommen, daß an einer BMW sowohl 13er- als auch 14er-Sechskante an M-8-Schrauben vorhanden sind. Bitte also etwas genau aufpassen.

Muß eigentlich noch etwas über die Bereithaltung sogenannter Verschleißteile gesagt werden? Gemeint ist jetzt nicht, daß Sie, wenn Sie ein Ventil auswechseln wollen, eben dieses Ventil vorher einkaufen. Tückisch sind beim Schlossern nämlich nicht die großen Dinge, die man sowieso vorher besorgt hat, weil man sie auswechseln wollte, tückisch sind vielmehr die kleinen Schräubchen, die man versehentlich verwürgt und die man dann mit großer Sicherheit nicht aus seiner Schräubchensammlung ersetzen kann. Wenn Sie z. B. die Kupplungsreibscheibe auswechseln wollen, brauchen Sie eigentlich nur eine neue Reibscheibe zu kaufen. Erfahrungsgemäß sind dann aber noch mehrere andere Teile während der Schlosserei verdorben worden. So würde ich also in diesem speziellen Fall zumindest die Halteschrauben für die Kupplungsdruckplatte gleich miteinkaufen. Denn diese Schrauben haben Feingewinde M 8×1, außerdem Senkkopf mit Schlitz, es sind zwar in den Normen aufgeführte Größen, die jedoch kein Schraubenhändler, sondern nur der BMW-Händler auf Lager hat.

Außer diesen Schrauben wird aber auch

Schrauben mit Innensechskant für die Kupplung gibt es bei fast jeder besseren BMW-Werkstatt.

eine Erneuerung der Dichtringe für die Auspuffkrümmer am Zylinderkopf notwendig sein. Ebenso hält man ständig Dichtungen zwischen Vergaser und Zylinderkopf bereit. Und wenn man, um beim Beispiel des Kupplungauswechselns zu bleiben, die Reibscheibe nicht aus Verschleißgründen erneuern mußte, sondern weil sie verölte, dann wird man sich auch wenigstens den Wellendichtring auf der Getriebeeingangswelle besorgen, wenn nicht sogar den Wellendichtring auf der Kurbelwelle. Letzterer wird nach meinen Erfahrungen im übrigen seltener zum Verölen der Kupplung führen, weil nämlich das Öl nur an der Schwungscheibe vorbei in die Kupplung gelangen könnte.

Eine Kleinigkeit ist vielleicht noch zu erwähnen, bevor man den Motor ausbaut: Der BMW-Motor ist ziemlich schwer. Wenn man allein arbeitet, kann man sich da leicht überanstrengen. So kommt es häufig vor, daß man den Motor, nachdem man ihn aus seinen Halterungen gelöst hat, auf den Rahmenrohren abstützt. Daß dabei der Lack von den Rahmenrohren abgekratzt wird, sollte man durch Umwickeln des Rahmens mit Putzlappen oder durch Überziehen eines geschlitzten Schlauchs von vornherein ausschließen.

Die einzelnen Reparaturschritte und Handgriffe sind bei nahezu sämtlichen BMW-Zweizylindermodellen ab der R 51/3 weitgehend die gleichen wie bei der R 60/2, die für diese Anleitung Modell stehen mußte. Die Unterschiede zwischen einer Maschine des Baujahrs 1952 und einer des Baujahrs 1968 sind so gering, daß man die Handgriffe auch bei der neuen Maschine beherrscht, selbst wenn man sie nur bei der alten gelernt hat. Allein deshalb ist es wohl vertretbar, daß in dieser Arbeitsanleitung die meisten Bilder eine R 60/2 zeigen.

Immerhin geht es hier nicht so sehr darum, die werksseitige Reparaturanleitung abzuschreiben und nachzuempfinden, als vielmehr um eine Anzahl spezieller Hinweise, die die Werksanleitung nicht bringen kann. Sie braucht sie ja auch nicht zu bringen, weil sie sich eben an Werkstätten mit kompletter Einrichtung wendet. Hinsichtlich der BMW-Spezialwerkzeuge sei hier noch einmal erwähnt, daß alle BMW-Motorrad-Spezialwerkzeuge für den Privatverkauf von BMW freigegeben worden sind. Gewiß kann man sich einige dieser Spezialwerkeuge selbst basteln, zum Teil sogar einfacher und mehr improvisiert und nur für einmaligen Gebrauch bestimmt.

Aber es dürfte klar sein, daß im Rahmen dieser Anleitung nicht jede mögliche Hilfsvorrichtung beschrieben werden kann, besonders BMW-Fahrer sind in vielen bastlerischen Dingen ja soweit routiniert und auf viele eigene Handgriffe eingespielt, daß beim besten Willen nicht alle die vielen Möglichkeiten berücksichtigt werden können.

Eines sollte aber besonders betont werden: Die normale handwerkliche Sorgfalt ist gerade beim Schlossern an BMW-Motoren ausschlaggebend für ordentliche Funktion der Maschine nach der Reparatur. Es sollte Ihnen deshalb beim Schrauben nicht darum gehen, besonders schnell zu sein oder sogar irgendwo mit irgendwelchen Tricks (etwa Verdichtung erhöhen) ein winziges Quentchen an Leistung herauszuquetschen zu wollen. Es sollte Ihnen darum gehen, die Maschine in den Zustand zu versetzen, der vom Konstrukteur geplant wurde. Im Lauf vieler Jahre hat sich nämlich immer deutlicher gezeigt, daß bei einer Wettfahrt (Hamburg—Wien z. B.) stets der Mann der erfolgreiche war, dessen Motorrad weniger »frisiert«, sondern eher sorgfältig vorbereitet und einwandfrei normal eingestellt war.

Das Thema »Frisieren« ist heute ja schon aus einem ganz anderen Grund für eine BMW vollständig uninteressant geworden: Immerhin gibt es Motorräder, die serienmäßig bereits fast das Doppelte an Leistung einer R 50 haben, die aber auf anderen Gebieten (Fahrkomfort) an die R 50 nicht heranreichen. So wird man sich heute also für rennsportliche Betätigung keine R 50, sondern irgendein anderes Motorrad aussuchen. Dieser Weg ist mit Sicherheit dann der schnellere und vor allen Dingen der preiswertere.

Die einzelnen Handgriffe

Ausbauen des Motors

Die Überwurfmuttern für die Auspuffkrümmer haben bei der R 50 und bei der R 60 (ebenso bei der R 51/3 und der R 67 und R 67/2) Löcher zum Einhaken des Spezialschlüssels (Bordwerkzeug). Aber wenn man längere Zeit gefahren ist, ohne immer sehr sorgfältig gerade diese Gegend zu putzen, rosten und korrodieren diese Muttern fest.

Die Löcher sitzen nämlich genau auf den tragenden Gewindegängen, so daß der Schmutz direkt ans Gewinde herankommen kann. Bevor man hier mit Gewalt und einer Verlängerung am Schlüssel arbeitet, sollte man überlegen, ob man eventuell die Möglichkeit hat, die Überwurfmutter nach dem Aufmeißeln durch eine sogenannte Sternmutter zu ersetzen. Diese Sternmuttern wurden z. B. bei der R 50 S verwendet, sie hatten im übrigen außer dem gleichen Gewinde auch die gleiche Art der Befestigung für den Auspuffkrümmer. Die Sternmuttern der R 69 S klemmten das Auspuffrohr ohne einen Bördelrand.

Die Schwierigkeit liegt darin, daß man die neue Mutter nicht auf den Krümmer bekommt, wenn man nicht das Querrohr (unterm Getriebe, zwischen beibeiden Auspuffrohren) irgendwie abnehmen kann. Da gibt es verschiedene Möglichkeiten. Man kann auch ohne Schweißen auskommen, wenn man z. B. die Original-Rohrstücke weiterverwendet, aber kurz vorm Querrohr eine Trennung vorsieht, die durch ein übergeschobenes, etwas größeres Rohrstück überbrückt werden kann. Das ist dann besser, als wenn man mit Gewalt auch die Gewindegänge vom Zylinderkopf mitherunterzieht.

Die Vergaser werden abgenommen. Damit kein Schmutz in den Motor gelangt (wenn man nicht am Zylinderkopf schlossern muß), deckt man die Öffnungen unter Verwendung der alten dicken Dichtung und eines Stücks steifen Kartons provisorisch ab. Die Dichtung wird dabei natürlich verdorben, wir sollten uns aber sowieso angewöhnen, derart heikle Dichtungen bei jeder Bauerei an dieser Stelle gegen neue auszuwechseln.

Die weiteren Demontagearbeiten erstrecken sich zunächst einmal auf das Abklemmen der Batterie (das tut man einfach grundsätzlich vor jeder Schrauberei als erstes), Lösen der Kabelanschlüsse innerhalb der Lichtmaschine (aufschreiben, welche Farbe wohin gehört!), Herausziehen des Kabelbaums, Abnehmen der Tachowelle — und die übrigen Kleinigkeiten, die nicht einzeln aufgeführt werden müssen.

Aufpassen muß man erst wieder beim Abschrauben der oberen Motorbefestigung, damit man die Gummidämpfung auch nachher bei der Montage wieder richtig hinbaut. Die Kronenmutter mit Splint ist notwendig!

Dieser Schlüssel für die Sternmuttern der Auspuffbefestigung ist erhältlich bei Firma Schubert, Ingolstadt, Unterer Grasweg 88. Preis zwischen DM 15,– und DM 20,–.

Zum Ausbauen des Motors müssen wir dann noch die Kardanwelle vom Flansch lösen, damit wir das Getriebe nach hinten wegrücken können. Bei den alten Modellen, R 51/3 und R 67/2, konnte man sich hier durch Vorrücken des Motors und Aushängen der Mitnehmerstifte aus der Gummizwischenscheibe an der Kardanwelle helfen. Die »richtige« Methode war aber etwas umständlicher. Dazu wurde zunächst das Hinterachsgetriebe abgenommen, dann das Getriebe losgeschraubt, ein Stück nach hinten gerückt und nach links oben herausgehoben.

Fahren wir jedoch hier bei den Schwingenmodellen mit der weiteren Demontage fort: Die Innensechskantschrauben am Flansch der Kardanwelle lassen sich am besten mit einem etwas kürzer geschliffenen Sechskantstiftschlüssel erreichen. Wenn sie alle herausgeschraubt sind (die darunterliegenden Sicherungsscheiben nicht verlieren!), läßt sich das Getriebe schon bewegen, aber noch nicht herausnehmen. Dazu müssen erst die Motorbefestigungsbolzen herausgeschraubt werden; sie sollten sich leicht nach rechts herausziehen lassen, wenn man, mit der linken Hand am linken Zylinder fassend, den Motor etwas bewegt.

Dann erst kann man den Motor selbst ein wenig nach vorn schieben und mit den Zylinderrippen auf die geschützten Rahmenrohre legen, so daß das Getriebe hinten herausgehoben werden kann. Falls man nur am Motor oder am Getriebe bauen will, dann sollte in der Zwischenzeit das Kardangelenk mit einer Plastiktüte abgedeckt werden.

Der Motor kann herausgehoben werden, wenn man ihn nach vorn kippt und seitlich nach links herauszieht. Es ist bequemer, wenn man zu diesem Zweck vorher den Tank abnimmt, man quält sich mit dem Motor schon genug herum und ist froh um jedes bißchen Bewegungsfreiheit. Aufpassen, nicht mit dem Regler ans Rahmenrohr stoßen!

Schon beim Ausziehen der Motorhalteschrauben sind bestimmt die beiden Distanzstücke herausgefallen, die links vorn und hinten zwischen Motor und Rahmen gehören. Nicht vergessen beim Zusammenbauen!

Ausbauen des Hinterachsgetriebes

Dazu lösen wir zunächst das hintere Federbein. Dabei müssen wir darauf achten, daß die Scheibe zwischen Federbeinauge und Getriebegehäuse nicht verlorengeht. Auch unter dem Schraubenkopf sitzt eine Scheibe.
Das Abschrauben des Hinterachsgetriebes vom Schwingenarm bereitet keine Schwierigkeiten. Aufpassen sollte man hier nur auf die Sicherungsscheiben und darauf, daß die verwendeten Muttern ein Feingewinde M 8×1 haben.
Das Ausbauen der Schwinge und die Neulagerung sind bereits im Fahrwerkskapitel beschrieben worden.
Kümmern wir uns also zunächst weiter um den Motor.

Demontage der Kupplung

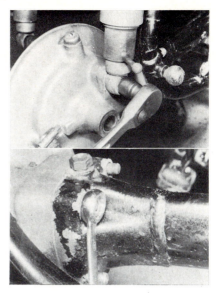

Zu den Arbeiten, die bei eingebautem Motor gemacht werden können, gehört neben dem Bauen an Zylindern und Kolben auch die Überholung der Kupplung. Dazu muß das Getriebe ausgebaut werden, der Motor selbst kann im Fahrwerk bleiben. Auf die Schlitzschrauben, die die äußere Kupplungsdruckplatte auf der Schwungscheibe halten, wurde bereits hingewiesen. Wenn man diese Schlitzschrauben nicht mit dem genau passenden Schraubenzieher löst (oder mit einem der teuren Schlagschrauber zu 50 DM) und dabei nicht wirklich kräftig gegendrückt, dann vermurkst man mit Sicherheit diese Schlitze. Und wenn die Bauerei über Sonntag erfolgt, ist man in diesem Augenblick schon zu einer Zwangspause verurteilt. Die Schrauben haben Feingewinde M 8×1, was naturgemäß die oben erwähnten Schwierigkeiten mit sich bringt.
Die Schwungscheibe pflegt sich beim Lösen der Schlitzschrauben mitzudrehen. Wer ungeschickt ist, verdirbt dabei prompt den Schlitz. Vielleicht wären an dieser Stelle Senkschrauben mit Innensechskant nach DIN 7991 besser geeignet, siehe Seite 67 im Bild!
Zum Festhalten der Schwungscheibe eignet sich recht gut ein Stück Flacheisen mit zwei Bohrungen (8 und 6 mm Durchmesser). Es wird auf die Stift-

schraube am Motorgehäuse gesteckt, und man kann dann mit einem 6 mm dicken Stift, den man in eine der Auswuchtbohrungen steckt, die Schwungscheibe blockieren.
Die Schlitzschrauben werden nicht alle zugleich völlig herausgedreht, zunächst entfernt man nur jede zweite. Zum Entspannen der Kupplungsdruckfeder braucht man nun ein kleines Hilfswerkzeug. Entweder besorgt man sich die

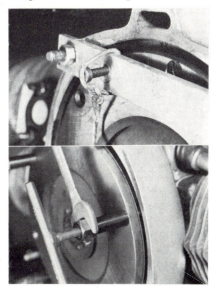

werksseitig vorgesehenen Spezialwerkzeuge oder aber ein längeres (etwa 180 mm) Gewindestück mit Feingewinde M 8×1. Da wäre z. B. daran zu denken, die Stiftschrauben, die im Gehäuse des Hinterachsantriebes sitzen und diesen an den Schwingenarm ziehen, zu verwenden. Die Stehbolzen haben einseitig M 8 und am anderen Ende M 8×1, außerdem passen sie in der Länge recht gut. Durch Zwischenlegen einer M-10-Mutter oder einiger Scheiben kann man die Länge abstimmen, um die Kupplungsdruckfeder entlasten zu können. Die anderen drei Schlitzschrauben werden nach Ansetzen dieser Hilfswerkzeuge herausgenommen, dann löst man die drei Hilfsmuttern langsam und gleichmäßig, so daß die Kupplungsdruckscheibe ohne zu verkanten angenommen werden kann.

Abbauen der Zylinder

Auch bei eingebautem Motor kann man die Zylinder abnehmen.

Das erscheint dann zweckmäßig, wenn man ohne einen Helfer den Motor ausbauen muß. Die beiden Zylinder sind ganz schön schwer; hat man sie vorher abgenommen, braucht man sie nachher nicht mitzutragen.

Nach dem Abschrauben der Ventildeckel werden die vier Halteschrauben für die Kipphebel-Lagerböcke herausgedreht. Diese Schrauben pflegen im Gewindeteil sehr stark verschmutzt zu sein, weshalb wir sie schon vor dem Ablegen reinigen sollten. Sauberkratzen mit einer Drahtbürste genügt nur selten; gut bewährt hat sich hierfür eine Gewindefeile, die man zart über die Gewindegänge führt.

Wir legen die Kipphebel mitsamt den Lagerböcken und der dazugehörigen Stoßstange jeweils getrennt ab, bezeichnen auch unbedingt Einlaß- und Auslaßkipphebel für rechten und linken Zylinder, so daß wir sie selbst nach vier Wochen nicht verwechseln können.

Bei den Sportmodellen, R 68, R 69, R 69 S und R 50 S, müssen wir vor dem Abnehmen des Zylinderkopfs noch zwei weitere Schrauben lösen, da bei diesen Modellen die Zylinderköpfe nicht nur mit

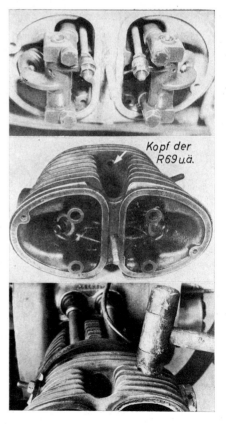

Kopf der R69 u.ä.

vier, sondern mit sechs Schrauben an den Zylinder ange»näht« sind.

Der Zylinderkopf pflegt recht fest auf dem Zylinder zu kleben. Wenn man ihn durch Schläge mit dem Plastikhammer lockert, achte man darauf, nicht schräg auf die Zylinderkopfrippen, auf die Vergaserstehbolzen und nicht auf den Auspuffstutzen zu schlagen. Außerdem hält man eine Hand unter den Zylinderkopf, denn er pflegt recht plötzlich abzufallen. Falls die Gummipfropfen am Ende der Stößelkapselrohre Öl durchlassen, dann kann man die Kapselrohre etwas nachsetzen, indem man mit einem passenden Dorn leichte Hammerschläge daraufgibt. Dorndurchmesser etwa 15 mm, der Dorn muß scharfkantig sein.

Wenn man als nächstes die Zylinder abgenommen hat, können schon unliebsame Überraschungen warten. Nur selten ist man, wenn man etwa nur die Zylinderfußdichtung auswechseln wollte, darauf gefaßt, daß beim Abnehmen des Zylinders Kolbenringbruchstücke in die Hände fallen. Sofern in einem solchen Fall der Motor nicht mehr als etwa 8000 km mit diesen Kolbenringen gelaufen ist, kann man sich damit begnügen, den gebrochenen Kolbenring einfach auszuwechseln. Bei einer Laufzeit über 10 000 km muß man allerdings den Zylinder in den meisten Fällen nachschleifen lassen, zumindest muß die Verschleißkante in OT-Stellung des Kolbens im Zylinder entfernt werden. Gegen diese Kante würde ein neuer Kolbenring anlaufen und schnell wieder zerbrechen.

Kolbenringbrüche bei BMW-Motoren können mehrere Gründe haben. Einmal sind sie die Folge einer zu weit ausgeschlagenen Kolbenringnut im Kolben. Deshalb wird man wohl kaum viel Freude erleben, wenn man einen alten Kolben einfach nur mit neuen Ringen bestückt. Die Kolbenringnut hat meist schon die kritische Weite.

Als zweiter Grund für Kolbenringbrüche können drehzahlabhängige Schwingungen gelten. Es scheint aufgrund langer Erfahrungen festzustehen, daß Kolbenringbrüche hauptsächlich bei solchen Motoren vorkommen, die häufig im Drehzahlbereich oberhalb 5000 U/min gefahren werden.

Abhilfe kann man in manchen Fällen nur dadurch schaffen, daß man sich Kolbenringe besorgt, die aus einem anderen Material hergestellt sind. In Frage kommen dafür Kolbenringe der R 69 S für die R 60 und die früheren Modelle mit gleicher Bohrung. Die Kolbenringe der R 69 S waren eine zeitlang aus sogenanntem Sphäroguß hergestellt. Dieses Material ist so zäh, daß man z. B. daraus auch hohl gegossene Kurbelwellen herstellen kann.

Das zweite Material für bruchsichere Kolbenringe ist nach meinen Erfahrungen die Kombination von normalem Kolbenringguß mit einer Einlage aus Molybdän. Diese Kolbenringe wurden in den letzten Jahren bei der Serienfertigung der Modelle R 50/ R 60/ R 69 S verwendet.

Das Höhenspiel der Kolbenringe wird mit Fühlerlehren gemessen. Die hier angegebenen Werte gelten für die R 51/3 und R 67/2.

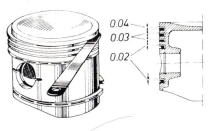

Wichtiges Maß beim Einbau neuer Kolbenringe ist das Stoßspiel, das am in den Zylinder geschobenen Ring gemessen wird. Man achtet darauf, daß der Ring dann auch ringsum gleichmäßig tief eingesetzt ist.

Etwas schwieriger sieht es mit Ersatz für gebrochene Kolbenringe beim Modell R 50 aus. Hier ist die Bohrung kleiner, deshalb kann man nicht die hochwertigen Ringe der Sportmodelle benutzen. Allerdings ist aber auch bei der R 50 die Krankheit des Kolbenringbrechens kaum bekannt.

Zum Ausbauen der Kolbenbolzen sind zunächst die Sicherungsringe aus den Kolbenbolzenbohrungen im Kolben zu entfernen. Bei den BMWs ist seitlich am Bolzenauge des Kolbens ein Einstich, in den man zum Herausheben des Sicherungsrings mit einer spitzen Reißnadel hineinfährt. Hierbei nicht würgen,

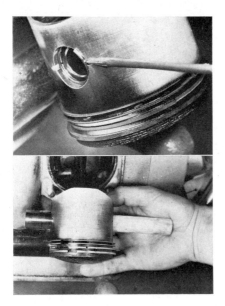

es geht, ohne das Kolbenhemd zu zerkratzen!

Die Zeiten, da man den Kolben kräftig anheizen mußte, um den Bolzen herauszudrücken, sind längst vorbei.

Auch bei den BMW-Modellen ab R 50/60/69 S müssen die Kolbenbolzen mit Handballendruck aus dem kalten Kolben zu entfernen sein. Mit einem passenden Hartholzdorn kommt man dabei meist zurecht. Sollte der Kolbenbolzen sich allerdings auch mit Anstrengung nicht bewegen lassen, so daß man also Gefahr läuft, das Pleuel zu verbiegen, dann wird einem kaum etwas anderes übrigbleiben, als doch den Kolben anzuwärmen. Eine Spirituslötlampe, deren Flamme man auf den Kolbenboden richtet, ist für diese Arbeit gerade noch vertretbar. Eleganter geht das natürlich mit einer beheizten Kolbenmanschette, deren Anschaffung jedoch für gelegentliche Arbeiten am Motor kaum lohnend sein dürfte.

Sollte der Kolbenbolzen Widerstand entgegensetzen, ist vor Gewaltanwendung und vor dem Anheizen zu kontrollieren, ob der Widerstand nicht durch einen Grat entsteht, der durch seitliche Kolbenbolzenbewegungen am Rand der Sicherungsringnut aufgeworfen wurde. Ein solcher Grat ist bei den meisten Motoren zu finden, so daß man hier im Zweifelsfall zuerst hinfaßt.

Das Entfernen des Grats geht mit einem kleinen scharfen Taschenmesser ohne Schwierigkeiten. Nur darf man dabei die Sicherungsringnut nicht etwa trichterförmig erweitern, sonst rutscht später der Sicherungsring heraus und verdirbt Kolben und Zylinder.

Im übrigen sei darauf hingewiesen, daß es sich lohnt, bei jeder Schlosserei am Kolben die alten Sicherungsringe wegzuwerfen und neue zu verwenden. Nur im Notfall sollte man gebrauchte Sicherungsringe weiterverwenden.

Zum Ausbauen der Ventile aus dem Zylinderkopf gibt es Spezialwerkzeuge. Diese verhindern einmal, daß die Ventile bei Druck auf die Feder nicht ausweichen; zum andern ermöglichen sie, daß man eben diesen Druck auf die Federteller ohne große Anstrengung erreicht. Auf eine Grundplatte wird zu diesem Zweck ein passender Holzklotz aufgeschraubt, der den Verbrennungsraum so weit ausfüllt, daß die Ventile sich nicht mehr bewegen lassen. Auf die Grundplatte schraubt man dann mit zwei langen Schrauben den Zylinderkopf an. In den Bildern ist die BMW-Spezialvorrichtung gezeigt, so ähnlich kann man sich auch ohne Schweißgerät eine Spannvorrichtung herstellen.

Einfacher geht es allerdings immer noch auf die uralte Methode, nämlich mit einer gewöhnlichen Schraubzwinge. Man braucht dazu nur ein Rohrstückchen, das etwa den Durchmesser des Ventilfedertellers hat, auf einer Seite ein Stück auszuschneiden, so daß man bei zusammengedrückter Feder an dieser Stelle an die Ventilkeilchen herankommt.

Sind die Ventile ausgebaut, dann wird man sich zumeist gleich der Kontrolle des Zylinderkopfs widmen. Beim Sauberkratzen des Verbrennungsraums von Ölkohleresten achte man genauer auf die engste Stelle zwischen Zündkerzenbohrung und Ventilsitz. An dieser Stelle traten früher häufig Risse auf, die zum Teil auch davon herrührten, daß die vier Zylinderkopf-Halteschrauben nicht genug gleichmäßig angezogen wurden.

Bevor die Ventile aus den Ventilführungen herausgezogen werden, sollte man überlegen, ob das überhaupt notwendig ist. Falls der Ventilsitz nämlich einigermaßen in Ordnung ist, also keine angebrannten Stellen zeigt, sollte das Ventil gar nicht erst aus der Führung herausgezogen werden. Am Absatz des Ventilschafts, hinter den sich die Ventilkeilchen stützen, pflegt nämlich ein leichter Grat angeschlagen zu werden, mit diesem Grat werden beim Ausziehen der Ventile aus der Führung Riefen und Kratzer in die Führung eingearbeitet. Also sollte man zunächst diesen Grat suchen und gegebenenfalls mit Ölstein entfernen. Etwa vorhandenes übermäßiges Spiel des Ventilschafts in der Führung läßt sich durch seitliches Ansetzen einer Meßuhr ($^1/_{100}$ mm Ablesegenauigkeit) auch ohne Ausbau des Ventils feststellen.

Eine Geräuschquelle, die sehr häufig vernachlässigt wird, ist das seitliche Spiel der Kipphebel auf ihren Achsen.

Hier reicht ein Spiel von 0,01 bis 0,02 mm, ich habe aber oft festgestellt, daß bis zum Zehnfachen dieses Werts seitliches Spiel der Kipphebel vorhanden war. Wenn man also im Zweifel ist, ob ein Klappergeräusch vom Ventilspiel, vom Ventilschaftspiel oder gar vom Laufspiel der Schwinghebelbuchsen auf den Schwinghebelachsen herrührt, dann bleibt einem nichts anderes übrig, als zunächst die Meßuhr anzusetzen und alle diese Spielwerte nachzuprüfen. Erfahrungsgemäß ist der Verschleiß der Schwinghebellagerung sehr gering, auch bei der Nadellagerung der Schwinghebel in den Sportmodellen ab R 68 ist an dieser Stelle kaum mit Verschleiß zu rechnen.

Das Seitenspiel der Kipphebel läßt sich sehr einfach durch Hammerschläge einstellen, am besten dann, wenn die Zylinderkopf-Halteschrauben gerade eben handfest angezogen sind. Dann ändert sich nämlich beim endgültigen Festziehen dieser Schrauben das Spiel kaum mehr. Es muß sicher nicht besonders erwähnt werden, daß die Hammerschläge sehr zart ausführt, daß man vor allen Dingen einen Plastikhammer benutzt.

Ausbauen der Lichtmaschine

Auch diese Arbeit kann man vor dem Herausnehmen des Motors aus dem Fahrwerk durchführen. Man hat in jedem Fall sogar noch den zusätzlichen Vorteil, daß man nicht Gefahr läuft, etwa mit Regler oder Fliehkraftversteller der Zündung an Rahmenrohre anzustoßen, hierbei irgendwelche merkwürdigen Verstellungen zu erzielen, denen man später nur schwer auf die Spur kommen kann. Erste Arbeit beim Ausbauen der Lichtmaschine ist grundsätzlich das Hochziehen der Kohlebürsten, die man zweckmäßigerweise gleich mit den kleinen Spiralfedern seitlich festklemmt. Nach Lösen der Befestigungsschrauben für die Grundplatte der Lichtmaschine kann man diese ohne weiteres abnehmen.

Der Anker der Lichtmaschine sitzt wie üblich auf dem Konus der Kurbelwelle sehr fest. Man kann nun eine Spezialabdrückschraube zurechtbasteln, man kann aber ebensogut einen einfachen Stahlstift von 6 mm Durchmesser und etwa 60 mm Länge mit der Original-Ankerhalteschraube gegen die Kurbelwelle drücken lassen und den Anker damit abziehen. Kritisch wird ein solches Eigenbauhilfswerkzeug erst dann, wenn man nicht das richtige Material verwendet. Man kann als Abdrückstift keine Weicheisenschraube verwenden. Diese verbiegt sich und verklemmt sich dann innerhalb der Kurbelwelle, so daß man den Anker nicht abziehen kann, ja nicht einmal den Stift wieder herausbekommt. Beim Abnehmen des Lichtmaschinengehäuses ist darauf zu achten, ob zwischen dem Motorgehäuse (Räderkastendeckel) und dem Lichtmaschinengehäuse noch ein Zentrierring sitzt. Dieser Ring ist nicht bei allen Maschinen vorhanden, er darf aber nicht verlorengehen.

Zum Abbauen des Zündmagneten wird natürlich zuerst der Fliehkraftversteller abgenommen, bevor man die zwei M-6-Muttern der Grundplattenbefestigung abschraubt. Der Magnetläufer selbst kann nach der gleichen Methode von der Nockenwelle abgezogen werden wie der Lichtmaschinenanker von der Kurbelwelle. Zweckmäßigerweise wird man den Magnetläufer nach dem Abbauen wieder in den Zünder hineinstecken und so, in saubere Lappen gehüllt, ablegen, daß er keine Eisenspäne anziehen kann.

Bei dieser Gelegenheit kann man dann auch gleich einmal nach der Lauffläche für den Wellendichtring sehen. Sie ist auf der Rückseite des Magneten deutlich zu erkennen. Mehr als sehen können darf man sie nicht, wenn man sie nämlich schon fühlt, besteht die Gefahr, daß an dieser Stelle Öl aus dem Räderkastendeckel in den Lichtmaschinenraum tritt.

Auch an einer anderen Stelle kann unerwünschtes Öl ins Lichtmaschinengehäuse gelangen: Bei einigen Motoren sitzt rechts oben neben der Lichtmaschine noch eine Schraube im Räderkastendeckel, die keine besondere Funktion hat, die aber sorgfältig abgedichtet werden muß. Hier liegt also unter dem Schraubenkopf eine Dichtung; wenn das noch nicht genügt, kann man sich durch Ankleben der Schraube mit »Uhu plus« oder »Loctite« helfen.

Abnehmen des Räderkastendeckels

Spätestens vor diesem Arbeitsgang sollte man das Öl aus dem Motor ablassen. Routiniertere Bastler werden im übrigen das Öl natürlich gleich beim Abstellen des Motors, wenn er also noch warm ist, ablaufen lassen, denn dann ist das Öl noch dünnflüssig, und es läuft deshalb wesentlich besser und vollständig ab.

Zwölf Schrauben mit Innensechskant sind zu entfernen, wenn man den Räderkastendeckel abnehmen will. Aber selbst wenn diese Schrauben herausgenommen wurden, läßt sich der Räderkastendeckel nicht unbedingt leicht abnehmen, denn er sitzt noch am Lager vorn auf der Kurbelwelle fest. Mit seitlichen Hammerschlägen ist da nichts zu machen. Man sollte einen Spezialabzieher verwenden, dessen Konstruktion jedoch keine großen Schwierigkeiten bereitet. Der werksseitig vorgesehene Abzieher besteht praktisch auch nur aus einem Querbalken, in dessen Mitte eine Druckspindel auf die Kurbelwelle gesetzt wird. Mit zwei längeren Schrauben M 6 hält man den Räderkastendeckel in seinen Bohrungen für die Lichtmaschine fest. Wenn man nun die Druckspindel anzieht, wird der gesamte Räderkastendeckel heruntergezogen.

Der Eigenbauabzieher für den Räderkastendeckel müßte etwa wie folgt aussehen: eine einfache Eisenplatte (da genügt 8 bis 10 mm dickes Material) bekommt in der Mitte eine 8-mm-Bohrung, dazu symmetrisch rechts und links je eine 6-mm-Bohrung. Abstand zwischen den beiden letzteren insgesamt 85 mm. Durch diese beiden 6-mm-Bohrungen stecken wir zwei Schrauben M 6, Länge 75 mm. Die mittige Bohrung könnte im

übrigen auch Gewinde M 8 tragen, das würde uns aber später, wenn wir diese Eisenplatte weiter als Werkzeug vervollständigen, etwas stören. Also stecken wir nun ein Stück Gewindestange hindurch, das von innen eine Mutter aufgesetzt bekommt.

Die zentrale Druckspindel liegt nun an der Kurbelwelle an, mit der Mutter wird von innen her Druck ausgeübt, so daß der Räderkastendeckel vorgezogen wird. Bei dieser Arbeit muß man sehr sorgfältig vorgehen, denn man will ja selbst mit Primitivwerkzeug nichts verderben. Nicht zu stolz sein, den Abstand der Abzieherplatte vom Räderkastendeckel auf Parallelität zu prüfen! Mit der Schieblehre mißt man dazu jeweils rechts und links den Abstand der Abziehplatte zur Dichtfläche.

Auf den Kurbelwellenstumpf drückt die Abzieherspindel, so sagten wir. Aber dort ist doch das Gewinde für die Ankerschraube. Also müssen wir dieses Gewinde erst verdecken. Dazu drehen wir einfach eine M-8-8G-Schraube ein, die etwa 15 bis 20 mm lang ist und Gewinde bis zum Kopf trägt. Damit schützen wir sowohl das Gewinde als auch das Ende des Kurbelwellenzapfens vorm Zerdrücken.

Vor uns liegt nun der Nockenwellenantrieb. Oben, auf der Nockenwelle also, finden wir noch die Entlüfterscheibe. Bei den Modellen R 51/3 und selbst noch bei der R 50 / R 60 / R 69 des Baujahrs 1958 wird diese Entlüfterscheibe auf dem Nockenwellenzahnrad noch mit einem Draht-Sprengring gesichert, der später wegfiel.

Beim Abnehmen der Entlüfterscheibe achten wir darauf, daß die Mitnehmerstifte in der Scheibe nicht lose herumsitzen, denn dann besteht die Gefahr, daß sie durchrutschen, daß sie sich also in den Entlüftungsbohrungen des Räderkastendeckels festhaken.

So etwas gibt sehr schönen »Salat«. Bei der R 69 S wurde deshalb die Entlüfterscheibe geändert. Hier wurden Mitnehmernasen gleich an die Scheibe angegossen, dafür mußte allerdings das Nockenwellenzahnrad mit größeren Bohrungen versehen werden.

Man kann diese Änderung auch selbst machen, muß dann jedoch sehr genau darauf achten, daß die Steuerzeiten des Drehschiebers auch tatsächlich stimmen. Er muß offen sein, wenn beide Kolben in Richtung UT gehen, er muß geschlossen sein, wenn die Kolben wieder aufwärts in Richtung OT gehen. Diese Umbauarbeit kann man auch im Werk vornehmen lassen, dann spart man sich das mühsame Nachdenken.

Unter dem Entlüfterdrehschieber sitzt auf dem Absatz des Nockenwellenzahnrads noch die Federscheibe, die den Entlüfterdrehschieber an den Räderkastendeckel anlegt. Unter dieser Wellscheibe ist eine weitere Anlaufscheibe vorgesehen, damit die Wellscheibe nicht direkt gegen das Leichtmetall des Nockenwellenzahnrads anläuft. Mittleres Bild: A = Anlaufscheibe; B = Wellscheibe.

Beim Betrachten der Zahnräder des Steuertriebs werden wir elektrisch eingebrannte Zahlen und Zeichen finden, die sich auch am Motorblock wiederholen. In diesem speziellen Fall ist es die Bezeichnung »minus 2«, die sowohl auf dem Nockenwellenzahnrad als auch am Motorgehäuse erkennbar ist.

Mit dieser Bezifferung wird die Abweichung vom Nennmaß des Mittenabstands zwischen Nockenwellenlager und Kurbelwellenlager angegeben. Hier sind es zwei Einheiten weniger als das Sollmaß, wobei es für unsere Betrachtungen und fürs Verständnis gleichgültig ist, ob diese zwei Einheiten nun Hundertstel oder Tausendstel Millimeter sind. Grundsätzlich soll also diese Abweichungsbemaßung auf dem Motorgehäuse mit der auf dem Zahnradsatz übereinstimmen. Baut man in ein Minus-2-Gehäuse einen Plus-3-Zahnradsatz ein, dann kann man sich im voraus denken, welches Ergebnis das bringen wird.

»Minus 2« bedeutet, daß der Abstand geringer als das Sollmaß ist. »Plus 3« aber ist für größeren Abstand gedacht. Hier werden also Nockenwellenzahnrad und Kurbelwellenzahnrad sehr eng aneinanderlaufen, möglicherweise so eng, daß sich nicht nur das etwas harmlose Zahnradheulen ergibt, sondern daß sogar Verschleiß durch zu hohe Belastung

auftritt. In solchen Dingen ist man also lieber etwas zu vorsichtig als zu nachlässig.

Weitere Überlegung zeigt hier auch, daß man mit geringerem Risiko statt des benötigten Minus-2-Satzes einen solchen mit »minus 3« einbauen kann, dadurch ergäbe sich nur geringfügig vergrößertes Spiel, was durchaus noch nicht zum Klappern führen muß.

An solchen Dingen bemerkt man übrigens doch die unwahrscheinliche Menge Kleinarbeit und Sorgfalt in der Konstruktion, die jeder BMW-Motor aufweist!

Ausbauen der Nockenwelle

Mit einem passenden (!) Schraubenzieher löst man die vier Schrauben des Lagerdeckels für das vordere Nockenwellenlager. Man erreicht sie gut durch die Bohrungen im Nockenwellenzahnrad. Wieder benützen wir unsere Eisenplatte und die M-8-Gewindestange als Ausziehwerkzeug. Hier wird unter Zwischenlage von zwei gleich breiten (etwa 70 mm) Holzbrettchen die Nockenwelle mitsamt ihrem vorderen Lager aus dem Sitz gezogen. Die M-8-Gewindestange ist dazu in das zentrale Gewinde der Nockenwelle eingeschraubt, und mit der M-8-Mutter wird die Nockenwelle nun herausgezogen. Bei dieser Arbeit würde ein Gewinde in der Abziehplatte stören! Ein Blick auf die Rückseite des Nockenwellenzahnrads zeigt uns den Lagerdeckel mit dem vorderen Nockenwellenkugellager. Wenn dieses Lager ausgewechselt werden soll (aber nur dann), müßte das Zahnrad von der Nockenwelle heruntergepreßt werden. Hierzu ist eigentlich eine hydraulische Presse nötig, die aber wohl die wenigsten Bastler zur Verfügung haben. Es geht aber auch anders. Die beiden Bohrungen im Nockenwellenzahnrad, durch die wir gerade mit dem Schraubenzieher die Lagerdeckelschrauben lösten, bieten sich zum Einhaken an. Man kommt sogar bei diesem Arbeitsgang ohne Verwendung der mittleren Druckspindel unseres Spezialwerkzeugs aus, hier wurden nur die beiden M-6-Schrauben verwendet, die gleichmäßig angezogen werden. Damit

geht's auch ... wenn man das Zahnrad selbst etwas anheizt und dicke Unterlagen unterm Zahnrad verwendet. Aber mit dem Anheizen soll man lieber vorsichtig sein, eine sehr zarte Lötlampe muß ganz sanft gehandhabt werden!

Als Druckstück zwischen Nockenwellenstumpf und Abziehplatte schrauben wir übrigens wieder eine M-8-Schraube in die Nockenwelle ein. Unter dauerndem Knacken zieht sich das Zahnrad dann von der Welle. Wieder aufpassen, daß die Abziehplatte immer möglichst parallel zum Zahnrad steht!

Nach Lösen des Sprengrings vor dem Kugellager kann man dieses aus seinem Sitz drücken. Nach Ausschieben der Nockenwelle aus dem Lager ergibt sich dabei kein Problem. Das Nockenwellen-

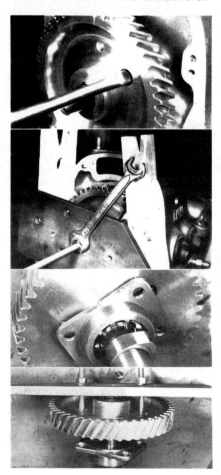

zahnrad muß vor dem Wiederanbau kräftig angewärmt werden (es muß zischen, wenn man draufspuckt), und unter Zwischenlage von möglichst genau parallelen Rohrstücken zieht man es mit einem Stück Gewindestange wieder auf die Nockenwelle auf. (Ältere Zahnräder mit Stahlbüchse dürfen nicht angewärmt werden!)
Ich verwende in solchen Fällen gern die Innenringe von alten Kugellagern, deren Seitenflächen innerhalb ganz enger Toleranzen wirklich planparallel sind. Die Gewindestange wird hierbei in die Nockenwelle geschraubt, und mit aufgedrehter Mutter läßt sich das Zahnrad recht leicht aufziehen. Aufpassen: Der Keil auf der Welle muß wieder in die Nut im Zahnrad hineinrutschen! Vor dem Anziehen der Mutter also das Zahnrad genauestens ausrichten.
Vor dem Ölpumpenzahnrad sitzt eine Mutter mit Linksgewinde, die außerdem durch ein Blech gesichert ist. Diese Sicherung wird zuerst zurückgeklopft (mit Schraubenzieher). Dann wird die Kurbelwelle festgehalten. Das geht auf viele verschiedene Arten zu machen. Hier nur als Beispiel durch Zwischenlegen eines zusammengedrehten sauberen Lappens zwischen beide Räder. Diese Methode blockiert die Welle nachdrücklich, aber doch recht schonend. Nach Lösen der Mutter kommt man mit einem einfachen Zweiarmabzieher gut hinter das Ölpumpenantriebsrad, es löst sich auch leicht. Notfalls braucht man nur auf die Spindel des Abziehers einen kurzen Hammerschlag zu geben.
Jetzt ist nur noch das Zahnrad auf der Kurbelwelle übrig. Vor diesem Zahnrad, ebenfalls noch nicht demontiert, sitzt das vordere Kugellager. Werksseitig ist vorgesehen, daß man dieses Kugellager irgendwie mit Schraubenziehern herunterhebelt, das klappt leider nicht immer oder nur mühsam. Selbst wenn man jetzt das Werk-Spezialwerkzeug zur Verfügung hat, wird man eine oft kleine Überraschung erleben. Es würde zwar hinter das Zahnrad passen, doch das Kugellager vorn ist im Weg. Die Länge der Befestigungsschrauben für die Haken des Werk-Spezialwerkzeugs ist also zu gering. Wir müssen etwas probieren.

Die beiden Arme des Universal-Zweiarmabziehers, den wir schon fürs Ölpumpenzahnrad verwendet haben, würden in schräger Stellung unters Zahnrad passen.

Diese schräge Stellung könnte man erreichen, wenn man die Abziehhaken nur in den unteren Bohrungen des Abziehers einhängt. In diesem Fall muß allerdings mit der Schraubzwinge das Ganze wieder einen Halt bekommen.

Die Schraubzwinge soll verhindern, daß die Abziehhaken vom Zahnrad abrutschen. Verderben kann man das Zahnrad auf diese Weise nicht, es ist sehr kompakt gebaut und aus sehr hartem Stahl.

Bei den Motoren der R 51/3, R 67/2 bis zu den der R 50/60/69 bis Baujahr 1963 saß hinter dem Kugellager noch ein Seegerring, so daß das Kugellager doch zuerst mit zwei Schraubenziehern von der Kurbelwelle heruntergehebelt werden mußte, bevor der Seegerring abgenommen und das Zahnrad abgezogen werden konnte. Später fiel dieser Seegerring weg.

Zum Abziehen des Zahnrads ist ziemlich heftige Kraftanwendung notwendig, wir können sehen, daß sich die Spitze der Abzieherspindel tief in die Schutzschraube, die wir wieder in den Kurbelwellenstumpf eingesetzt haben, eingedrückt hat. Auf der Kurbelwelle ist wieder eine Paßfeder (ein Keil), im Zahnrad finden wir die dazugehörige Nut. Außerdem ist zu sehen, daß zwei der Lagerdeckelschrauben herausgedreht waren, damit man mit dem Abzieher besser unters Zahnrad greifen kann. Vorsicht im übrigen beim kräftigen Drehen an der Abzieherspindel: Nicht gegen das Ölspritzröhrchen stützen, das bricht sonst ab oder wird so verbogen, daß es an einem der Zahnräder schleifen könnte.

Schwungscheibe abnehmen

Bevor wir auch nach hinten gehen, um vom Motor die Schwungscheibe abzunehmen, schrauben wir zunächst einmal die Ölwanne ab. Wir werden dabei feststellen, daß die vielen Befestigungsschrauben die Dichtfläche der Blechwanne sehr wellig durchgebeult haben. Dichten kann eine solche Fläche nicht

mehr. Also müssen wir sie plan schlagen und die Ölwannenschrauben das nächstemal nicht mehr so fest anknallen. Lieber die Köpfe durchbohren und die Schrauben mit Draht gegen Verdrehen sichern!

Der nächste Arbeitsgang wäre das Abnehmen des Ölsiebs (Filter kann man ja dazu nicht sagen) nach dem Geradebiegen des dortigen Sicherungsblechs. Bevor wir nun an das Abnehmen der Schwungscheibe gehen, müssen wir uns ein wenig verschnaufen.

Erstens einmal brauchen wir nämlich eine Vorrichtung, mit der wir die Schwungscheibe festhalten können. Dazu kann man natürlich die werksseitig vorgesehene Blockierungsvorrichtung nehmen, ebensogut kann man sich mit einem durchgebogenen Flacheisen helfen, das man mit zwei Schrauben M 8×1 an der Schwungscheibe festzieht, während man es außen so weit überstehen läßt, daß es gegen die Getriebehalteschrauben anstößt.

Die zweite Schwierigkeit macht uns die Schraube, die die Schwungscheibe festhält. Gebraucht wird hier nämlich ein Schlüssel, der nicht nur die Schlüsselweite 41 hat, sondern darüber hinaus auch recht kräftig ist und vor allen Dingen das Aufstecken einer Verlängerung gestattet. Die Halteschraube sitzt sehr fest, und wenn jemand meint, der im Bordwerkzeug befindliche Schlüssel sei zum Lösen dieser Kurbelwellenschraube gedacht, so ist er im Irrtum. Dieser Blechschlüssel ist nur für die Verstellung des Lenkungslagerspiels vorgesehen!

Den richtigen Schlüssel für die Schwungscheibenschraube müssen wir uns wohl oder übel kaufen. Ich wählte einen gekröpften Ringschlüssel, auf dessen Ende man ein Rohr stecken kann (Preis 12,95 DM). Bis 1963 war hier noch SW 36 nötig.

Wenn man eine Einspannvorrichtung für den Motor hat, dann ist weiter keine Schwierigkeit zu befürchten. Andernfalls muß man den Motor auf der Werkbank festspannen, wozu meist zwei kräftige Schraubzwingen nötig sind.

Die Verlängerung auf dem Ringschlüssel muß knapp einen Meter lang sein, damit man das notwendige Drehmoment ausüben kann. Auch später beim Zusammenbauen braucht man diese Verlängerung wieder, hier muß nämlich die Schraube mit 17 mkp (später mit 22 mkp) angezogen werden, wobei man sich mit einer Federwaage am Ende der Verlängerung einen Drehmomentschlüssel ersparen kann.

Eines der wenigen Spezialwerkzeuge, das ich mir auch selbst kaufen würde, ist der Abzieher für die Schwungscheibe mit den zwei Schrauben M 10×1×25. Diese Schrauben werden in die Bohrungen der Schwungscheibe eingeschraubt, mit der Spindel des Abziehers drückt man auf den Kurbelwellenstumpf. Der notwendige Schlüssel zum Anziehen dieser Druckspindel hat Schlüsselweite 27, ist also sehr lang, so daß man recht große Kraft anwenden kann.

Die Schwungscheiben-Haltevorrichtung bleibt im übrigen noch festgeschraubt, sonst könnte man ja den Abzieher nicht kräftig genug einsetzen.

Wenn die Schwungscheibe nicht durch einfaches Anziehen der Druckspindel herunterkommen will, hilft in den meisten Fällen ein kurzer Prellschlag mit dem Hammer auf die unter Spannung stehende Spindel. Der Hammer soll dabei aber nicht weniger als 1000 g wiegen, sonst hat er keine Wirkung.

Auf der Schwungscheibe ist hinten (zur Kurbelwelle hin) ein Absatz, auf dem der Wellendichtring läuft. Dieser Absatz wird gleich kontrolliert, ob er spürbare Riefen hat. In diesem Fall müßte die Dichtfläche zart überschliffen werden, das ist eine Arbeit, die man unbedingt dem Werk überlassen sollte. Denn diese Dichtfläche muß genau mittig laufen, sie darf nicht unrund sein und darf vor allen Dingen auch keine groben Schleifriefen aufweisen. Je feiner sie poliert ist, desto besser die Dichtwirkung des Wellendichtrings.

Dieser Wellendichtring wird im übrigen beim Einbau zart mit MOS-2-Paste eingerieben; ohne eine solche Schmierung würde er nicht lange leben. Die neuesten Dichtringe, die hier vorgesehen sind, haben entlang der eigentlichen Dichtlippe kleine Rippen eingearbeitet, diese Drallrippen sollen etwa durchgedrungenes Öl wieder direkt auf die Dichtlippe hinführen. Die neuesten Wellendichtringe sind übrigens aus Nylonmaterial hergestellt, das durch seine weiße Färbung leicht zu erkennen ist.

Wenn man schon an der Kurbelwelle arbeiten muß, dann soll man auf jeden Fall auch diesen Wellendichtring schon vorher besorgen, denn er gehört zu den Dingen, die man möglichst jedesmal beim Schlossern erneuert.

Das Ausbauen des Wellendichtrings am hinteren Kurbelwellenende geschieht mit zwei Schraubenziehern, es ist also eine Arbeit, bei der der Wellendichtring auf jeden Fall zerdrückt wird.

Aus- und Einbau der Kurbelwelle

Nach dem Abdrücken der Schwungscheibe wenden wir uns wieder der Vorderseite des Motors zu. Hier wird noch der Lagerdeckel abgenommen, der unter anderem die Ölpumpenzahnräder trägt. Dazu brauchen wir uns kein neues Spezialwerkzeug anzufertigen. Die Eisenplatte muß nur zwei zusätzliche Bohrungen bekommen (dazu werden die beiden ersten Bohrungen, die bisher schon drin sind, am besten zu Langlöchern ausgefeilt). Durchmesser der neuen Bohrungen mindestens 8,2 mm, so daß wir in die beiden M-8-Gewindelöcher im Lagerdeckel zwei Gewindestangenstükke einschrauben können. Die Eisenplatte wird dann angesetzt, an den Gewindestangen mit zwei Muttern parallel zur Gehäusefläche ausgerichtet, woraufhin wir mit diesen beiden Muttern durch gleichzeitiges Anziehen den Lagerdeckel aus seinem Sitz ziehen können.

Den Kurbelwellenstumpf haben wir bei diesem Abziehmanöver durch eine M-8-Schraube geschützt.

Der abgezogene Lagerdeckel mit Lager (das bei Bedarf leicht auszupressen ist) und Distanzscheibe (die mit der Fase innen zum Ölschleuderring auf der Kurbelwelle zeigen muß) und den beiden Zahnrädern der Ölpumpe legen wir schön staubgeschützt ab. Normalerweise wird man nicht viel Ärger mit diesem Lagerdeckel haben, der bei den neueren Modellen übrigens nicht mehr aus Grauguß, sondern aus Leichtmetall hergestellt ist, wodurch eine engere Passung im Gehäuse möglich wurde (ab Motor-

nummer 626 681 = R 60, 637 655 = R 50 und 658 629 = R 69 S).
Bevor wir weiterschrauben, nehmen wir erst einmal alle Gummiteile aus dem Motorgehäuse heraus, denn jetzt müssen wir es auf wesentlich über 100° C erwärmen. (Wasser kocht bei 100° C, beim Draufspucken zischt das Gehäuse dann. Diese Temperatur genügt aber nicht, besser richten wir uns danach, daß das restliche Öl am Gehäuse anfängt zu dampfen, wenn die richtige Temperatur erreicht ist. Im übrigen sei darauf hingewiesen, daß es in Zeichenbedarfsgeschäften die sogenannten »Thermochrom«-Stifte der Firma Faber gibt, die durch Farbänderung das Erreichen einer bestimmten Temperatur anzeigen.)
Hoffentlich befinden sich die beiden Stößel nicht immer noch im Gehäuse. Sie müssen nämlich herausgenommen werden, ehe die Nockenwelle demontiert wird, sonst könnten sie sich möglicherweise verhaken.
Weiterhin entfernen wir jetzt auch aus dem Schwungscheibegehäuseteil den Gummistopfen, der die Bohrung für die Zündzeitpunktkontrolle verdeckt. Und als letztes vor dem Anwärmen nehmen wir noch den vorn auf der Kurbelwelle sitzenden Ölschleuderring ab; er ist mit einer durch Meißelhieb gesicherten (und schwer zu lösenden) Senkschraube gehalten.

Wenn man mit dem Schraubenzieher zunächst abgerutscht ist, dann nicht lange fummeln, sondern gefühlvoll durch leichte Hammerschläge über einen Dorn diese Schraube entsichern und losklopfen. Nicht die Schleuderscheibe dabei verdrücken!
Jetzt wird angewärmt. Das geht natürlich am besten, wenn man den ganzen Motor in den Backofen schieben kann. Aber Backöfen sind allgemein tabu. Bleibt die Schweißbrennermethode, die sehr gefährlich ist, wenn man zu heftig an einer einzigen Stelle heizt. Eine Lötlampe ist wegen der weicheren Flamme sympathischer, mit ihr dauert es aber erheblich länger. Sehr gut bewährt hat sich eine größere elektrische Kochplatte, die man auf Stellung 2 (also nicht auf größte Hitze) schaltet, auf die man das Gehäuse draufstellt und etwa 20 Minuten wartet. Dann dürfte das Gehäuse rundherum die benötigte Temperatur erreicht haben.
Das Gehäuse kann man nach dem Anwärmen natürlich nicht mehr mit bloßen Händen anfassen, also Lappen bereitlegen oder Handschuhe anziehen! Motorgehäuse dann umkippen, Vorderteil nach unten und die Hand schon jetzt an die Kurbelwelle legen. Es könnte nämlich sein, daß sie bereits freiwillig herausfällt. Nur selten bedarf es noch einiger weniger zarter Schläge mit dem

Plastikhammer auf den rückwärtigen Kurbelwellenstumpf, um das hintere Lager aus seinem Sitz zu lösen. Im Bild ist die bekannte Stellung, in der die Kurbelwelle sich aus dem Gehäuse herausfädeln läßt, gut zu erkennen. Vorderes Gegengewicht voran, wird sie scharf nach unten gekippt und dann durch leichtes Wackeln so hervorgezogen. Verkanten ist zwar möglich, ein bißchen muß man auch auf die Pleuel achten, aber man darf in keinem Falle irgendwo Gewalt anwenden, es geht alles ohne. Das hintere Lager der Kurbelwelle ist nach außen mit einer Blechscheibe abgedeckt.

Außerdem sitzt dort noch eine Federscheibe, die uns schon vorher in die Finger fiel. Das Kurbelwellenlager hinten entpuppt sich bei Maschinen ab Motornummer 1 810 875 (R 60) und 634 190 (R 50) als Lager mit Nylonkäfig, wodurch eine bessere Laufruhe des Lagers erreicht wurde. Auch die vorderen Kurbelwellenlager haben seit damals einen Nylonkäfig. Austausch alter Blechkäfiglager gegen die neuen ist möglich und empfehlenswert.

Die Schwierigkeiten beim Ausbauen der Kurbelwelle lassen schon jetzt erste Überlegungen aufkommen, wie man die Welle wieder einsetzt, ohne dabei viel würgen zu müssen.

Natürlich kommt man auch dabei ums Anheizen nicht herum. Aber ein gewisser Druck wird doch übers Lager ausgeübt, der möglichst gering gehalten werden muß. Also kräftig anheizen! Und trotzdem kann eine kleine Vorrichtung das Einziehen noch erleichtern, denn hierbei kann ja nicht auf die Kurbelwelle vorn geklopft werden (sie würde sonst verbogen). Dazu habe ich mir eine Schwungscheibenschraube (oder eine andere mit Gewinde M 18×1,5) mittig nochmal mit Gewinde M 8 versehen. Diese wird in den Kurbelwellenzapfen eingesetzt und gibt die Möglichkeit, wieder über die universell verwendbare Eisenplatte leichten Zug auszuüben! Man kann sich natürlich auch auf manche andere Weise helfen, aber am allerbesten wäre es, wenn die Welle mit dem hinteren Lager ohne Nachhilfe hineinrutschen würde.

Das Einbauen der Kurbelwelle bei den Sportmodellen R 68, R 69, R 50 S und R 69 S muß ein klein wenig anders erfolgen als bei den Tourenmaschinen. Der Grund dafür ist das Tonnenlager am hinteren Kurbelwellenende. Der Lageraußenring wird ja von den Wälzkörpern (eben den tonnenförmigen Rollen) nicht genau festgehalten. Er könnte beim Einbauen der Kurbelwelle schwenken und sich dabei im hinteren Lagersitz verkanten. Deshalb muß man diesen Lageraußenring des Tonnenlagers mit einer größeren Scheibe festhalten. Diese Scheibe wird mit der Schwungscheiben-Befestigungsschraube gegen den Außenring des Tonnenlagers gezogen. Die beiden Seitenflächen des Rings, mit denen er einerseits am Lageraußenring und zum anderen an der Kurbelwellenschraube liegt, müssen genau planparallel sein. Man kann diese Scheibe unter der Bezeichnung »Repassierring« als BMW-Werkzeug beziehen. Der Repassierring bleibt während der kompletten Kurbelwellenmontage festgeschraubt, er wird erst dann abgenommen, wenn die Kurbelwelle beim letzten Arbeitsgang nach vorn gegen den Lagerdeckel gezogen worden ist.

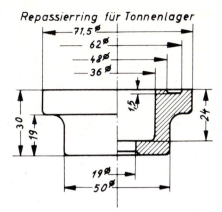

Das Arbeiten mit dem Repassierring zwingt dazu, den hinteren Wellendichtring für die Kurbelwelle erst nach dem Einbauen der Welle selbst einzuschlagen. Desgleichen werden die zwei Scheiben erst nachträglich eingesetzt, sonst bekäme man ja den Repassierring nicht ordentlich an seinen Platz. Beim Einbauen des Wellendichtrings hinten ist darauf zu achten, daß seine geschlossene Seite nach außen zeigt, daß außerdem dieser Wellendichtring nicht genau bündig mit der Außenfläche des Lagerdeckels abschließt, sondern daß er etwa 1 mm hervorsteht. Zum Eindrücken des Wellendichtrings verwendet man am besten ein Stück Rohr, das den gleichen Außendurchmesser wie der Wellendichtring hat und das außerdem eine Wandstärke von mindestens 3 bis 4 mm aufweist. Hierbei ist unbedingt darauf zu achten, daß man den Wellendichtring nicht verkantet, wodurch er schon während des Einbauens deformiert werden würde. In diesem Fall kann er an seiner Außenfläche nicht dicht halten, die ganze Arbeit wäre dann vergebens.

Reparaturen an der Kurbelwelle selbst können wir mit normal üblichen Werkzeugen und mit einfacher Werkstattausrüstung nicht durchführen. Allein das Einziehen neuer Buchsen in die Pleuel, also die einfachste Arbeit an der Kurbelwelle, erfordert schon Werkzeuge, die über 200,– DM kosten. Hierbei ist nicht so sehr die Reibahle so teuer, mit der man die Bohrung der Pleuelbuchse auf das zum Kolbenbolzen passende Maß ausreibt, viel schwieriger ist es, diese Buchse so genau rechtwinklig zum Pleuel zu reiben, daß der Kolben nicht einseitig an der Zylinderlaufbahn anliegt. Und dazu benötigt man ein Hilfswerkzeug, das allein schon über 170 DM kostet.

Wir müssen uns also darauf beschränken, Teile auszuwechseln. Das soll aber nicht dazu verführen, jetzt irgendwie nachlässig zu schlossern, denn speziell bei BMW-Motoren braucht man nicht nur etwas Gefühl, sondern auch Ruhe und Sorgfalt zur Arbeit.

Im Motorgehäuse befindet sich jetzt nur noch das Nockenwellenlager, es läßt sich bei heißem Gehäuse sehr leicht herausnehmen. Falls sich dabei irgendwelche Schwierigkeiten zeigen, faßt man einfach mit einem Winkelschraubenzieher hinter den Lagerinnenring. Durch Verkanten dieses Winkelschraubenziehers kann man recht viel Kraft aufbringen, man muß dabei das Lager rundherum bewegen, um es nicht im Lagersitz festzuklemmen.

Das Zusammenbauen des Motors

Vor dem Zusammenbauen des Motors mit neuen Teilen müssen wir natürlich das Gehäuse innerlich vollständig reinigen. Hier hilft wieder Auspinseln mit Benzin; wenn man genügend Zeit hat, lohnt sich aber auch ein Einweichen des Motorgehäuses mit Kaltreiniger und Ausspritzen mit Wasser. Danach muß allerdings das Trocknen des Gehäuses abgewartet werden. Wichtig ist, daß in den Ecken und Winkeln keine Schmutz- und Sandkörner hängenbleiben.

Vor dem Einsetzen von Lagern werden wir natürlich diese Lager mit öllöslichem Fett einreiben, damit sie auch schon in den ersten Umdrehungen die notwendige Schmierung haben. Bitte aber nicht zuviel Fett nehmen, ein erbsengroßes Stück genügt für ein Lager meistens. Wichtig ist auch, daß man neue Wellendichtringe innerlich mit Fett einreibt, hier ist sogar zu empfehlen, MOS-2-Paste zu verwenden. Aber nur wenig und nur dünn einreiben, denn die Hauptschmierung erfolgt ja doch später durch das Motorenöl.

Bei der Ersatzteilbeschaffung muß man heute mehr denn je aufpassen, daß man auch die richtigen Teile bekommt. So ist z. B. zu empfehlen, daß man vor dem Wegschicken einer Kurbelwelle, die man im Tausch erneuert haben will, die Länge der alten Pleuel nachmißt. Denn die Pleuel der neuesten Motoren sind etwas länger, Austausch ist also nicht möglich.

Man bedenke auch, daß der Durchmesser des Kolbenbolzens, der früher bei den Modellen R 51/3 und R 67/2 nur 18 mm betrug, neuerdings auf 20 mm vergrößert wurde. Außerdem wurden die Kolbenbolzen verschiedentlich in der Länge geändert; auch hier empfiehlt sich vor der Ersatzbeschaffung genaues Nachmessen der alten Teile. Allerdings ist die Veränderung der Länge des Kolbenbolzens nicht sehr wesentlich, man kann also einen ganz neuen Kolben, sofern der Bolzendurchmesser stimmt, in einen älteren Motor einbauen. Wichtig ist nur, daß man das Maß der sogenannten Kompressionshöhe (von Kolbenbolzenmitte bis Oberkante des Kolbenbodens) nicht verändert, denn sonst stößt der Kolben schlimmstenfalls oben am Zylinderkopf an.

Derartige Schwierigkeiten werden im Laufe der nächsten Jahre wohl recht häufig vorkommen, so daß man seine Ersatzteile zwar nach der Motornummer bestellen muß, andererseits aber auch nachprüft, bevor man sie einbaut, ob sie in ihren Abmessungen nicht wesentliche Unterschiede gegenüber den früheren Teilen zeigen.

Das frischgewaschene Motorgehäuse wird nun zum Einbauen der Kurbelwelle wieder kräftig angeheizt. Auf der Kurbelwelle ist bereits das hintere Lager fest aufgepreßt, desgleichen ist ein sauberer Ölschleuderring montiert. Der vordere Ölschleuderring wird erst später wieder befestigt. Bei richtigem Anheizen fällt das hintere Lager mit der Kurbelwelle »freiwillig« in seinen Sitz. Für die weiteren Arbeiten wird weitergeheizt. Da ist zunächst der vordere Lagerdeckel anzusetzen. Um Klarheit über die Beanspruchungen bei der Montage zu bekommen: der Lagersitz auf der Kurbelwelle ist recht eng, hier muß gepreßt werden. Der Sitz des Lageraußenrings (in diesem Fall eben des gesamten Lagerdeckels) ist zwar nicht so eng, hier wird jedoch auch Kraft nötig sein. Aber: Die Kurbelwelle sitzt vorerst allein im hinteren Lager fest, und wenn man nun den vorderen Lagerdeckel aufpreßt, dann wird fast immer auch ein klein wenig Zug über die gesamte Welle auf den hinteren Lagersitz ausgeübt. Deshalb muß man weiter anheizen, um das Gehäuse während der ganzen Arbeit so warm zu halten, daß das hintere Lager im Gehäuse weitgehend beweglich bleibt.

Zum Aufsetzen des vorderen Lagerdeckels gibt es zunächst das Werk-Spezialwerkzeug. Es handelt sich dabei um eine Druckbuchse (ein Rohr 48×6×100 mm Länge) sowie eine Spindel und ein Gewindestück zum Anziehen. Das Gewindestück ist nicht unbedingt notwendig, hier kann man sich wieder mit der schon häufig benutzten Eisenplatte helfen. Ohne das Druckrohr kommt man aber nicht aus, denn man muß ja einen Druck direkt auf den Lagerinnenring ausüben. Als Druckspindel läßt sich eine Gewindestange benutzen, mit einer normalen M-8-Mutter setzen wir dann das Rohr über die Eisenplatte unter Druck. Das klappt sogar besser als das werksseitig vorgesehene Werkzeug, weil man nämlich hier an der Eisenplatte festhalten kann, während die Mutter angeknallt wird. Dabei dreht sich die Kurbelwelle dann nicht mit!

Mit diesem Werkzeug wird der Lagerdeckel erst einmal so weit auf die Kurbelwelle gezogen, daß er mit seinem äußeren Umfang gerade am Motorgehäuse anliegt. Würden wir jetzt weiter allein über den Lagerinnenring drücken, dann käme dieser Druck über die Lagerkugeln auf die Lagerdeckel. Hier hört aber der Spaß auf, denn damit würde das Lager beim Einbau bereits beschädigt. Wir müssen also jetzt erst den Lagerdeckel auf seinen Sitz drücken, was mit Hilfe der Befestigungsschrauben- und Muttern geschieht.
Nicht mit Hammerschlägen probieren! Damit könnte man sich unter Umständen das ganze Gehäuse verderben, denn durch derartige Erschütterungen würden die beiden Ölpumpen-Zahnräder, die vorher unten im Lagerdeckel eingebaut wurden, aus ihrem Sitz herausrutschen, eventuell Zahn auf Zahn stehenbleiben und dann beim weiteren gefühllosen Montieren sowohl gegenseitig verdrückt als auch in Gehäuse und Lagerdeckel eingepreßt werden.
Das Gehäuse muß für diesen Arbeitsgang sehr heiß sein, denn jetzt bewegen wir ja auch das hintere Lager durch das Aufsetzen des Lagerdeckels vorn. Nach und nach wird dabei zunächst eine bis zwei Umdrehungen der Lagerdeckel selbst ans Gehäuse herangezogen (damit schiebt man die ganze Kurbelwelle nach hinten), danach wieder zwei bis drei Umdrehungen der Lagerinnenring mit Rohrwerkzeug auf die Kurbelwelle geschoben (damit holt man die Kurbelwelle wieder ein Stück nach vorn). Beide Bewegungen möglichst in kleinen Schritten und bei möglichst heißem Gehäuse (es muß immer wesentlich über 100° C warm sein) durchführen.
Wenn wir auf diese Weise den vorderen Lagerdeckel aufs Gehäuse gesetzt haben (dabei sind dann auch die unteren M-6-Schrauben des Lagerdeckels immer schön gleichmäßig mitfestgezogen worden), dann muß als letzter Schritt noch ein wenig Zug über das Rohrwerkzeug auf den Lagerinnenring gegeben werden. Wieder wird dadurch die Kurbelwelle insgesamt bewegt, diesmal bis an ihren vorderen Anschlag. Da muß sie unbedingt stehen, wir haben bei der Besprechung des Ölkreislaufs ja den Grund dafür kennengelernt.
Während dieser Hin- und Herzieherei der Kurbelwelle probieren wir ab und zu, ob sich die Ölpumpen-Zahnräder noch drehen, ob sich die Kurbelwelle selbst dreht, ohne zu schleifen (manchmal drückte einer vielleicht beim Anziehen des Deckels mit der in den Lagerdeckel eingeschraubten Gewindestange kräftig auf den Ölschleuderring, der sich

dabei verbiegt), und ob sich sonst kein ungewöhnlicher Effekt (großer Kraftaufwand?) zeigt. Diese Arbeit erfordert eine Menge Gefühl, man kann hier bereits bei der Montage (durch zu geringe Erwärmung) die Lebensdauer des Motors entscheidend verringern.

Und weiter geht das Anheizen, diesmal beim Zahnrad auf der Kurbelwelle.

Mit der kleinen Lötlampe klappt das Anheizen recht gut (während man ja das Gehäuse praktisch dauernd »auf kleiner

Flamme weiterkochen« lassen mußte), Temperatur etwa 150° C. Anzeige: Das Öl auf dem Zahnrad beginnt zu stinken, dann ist es heiß genug. Beim Draufspucken hat es schon eine ganze Weile gezischt. Zu heiß mache man es möglichst nicht, also weg mit dem Schweißbrenner.

Dieses heiße Zahnrad kann man jetzt natürlich nicht mehr mit der Hand anfassen, dazu macht man sich eine Blechmanschette. Beim Aufsetzen des Zahnrads auf die Kurbelwelle muß sehr schnell gearbeitet werden, man legt sich deshalb auch vorher das Werkzeug zurecht: Gewindestange in den Kurbelwellenstumpf einschrauben, Rohrstück (wie beim Aufsetzen des Lagerdeckels) und Universaleisenplatte mit Mutter und Schlüssel griffbereit halten.

Das heiße Zahnrad wird (auf Keilnut achten!) auf die Kurbelwelle geschoben, das geht ein beträchtliches Stück von Hand, dann schnell das Rohr aufsetzen, Platte und Mutter gegenschrauben und das Zahnrad zügig bis zum Anschlag auf den Wellenstumpf aufpressen.

Der nächste Schritt: Nockenwelle mit Lager und Zahnrad einbauen. Das Gehäuse muß immer noch leicht warm sein. Die Nockenwelle wird eingeführt und mit etwas Fingerspitzengefühl in ihr hinteres Lager eingefädelt. Dann ist auch der vordere Lagerdeckel bereits auf seinem Sitz, man muß ihn nur noch so drehen, daß die Befestigungsschrauben richtig in ihre Gewindebohrungen passen. Diese Schrauben werden über Kreuz und in winzigen Schrittchen gleichmäßig angezogen (Schraubenzieher wieder durchs Zahnrad geführt). Die Nockenwelle drückt man also auf diese Weise komplett an ihren Platz.

Vorher mußte natürlich darauf geachtet werden, daß die Markierungen der beiden Zahnräder (auf Nockenwelle und Kurbelwelle) übereinstimmen. Wenn die Nockenwelle sitzt, wird noch einmal probiert, ob sich Kurbelwelle und Nockenwelle gemeinsam leicht drehen.

Das Zahnrad für den Ölpumpenantrieb setzt man als letztes auf und legt das Sicherungsblech für die Linksgewindemutter an. Falls sich die Ölpumpenwelle beim Anziehen der Mutter spielend mitdrehen sollte, kommt man mit einem kleinen Trick weiter: Nachdrücklich während des Anziehens mit der linken Hand auf das Zahnrad drücken, so greift es auf seinem Konussitz und haftet dann fest zum Anziehen der Mutter.

Nun folgt das Aufsetzen des Entlüfterdrehschiebers. Dazu wird zunächst die Anlaufscheibe auf den Absatz am Nockenwellenrad gesteckt, dann die federnde Wellscheibe und zum Schluß die Drehschieberscheibe.

Diese muß sich sehr leicht auf dem Absatz bewegen lassen; tut sie das nicht, dann hat man vielleicht einen Grat angeschlagen, der vor der Montage entfernt werden muß.

In den Räderkastendeckel haben wir natürlich nach dem Waschen auch neue Wellendichtringe eingesetzt, ebenso haben wir eine neue Papierdichtung zwischen Motorgehäuse und Räderkastendeckel zur Hand.

Diese Dichtung wird nicht mit einer aushärtenden Dichtungsmasse angesetzt, sondern nur mit Fett bestrichen. Sollte der Motor vorher an dieser Stelle Ölnebel gezeigt haben, so ist zu überlegen, ob man hier eine nicht aushärtende Dichtungsmasse verwenden könnte, z. B. Atmosit von Teroson. Diese Dichtungsmasse bildet nur einen elastischen Film, sie läßt sich später, wenn notwendig, leicht wieder abziehen.

Der Räderkastendeckel wird einfach aufgesetzt, er braucht nicht angeheizt zu werden. Alle zwölf Befestigungsschrauben des Deckels ziehen wir schön gleichmäßig Schrittchen für Schrittchen über Kreuz an.

Am hinteren Ende des Motors (nach Einsetzen des Wellendichtrings und der beiden Scheiben, Deckscheibe und Wellscheibe) wird die Schwungscheibe montiert. Probleme treten nicht auf, sofern der Konus der Welle zum Konus der Schwungscheibe paßt, sofern auch der Keil auf der Welle nicht im Nutgrund der Schwungscheibennut aufsitzt, sofern letztlich die Welle und die Schwungscheibe schlagfrei laufen.

Das Anziehen der Befestigungsschraube mit Schlüsselweite 41 geschieht mit 17 (später 22) mkp unter den gleichen Bedingungen wie vorher das Lösen der

Die Prüfung der Kurbelwelle sollte man vor dem Einbau unbedingt versuchen, denn manchmal schleichen sich doch Fehler ein. Erstes Bild: Zum Abnehmen des hinteren Lagers legt man am besten einen Drahtring unter, um die Schleuderscheibe nicht zu verderben. Zweites Bild: Die Welle wird auf zwei prismatisch ausgeschnittene Stützen gelegt. Man sieht: das läßt sich gut improvisieren. Die Maße sind nur in etwa einzuhalten = Mindestgrößen! Drittes Bild: Am äußeren Ende beider Kurbelwellen-Hauptzapfen wird der Rundlauffehler gemessen. Maximal 0,03 mm sind zulässig. Unterstes Bild: Das seitliche Spiel des Pleuels wird mit Fühlerlehre gemessen. Werte: ca. 0,07 bis 0,10 mm maximal.

Schraube. Einen guten Anhaltspunkt zur Einhaltung des Anzugsmoments kann man sich so ausrechnen: Ein Meter Hebelarm am Schlüssel und an diesem Ende mit einer Federwaage mit 17 bzw. 22 kp ziehen.

Nach dem Anziehen der Schwungscheibenschraube müssen wir noch nachprüfen, ob die Schwungscheibe tatsächlich rundläuft, mehr als 0,1 mm seitlichen Schlag darf sie nicht haben. Eine schöne kleine Meßvorrichtung gibt es dafür von BMW, eine Meßuhr sollten wir ja sowieso haben.

Was aber tut man, wenn die Schwungscheibe tatsächlich mehr als 0,1 mm Schlag hat?

Hammer? Nein, denn damit verbiegt man nur die Kurbelwelle. Die ganze Schlosserei geht jetzt einfach wieder von vorn los, man muß sich dabei überlegen, ob man sich diesem Risiko nicht doch lieber dadurch entzieht, daß man die Welle und die Schwungscheibe vorher, also unmontiert, auf Prismen setzt und auf Schlag prüft. Bei Austauschkurbelwellen bin ich schon sehr lange sehr skeptisch und prüfe sie vor dem Einbauen jedesmal auf einwandfreien Rundlauf und auf 180° der Hubzapfen.

Die Montagearbeiten am Motor sind damit beendet. Es müßte nur noch die Kupplung angebaut werden. Hierfür wird werkseitig ein Zentrierdorn vorgeschrieben, damit die Belagscheibe mittig zur Schwungscheibe sitzt und nachher auch ans Getriebe paßt. Ohne Zentrierdorn erfordert diese Arbeit etwas Gefühl, man muß vor dem Festziehen der Schlitzschrauben die Belagscheibe so hinschieben, daß sie weitgehend mittig liegt. Die Kupplungsdruckstange sucht sich mit ihrer Konusspitze dann schon die richtige Mitte aus.

Bei Kupplungen der Modelle R 51/3 und R 67/2 wurde als Druckfeder noch nicht die Tellerfeder der Schwingenmaschinen verwendet. Hier waren mehrere normale Schraubendruckfedern vorgesehen, die man vor dem Zusammenbauen der Kupplung in der Schwungscheibe festsetzen konnte. Grundsätzlich ändert sich aber durch die andere Federart nichts an den eigentlichen Montagehandgriffen.

Nur sei darauf hingewiesen, daß diese alten Druckfedern sehr schnell ermüdeten, hier sollte man sich nach etwa 20 000 Kilometern Laufzeit doch neue Druckfedern besorgen. Diese Erneuerung lohnt sich nach meinen Erfahrungen unbedingt.

Anbauen und Einstellen von Zünder und Lichtmaschine werden wir in einem späteren Kapitel noch gesondert besprechen. Wir beschränken uns also hier nur noch darauf, das Anbauen der Zylinder und der Zylinderköpfe kurz zu erwähnen.

An sich ist das einfache Schlosserei, wir brauchen nur darauf zu achten, daß die Halteschrauben für den Zylinderkopf in ihrem Gewinde leichtgängig sind, denn nur dann ist die Gewähr dafür gegeben, daß das Anzugsmoment von 3,5 mkp auch wirklich das Anzugsmoment ist und nicht nur zur Überwindung des Gewindewiderstands benötigt wird.

Wir gewöhnen uns an, die vier Schrauben gleichmäßig anzuziehen, vor allen Dingen nicht erst die eine vollständig und dann die nächste, sondern alle vier Schrauben schrittweise, immer etwa ein halbes Kilo fester. Und über Kreuz!

Das Anbauen von Zylindern und Zylinderköpfen sollte das Letzte sein, was wir bei ausgebautem Motor tun. Denn sonst wird der Motor wieder sehr schwer, Lichtmaschine und Zündapparat sind gegen Anstoßen empfindlich, also schrauben wir sie erst später an.

Oben: Auf der linken Seite werden die Distanzbuchsen zwischen Motor und Rahmen beigelegt.
Unten: Die obere Motorbefestigung soll den Motor gummigedämpft halten. Deshalb ist die Kronenmutter mit Splint hier notwendig.

Der Motor wird wieder wie vorher bei der Demontage in den Rahmen hineingehoben. Am besten stellt man mitten zwischen die Rahmenrohre eine in der Höhe genau passende Kiste oder einen Wagenheber. Damit kann man dann nämlich den Motor zum Einsetzen der Halteschrauben schön zurechtrücken.

Beim Ansetzen des Motors an das Getriebe muß darauf geachtet werden, daß die Getriebeeingangswelle mit ihrer Vielkeilverzahnung auch richtig in die Reibscheibe der Kupplung eingreift. Hierzu verdreht man die Getriebewelle durch Bewegen des Kickstarters, bis die Verzahnungen ineinanderrutschen. Diese Arbeit ist nur dann mit Schwierigkeiten verbunden, wenn man beim Anbauen der Kupplung vergessen hat, die Reibscheibe mittig auszurichten.

Bei den Motoren der R 51/3 und der R 67/2 hatte die Kupplungsdruckstange einen Vierkantansatz, mit dem sie die Druckplatte der Kupplung betätigte. Auch dieser Vierkant muß beim Einfädeln des Getriebes richtig in seinen Sitz in der Druckscheibe eingeführt werden.

Dieser Vierkant ist im übrigen auch der Grund dafür, daß man einen der neuen Motoren nicht so ohne weiteres an das alte Getriebe ansetzen kann. Man müßte die Kupplungsdruckstange auswechseln, etwa gegen die Druckstange der R 27, die in der Länge paßt und die auch bereits den 60-Grad-Kegel an ihrem vorderen Ende trägt, so daß sie für die neueren Kupplungen geeignet ist.

In diesem Fall ist noch eine weitere Kleinigkeit zu beachten: man muß nämlich die Schwungscheibenschraube (die mit der Schlüsselweite 41) kontrollieren, ob sie in ihrer Mitte auch die notwendige Zentrierbohrung hat. Bei den alten Schrauben ohne diese Zentrierbohrung konnte es vorkommen, daß beim Anbauen des Motors an das Getriebe ein Druck auf die Getriebehauptwelle ausgeübt wurde.

Reparatur einzelner Bauteile

Außer der reinen Schlosserei an den Motoren wird man im Fall eines Schadens natürlich auch einige Hinweise benötigen, wie man diesen Schaden wieder behebt. Vielfach ist das sehr einfach, denn z. B. kann man ein ausgelaufenes Kugellager schließlich nur durch ein neues ersetzen. In einem solchen Fall muß dann auch gleich der Wellendichtring, der in der Nähe dieses Kugellagers saß, mitausgewechselt werden.

Ebenso einfach ist auch ein Schaden an einem der Kolben zu beheben; hier bleiben auch nur Ausschleifenlassen des Zylinders und Einbauen eines neuen Kolbens übrig. Falls man nur einen oder mehrere Kolbenringe auswechseln will, ist darauf zu achten, daß das Stoßspiel der Kolbenringe mindestens 0,2 mm und höchstens 0,4 mm beträgt. Man mißt dieses Stoßspiel, indem man den Kolbenring mit dem Kolben in seinen Zylinder schiebt. So sitzt der Ring dann genau winklig in der Zylinderbohrung. An der Stoßstelle (dort also, wo beide Kolbenringenden zusammenkommen) läßt sich mit einer Fühlerlehre das vorhandene Spiel feststellen.

Das Höhenspiel eines Kolbenrings in der Kolbenringnut ist ebenfalls entscheidend wichtig. Wenn es zu groß wird, läßt sich leicht vorhersagen, daß dieser Ring in kurzer Zeit zerbrechen wird.

Allerdings ist die Messung des Höhenspiels nicht gerade einfach, denn man müßte zur korrekten Messung Fühlerlehren unter 0,05 zur Verfügung haben. Für den oberen Kolbenring (am Kolbenboden) ist ein Höhenspiel von 0,06 bis höchstens 0,08 mm zugelassen, für die anderen Kolbenringe darf es jeweils nur 0,03 bis 0,05 mm betragen. Die 0,05-mm-Fühlerlehre sollte also möglichst nicht zwischen Kolbenring und Kolben passen, nur beim oberen Kolbenring darf sie sogar leicht hineingehen.

Die entsprechenden Werte für die Sportmodelle R 50 S, R 69 S und auch für die normale R 60 liegen etwas anders, hier ist für beide oberen Kolbenringe ein Höhenspiel von 0,07 bis 0,1 mm zugelassen, während nur der Ölabstreifring mit 0,03 bis 0,05 mm Höhenspiel sehr eng in der Nut liegen soll.

Aber auch bei den beiden oberen Kolbenringen empfiehlt sich eher ein etwas engeres als ein zu weites Spiel.

Daß man die Kolbenringe nur dann auswechseln darf, wenn der Motor noch nicht mehr als 8000 bis 9000 Kilometer gelaufen ist, wurde bereits erwähnt. Speziell der obere Kolbenring ist schon nach vielleicht 5000 Kilometern dadurch gefährdet, daß er möglicherweise an eine Verschleißstufe in der Zylinderwand oben anstoßen könnte und dort zerbrechen würde. Hier könnte man im Zweifelsfall den alten Trick anwenden, den Kolbenring an seiner oberen Kante leicht anzuschleifen, so daß er eine zarte Abrundung (Fase) bekommt. Das darf aber nicht viel mehr sein als eine ganz zarte, kaum sichtbare Rundung, weil nämlich sonst der Verbrennungsdruck zwischen Ring und Zylinder drücken kann. Besser ist in jedem Fall, eine etwaige Stufe im Zylinder nacharbeiten zu lassen.

Handwerklich schwierige Reparaturarbeiten können bei der Überholung von Zylinderköpfen vorkommen. Hier ist Voraussetzung, daß man nicht nur einige nicht allzu billige Spezialwerkzeuge besitzt, sondern daß man auch handwerklich ein gerüttelt Maß an Erfahrung und Gefühl hat. Allein das Auswechseln der Ventilführungen erfordert eine Mikrometerschraube, damit man den Außendurchmesser der neuen Ventilführung messen kann (es gibt diese neuen Führungen auch mit 0,1 mm Übermaß, damit sie im Zylinderkopf wieder richtig festsitzen), außerdem braucht man eine Reibahle; möglichst keine verstellbare (mit der man nur durch glücklichen Zufall eine saubere zylindrische Bohrung hinbekommt), sondern die von BMW speziell zum Ausreiben der Ventilführungen bereitgehaltene Sonderreibahle. Beim Auswechseln der Ventilführungen ist außerdem darauf zu achten, daß die Führung nicht länger ist als die vorher eingebaute. Bei den Modellen R 51/3 und R 67/2 gab es z. B. mehrere verschiedene Ventilfederteller, mehrere verschiedene Ventilkeilchen, die jeweils eben nur zu einer Sorte der Ventilführungen paßten. Wird eine zu lange Ventilführung mit den alten, längeren Ventilfedertellern zusammengebaut, dann drückt der Federteller auf die Führung, das Ventil kann nicht vollständig geöffnet werden, und bereits nach dem ersten Durchdrehen des Motors ist entweder ein Kipphebel gebrochen oder eine Stößelstange krummgebogen.

Beim Auswechseln der Ventilführungen wird man zuerst das im Kipphebelgehäuse herausragende Stück der Ventilführung abbohren, bis man an den Sicherungsring herankommt. Wenn dieser Sicherungsring abgenommen ist, kann man die Ventilführung von außen in Richtung Verbrennungsraum aus dem Zylinderkopf herausschlagen. Es empfiehlt sich, hierzu einen möglichst genau passenden Dorn zu verwenden, der etwa 0,2 mm geringeren Außendurchmesser als die Ventilführung hat, der aber außerdem einen Absatz trägt, welcher entsprechend der Ventilschaftdicke entweder 7 oder 8 mm Durchmesser hat. Dieser Absatz soll verhindern, daß man den Dorn zum Ausschlagen schief ansetzt und die Ventilführung seitlich auseinanderdrückt.

Der gleiche Dorn wird zum Eintreiben der neuen Ventilführungen (was ebenfalls vom Kipphebelgehäuse zum Verbrennungsraum hin geschieht) verwendet. Anwärmen des Zylinderkopfs zum Einpressen einer neuen Ventilführung ist nicht notwendig. Wichtig ist nur, daß man beim Ausreiben der Ventilführung nicht zuviel Material wegnimmt, daß also der Ventilschaft in der neuen Führung auf keinen Fall mehr als 0,04 bis 0,06 mm Spiel beim Einlaß- und 0,06 bis 0,09 mm beim Auslaßventil hat.

Die Reibahlen zum Ausreiben der Ventilführungen für die 7-mm-Ventile haben die Bezeichnung 7 K 7, das bedeutet, daß sie in ihrem Durchmesser innerhalb einer ganz bestimmten Toleranz liegen. Für die 8-mm-Ventile werden noch Reibahlen 8 H 7 verwendet, diese Größe ist im übrigen bei sehr vielen Werkzeughändlern am Lager. Das Einschleifen der Ventile auf die Ventilsitze im Zylinderkopf ist eine ganz normale handwerkliche Arbeit. Hier kann es nur dann Schwierigkeiten geben, wenn sich die Ventilsitze in den Zylinderköpfen gelöst haben, was allerdings nur dann vorkommt, wenn es sich um eingepreßte Ventilsitze handelt. Zeitweise wurden die Ventilsitze einfach durch Auftragsschweißung verschleißfest gemacht, diese Methode wurde aber nur kurzzeitig angewandt. Falls ein Ventilsitz soweit eingeschliffen ist, daß mit Korrekturfräsern 15 Grad und Korrekturfräser 75 Grad keine einwandfreie Ventilsitzbreite von 1,5 mm mehr herzustellen ist, dann muß der Ventilsitz ausgewechselt werden. Dazu soll der Zylinderkopf selbst auf etwa 220 bis 250° C angeheizt werden, der neue Ventilsitzring soll 0,18 bis 0,2 mm Übermaß haben, so daß er mit diesem Maß bei stark angeheiztem Zylinderkopf einen Schrumpfsitz erreicht.

Die Angabe dieser Werte erscheint aber sehr weitgehend theoretisch, denn das Einschrumpfen neuer Ventilsitze liegt im allgemeinen sogar außerhalb der Möglichkeiten einer besseren Reparaturwerkstatt. Für solche Arbeiten soll man mindestens eine Zylinderschleiferei in Anspruch nehmen; es empfiehlt sich sogar, einen derart verschlissenen Zylinderkopf direkt an die BMW-Werksreparatur zu schicken.

1967 ein. Auch hier niemals ohne neue Dichtringe und neuen Faltenbalg umstellen!

Seinerzeit bekamen die Zahnräder des ersten und vierten Gangs statt der früher eingepreßten nunmehr schwimmende Buchsen, das seitliche Spiel der Getriebewellen wurde auf maximal 0,1 mm begrenzt, und eine Änderung der Kurvenscheibe des Schaltapparats sowie die Verwendung einer anderen Andrückfeder für die Gangrastung (jetzt Schenkelfeder) im Verein mit abgerundeten Schaltzapfen der Stirnräder auf der Antriebswelle brachten erhebliche Erleichterungen fürs Schalten mit sich.

Vielleicht kann man von diesen Änderungen auch einmal außer der Reihe profitieren (jedes Zahnrad ist einzeln auswechselbar), wenn man diese Schalterleichterungen für erforderlich hält. Grundsätzlich hat sich aber wohl jeder BMW-Fahrer längst darauf eingestellt, daß er kurze Schaltpausen einlegen muß. Ein schwerwiegender Nachteil ist das für Tourenbetrieb nicht.

Im Hinterachsgetriebe wurde das Doppelkugellager für das Ritzel auf Messingkäfig umgestellt, außerdem erfolgten auch verschiedene Übersetzungsänderungen. So wird für Seitenwagenbetrieb der R 60 seit 1963 wieder das knappere 27 : 7-Verhältnis, für Solobetrieb das 27 : 8-Verhältnis (reichlicher) im Zuge der Freigabe der 4,00-Reifen montiert.

Fahrwerk und Ausrüstung

Die auffälligsten Neuerungen am Fahrwerk sind die erst 1965 eingeführten neuen Handhebel mit den neuen Schalterarmaturen sowie die kleinen Verstärkungen des Rahmens, die bereits 1962 zusätzlich angebracht wurden. Es handelt sich dabei nur um Knotenbleche.

Wichtig ist vielleicht noch, daß man die äußere Radlagerdichtung verbesserte und sie auf Wellendichtringe mit Staublippe umstellte. Der Trichterschmiernippel am vorderen Schwingenquerrohr und die Schmierbohrung im linken hinteren Schwingenlagerbolzen sind nachträglich zu montieren und bedeuten wieder eine Steigerung der Qualität durch sorgfältiges Feilen auch an kleinen Dingen.

Nur der Vollständigkeit halber seien die neuen Drehstromlichtmaschinen erwähnt, die erstmals für die an Behörden ausgelieferten Motorräder benötigt wurden. Diese Drehstromlichtmaschinen mit 14 Volt und 13 Ampere waren zunächst für Privatleute nicht käuflich, was sich allerdings nicht aufrechterhalten ließ. Der Einbau der Drehstrommaschine in ein älteres Motorgehäuse ist nicht ganz einfach, man braucht einen neuen Räderkastendeckel, der die Zentrierung der Maschinengrundplatte und vor allem die drei Befestigungsbohrungen aufweist. Außerdem muß die verstärkte Kurbelwelle verwendet werden ... so schön diese Lichtmaschine (deren Preis von über 250 DM auch ein Gegenargument ist) vielleicht sein mag, man wird bei Umrüstungen zu viele Teile ändern müssen. So kommt man nicht einmal mit dem normalen Kabelbaum aus, die Drehstromgeneratoren sind empfindlich gegen Kabelbrüche, weshalb mindestens zwei Anschlüsse mit speziellem, geflochtenem Kabel ausgeführt werden müssen. Aber interessant ist diese Lichtmaschine bestimmt, immerhin gehört sie ja zur serienmäßigen Ausstattung der neuesten BMW-Modelle, die im Herbst 1969 erstmalig vorgestellt wurden.

Soweit die wichtigsten Änderungen der BMW-Motoren, -Getriebe und -Fahrwerke in den Jahren 1962 bis 1969. Nicht jede dieser Änderungen braucht unbedingt als so wichtig angesehen zu werden, daß man deshalb seinen Motor auseinandernehmen müßte.

So würde ich z. B. ohne Gewissensbisse darauf verzichten, Getriebe, Schwingenholm und Hinterachsgetriebe mit Hypoidöl zu versehen. Denn das normale Motorenöl erfüllt eigentlich alle Ansprüche für dauerhaften Tourenbetrieb.

Diese Drehstromlichtmaschine wird heute bei den Modellen R 50/5 bis R 75/5 verwendet. Sie dient hier nicht nur zur Versorgung der Beleuchtung und des Anlassers, sondern hat neuerdings auch die Batteriezündung mit Energie zu beliefern. Etliche Schwierigkeiten beim Anlauf der Serienfertigung scheinen jetzt (Frühjahr 1971) mit Sicherheit überwunden, auch die etwas gefürchtete Elektronik der Gleichrichtung und Spannungssteuerung macht sich bisher einwandfrei.

Erst anläßlich einer umfangreichen Reparatur an diesen drei Aggregaten wären eine Umstellung und damit ein Auswechseln der verschiedenen Gummi- und Kunststoffteile zu überlegen.

Des weiteren würde ich niemals einen Zylinderkopf älteren Baujahrs einfach wegwerfen, nur weil Langgewindekerzen und eine geringfügig vergrößerte Kühlrippenfläche der neueren Zylinderköpfe als Vorteile anzusprechen sind. Die alten Köpfe tun ihre Pflicht noch genauso, die Verbesserungen der neuen Köpfe hängen zum Teil auch mit Umstellungen in der Materialauswahl für die Serienfertigung zusammen.

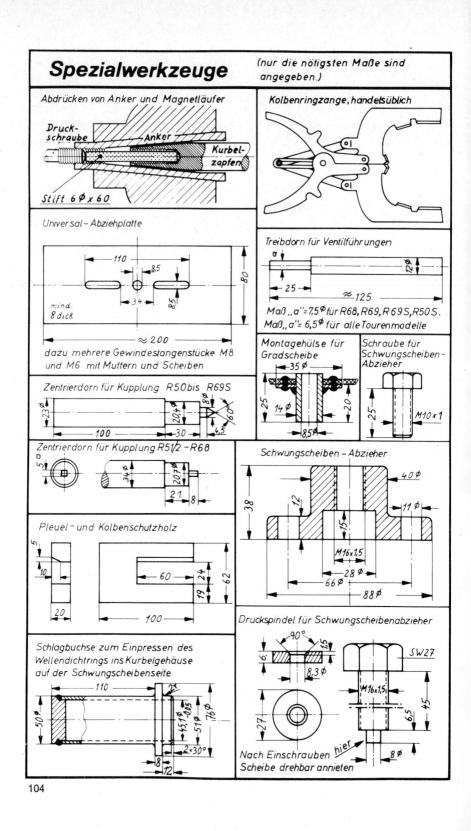

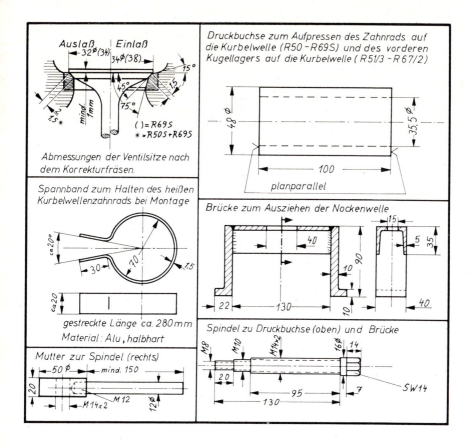

Die zwei Bauarten der
BMW-Wechselgetriebe

Die Anordnung der Kurbelwelle in Fahrzeuglängsrichtung läßt es konstruktiv als logisch erscheinen, daß auch die beiden Getriebewellen mit ihren Zahnrädern in Längsrichtung des Fahrzeugs eingebaut sind. Nahezu zwangsläufig ergibt sich dann die Verwendung einer Gelenkwelle zum Hinterrad. Die zum Antrieb des Hinterrads notwendige 90-Grad-Umlenkung der Drehbewegung übernimmt das Hinterachsgetriebe.

Diese Konstruktionsrichtung, vielfach im Ausland auch als »deutsche Schule« bezeichnet, wird nicht allein von BMW angewendet. Fast alle mir bekannten Boxermotoren mit längsliegender Kurbelwelle treiben das Hinterrad über eine Gelenkwelle (Kardanwelle) und ein Kegelrad-Hinterachsgetriebe an.

Im Gegensatz zu den meist üblichen Motorradwechselgetrieben läuft das BMW-Getriebe bei den Modellen R 51/3 und R 67/2 und der R 68 eingangsseitig mit Kurbelwellendrehzahl. Die Getriebeantriebswelle der neueren Maschinen, R 50 bis R 69 S, hat nur eine geringfügig niedrigere Drehzahl als die Kurbelwelle. Bei diesen Getrieben ist noch ein Zahnradsatz vorhanden, der die Kurbelwellendrehzahl der Getriebeeingangswelle mit ganz geringer Übersetzung auf die Getriebeantriebswelle überträgt. Dieser zusätzliche Zahnradsatz hat auch noch eine zweite Wirkung: er kehrt die Drehrichtung der Getriebeabtriebswelle, also auch der Kardanwelle, um. Da die Drehrichtung der Kurbelwellen jedoch immer gleichgeblieben ist, mußte nunmehr auch das Hinterachsgetriebe so geändert werden, daß die Drehrichtung des Hinterrads wieder »vorwärts« verläuft. Den Unterschied der Hinterachsgetriebe können wir im nächsten Kapitel recht gut erkennen.

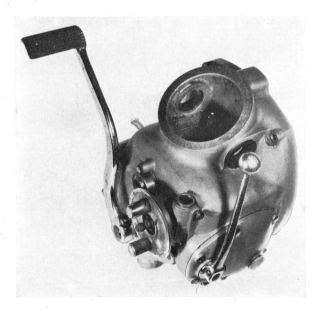

Die Modelle R 51/2, 51/3, R 67 und R 68 hatten diese Getriebe der gleichen Bauart. Zwei Getriebewellen, die Eingangswelle mit Stoßdämpfer, festsitzenden Zahnrädern, die Ausgangswelle (auch Abtriebswelle genannt) mit seitlich feststehenden, aber auf der Welle freilaufenden Gegen-Zahnrädern. Der Kraftschluß wird durch seitlich verschiebbare, aber mit der Welle durch Keilverzahnung verbundene Schaltscheiben hergestellt.
Im Bild zu sehen: der zusätzliche Handschalthebel, den man vorsah, um das Finden des Leerlaufes zu erleichtern. Denn am Handschalthebel kann man in einem Zug durch sämtliche Gänge fahren.

Die Getriebefunktion kann anhand der vier Skizzen erklärt werden. Der Verlauf der Kraft von der Getriebeeingangswelle über die Antriebswelle bis zur Abtriebswelle ist jeweils mit einer dicken Linie gekennzeichnet. Man erkennt in diesen Skizzen auch, daß die Zahnräder selbst nicht seitlich bewegt werden. Die Koppelung der Zahnräder auf der Getriebeabtriebswelle entsprechend dem jeweils eingelegten Gang geschieht durch sogenannte Schaltscheiben, deren Mitnehmerbohrungen in Zapfen an den Seitenflächen der Zahnräder einrasten. Für jeden der vier Gänge ist ein Zahnradsatz auf den beiden Wellen vorgesehen, dessen Zahnräder miteinander das entsprechende Übersetzungsverhältnis bilden. Die Schaltscheiben werden durch je eine Schaltgabel betätigt, diese wiederum erhalten ihre seitliche Bewegung von einer Kurvenscheibe, die durch den Fußschalthebel über den Schaltautomaten für jeden Gang um eine bestimmte Winkelstellung verdreht wird.

Der Schaltautomat und die Rastung der Gänge durch Kerben auf der Schaltscheibe, in die ein federbelasteter Stift bzw. ein federbelasteter Hebel einschnappt, unterscheiden sich im Prinzip kaum von ähnlichen Teilen an anderen Motorrädern.

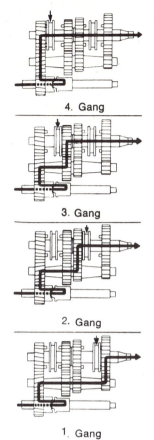

4. Gang

3. Gang

2. Gang

1. Gang

Oben die Skizzen, die den Kraftverlauf innerhalb des neuen Getriebes zeigen. Man erkennt darin auch, daß der Stoßdämpfer nicht mehr auf der Haupt-Getriebewelle liegt, sondern auf der Getriebe-Eingangswelle, die nur die Drehrichtung umkehrt (und eine geringfügige Übersetzung bewirkt). Im Prinzip ist dieses »Dreiwellen«-Getriebe aber genauso wie das ältere: auf der Antriebswelle sitzen die Zahnräder fest, auf der Abtriebswelle werden sie mit den Schaltscheiben an die Welle gekoppelt. Der kleine Pfeil in den vier Skizzen deutet jeweils auf die eingerückte Schaltscheibe.

Im Bild unten ist das neuere Getriebe in seiner äußeren Form gezeigt.

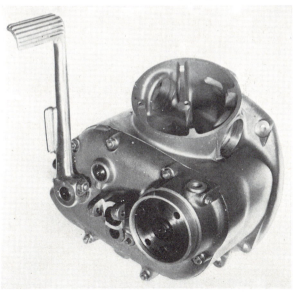

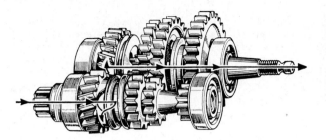

Die beiden Zeichnungen verdeutlichen die Wirkungsweise des Stoßdämpfers im Getriebe. Im Foto unten rechts ist die schwache Stelle der älteren Getriebe, die Kickstarter-Mitnehmerraste gezeigt. Das auf der Raste liegende Bröckchen fiel bei der Demontage dieses Getriebes heraus... es stammte schon von der vorletzten Raste!

Bei Maschinen mit Hinterradkettenantrieb findet man oft eine Art Stoßdämpfung durch Gummipuffer im Mitnehmerteil am Hinterrad. Diese Stoßdämpfung ist bei den BMW-Motorrädern nicht möglich, hier muß auf andere Weise versucht werden, die harten Kraftimpulse des Motors, vor allen Dingen im unteren Drehzahlbereich abzuschwächen, was außer dem ruhigen Lauf der Maschine auch eine Milderung der Spitzenbeanspruchung der verschiedenen Antriebsteile mit sich bringt.

Sowohl bei den Getrieben der Baureihe R 51/3 wie auch bei den neueren Getrieben wird diese Stoßdämpfung durch zwei unter starkem Federdruck stehende Nockenringe bewerkstelligt. Diese Bauart hat den Vorteil, nur sehr geringen Platz zu beanspruchen, außerdem hat sie sich in der Praxis als verschleißfrei und kaum anfällig gegen Störungen erwiesen.

Die Lebensdauer der BMW-Getriebe ist sowieso allgemein recht hoch, so daß eine Reparatur innerhalb des Getriebes höchst selten vorkommt. Besonders die Getriebe der Baureihen R 50 bis R 69 S zeichnen sich durch geringe Störungsanfälligkeit aus.

Eine kleine Schwäche wiesen die Getriebe der Baureihe R 51/3 auf, die zwar auch nicht die Getriebefunktion beeinträchtigte, die aber trotzdem zu kompletter Demontage des Getriebes zwang. Das anfällige Teilchen war die kleine Mitnehmerraste für den Kickstarter. Ihre Kante, die mit der Mitnehmerverzahnung in Eingriff kommt, wenn der Kickstarterhebel heruntergetreten wird, rundet sich innerhalb recht kurzer Zeit ab, und der Kickstarterhebel läßt sich dann leer durchtreten: man muß die Maschine zum Starten anschieben.

Nach meinen Erfahrungen ist das aber tatsächlich die einzige Schwäche der BMW-Getriebe. Spezielle Sorgen einzelner Fahrer mit herausspringenden Gängen oder mit dem Überschalten eines Gangs sind meist darauf zurückzuführen, daß das Getriebe nicht richtig zusammengebaut wurde. Besondere Sorgfalt sollte man nämlich beim Zusammenbauen darauf verwenden, daß niemals bei eingelegtem Gang seitlicher Druck auf den Schaltscheiben liegt.

Das bedeutet, daß man beim Zusammenbauen des Getriebes nach dem Einsetzen der Schaltgabeln und der Schalt-

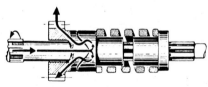

Antriebsrad in Normalstellung

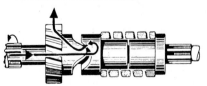

Antriebsrad auf Antriebswelle verdreht

kurvenscheibe einmal das Getriebe vollständig durchschaltet, also vom ersten bis zum vierten Gang. In jedem Gang muß überprüft werden, ob zwischen Schaltgabel und Schaltscheibe noch ein geringfügiges Spiel vorhanden ist. Man faßt dazu entweder mit den Fingern (bei den neueren Getrieben) oder aber mit einem Drahtstück in die Nut der Schaltscheibe und versucht, diese seitlich zu bewegen. Hat sie kein Spiel, dann muß die Einstellung der Schaltung überprüft werden. Darauf kommen wir aber später.

Weniger kritisch ist das seitliche Spiel der Getriebewellen mit ihren Lagern. Hier kommt es nur darauf an, daß die Lager nicht axial unter Druck stehen, wie es etwa durch zu dicke Beilagscheiben an den Lageraußenringen der Fall sein könnte. Auch das läßt sich aber recht einfach mit einer Tiefenschieblehre ausmessen, allerdings kann man sich immer dann wohl die Messung sparen, wenn man nur ein Lager ausgewechselt hatte. Denn Kugel- und Rollenlager pflegen in ihrer Breite untereinander nur ganz geringfügige Abweichungen aufzuweisen, die keinerlei Ausgleich erfordern. Verändertes Seitenspiel kann also eigentlich nur dann auftreten, wenn man entweder Zahnräder oder gar komplette Getriebewellen erneuern mußte. Diese wenigen Punkte müssen bei sämtlichen BMW-Getrieben beachtet werden. Falls man als Neuling auf eine BMW umsteigt, wird man sich zunächst einmal an die ganz spezielle Art des Schaltens gewöhnen müssen; man sollte auf keinen Fall anfängliche Schaltschwierigkeiten durch Herumreparieren am Getriebe zu beheben versuchen.

Ein BMW-Getriebe läßt sich von einem Könner jederzeit ruckfrei und ohne krachende Geräusche schalten. Der Trick dabei liegt darin, daß man betonte Schaltpausen macht, daß man also bei gezogener Kupplung zunächst einmal in die Leerlaufstellung zwischen den beiden Gängen schaltet, etwas wartet und dann erst, bei immer noch gezogener Kupplung, den nächsten Gang fassen läßt. Gefühlvolle Abstimmung der Motordrehzahl (beim Raufschalten muß man darauf achten, daß man den Gasgriff ganz schließt; beim Runterschalten kann man sich sogar mit leichtem Zwischengas helfen) ist der zweite kleine Trick für geräuschloses Schalten einer BMW. Vielleicht sollte noch auf einen dritten Punkt hingewiesen werden: Die Einstellung der Kupplung muß gerade bei BMW-Motorrädern in ganz engen Grenzen genau stimmen. Zu geringes Spiel am Handhebel läßt die Kupplung rutschen, zu großes Spiel bewirkt, daß die Kupplung nicht völlig auslöst, daß also die Getriebewelle auch weiterhin leicht unter Last steht. Bei nicht trennender Kupplung ist es dann allerdings nahezu unmöglich, ein BMW-Getriebe lautlos und sicher zu schalten. Deshalb sollte stets der erste Griff nach der Kupplungseinstellschraube sein, falls man Schwierigkeiten beim Schalten hat.

Demontage des R 51/3 - Getriebes

Im Gegensatz zu den Motoren, die von der Baureihe R 51/3 bis zu den neuesten R-69 S-Modellen die gleichen oder zumindest ähnliche Handgriffe erforderten, müssen wir die Getriebe doch getrennt behandeln. Beginnen wir hier mit den Getrieben der Baureihe R 51/3, bei denen wir mit zwei bis drei Spezialwerkzeugen auskommen, bei denen nur die Einhaltung der Reihenfolge der verschiedenen Handgriffe wichtig erscheint. Zuerst wird selbstverständlich wieder das Öl abgelassen, möglichst noch bei warmem Getriebe. Die Kupplungsdruckstange muß mitsamt dem Druckstück, dem Kugellagerkäfig, dem Endstück mit der Kugel und dem Filzring nach hinten durchgeschoben. Drei Innensechskantschrauben halten die Abdeckschale am Mitnehmerflansch. Diesen Flansch müssen wir als erstes abnehmen. Hierzu ist eine Haltevorrichtung notwendig, damit man die Rundmutter, die den Flansch auf der Antriebswelle festhält, mit Kraft lösen kann. Diese Haltevorrichtung kann man sich aus einem etwa 6 mm dicken Flacheisen anhand der Zeichnung selbst anfertigen. Zum Lösen der Rundmutter brauchen wir einen Rohrschlüssel mit

Zapfen, die Maße für diesen Schlüssel sind ebenfalls in der Zeichnung angegeben. Es ist gut, wenn man sich diesen Schlüssel in einer mechanischen Werkstätte härten lassen kann, aber bei vorsichtiger Handhabung kommt man nach meinen Erfahrungen auch mit einem Schlüssel aus ungehärtetem Material aus. Wichtig ist, daß man die Zapfen am Schlüssel so zurechtfeilt, daß sie möglichst satt in den Nuten der Rundmutter stecken. Sie dürfen sogar so stramm sitzen, daß man den Schlüssel mit ganz zarten Hammerschlägen ansetzen muß. Dadurch erreicht man, daß nicht nur ein oder zwei Zapfen tragen, daß vielmehr das Werkzeug gleichmäßig beansprucht wird.

Das Halteblech schieben wir über die beiden Mitnehmerzapfen des Flanschs und legen es mit der abgewinkelten Seite ans Gehäuse an. Dann haben wir, wenn wir den Schlüssel leicht gegenspannen, beide Hände frei, um einmal das Getriebe zu halten und mit der anderen Hand den Schlüssel zu bewegen. Die Rundmutter sitzt sehr fest, vielleicht hilft man sich noch mit einem leichten Hammerschlag auf den Schlüssel, dabei aber mit der anderen Hand den Schlüssel in Löserichtung schön fest anziehen! Unter der Rundmutter liegt eine Zahnscheibe, die wir nachher beim Zusammenbauen möglichst nicht wiederverwenden; eine neue ist in jedem Fall anzuraten.

Der Flansch selbst sitzt mit Konus auf der Abtriebswelle. Diesen Preßsitz kann man mit einem handelsüblichen Zweiarmabzieher ohne Schwierigkeiten überwinden. Wenn man sich nicht allzu ungeschickt anstellt, verbiegt man dabei auch den Flansch nicht. Besser wäre ein dreiarmiger Abzieher, nur ist es dabei etwas schwierig, die drei Arme zusammenzuspannen und am Abrutschen zu hindern. Beim Zweiarmabzieher verwenden wir selbstverständlich wieder die Schraubzwinge, um beide Arme festzuhalten. Nach dem Anziehen der Druckspindel wird sich der Flansch wahrscheinlich noch nicht lösen, dann muß man wiederum mit einem Prellschlag auf die Druckspindel nachhelfen. Wenn der Flansch abgenommen ist, ha-

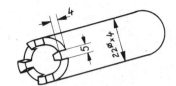

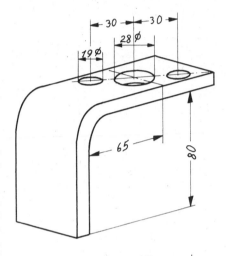

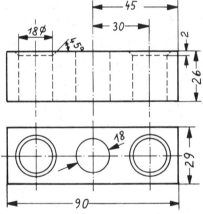

Ganz oben der Spezialschlüssel für die Nutmutter des Abtriebsflansches. Nur die wichtigsten Maße sind angegeben, Rohrlänge wird z. B. jeder selbst festlegen können, auch die Bohrung zum Einstecken eines Drehdornes. Darunter der Haltewinkel, mit dem man den Flansch zum Lösen der Mutter blockiert. Materialstärke etwa 6 bis 8 mm müßte reichen.
Ganz unten: Beim Abziehen des Flansches will man die beiden Mitnehmerzapfen nicht schiefziehen, dieser »Geradehalter« kann ein Verbiegen der Flanschgrundplatte verhindern.

ben wir das Schwierigste schon überstanden. Jetzt werden die vier Schrauben aus dem Fußschaltdeckel (Schlüssel-

weite 9 mm) herausgedreht, dann kann der Deckel selbst mitsamt dem Schalthebel abgenommen werden. (An dieser Stelle lohnt es sich, bei der späteren Montage Schrauben mit Zylinderkopf und Innensechskant zu verwenden.)

Der Hand-Hilfsschalthebel auf der anderen Seite ist genauso auf seiner Welle befestigt wie die Tretkurbeln an einem Fahrrad. Hier muß also erst einmal die Mutter abgenommen werden, dann wird die Keilschraube mit einem kräftigen Hammerschlag (mit einem schweren Hammer am Schalthebel gegenhalten, damit man die Welle nicht verbiegt) herausgetrieben. In den meisten Fällen verdirbt man dabei das Gewinde, also ist zu überlegen, ob man vor der Demontage nicht gleich eine solche Keilschraube beschafft. Der Handschalthebel läßt sich von Hand abnehmen. Als nächstes drehen wir die sechs Senkschrauben vom Handschaltdeckel heraus. Darauf achten, daß die zwei mittleren Schrauben etwas kürzer sind, nämlich M 6×15 mm. Nach Abnehmen des Handschaltdeckels finden wir eine Anlaufscheibe und eine Druckfeder auf der Schaltwelle. Beide dürfen nicht verlorengehen, also sorgfältig ablegen! Als nächstes heben wir die Sperrklinke vom Führungsbolzen ab, so daß wir die Zugfeder aushängen und mitsamt der Sperrklinke ablegen können. Nun heben wir die Schaltwelle an der Kurvenscheibe etwas an und ziehen sie heraus.

Am hinteren Teil des Getriebes befindet sich eine kleine Madenschraube zur Sicherung der Schaltgabelachse. Diese Schraube wird vollständig herausgedreht, dann kann man die Schaltgabelachse von vorn nach hinten durchschlagen. Dazu wird man in den meisten Fällen einen kräftigen Hammer benötigen, leichte Korrosionserscheinungen an der hinteren Passung lassen die Welle oft recht fest sitzen. Trotz aller Gewalt aber sollte man darauf achten, daß die Schaltgabeln sich nicht auf der Führungsachse verklemmen. Also immer zwischendurch die Schaltgabel leicht bewegen! Wenn die Führungsachse herausgezogen ist, lassen sich auch die Schaltgabeln von Hand abnehmen.

Als nächstes lösen wir vorn am Getriebe die zwei Senkschrauben des Kickstarterlagerflanschs. Den Flansch können wir durch Schläge von hinten auf die Kickstarterachse lösen, so daß wir ihn von Hand abziehen können. Jetzt nehmen wir auch die Drehungsfeder für den Kickstarter selbst heraus.
Damit sind die Vorarbeiten beendet.
Als nächstes muß der vordere Gehäusedeckel, in dem die Lager für die beiden Getriebewellen festsitzen, abgeschraubt werden. Das sind sieben Schrauben M 6×25, Schlüsselweite 10 mm. Mit einem Plastikhammer schlagen wir auf das hintere Abtriebswellenende (dorthin, wo der Mitnehmerflansch gesessen hat), bis sich Abtriebswelle und Antriebswelle mit dem Lagerdeckel aus dem Lagersitz gelöst haben und sich gemeinsam aus dem Gehäuse herausziehen lassen. Wenn wir nun beide Wellen festhalten, können wir mit leichten Hammerschlägen mit dem Plastikhammer den Gehäusedeckel abklopfen. Dabei schlägt man natürlich nicht immer auf dieselbe Stelle, sondern schön ringsherum und über Kreuz mit ganz zarten Schlägen.

Jetzt heißt es etwas aufpassen: Im vorderen Lagerdeckel müssen nämlich Distanzscheiben liegen, die den seitlichen Spielausgleich beider Getriebewellen bewirken!
Vier Senkschrauben halten den Ölfangdeckel am Lagerdeckel, wir nehmen den Ölfangdeckel ab, um die Ölbohrung darin auf freien Durchgang zu kontrollieren — und auch deshalb, um den Deckel mit neuer Dichtungsmasse wieder aufsetzen zu können. Am Getriebe hinten lösen wir noch den Klemmring des Kupplungshebels, so daß wir den Hebel mitsamt dem Klemmring abnehmen können.
Auch der Kickstarterhebel ist, wie der Handschalthebel, mit einer Keilschraube befestigt. Nachdem wir ihn von seiner Welle abgenommen und die vier Senkschrauben am hinteren Kickstarterwellenlager herausgeschraubt haben, können wir mit zwei gegenüber angesetzten Schraubenziehern (oder schlanken Montierhebeln) dieses Lager abdrücken. Nun läßt sich die Kickstarterwelle mit dem Mitnehmerzwischenrad leicht nach vorn herausziehen.
An Kleinteilen sitzen jetzt innerhalb des Getriebegehäuses noch der Wellendichtring am Getriebeausgang und der Anschlagstift für die Kickstarterwelle, der durch Ausschrauben der Verschlußschraube mitsamt der Druckfeder ausgebaut werden kann. Außerdem läßt sich die Tachometerbuchse nach Abschrauben der Sicherungsschraube herausziehen, so daß man auch das Tachoschneckenrad auswechseln kann.
Zum Zerlegen der Getriebewellen braucht man eigentlich eine hydraulische Presse. Sofern man handwerkliches Geschick hat, einen sehr schweren Kupferhammer oder entsprechenden Plastikhammer (nicht unter 1000 g) oder sich durch Zwischenlegen eines dickeren Kupferblechs mit einem Stahlhammer zu behelfen weiß, wird man weiterhin keine Schwierigkeiten haben, Zahnräder und Lager im kräftigen Schraubstock von den Wellen herunterzuziehen! Bei der Getriebeeingangswelle hebt man natürlich erst den Seegerring vor dem Laufring für den Wellendichtring heraus, dann kann man bei aufgelegtem Zahnrad durch Schläge auf den Wellen-

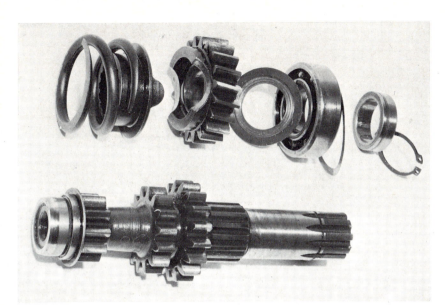

stumpf dieses Zahnrad mit Scheibe, Kugellager und Laufring abpressen. Jetzt lassen sich das Stoßdämpferdruckstück und die Stoßdämpferfeder von Hand abnehmen. Etwas schwieriger wird das Abpressen des Rollenlagerinnenrings, hier ist zu empfehlen, den Innenring besser halb durchzuschleifen und mit einem Hammerschlag zu sprengen, wenn man ihn unbedingt abnehmen muß. Wahrscheinlich wird man dabei auch den Abdeckring zerdrücken, hier

Oberes Bild: Die Getriebe-Eingangswelle mit demontiertem Stoßdämpfer. Man überlege sich: für welchen Gang ist die Stoßdämpfung vorgesehen? Und wie war das bei den neueren Getrieben? Die im Bild ganz rechts liegende Buchse bildet die Lauffläche für den Dichtring zum Kupplungsraum. Der Seegerring liegt teils vor, teils hinter der Buchse. Sollte hier trotz neuem Dichtring Öl austreten, ist die Lauffläche auf Riefen zu kontrollieren!

Bild unten: Die Abtriebswelle auseinandergezogen. Mit »F« ist das Führungsstück für die Schaltscheibe bezeichnet. Der Pfeil oben an der Welle weist auf die Nut für die Scheibenfeder (Halbmondkeil). Nicht vergessen und vor allem auf satten Sitz prüfen!

sollte also ein neuer verwendet werden. Noch mehr Gefühl für gerade gerichtete Hammerschläge braucht man, wenn man die Getriebeabtriebswelle zerlegt. Auch hier ist zwar nicht unbedingt ein Spezialwerkzeug erforderlich, man ist nur mit einer hydraulischen Presse wesentlich weniger in Gefahr, den kugelförmigen Zapfen der Abtriebswelle krumm zu schlagen. Deshalb sollte man nur dann die beiden Wellen auseinandernehmen, wenn Lager oder Zahnräder offensichtlich defekt sind.

Die schwache Stelle des Getriebes war die Mitnehmerraste innerhalb des grossen Kickstarterzwischenrads. Das Rad müssen wir zum Ausbauen der Raste abnehmen, dazu wird der Kerbstift am Anlaufring des Mitnehmerrads herausgeschlagen, dann hält man die kleine Raste fest und nimmt das Mitnehmerrad seitlich von der Welle. Die Raste steht unter Federdruck, dieses Federchen können wir erst gemeinsam mit der Raste abnehmen. Auch hier ist wieder Durchschlagen eines Kerbstifts notwendig, dann liegt die Raste frei.

Das Zerlegen des Fußschaltdeckels mit dem Schaltautomaten ist in der Praxis nur dann notwendig, wenn sehr viel Öl an dieser Stelle durch den Dichtungsring austritt. Mechanische Schäden sind wenig bekannt.

Eine Demontage würde ich so lange wie möglich hinausschieben, denn das richtige Einsetzen der beiden dortigen Federn erfordert etwas Fingerkraft. Die einzelnen Handgriffe zur Demontage sind leicht: Entfernen der Keilschraube und Abnehmen des Fußschalthebels, dann schlägt man den Kerbstift für das Zahnsegment zur Schaltwelle heraus und kann jetzt das Zahnsegment aus seiner Lagerung im Deckel herausziehen. Auch der Ankerhebel mit dem Zahnsegment läßt sich nun aus der Lagerung drücken, den Rastenhalter mit Raste kann man erst nach dem Abnehmen des Seegerrings vom Ankerhebel herunterziehen. Zwischen den beiden Federn (mit kurzen Schenkeln die Haltefeder und mit den langen, zur Getriebeinnenseite hin gebogenen Schenkeln die Rückholfeder) liegt eine Zwischenscheibe, die wir nachher beim Zusammenbauen nicht vergessen dürfen.

Vorbereitung zum Zusammenbau

Als Vorbereitung zur Montage des Getriebes setzen wir zunächst Abtriebswelle, Antriebswelle, Kickstarterwelle und Fußschalthebeldeckel getrennt zusammen. Bei der Getriebeabtriebswelle achten wir darauf, daß außer den Scheiben auf beiden Seiten der gelochten Schaltklaue auch die beiden Scheibenfedern für den Führungsring der anderen Schaltklaue nicht vergessen werden. Diese Scheibenfedern müssen sehr genau und sehr stramm sitzen, denn sie haben ja hohe Kräfte vom Führungsring (mit der Vielkeilverzahnung) auf die Welle zu übertragen. Die Kugellager an beiden Wellenenden drücken wir selbstverständlich nur mit einer Buchse auf, damit der Druck nicht auf den Lageraußenring, sondern nur auf den Lagerinnenring wirkt. Im Bild ist die Reihenfolge der Einzelteile für die Montage gut zu erkennen (Seite 113).

Beim Zusammenbauen der Getriebeeingangswelle setzen wir zunächst die Stoßdämpferdruckfeder, das Druckstück und das Zahnrad für den vierten Gang mit der Abdeckscheibe auf. Das Druckstück vor der Feder wird natürlich auf die Vielkeilverzahnung aufgefädelt. Die Kugellager und der Laufring für den Wellendichtring müssen wir wieder aufpressen, damit wir den Seegerring in seine Nut der Getriebewelle einsetzen können. Am anderen Ende der Welle legen wir erst die Abdeckscheibe auf, dann kann der Rollenlagerinnenring aufgepreßt werden.

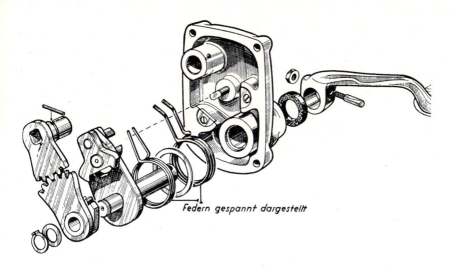
Federn gespannt dargestellt

Beim Zusammenbauen des Fußschaltdeckels setzen wir erst die Rückholfeder mit den gebogenen Enden an (die beiden Enden müssen vom Deckel weg zeigen, also in Richtung Getriebe). Mit einer Zange werden die beiden Schenkel der Rückholfeder überkreuzt und dann im Deckel auf dem Haltebolzen so verklemmt, daß wir nun die Zwischenscheibe auflegen können. Die nächste Feder, die Haltefeder, wird genauso auf den Haltebolzen gezogen. Etwas Vorsicht ist notwendig, um den Ankerhebel in die Lagerung einzuführen, sonst beschädigt man den Wellendichtring. Die beiden Klauen des Ankerhebels drücken wir nun zwischen die vier Federenden. Dann kann der Rastenhalter mit dem Zahnsegment auf die Ankerwelle aufgeschoben werden. Die Rückholfedern sollen die Nullstellung (Mittelstellung der beiden Schaltratschen) möglichst genau festhalten. Die Mittelstellung kontrollieren wir so, daß wir den Abstand der Spitzen beider Ratschen vom Ratschensegment messen oder wenigstens abschätzen. Diese Abstände müssen möglichst gleich sein, andernfalls sind sie durch Nachbiegen der Federenden (vorsichtig biegen, damit die Federn nicht brechen) einzuregulieren. Man kann sich dabei etwa danach richten, daß die Federenden in eingebautem Zustand parallel stehen müssen. Wenn das alles stimmt, kann die Scheibe mit dem Seegerring aufgesetzt werden.

Dann wird das Zahnsegment der Handschaltwelle in den Deckel eingesetzt und durch Einschlagen des Kerbstifts fixiert. Letzter Arbeitsgang: Aufsetzen des Fußschalthebels auf die Ankerhebelwelle, Einsetzen der Keilschraube und Festziehen der Mutter.

Einbau der Einzelteile in das Getriebegehäuse

Falls wir den Anschlagstift für den Kickstarter mit seiner Druckfeder und der Verschlußschraube herausgeschraubt hatten, setzen wir ihn jetzt wieder ein.

Die erste Welle, die ins Getriebe eingeführt wird, ist die Kickstarterwelle mit dem großen Zwischenrad. Ihre hintere Lagerbüchse, in der bereits ein neuer Wellendichtring eingebaut ist, wird möglichst so angesetzt, daß eine der beiden Aussparungen am Gewindeauge des Gehäuses liegt. Dann kann die Lagerbüchse mit vier Senkschrauben festgezogen werden.

Beide Getriebewellen werden nun gemeinsam in das Gehäuse gesetzt und in die zugehörigen Lagerbohrungen eingefädelt. Die Abtriebswelle muß wiederum mit dem Plastikhammer in ihre Lagerbohrung eingeklopft werden — dabei aber bitte darauf achten, daß die Antriebswelle gleichzeitig in das Rollenlager eingeführt wird. Bei beiden Wellen beginnt jetzt das Ausmessen des Längsspiels. 0,2 mm sind jeweils vorgeschrieben.

Erste Messung
Abstand vom Kugellager der Antriebswelle bis zur Trennfläche des Getriebegehäuses mit aufgelegter Dichtung.

Zweite Messung
Tiefe des Lagersitzes im Deckel. Zu messen ist also hier von der etwas überstehenden Lagersitzoberkante bis zum inneren Anlaufbund für das Lager.

Dritte Messung
Abstand von der Lagersitzoberkante des Deckels bis zur Dichtfläche.

Das Ergebnis der zweiten Messung dürfte den höchsten Wert ergeben. Von dieser ziehen wir die beiden anderen Meßwerte ab, außerdem ziehen wir noch den Wert 0,2 mm für das seitliche Spiel ab. Als Ergebnis erhalten wir die Dicke der an dieser Stelle notwendigen Ausgleichscheibe. Die Scheibe müßte zwischen Kugellageraußenring und dem Lagerdeckel eingelegt werden.

Der Getriebegehäusedeckel kann jetzt bereits aufgesetzt werden; hierbei aber beachten, daß der Wellendichtring nicht durch den Laufring auf der Getriebewelle beschädigt wird! Die Dichtung zwischen Gehäusedeckel und Getriebegehäuse hatten wir mit etwas Fett aufgeklebt, keinesfalls wird an dieser Stelle eine aushärtende Dichtungsmasse verwendet. Mit den sieben Befestigungsschrauben wird jetzt der Deckel an das Getriebegehäuse herangezogen.

Die Spielmessung für die Abtriebswelle ist etwas einfacher, vor dem Ansetzen der Schieblehre sollte man jedoch mit einer Schlagbuchse und leichten Hammerschlägen kontrollieren, ob die Abtriebswelle tatsächlich vollständig in ihr Lager am hinteren Ende eingeschlagen ist. Der Ölfangdeckel bildet mit seinem inneren Bund die Anschlagfläche für das Kugellager. Wir müssen also zunächst einmal messen, wie groß der Abstand zwischen Kugellageraußenring und der Trennfläche des Gehäusedeckels ist. Die zweite Messung geschieht dann am Ölfangdeckel, hier wird die Höhe des Bundes gegenüber der Dichtfläche gesucht. Der Unterschied zwischen beiden Maßen (bei der zweiten Messung ist natürlich wieder die Dichtung zu berücksichtigen) wird bis auf 0,2 mm durch Distanzscheiben ausgeglichen.

An dieser Stelle kann es im übrigen vorkommen, daß eine Distanzscheibe gar nicht nötig wäre, weil die Maße gerade die 0,2 mm Längenspiel der Welle ergeben. Würden wir den Ölfangdeckel jetzt aufbauen, ohne eine Distanzscheibe unterzulegen, dann könnte es dazu kommen, daß der Kugellagerinnenring am Ölfangdeckel streift. Um das zu vermeiden, wird eine zweite Dichtung unter den Ölfangdeckel gelegt, so daß auch eine entsprechend dicke Paßscheibe eingesetzt werden kann.

Diese Dichtungen am Ölfangdeckel sollten wir nicht nur mit Fett, sondern mit einer nichtaushärtenden, filmbildenden Dichtungsmasse ankleben. Hier herrscht ein gewisser Öldruck, so daß wir sogar die vier Befestigungsschrauben an ihren versenkten Köpfen mit Dichtungsmasse bestreichen müssen, bevor wir sie anziehen.

Als letzter Deckel im Kupplungsraum des Getriebes fehlt jetzt nur noch das vordere Kickstarterlager. Die Wickelfeder ist bereits an der Kickstarterwelle in den Haltestift eingehängt, ihr zweites Ende wird in die Bohrung des Lagerdeckels gesteckt.

Entgegen dem Uhrzeigersinn muß nun (dafür gibt es eigentlich ein Spezialwerkzeug) der Lagerdeckel um etwa 180 bis 270 Grad verdreht werden, um die Feder vorzuspannen und den Kickstarter genügend kräftig zurückzuziehen. Wenn man nicht allzu ungeschickt ist, kann man dieses Vorspannen auch mit einer sogenannten Hexenzange schaffen, etwas leichter fällt die Arbeit, wenn man den Lagerdeckel mit einer Gripzange festhält. Mit dieser Zange rutscht man nicht so leicht ab. Im gespannten Zustand setzen wir nun die beiden Senkschrauben ein und ziehen sie fest. Auch den Kickstarterhebel können wir bereits montieren.

Im Bild ist gut zu erkennen, wie die beiden Schaltgabeln angesetzt werden. Sie müssen beide in den Nuten der Schiebeklauen liegen, so daß man die Führungsachse von hinten in das Gehäuse einklopfen kann. Aufpassen, daß die Schaltgabeln leicht eingeführt werden

und nicht verkanten! Die Schaltgabelachse wird durch Einschrauben der Madenschraube bis zum Anschlag wieder gegen Herausrutschen gesichert.

Vor der Kontrolle der Schaltungseinstellung können wir jetzt die übrigen Teile ans Getriebe wieder anbauen. Da ist erst einmal der Mitnehmerflansch auf der Abtriebswelle. Vor dem Aufstecken dieses Flanschs füllen wir die Nut des Wellendichtrings zwischen Staublippe und Dichtlippe mit Wälzlagerfett, dann richten wir den Mitnehmerflansch so aus, daß seine Keilnut auf die Scheibenfeder der Welle trifft, und jetzt erst führen wir den Flansch sanft (damit wir nicht die Dichtlippen beschädigen) in den Wellendichtring ein. Mit der Haltevorrichtung setzen wir den Flansch fest, die Rundmutter, unter der wir eine neue Zahnscheibe verwenden, kann dann festgezogen werden. Sollte der Mitnehmerflansch nicht leicht auf seinen Konussitz zu schieben sein, dann ist vermutlich die Schnecke des Tachoantriebs im Wege. Wenn man diese Schnecke nicht schon vorher ausgebaut hat, kann man sich damit helfen, daß man die Schnecke beim Einsetzen des Mitnehmerflanschs etwas dreht. Die Schiebeklauen auf der Getriebewelle stellen wir in die Stellung, in der der erste Gang eingelegt ist. Dann können wir die Schaltwelle mit der Kurvenscheibe einführen, können außerdem die Schaltgabelzapfen in die entsprechenden Führungskurven der Scheibe einsetzen. Als nächstes wird die kleine Zugfeder für die Sperrklinke am Getriebegehäuse so eingehängt (mit ihrem kurzen Ende), daß das offene Ende nach außen zeigt. Die Sperrklinke läßt sich jetzt in die Feder einhängen und mit etwas Fingerkraft dann auf den Führungsbolzen am Gehäuse aufdrücken.

Wenn vor der Demontage keine Schaltschwierigkeiten bestanden, können wir jetzt auch den Deckel mit dem Handhilfsschalthebel aufsetzen. Andernfalls muß ein kleines Hilfswerkzeug gebaut werden, das laut Werksanleitung aus einem alten Gehäusedeckel herausgesägt werden soll. Da wir aber wohl kaum einen überzähligen Deckel zur Hand haben werden, müssen wir uns hier etwas anders helfen.

Aus einem Stück Aluminium (etwa 6 mm dick) oder sogar aus Pertinax gleicher Stärke können wir unter Verwendung des Schaltdeckels als Schablone das Werkzeug ohne großen Maschinenpark improvisieren. Benötigt wird ein Bohrer mit 6,2 mm Durchmesser für die drei Befestigungsschrauben und einer mit 12 mm Durchmesser für die Lagerbohrung für die Schaltwelle. In einem Schraubstock spannen wir den Schaltdeckel mit dem Werkstück zusammen und bohren dann die entsprechenden Löcher durch den Schaltdeckel hindurch in das Werkstück. Dabei muß man etwas

117

Vorsicht walten lassen, besonders bei der großen Bohrung, damit man den Schaltdeckel nicht beschädigt. Etwaige Ungenauigkeiten kann man ohne weiteres mit der Rundfeile ausbügeln.

Das Hilfswerkzeug, das ja nur aus einem flachen Blech besteht, würde jetzt an der Sperrklinke anliegen. Wir müssen es also unter Zwischenlage einiger Scheiben von etwa 5 mm Dicke an das Gehäuse anschrauben.

Auf die Schaltwelle stecken wir nun den Hilfsschalthebel auf und ziehen ihn mit der Keilschraube zart fest. Für die darauffolgende Kontrolle achten wir darauf, daß die Sperrklinke selbst und das Segment mit den Rastkerben etwa bündig miteinander stehen.

Die zweite Raste von unten ist etwas kleiner als die übrigen (das ist nämlich die Leerlaufkerbe!). Wir schalten mit dem Handschalthebel das Getriebe in den Leerlauf, wobei wir am Mitnehmerflansch der Abtriebswelle drehen. Jetzt kommt es ein wenig auf Gefühl an. Wir müssen nämlich den Schalthebel ganz langsam in Richtung zum ersten Gang bewegen, bis wir (dabei drehen wir die Getriebewellen wiederum) hören, daß die Schiebeklaue am ersten Gangrad anschlägt. In dieser Stellung halten wir den Handschalthebel fest und markieren, wo die Spitze der Gangraste auf dem Segment steht. Den Schalthebel können wir jetzt genau nach der gleichen Methode in Richtung zweiter Gang bewegen, auch hier müssen wir die Stellung der Sperrklinkenspitze markieren, wenn das Anschlagen der Schiebeklaue am Zahnrad des zweiten Gangs hörbar ist.

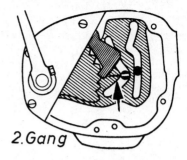

2. Gang

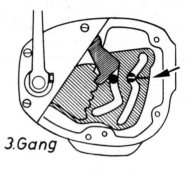

3. Gang

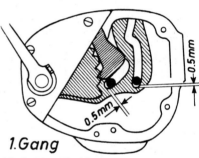

1. Gang

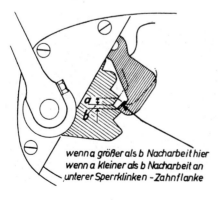

wenn a größer als b Nacharbeit hier
wenn a kleiner als b Nacharbeit an unterer Sperrklinken-Zahnflanke

Die beiden Markierungen müssen genau gleich weit entfernt von der tiefsten Stelle der Leerlaufkerbe sein. Nur wenn diese beiden Maße übereinstimmen, liegt die Schiebeklaue in der Leerlaufstellung auch tatsächlich in der Mitte beider Zahnräder. Nacharbeit an der Sperrklinke ist notwendig, wenn die beiden gemessenen Abstände ungleich sind. Dabei wird an der oberen Zahnflanke der Sperrklinke dann nachgeschliffen, wenn der untere Abstand von dem Grund der Kerbe der kleinere ist. Die untere Flanke dagegen wird nachgearbeitet, wenn der obere Abstand der kleinere war.

Die nächste Prüfung soll uns zeigen, ob die Schaltgabeln nicht verbogen sind. Hierzu wird zunächst der zweite, dann der dritte Gang eingelegt. In beiden Stellungen ist jeweils einer der Schaltgabelzapfen auf einer Spitze der Schaltkurven zu finden. Mehr als 1,5 mm ober- oder unterhalb der Kurvenspitze darf der Schaltgabelzapfen dann nicht stehen, sonst muß die Schaltgabel ausgewechselt werden.

In den beiden äußeren Gängen, dem ersten und dem vierten, muß zwischen Schaltgabelzapfen und dem Ende des Kurvenstücks mindestens jeweils 0,5 mm Spiel vorhanden sein. Auch daran sieht man, ob die Schaltgabeln noch einwandfrei sind.

Das Überschaltspiel

Bei dieser Prüfung wird der Fußschaltdeckel samt dem Fußschalthebel angebaut. Es soll kontrolliert werden, ob die beiden Anschläge im Fußschaltdeckel den Weg des Fußschalthebels nach beiden Seiten gleichmäßig und vor allem eng genug begrenzen. Beim Schalten mit dem Fußhebel bis zum Anschlag und Festhalten in dieser Stellung muß bei jedem Schaltvorgang zwischen der Sperrklinke und der jeweiligen Raste des Gangschaltsegments ein Spiel von etwa 0,5 mm festzustellen sein. Ist das Spiel beim Aufwärtsschalten vom ersten in Richtung vierten Gang geringer, so muß am hinteren Anschlag für den Ankerhebel so viel weggefeilt werden, bis das Spiel zwischen 0,5 und 1 mm liegt. Beim Abwärtsschalten vom vierten in Richtung ersten Gang müßte in diesem Fall der vordere Anschlag nachgearbeitet werden. Es kann vorkommen, daß bei einer Raste sogar mehr als 2 mm Überschaltspiel vorhanden sind, dann ist ein neues Anschlagstück notwendig.

Nach dieser Prüfung bleibt nur noch zu kontrollieren, ob die Kontaktfeder für die Leerlaufanzeige richtig steht (siehe Zeichnung).

Nach dieser letzten Prüfung können beide Schaltdeckel endgültig angebaut werden. Auf der Handhebelseite nicht vergessen, die Druckfeder und die Anlaufscheibe auf die Schaltwelle zu setzen, beim Aufschieben des Handschaltdeckels nicht den Wellendichtring beschädigen. Handschaltdeckel festschrauben. Als letztes schrauben wir auf der anderen Seite den Fußschaltdeckel an. Wenn wir nun die Kupplungsdruckstange mit dem Filzring, das Endstück mit eingelegter Kugel, das Kugeldrucklager und das Druckstück mit Dichtring von hinten in Getriebegehäuse und Antriebswelle eingeführt, den Klemmring mit dem Kupplungshebel aufgesteckt und festgeklemmt haben, können wir das Getriebe wieder an den Motor anbauen.

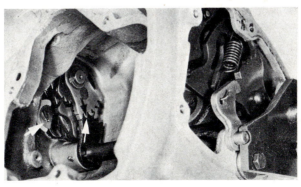

Blick ins Getriebegehäuse ohne Wellen: Der Schaltmechanismus läßt sich so schön prüfen. Das schwarzweiße Pfeilpaar deutet an, daß die beiden Verzahnungen genau übereinstimmen müssen! Der einzelne weiße Pfeil zeigt auf den Anschlag zur Begrenzung des Schaltweges. Daran wird nachgearbeitet, wenn Raufschalten und Runterschalten verschiedene Wege ergeben.

Demontage der Getriebe ab R 50 bis R 69 S

Wie bei den Getrieben der alten Baureihe ist bei den neueren der Handgriff mit den größten Schwierigkeiten der erste. Es geht darum, den Antriebsflansch, auf dem das Kreuzgelenk zur Kardanwelle sitzt, von der Antriebswelle herunterzuziehen. Zuerst wird einmal die zentrale Befestigungsmutter abgeschraubt; hierfür können wir uns als Haltewerkzeug ein ähnlich improvisiertes aus Stahlblech herstellen, wie es bereits bei dem vorigen Getriebe skizziert wurde. Bei der Beschaffung des Zapfenrohrschlüssels für die Nutmutter darauf achten, daß im Jahr 1967 die Konussteigung von 1:5 auf 1:6 geändert und daß damals das Gewinde für diese Mutter von M 14 auf M 16 vergrößert wurde. Im Zweifelsfall wird man hier also nachmessen müssen, bevor man sich den Schlüssel besorgt oder selbst anfertigt. Für das Zusammenbauen sei noch darauf hingewiesen, daß die Konusverbindung neuerdings nicht mehr mit 17 mkp, sondern mit 22 mkp angezogen werden soll. Man wird sich also den Schlüssel aus hochfestem Stahl anfertigen. Außerdem wird man schon jetzt überlegen, auf welche Weise man später das Anzugsmoment wenigstens einigermaßen genau einhalten kann.

Der Zapfenrohrschlüssel muß sehr stabil gebaut sein!

Beim Lösen der Nutmutter muß besonders sorgfältig vorgegangen werden, das hohe Drehmoment, das an dieser Stelle notwendig ist, läßt den Schlüssel sehr leicht abrutschen. Ich habe im Lauf der Zeit schon mehrere Muttern gesehen, die sämtlichen Löseversuchen zunächst widerstanden haben, die dann mit einem Kreuzmeißel einfach aufgesprengt wurden. Um diesen letzten Ausweg immer frei zu haben, empfiehlt sich also, vor der Schlosserei bereits eine neue Nutmutter anzuschaffen.

Unter der Mutter liegt eine recht kräftige Wellscheibe, auch die sollte man bei Reparaturarbeiten stets erneuern.

Das hohe Anzugsmoment der Mutter läßt schon ahnen, daß die größte Schwierigkeit das Abziehen des Flansches von der Welle sein wird. Während wir beim alten Getriebe noch ohne Komplikationen einen Zweiarmabzieher verwenden konnten, unter dessen Abziehhaken höchstens (um das Verbiegen des Flanschs zu verhindern) einige dickere Unterlagen zu plazieren waren, muß für den Flansch der neuen Getriebe unbedingt ein Spezialwerkzeug angeschafft oder hergestellt werden.

Die Herstellung würde in diesem Fall allerdings recht kostspielig und langwierig werden. Es ist nämlich erforderlich, daß die möglichst gehärtete Druckspindel sehr hohe Kräfte aushält, deshalb einen recht großen Durchmesser (etwa 20 mm) haben muß. Eine Spindel dieser Art möchte ich nicht unbedingt selbst herstellen müssen.

Das werksseitig hierfür vorgesehene Spezialwerkzeug ist sehr kräftig gebaut. Es wird mit vier Schrauben M 8×1 am Flansch festgeschraubt, dann soll es an einem Knebel gehalten werden, während man die Druckspindel festzieht. Nach meinen Erfahrungen muß man schon eine gute Portion Glück haben, wenn man den Flansch ohne Schwierigkeiten von der Welle ziehen kann. Weder die Länge noch die Stärke des Halteknebels an der Werkzeuggrundplatte ist ausreichend, noch ist der Griff der Spindel lang und kräftig genug. Außerdem müßte man eigentlich drei Hände haben, nämlich eine zum Festhalten des Werkzeugs und zwei zum Anziehen der Druckspindel. Aber auch das dürfte nur in seltenen Fällen bei den vorhandenen Dimensionen ausreichen.

Werksseitig wird vorgeschlagen, bei sehr stramm sitzendem Flansch einen »leichten« Prellschlag mit dem Hammer auf die Druckspindel zu geben. Auch das mag in all den Fällen klappen, in denen das Getriebe gerade erst in der Fertigung zusammengebaut worden ist. Nach längerem Betrieb sieht die Sache wesentlich schwieriger aus. Da genügt häufig nicht einmal ein Prellschlag mit einem 1000-g-Hammer.

Bevor Sie versuchen, mit dem Schweißbrenner den Flansch anzuheizen (was naturgemäß wenig helfen kann, weil ja Flansch und Welle aus Material mit der gleichen Wärmedehnung bestehen, sich also an der Enge der Passung nichts ändert), wenn Sie weiterhin über eine Meßuhr verfügen, mit der Sie die ausgebaute Getriebewelle auf Rundlauf prüfen können, dann bleibt Ihnen kurz vor dem Verzweifeln noch einer der ganz üblen Tricks: bei festgespannter Druckspindel schlägt man mit dem 1000-g-Hammer diesmal nicht auf die Druckspindel selbst, sondern seitlich gegen das Werkzeug. Bei dieser Methode sind vielleicht zwei oder drei Schläge notwendig, die man naturgemäß einander gegenüberliegend anbringt. Aber auf diese Weise habe ich bisher schon mehrfach ganz verzweifelte Fälle lösen können.

Ein klein wenig kann man sich allerdings den Ärger mit dem Werkzeug bei entsprechender Werkzeugmaschinen-Ausrüstung auch noch verringern. Zum einen kann man sich die Haltevorrichtung für das Werkzeug etwas geschickter gestalten. So wäre z. B. denkbar, daß man noch nachträglich an dem Werkzeug einen Sechskant anbringt, an dem man mit einem großen Maulschlüssel gut festhalten kann. Je nach Bastelmöglichkeit kann man diesen Sechskantansatz entweder elektrisch anschweißen oder auch nur mit sechs Schrauben M 6 befestigen. Platzmäßig würde ein etwa

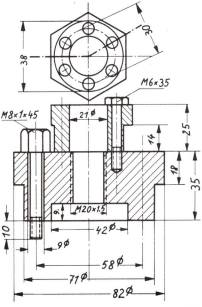

25 mm hoher Sechskant mit einem angedrehten Bund am Unterteil (damit die vier Befestigungsschrauben M 8×1 Platz behalten) bei einer Schlüsselweite von 41 mm gut unterzubringen sein. Natürlich müßte dieser Sechskant eine Bohrung haben, durch die die Werkzeugspindel hindurchgeführt wird. Die Schlüsselweite 41 hat den Vorzug, daß wir ja dafür den Schlüssel bereits in recht stabiler Ausführung für die Schwungscheibenschraube auf der Kurbelwelle haben. Der Knebelgriff der Druckspindel ist glücklicherweise stabil genug, so daß wir ein Rohrstück als Verlängerung aufschieben können.

Mit einem derart günstiger gestalteten Werkzeug kann man dann viel mehr Kraft aufbringen und kommt in vielen Fällen tatsächlich mit einem leichten Prellschlag auf den Spindelkopf aus. Der ausgebaute Flansch wird nun nicht etwa weggelegt, sondern gleich begutachtet. Er trägt nämlich die Lauffläche für den Wellendichtring. Diese Lauffläche darf keine eingearbeitete Rille zeigen; sonst muß die Lauffläche überschliffen werden, was unbedingt Werkstattarbeit ist. Falls der Flansch abgenommen werden mußte, weil nur der Wellendichtring an dieser Stelle schadhaft war, kann dieser Dichtring jetzt ohne Schwierigkeiten ausgewechselt werden. Beim Eintreiben eines neuen Dichtrings darauf achten, daß erstens die Dichtlippe nach hinten zeigt und zweitens der Dichtring nicht bündig mit dem Gehäuse abschließt, sondern gleichmäßig etwa 1 mm vorsteht!

Der zweite Unterschied im Schlossern an neuen Getrieben besteht darin, daß wir, wie schon beim Motor, das Getriebegehäuse erst einmal anwärmen müssen, bevor wir es auseinandernehmen können. Zuerst wird die Kupplungsdruckstange mit Druckstück, Dichtring, Kugelkäfig, Druckscheibe und Filzring herausgezogen. Dann werden die sieben Befestigungsmuttern (Schlüsselweite 10) mitsamt den Unterlegscheiben losgedreht.

Jetzt beginnt das Anwärmen des Getriebes, es soll etwa 80 bis 100°C heiß werden, läßt sich also danach nicht mehr mit der bloßen Hand anfassen.

Wie schon beim Motor hüten wir uns vor dem Schweißbrenner; es lohnt sich tatsächlich, für dieses Anheizen eine kleine Kochplatte zu kaufen. Nach etwa einer knappen Stunde dürfte das Getriebe warm genug sein, so daß wir entweder mit einem Plastikhammer (der aber dadurch zu leicht splittert) oder aber mit einem Hartholzdorn und einem etwa 800 g schweren Schlosserhammer den hinteren Getriebedeckel an den dort vorgesehenen Nasen rundherum abklopfen. Auch hierbei sind aber ein kleiner Trick und etwas Vorsicht notwendig. Zunächst einmal ist selbstverständlich, daß wir versuchen, den Trennspalt an allen Stellen möglichst gleich groß zu halten, daß wir also den Getriebedeckel nicht verkanten. Zum zweiten müssen wir vermeiden, daß die Abtriebswelle mit ihrem Kugellager im Gehäusedeckel hängenbleibt und dadurch die Schaltgabeln verbiegt. Mit einem passenden Dorn klopfen wir deshalb dieses Kugellager durch die Öffnung des Abtriebsflanschs ständig zurück ins Getriebegehäuse. Die Antriebswelle, die wir durch die Öffnung für das Kupplungsdruckstück sehen können, muß aus dem Kugellager herausrutschen, denn dieses Lager wird ja vom Kickstartermitnehmerritzel festgehalten. Bei dieser Welle darf also nicht das Lager durchgeschlagen werden, hier sollten wir nur einige leichte Schläge direkt auf den Wellenstumpf geben.

Kurz bevor der Deckel vollständig abgeklopft ist, machen wir uns darauf gefaßt, ihn festzuhalten. Denn wir wollen ja vermeiden, daß die Paßscheiben aus dem Deckel herausfallen und etwa beim hastigen Zugreifen verbogen werden. Diese Paßscheiben, mit denen das seitliche Spiel der Wellen fixiert wird, sollen nachher wieder verwendet werden. Zumindest brauchen wir diese Scheiben wieder, wenn wir keine längenbestimmenden Teile ausgewechselt haben. Verwechseln können wir diese Scheiben nicht, da sie sehr unterschiedliche Durchmesser haben.

Bevor wir die Wellen aus dem Gehäuse herausziehen können, müssen wir zunächst die Schaltgabelbuchsen gelöst haben. Die Gabeln sitzen bei den neue-

ren Getrieben nicht auf einer Führungsachse, sondern sind drehbar auf je einem Führungsbolzen mit Buchse gelagert. Im Luftfiltergehäuse finden wir die zwei Schraubenköpfe mit Innensechskant für diese Bolzen, die wir mit dem Sechskantstiftschlüssel jetzt herausdrehen.

Bevor wir mit den Getriebewellen auch die Schaltgabeln und ihre Buchsen herausnehmen, markieren wir die Buchsen und Schaltgabeln mit Fettstift, so daß wir sie untereinander nicht verwechseln können. Auch das Halteblech bekommt eine Markierung, damit es später wieder in der gleichen Lage eingebaut werden kann.

Hoffentlich hat sich das Getriebe inzwischen nicht wieder zu sehr abgekühlt, denn die drei Wellen können wir nur aus dem warmen Getriebegehäuse ohne Schwierigkeiten herausnehmen. Dazu fassen wir die Getriebeabtriebswelle mit aluminiumgefütterten Schraubstockbacken (damit das Gewinde dort nicht zerdrückt wird). Im allgemeinen genügen leichte Hammerschläge mit dem Plastikhammer auf das Getriebegehäuse, um die Wellen samt Lagern herauszuziehen. Auch hierbei muß man vorsichtig sein, damit man nicht die Schaltgabel verbiegt, man wird also nach jedem zweiten Hammerschlag nachfühlen, ob die Schaltgabeln noch leicht beweglich sind. Kurz bevor sich die Wellen endgültig aus dem Gehäuse lösen, ist zu empfehlen, die Abtriebswelle wieder aus dem Schraubstock herauszunehmen. Für die letzten Schläge mit dem Plastikhammer können wir nämlich die Welle viel besser mit der Hand

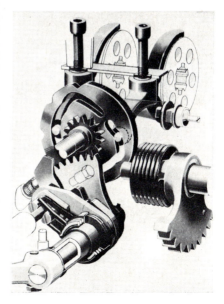

festhalten, so daß nicht sämtliche Teile auf der Werkbank verstreut werden.

Im Getriebegehäuse ist jetzt nur noch die Fußschaltautomatik mit der Kurvenscheibe. Nach Abnehmen von insgesamt drei Sicherungsringen (Seegerringe) und des Fußschalthebels lassen sich die Einzelteile einfach herausnehmen.

Beim Abnehmen der Kurvenscheibe achten wir darauf, daß die kleine Rastendruckfeder, die erst bei den neueren Modellen durch eine Schenkelfeder ersetzt wurde, nicht durch die plötzliche Entspannung davonfliegt.

Im Deckel des Getriebegehäuses ist noch der Kickstartermechanismus eingebaut, außerdem das Zwischenrad und das Kugellager der Antriebswelle. An dieses Kugellager kommen wir erst heran, wenn der Seegerring vom Zwischenrad abgenommen wurde, das Lager läßt sich leicht von außen nach innen herausschlagen. Das Ausbauen des Kickstarters birgt keine Probleme, hier wird wieder nur die Keilschraube aus dem Hebel herausgeschlagen, dann kann man die Kickstarterwelle nach innen herausheben. Das Einspannen der Feder beim Zusammenbauen macht man am besten in zwei Stufen: 1. Die Feder wird mit ihrem nach innen gebogenen Ende in die Bohrung der Kickstarterwelle eingehängt, dabei liegt das andere Ende am Zahnsegment an. 2. Beim Einsetzen der Welle in den Gehäusedeckel faßt man das zweite Federende mit einer Flachzange und führt es in die Bohrung im Deckel ein.

Ein kleiner Hinweis ist vielleicht noch notwendig, falls man den Leerlaufkontakt abschraubt: Hier sind die Einzelteile mit Dichtungsmasse eingesetzt, deshalb muß man auch beim Zusammenbauen wieder Dichtungsmasse verwenden. Die Einstellung des Leerlaufkontakts geschieht am besten mit der dazu von BMW vorgeschriebenen Einstellehre, die die Bezeichnung V 5097 trägt. Falls man einige Unbequemlichkeiten in Kauf nehmen will, läßt sich die Kontaktgabe in Leerlaufstellung auch kontrollieren, indem man nämlich den Gehäusedeckel einfach aufs Gehäuse aufsetzt. Hierbei sind die Getriebewellen nicht eingebaut, nur der Schaltmechanismus ist vollständig montiert.

Wenn man nun mit dem Fußschalthebel die einzelnen Gänge einlegt, kann man durch die Bohrung für die Antriebswelle recht gut sehen, wie der Schaltstift auf der Kurvenscheibe genau in Leerlaufstellung den Leerlaufkontakt berührt. Außerdem beobachtet man, ob nicht et-

Bild unten links: Die Sperrklinke für die Gangrastung ist hier mal nach oben weggeklappt, damit man unten den mit Pfeil bezeichneten Stift sieht, auf den früher die Druckfeder für die Klinke aufgesteckt wurde. Bei neueren Getrieben wurde dann eine Schenkelfeder verwendet. Mit »S« sind im oberen Teil die beiden Böcke markiert, an denen die Schaltgabelbolzen befestigt werden. Der linke Pfeil bezeichnet die eigentliche Gangraste am Hebel.

Bild unten rechts: Die Einzelteile des Schaltautomaten.

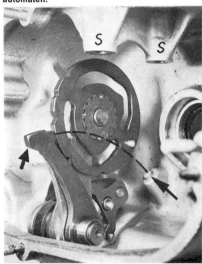

wa der Leerlaufkontakt auf der Kurvenscheibe selbst aufliegen kann. In diesem Fall müßte er ein wenig abgebogen werden. Hierbei darf man jedoch nicht zu weit biegen, denn immerhin soll der Leerlaufkontakt knapp 3 mm beim Überstreichen des Kontaktstifts an der Kurvenscheibe bewegt werden. So ist sichere Kontaktgabe gewährleistet.

Wenden wir uns nun den einzelnen Getriebewellen zu: In den vier Bildern ist zunächst einmal gezeigt, in welchen Stellungen die Schaltscheiben (die auch Schiebeklauen genannt werden) die verschiedenen Zahnräder der Abtriebswelle in den einzelnen Gängen mit der Welle verbinden. Die Zahnräder der Nebenwelle (in den Bildern jeweils unten zu sehen) sind starr mit dieser Welle verbunden, hier können wir also nichts demontieren. Nicht in diesen Bildern gezeigt ist die Antriebswelle (die auch als Getriebeeingangswelle bezeichnet werden kann).

Für eine normal ausgerüstete kleine Heimwerkstatt birgt diese Welle wiederum einige Probleme. So muß z. B. allein schon zum Auswechseln des Kugellagers vorn oder des Wellendichtringlaufrings zumindest ein Schraubstock vorhanden sein, der knapp 130 mm Spannweite hat. Wesentlich besser als ein Schraubstock wäre an dieser Stelle natürlich eine hydraulische oder mechanische Presse, die aber wohl den wenigsten von uns zur Verfügung stehen wird. Deshalb sind hier wieder erhebliches Gefühl und eine gute Portion Vorsicht notwendig. Die im folgenden beschriebenen Handgriffe seien also nur wirklich routinierten Bastlern empfohlen.

Zuerst wird die aufgepreßte Scheibe am hinteren Wellenende, gegen die sich die kleine Druckfeder für die Freilaufratsche des Kickstarters abstützt, abgehebelt. Diese Scheibe kann nicht wiederverwendet werden, hier muß eine neue aufgepreßt werden. Die Druckfeder des Kickstarterfreilaufs wurde im Jahre 1966 geändert, da die vorher verwendete, rechtsherum gewickelte Feder bei kaltem Motor und steifem Getriebeöl das hintere Freilaufdruckstück nicht zuverlässig in Nullage zurückschieben konnte.

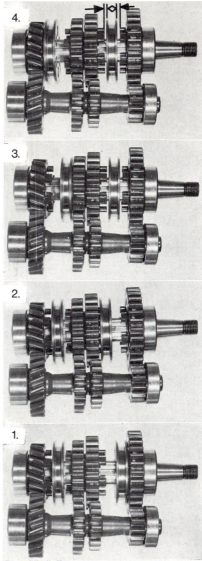

Die Bildreihe zeigt noch einmal am Original die einzelnen Gangstufen. Im obersten Bild (4. Gang) ist mit den zwei Pfeilen angedeutet, daß es beim Einstellen der Schaltung darauf ankommt, die Abstände zwischen der jeweils freilaufenden Schaltscheibe und beiden nebenliegenden Zahnrädern (bzw. deren Schaltzapfen) möglichst genau gleichgroß zu justieren. Wenn beim Prüfen der Schaltung hier ein größerer Unterschied gefunden wird, besteht Verdacht auf verbogene Schaltgabel. Die Prüfung geschieht in allen Gängen! Übrigens ist bei den Getrieben R 50/5- bis R 75/5-Modellen hier eine schöne Erleichterung vorgesehen: die Führungsbuchse für die Schaltgabeln läßt sich mittels eines Exzenters auf der Halteschraube verdrehen, die Einstellung funktioniert dadurch feinfühliger.

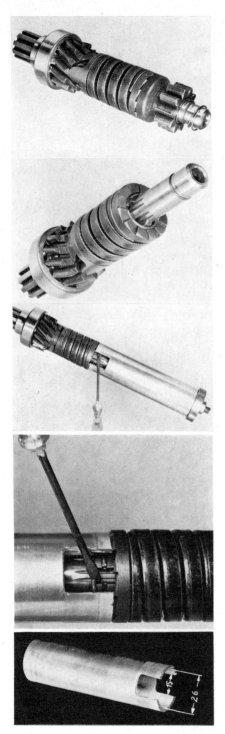

Die neuere Feder ist also linksherum gewickelt.
Das Zahnrad mit dem Druckstück können wir jetzt ohne Schwierigkeiten abnehmen.
Jetzt kommt die Improvisation:
Wir müssen die starke Stoßdämpferdruckfeder zusammenspannen. Dazu können wir die Welle so in den Schraubstock nehmen, daß ein Backen am vorderen Teil am Kugellager anliegt, der zweite Backen auf der Verzahnung der Mitnehmerraste. Hier ist nur sehr wenig Platz zum Festhalten für die Schraubstockbacken vorhanden, man muß nämlich noch einen kleinen Spalt zwischen Schraubstock und Getriebewelle freihalten, um den Drahtsprengring abnehmen zu können.
Bevor wir die Schraubstockmethode weiter kultivieren, überlegen wir kurz, ob es nicht noch einen besseren Weg gibt. Denn die geringe Spannmöglichkeit am Mitnehmerritzel gibt wegen der damit verbundenen Abrutschgefahr doch zu denken.
Die Welle ist hohl (für die Kupplungsdruckstange), und diese Tatsache kann man ausnutzen. Ein Stück Gewindestange M 8, ein Rohr und zwei Muttern bilden ein improvisiertes Hilfswerkzeug. Die nebenstehenden Bilder zeigen es wohl deutlich genug. Das Rohr (26 Innendurchmesser) hat zwei Aussparungen (etwa 15×15 mm), durch die man an den Drahtsprengring auf der Welle herankommt. Mit einer untergelegten Scheibe und den Muttern läßt sich dieses Rohr gegen den Mitnehmer spannen, die Feder kann zusammengedrückt werden ... ohne jedes Risiko. Genauso wird die Welle nachher wieder zusammengebaut. Das Abnehmen des Sprengringes mit einem kleinen Elektrikschraubenzieher bereitet keine Schwierigkeiten.
Für die Demontage der Getriebeausgangswelle, der Abtriebswelle, benötigen wir außer einem etwas schwereren Plastikhammer nur noch eine Seegerringzange. Presse oder Schraubstock sind nach meinen Erfahrungen nicht nötig. Aber vielleicht ist folgender Hinweis angebracht:
Diese Welle gibt es in mehreren ver-

Die Einzelteile der Getriebe-Eingangswelle hintereinander aufgereiht.

schiedenen Ausführungen. Die erste Bauart, Gewinde M 14, Konussteigung 1:5, hatte eine Nut, in der eine Scheibenfeder vorgesehen war. Dazu gehörte ein Mitnehmerflansch, ebenfalls mit einer Keilnut. Bei der nächsten Ausführung verzichtete man auf die Keilnut und die Scheibenfeder, behielt aber Konussteigung und Gewindegröße der Nutmutter bei.

Hier können nun Zweifel eintreten, ob man auf eine Welle mit Keilnut auch unbedingt einen Flansch mit Keilnut aufsetzen muß, oder ob man den neueren Flansch ohne die Keilnut verwenden kann. Empfohlen wird von BMW, jeweils nur zueinandergehörige Teile einzubauen. Es wird aber toleriert, an eine Welle mit Keilnut den Flansch ohne Keilnut anzubauen. Nur sollte man keinen der alten Flansche mit der Keilnut auf eine neue Welle ohne die Keilnut aufpressen. Das erscheint etwas kompliziert, aber durchaus logisch.

Die dritte Ausführung der Abtriebswelle läßt sich nicht mehr mit den beiden ersten verwechseln, denn hier paßt weder der alte Flansch mit noch der neuere ohne Keilnut, hier ist ja bekanntlich die Konussteigung geändert und das Gewinde vergrößert worden.

Falls Sie eine Maschine mit dem Getriebe der älteren Ausführung haben, dann wird vor den nächsten Arbeitsgängen erst die Scheibenfeder aus der Keilnut herausgenommen. Dann faßt man das große Zahnrad und drückt durch kräftige Hammerschläge mit dem Plastikhammer auf das Wellenende dieses Zahnrad mitsamt dem Kugellager von der Welle. Hier läßt sich im übrigen auch ein normaler Zweiarmabzieher verwenden, der aber nur dann von Nutzen ist, wenn das Kugellager sehr fest auf der Welle sitzt. Unter dem Kugellager ist eine Distanzscheibe vorgesehen, gegen die die Buchse des großen Zahnrads anlaufen soll. Hinter dem Zahnrad (erster Gang) ist zum Festhalten der Buchse (damit sie nicht gegen die Vielkeilverzahnung der Welle anläuft) wieder eine Scheibe vorgesehen. Dann folgt die erste Schiebeklaue.

Das nächse Zahnrad läßt sich erst abnehmen, nachdem mit der Seegerringzange der Sprengring abgezogen wur-

Die Buchsen sind erst bei den neuesten Modellen schwimmend gehalten, manchmal sitzen sie auf der Welle also sehr fest. Einfache Hilfsvorrichtung oder Universal-Zweiarmabzieher können das Abnehmen der Buchse ohne Hammerschläge möglich machen. Abstand der Bohrungen für die Abzieh-Gewindestangen je 20 mm, also insgesamt 40 mm. Die mittlere Bohrung kann M 8-Gewinde bekommen.

Unten die beiden Wellen mit den Getrieberädern. Die obere ist die Abtriebswelle, die untere die Nebenwelle mit festsitzenden Zahnrädern.

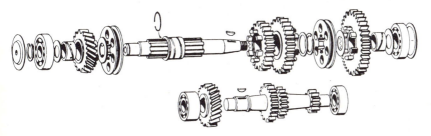

de. Unter diesem Sprengring finden wir eine in der Innenform der Vielkeilwelle entsprechende Scheibe.

Die beiden nächsten Zahnräder laufen auf einer Buchse, die fest auf die Welle aufgepreßt ist.

Die zweite Schiebeklaue und das letzte Zahnrad können wir nur von der anderen Seite der Welle abnehmen. Hierzu ist zunächst der Seegerring vor dem Kugellager abzuheben. Sollte dieser Sprengring sich nicht leicht aus der Nut lösen lassen, kann es sein, daß das Kugellager ein kleines Stück der Nut zu weit überdeckt, wir müssen also zunächst das Kugellager ein wenig zurückschlagen. Dann aber kommt der Seegerring ohne Schwierigkeiten. Wieder genügt es, mit einem Plastikhammer durch leichte Schläge auf die Welle den Preßsitz des Kugellagers auf der Welle zu überwinden (dazu legt man auf die Welle ein etwa 15—20 mm hohes Leichtmetallstück, das nicht dicker als die Welle selbst ist, so daß man auch wirklich mit den Hammerschlägen nicht das Kugellager trifft). Hierbei hält man sowohl Zahnrad als auch die Schiebeklaue mit der Hand fest.

Damit wäre auch die Getriebeausgangswelle vollständig auseinandergenommen. Das Zusammenbauen dieser Welle bereitet keine Probleme, braucht deshalb auch nicht besonders beschrieben zu werden.

Die Anlaufscheiben haben im Innendurchmesser eine Fase (Anschrägung), mit der sie gegen den Wellenabsatz laufen (Pfeil im mittleren Bild).

Zusammenbauen des Getriebes

Wir haben inzwischen sämtliche Einzelteile sorgfältig gereinigt, neue Lager und neue Wellendichtringe bereitliegen, desgleichen natürlich Zahnräder mit Verschleißspuren und vor allen Dingen Schiebeklauen, die etwa in der Nut seitlich oder im Nutgrund blau angelaufen oder gar verschlissen sind, gegen neue ausgetauscht. Sollten wir außerdem die Abtriebswelle, die Schiebeklauen, Schaltgabeln, Schaltgabelbuchsen oder die Kurvenschaltscheibe erneuert haben, so ist eine Neueinstellung der Schaltgabeln erforderlich.

Bei montiertem Schaltautomat setzen wir zunächst nur die Getriebeabtriebswelle ein, wozu natürlich das Getriebegehäuse wieder auf 80 bis 100°C erwärmt werden muß.

Hierbei aufpassen: Das leere Getriebegehäuse erwärmt sich wesentlich schneller als vorher das zusammengebaute! Die beiden Schaltgabeln setzen wir auch ins Getriebe ein, und zwar so, wie wir sie bei der Demontage mit den Buchsen zusammen gezeichnet haben. Darauf achten, daß die Stifte auch richtig in der Kurvenscheibe laufen!

Die erste Prüfung soll uns zeigen, ob die beiden Schiebeklauen in ihren Ruhestellungen zu den Zapfen der jeweils neben ihnen liegenden Zahnräder beiderseits gleichen Abstand haben. Dazu muß das Getriebe einmal vollständig durchgeschaltet werden, die untere Schaltgabel muß im dritten und vierten Gang, die obere im ersten und zweiten Gang, beide Schaltgabeln selbstverständlich auch im Leerlauf die Schiebeklauen in der richtigen Stellung festhalten.

Für diese Prüfung ist ein sogenannter Zahnspiegel recht gut geeignet, den BMW auch als offizielles Spezialwerkzeug bereithält. Wenn eine der Schiebeklauen außermittig steht, muß die entsprechende Schaltgabel durch Verbiegen nachgerichtet werden. Bitte aber sehr vorsichtig biegen, erfahrungsgemäß tut man hier sehr schnell des Guten zuviel. Vor allen Dingen ist darauf zu achten, daß man beide Arme der Schaltgabel gleichmäßig biegt, so daß nicht etwa die Schiebeklaue nur von einem Zapfen der Schaltgabel bewegt wird. Beim Durchschalten kann man sehr leicht feststellen, ob die Schiebeklaue tatsächlich von beiden Gabelzapfen berührt wird. Man merkt dann nämlich, daß die Schaltung nach der einen Seite etwas schwerer, nach der anderen leichter geht. In diese Richtung muß der Schaltgabelarm nachgebogen werden.

Es erscheint zweckmäßig, nach dem möglicherweise mehrfach erforderlichen Verbiegen der Schaltgabeln noch einmal die richtige Stellung der Schiebeklauen in den einzelnen Gängen nachzuprüfen. Allerdings kommt es wirklich sehr selten vor, daß man überhaupt an den Schaltgabeln biegen muß, meist sind sie fertigungsseitig so weitgehend winkelgerecht geschliffen, daß man ohne Nachbiegen auskommt. Sollten nur ganz geringe Abweichungen feststellbar sein, genügt es vielleicht sogar schon, die Schaltgabelbuchse um 180 Grad verdreht festzuziehen, so daß dadurch ein Nachbiegen entfällt.

Bei den Getrieben der neuesten Modelle der Baureihen R 50/5, R 60/5 und R 75/5 ab 1969 wurden die Schaltgabelbuchsen im übrigen exzentrisch gebohrt, so daß man die Einstellungen allein durch Verdrehen der Buchsen und ohne große Biegearbeiten vornehmen kann. Die grundsätzlichen Einstellungen bleiben aber selbst bei den allerneuesten Getrieben gleich.

Zusammenbauen der Fußschaltung

Am zweckmäßigsten erscheint es, wenn man zunächst die Fußschaltwelle selbst in der Hand vormontiert. Fest angebaut an der Welle ist der sogenannte Ankerhebel, an dem die ankerförmige Betätigungsraste schwenkbar gelagert ist.

Auf die Welle stecken wir nun zunächst die Abstandsbuchse mit ihrem Absatz zum Ankerhebel hin. Darauf wird der Federring mit den zwei Rastenhaltern geschoben, die gekröpften Enden dieser Rastenhalter müssen zum Anschlaghebel stehen und müssen die beiden Anschlagzapfen des Ankers zwischen sich parallel einklemmen. Dann legen wir die Distanzscheibe auf und anschließend die aus rundem Draht bestehende Rückholfeder, sie muß mit ihren gebogenen Enden zum Ankerhebel hinweisen. Die beiden Enden müssen überkreuzt werden, so daß sie unter Spannung den oberen Stift am Ankerhebel zwischen sich festhalten. Mit den Fingerspitzen hält man die Rundfeder fest, sie versucht durch ihre Spannung sich zu verdrehen und würde, wenn wir sie losließen, wieder herausschnappen.

Diese vormontierte Einheit schieben wir jetzt in die Bohrung ins Getriebegehäuse, dabei achten wir darauf, daß die beiden Federn auf den im Getriebegehäuse herausragenden Stift richtig aufgefädelt werden. Dabei aufpassen, daß die

Buchse auch richtig auf den aus dem Gehäuse herausragenden Teil des Wellenlagers rutscht!

Das seitliche Spiel der Fußschaltwelle wird durch Unterlegen von passenden Ausgleichscheiben unter den Fußschalthebel ausgeglichen. Es soll 0,1 mm betragen. Hierbei aufpassen, daß man beim Aufsetzen des Fußschalthebels nicht die Schaltwelle wieder ins Getriebegehäuse zurückdrückt und die Federn dadurch vom Stift des Getriebegehäuses abrutschen können.

Das Zahnsegment wird als letztes auf die Fußschalthebelwelle gesetzt, hierbei kann man kontrollieren, ob die Spitzen des sogenannten Ankers (also die beiden Schaltrasten selbst) links und rechts den gleichen Abstand zum Außendurchmesser des Zahnsegments haben. Korrekturen kann man durch Nachbiegen der Enden der Rückholfeder durchführen.

Auf das Zahnsegment setzen wir nun noch die Gangraste und heben die beiden Seegerringe in ihre Nuten. Bevor wir die Schaltkurvenscheibe auf ihren Lagerzapfen stecken, müssen wir erst die kleine Druckfeder für die Schaltraste einsetzen, dann schieben wir die Kurvenscheibe so auf ihren Lagerzapfen, daß der zweite Zahn des Zahnsegments auf die markierte Zahnlücke an der Kurvenscheibe weist. Meist ist der zweite Zahn auf dem Zahnsegment auch gekennzeichnet, falls der dortige Pfeil fehlen sollte: gemeint ist der zweite Zahn von der Rückseite des Getriebes, also von der offenen Seite gezählt.

Beim Getriebe der Baureihe R 51/3 haben wir bereits kennengelernt, daß das sogenannte Überschaltspiel kontrolliert werden muß. Dieses Spiel ist auch hier bei den neueren Getrieben notwendig. Es wird hier aber nicht nur durch Nachschleifen der Gangraste korrigiert, sondern durch Zwischenlegen von entsprechenden Unterlagscheiben unter die beiden Anschlagbolzen für den Ankerhebel. Das Überschaltspiel soll in beiden Schaltrichtungen in jedem Gang 2 mm betragen.

Wenn wir auf die beschriebene Weise jetzt sämtliche Einstellungen und Kontrollen hinter uns gebracht haben, kann

Im Bild oben ist gezeigt, wie Zahnsegment und Kurvenscheibe zueinander stehen müssen, markiert ist auf beiden je ein Zahn bzw. eine Zahnlücke mit einem Pfeil.

Der schwarze Pfeil im unteren Bild deutet auf eine der Anschlagschrauben, die durch Unterlage bzw. Wegnahme von Scheiben justiert werden.

endlich das endgültige Zusammenbauen des Getriebes erfolgen.

Sicher müssen wir jetzt das Getriebegehäuse noch einmal anwärmen, denn in der Zwischenzeit hat es sich bestimmt abgekühlt. Als erste Welle wird die Antriebs-(oder Getriebeeingangs-)Welle mit ihrem Kugellager in das Gehäuse gesetzt. Dabei bitte den Wellendichtring nicht beschädigen, hier ist tatsächlich eine Montagebuchse anzuraten. Beim Einpressen dieser Welle soll man nicht auf den Wellenstumpf schlagen, sondern nur auf den Kugellageraußenring. Für

routiniertere Bastler ist das sowieso selbstverständlich, denn beim Schlagen auf den Wellenstumpf würde man ja Druckkräfte über die Wälzkörper des Lagers übertragen, wodurch man das Lager bereits beschädigen würde.
Also benutzen wir ein Rohr, dessen Außendurchmesser etwa 0,2 mm geringer ist als der Außendurchmesser des Kugellagerrings, dessen Innendurchmesser jedoch immer noch groß genug ist, um über das Zahnrad hinter dem Kugellager mit Spiel hinüberzurutschen. Bevor wir dann die beiden übrigen Wellen einsetzen, dürfen wir nicht vergessen, das Ölfangblech mit der kleinen Spritzdüse in die Kugellagerbohrung der Getriebeabtriebswelle einzulegen. Die Spritzdüse muß natürlich zur Welle hin zeigen, durch sie soll ja das Öl an die Lagerbuchse auf der Welle gelangen.
Hoffentlich ist Ihr Getriebegehäuse recht heiß, etwas über 100° C erleichtert sogar die Arbeit etwas. Denn jetzt müssen wir die Getriebenebenwelle und die Abtriebswelle, auf deren Schiebeklauen bereits die Schaltgabeln mit den Buchsen aufgesetzt sind, gemeinsam in das Gehäuse stellen und die einzelnen Zahnräder miteinander in Eingriff bringen. Beide Wellen sollen gemeinsam mit ihren Lagern in die Bohrungen des Gehäuses eingedrückt werden.
Hierbei läßt es sich leider nicht vermeiden, daß die Lager ein wenig Druck über die Wälzkörper bekommen, deshalb auch möglichst heißes Gehäuse, damit die Lagersitze im Gehäusegrund nicht zu eng sind. Die zarten Hammerschläge mit dem Plastikhammer tupfen wir wiederum aber nicht auf die Kugellager an den Wellenenden, sondern möglichst gezielt auf das Wellenende selbst. Und genau wie beim Ausbauen müssen wir auch jetzt darauf achten, daß die beiden Schaltklauen sich nirgendwo verklemmen können. Die Zapfen der Schaltgabeln werden in ihre Nuten der Kurvenscheibe eingeführt, die Schaltgabelbuchsen werden mit den Innensechskantschrauben festgezogen. Nicht vergessen, das Halteblech unterzulegen und vor allen Dingen die vorher gefundene und markierte Stellung der Schaltgabelbuchsen wieder herzustellen.

Um seitlichen Druck auf die Lager beim Zusammenbauen des Gehäuses zu vermeiden, müssen jetzt die Seitenspielwerte der Wellen ausgemessen werden. Auf das Gehäuse legen wir dazu zunächst eine neue Dichtung, die wir jedesmal mitmessen. Hierbei müssen wir aber die Getriebeabtriebswelle zunächst mit der Vorrichtung 504 festlegen, so daß wir mit dem Tiefenmaß den Abstand vom Kugellager bis zur Gehäusetrennfläche feststellen können. Im Gehäusedeckel müssen wir den Abstand von der Trennfläche bis zum Grund des Kugellagersitzes messen. Die Differenz beider Werte wird mit Paßscheiben bis auf 0,2 mm ausgeglichen. Es hat sich als günstig erwiesen, bei der Montage die entsprechende Paßscheibe nicht auf den Außenring des Kugellagers zu legen, sondern mit etwas Fett im Gehäusedeckel festzukleben. Die Getriebenebenwelle wird auf gleiche Weise seitlich ausgeglichen, hier darf das Spiel sogar 0,2 bis 0,4 mm betragen.
Die Messung auf der Antriebswelle (Getriebeeingangswelle) ist etwas schwieriger, weil dort das Kugellager ja im Gehäusedeckel sitzt. Außerdem erscheint es etwas wackelig, wenn man hier von der Trennfläche des Getriebegehäuses bis zur aufgepreßten Scheibe mißt. Vielleicht besteht die Gefahr, daß diese Scheibe nicht genau gerade auf der Welle sitzt, daß man also ein falsches Maß abliest.
BMW hat ein kleines Hilfswerkzeug dazu herausgegeben, das aus einer 20 mm dicken Scheibe besteht. Diese Scheibe paßt sehr eng auf die Getriebewelle, man drückt sie kräftig herunter, so daß man für die Schieblehre eine nicht wakkelnde und stets gerade Meßfläche hat. Das Spiel dieser Welle muß 0,2 mm betragen, die Paßscheibe, die an dieser Stelle zum Ausgleich benötigt wird, ist tellerförmig, sie sitzt auf dem Innendurchmesser der Getriebewelle und wird zur Montage zweckmäßig auf den Innenring des im Deckel montierten Lagers mit Fett aufgeklebt. Sie soll also nicht mit ihrem Außendurchmesser den Kugellageraußenring berühren.
Mit dem Ausmessen der Wellenspielwerte haben wir nun sämtliche Kontrol-

len und Messungen hinter uns, der Getriebegehäusedeckel kann auf 80 bis 100° C angeheizt und auf das Getriebe aufgesetzt werden. Den Kickstarter muß man dazu etwas anspannen, weil sonst sein Zahnsegment zwischen Gehäuse und Gehäusedeckel hervorstehen würde. Durch Bewegen des Kickstarters während des Aufdrückens vom Lagerdeckel kann man das Kickstarterzwischenrad am Gehäusedeckel so bewegen, daß es mit dem entsprechenden Rad auf der Getriebeeingangswelle in Zahneingriff kommt. Bei gut angewärmtem Gehäusedeckel kann es eigentlich keine weiteren Schwierigkeiten geben, leichte Schläge mit dem Plastikhammer soll man rundherum gleichmäßig verteilen. Sobald man aber merkt, daß der Deckel nicht weiter aufs Gehäuse rutscht, ist zu kontrollieren, ob die Getriebeeingangswelle tatsächlich mittig zu ihrer Lagerbohrung geführt wird.

Hier kann aber nur dann etwas danebengehen, wenn man den Getriebedeckel von Anfang an schräg aufgesetzt hat. Die weiteren Arbeiten am Getriebe, das Einbauen ins Fahrwerk und die Vervollständigung, brauchen nicht gesondert erklärt zu werden.

Ausbauen der Kardanwelle aus dem Schwingenholm

Falls die innen verzahnte Glocke am hinteren Ende der Kardanwelle Verschleiß aufweist oder das Kardangelenk am vorderen Ende mitsamt der Welle ausgewechselt werden muß, wird das Ausbauen der Welle aus dem Schwingenholm notwendig. Zum Festhalten der Welle gibt es ein Spezialwerkzeug, das in die Verzahnung der Glocke eingreift. Es ist aber nicht unbedingt notwendig, dieses Werkzeug anzuschaffen, denn man kann die Welle auch so festhalten, daß man das Kreuzgelenk an seinem Flansch im Schraubstock einspannt. Dann läßt sich die zentrale Befestigungsmutter innerhalb der verzahnten Glocke ohne Schwierigkeiten lösen.

Zum Abziehen der Glocke von der Kardanwelle ist ebenfalls ein Spezialwerkzeug vorgesehen, auch hier kann man sich aber mit einem normalen Zweiarmabzieher helfen. Allerdings ist es in dem Fall ganz besonders notwendig, die beiden Abzieharme mit einer Schraubzwinge zusammenzuspannen, sie würden sonst zu leicht von der Glocke abrutschen.

Eine neue Glocke muß stets mit feiner Schleifpaste auf den Konus der Kardanwelle aufgeschliffen werden. Nur so ist einwandfreier Konussitz gewährleistet. Vor dem Aufdrücken der Glocke sollen beide Konusflächen möglichst mit Tri (nicht mit Benzin) gereinigt werden.

Kardanwelle und Glocke gab es wiederum in zwei verschiedenen Ausführungen, mit und ohne Keilnut.

Die Glocken mit Keilnut dürfen nur auf Kardanwellen aufgedrückt werden, die ebenfalls eine Keilnut besitzen. Die Glocken ohne Keilnut können auf beide Bauarten der Kardanwelle aufgepreßt werden. Das Anzugsmoment beträgt im ersteren Fall etwa 13 bis 15 mkp, im zweiten 15 bis 17 mkp.

Kraft-Umleitung

Da die Kurbelwelle und die Getriebewellen in Fahrzeuglängsrichtung gelagert sind, die Hinterachse jedoch quer dazu, muß die Drehbewegung der Kardanwelle um 90 Grad umgelenkt werden. Das geschieht mit einem Kegelradgetriebe. Konstruktiv ist diese Bauart nichts Besonderes, an den meisten Automobilen mit Differential-Achsantrieb finden wir ein halbes Dutzend solcher Kegelräder. Die Schwierigkeiten beim Motorrad liegen darin, daß das Kegelradgetriebe nicht zu gewichtig werden darf. Während man im Differential vom Pkw genügend Platz zur Verfügung hat, um Kegelrollenlager mit ihrer sehr hohen Tragfähigkeit zu verwenden, herrscht beim Hinterachsgetriebe des Motorrads drangvolle Enge, und man muß entsprechend »filigran« konstruieren. Kegelrollenlager verbieten sich hier wegen ihrer Abmessungen von selbst, man ist also gezwungen, auf Nadellager und doppelreihige Kugellager auszuweichen.

Erst mal etwas Theorie

Zunächst ein paar grundsätzliche Dinge zum Kegelradgetriebe: Nach der Stellung der Achsen beider Kegelräder unterscheidet man normale Kegelwälztriebe und Hypoidtriebe. Bei den letzteren liegt die Achse des antreibenden Ritzels etwas zur Mitte des getriebenen Kegelrads versetzt (siehe die Bilder). Der zweite Unterschied liegt in der Formgebung der Verzahnung. In der Regel haben Kegelradgetriebe eine Bogenverzahnung, weil sie dadurch ruhiger laufen und höher belastbar sind als bei Gerad-Verzahnung. Beim hypoidverzahnten Kegelradantrieb ist im übrigen die Zahnform noch ein wenig komplizierter als beim normalen Kegelradantrieb.

Schließlich gibt es noch zwei verschiedene Arten der Zahnformen, die mit den entsprechenden Herstellernamen bezeichnet werden: einmal die Gleason-Verzahnung und zum zweiten die Klingelnberg-Verzahnung. Die Unterschiede liegen hauptsächlich in der Behandlung bei Reparaturen. Bei der Gleason-Verzahnung wird der korrekte Zahneingriff mit Tuschierfarbe auf dem großen Tellerrad kontrolliert, während bei der Klingelnberg-Verzahnung, wie sie bei sämtlichen BMW-Motorrädern üblich ist, die Abdrücke der Tuschierfarbe auf den Zähnen des Ritzels begutachtet werden. Dazu werden beide Zahnräder miteinander in Eingriff gebracht (sie sollen dabei leicht unter Last miteinander kämmen), und nach erneuter Demontage kann man dann auf den Zahnflanken des Ritzels die Tragspuren erkennen.

Das obere Bild zeigt die Lage der Ritzelachse zum Tellerrad bei normalem Kegelradgetriebe, das untere Bild (ebenfalls mit den BMW-Teilen, also nicht genau passend gestellt) macht deutlich, wie ein Hypoidantrieb aussehen würde.

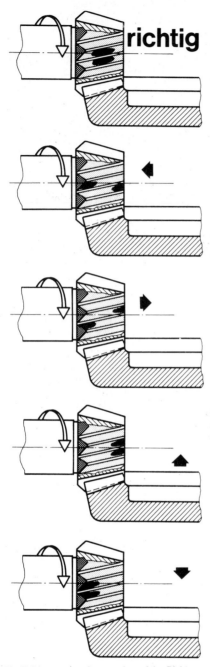

Ritzel und Tellerrad sind nur dann richtig zueinander eingestellt, wenn das Tragbild auf beiden Flanken der Zähne (auf der Vorwärts- und auch auf der Rückwärtsflanke) gleichmäßig über die Zahnmitte verteilt ist. Die Skizzen geben an, welche Abhilfen bei falschen Tragbildern zu treffen sind. Die Abstände der beiden Zahnräder zur gemeinsamen Mitte werden anhand der Tragbilder durch Ausgleichsscheiben eingestellt. Als Grundregel kann man sich etwa folgendes merken: Die Stellung des Ritzels muß verändert werden, wenn das Tragbild auf Vorder- und Rückseite eines Zahnes an verschiedenen Stellen liegt, also etwa einmal auf der dünneren Zahnseite (Zehenkontakt) und zum anderen auf der dicken Zahnseite (Fersenkontakt). Das große Tellerrad muß verschoben werden, wenn beide Tragbilder jeweils auf der Fersen- oder auf der Zehenseite zu finden sind.

Diese Einstellung nach Tragbildern auf den Zähnen ist sehr genau. Mit ihr ist fast automatisch bereits das richtige Zahnflankenspiel von 0,15 bis 0,20 mm am Tellerradaußendurchmesser eingestellt. Falls sich hierbei jedoch eine Abweichung ergeben sollte, so ist es auf jeden Fall wichtiger, das richtige Tragbild einzuhalten und dadurch vielleicht ein etwas größeres Zahnflankenspiel in Kauf zu nehmen als bei korrektem Zahnflankenspiel ein falsches Tragbild.

Nach diesen Richtlinien werden sämtliche BMW-Hinterachsgetriebe eingestellt. Dabei ist es gleichgültig, ob es sich um das Modell R 51/2 oder um das neueste Modell R 75/5 handelt. Die konstruktiven Unterschiede werden im folgenden bei der Beschreibung der Reparatur-Handgriffe sicher deutlich genug werden.

Die Zeichnungen geben an, in welche Richtung man die einzelnen Räder verschieben muß, wenn das Tragbild vom normalen Bild (oberste Skizze) abweicht. Zahnflankenspiel-Ausgleich muß dann nach der Justierung des Tragbildes erfolgen, und zwar jeweils am anderen Zahnrad durch Distanzscheiben.

Das Kardangelenk

Im Sprachgebrauch wird das Hinterachsgetriebe häufig auch als »Kardanantrieb« bezeichnet, was technisch falsch ist. Denn mit dem eigentlichen Kardangelenk hat das Hinterachsgetriebe nichts zu tun. Ein Kardangelenk (auch Kreuzgelenk genannt) ist immer dann notwendig, wenn eine Welle ihre Drehbewegung nicht geradlinig weitergeben soll, sondern im Winkel. Bei einem Motorrad mit Starrahmen, bei dem das Hinterrad also ungefedert ist, bleibt die Verbindungslinie zwischen Wechselgetriebe und Hinterachsgetriebe stets gleich, man kann deshalb eine starre Welle als Verbindung vorsehen. Sobald aber das Hinterrad gefedert ist, kann die Verbindungswelle nicht mehr starr ausgeführt werden, sie braucht ein oder mehrere Gelenke.

Die gerade geführte Hinterradfederung der Modelle R 51/2 bis R 68 erforderte zwei Knickstellen oder Gelenke in der sogenannten Kardanwelle. Die erste Gelenkverbindung geschah damals dicht am Getriebeausgang durch eine Gummigewebescheibe, die die Winkelausschläge der Kardanwelle aufnahm. Am hinteren Ende der Kardanwelle war dann ein richtiges Kreuzgelenk vorgesehen, das gegen den Straßenstaub mit einer verchromten Schutzkappe (mit Linksgewinde befestigt) abgedeckt wurde.

Bei den Modellen ab R 50 bis heute, die als Hinterradführung eine Langarmschwinge haben, braucht man nur noch ein Kreuzgelenk, das möglichst im Schwingendrehpunkt angeordnet sein sollte. Von diesem Kreuzgelenk aus kann dann die Kardanwelle bis zum Hinterachsgetriebe ohne zweites Gelenk geführt werden.

Die Unterbringung des Kreuzgelenks genau im Schwingendrehpunkt erweist sich als schwierig, weil der Raum in der Gegend der Schwingenlagerung sehr beschränkt ist. Deshalb hat man das Kreuzgelenk etwas weiter nach vorn verlegt, unmittelbar an den Getriebeausgang. Daraus ergibt sich, daß das Hinterachsgetriebe beim Durchfedern einen anderen Kreisbogen beschreibt als das Ende der Kardanwelle.

Beim Ein- und Ausfedern des Hinterrads tritt deshalb eine Längenänderung der Kardanwelle ein, die durch ein Schiebestück kompensiert werden mußte. Dieses Schiebestück ist bei BMW die sogenannte Mitnehmerglocke, die an ihrem Innendurchmesser eine leicht ballige Verzahnung trägt. Sie greift über ein entsprechend geformtes Ritzel, das auf der Eingangswelle des Hinterachsgetriebes starr befestigt ist.

Das Kreuzgelenk vorn und das Verschiebestück am hinteren Ende der Kardanwelle erfordern beide eine ausreichende Schmierung; deshalb ist die Kardanwelle innerhalb des Schwingenholms öldicht gekapselt. Es leuchtet ein, daß sowohl am Kreuzgelenk wie auch beim Verschiebestück bei Ölmangel durch Reibungsverschleiß sehr schnell Schäden auftreten können. Besonders empfindlich ist das Verschiebeteil, während das Kreuzgelenk zur Not noch mit einer Fettschmierung auskommen würde. So war auch bei den früheren Modellen mit Geradweg-Hinterradfederung ab R 51/2 für das Kreuzgelenk nur eine Fettschmierung vorgesehen, der dafür benötigte Schmiernippel befand sich innerhalb der Gelenkgabeln direkt am Gelenkkreuz. Wegen dieser versteckten Lage wurde das Abschmieren häufig vergessen, was im Lauf der normalen Betriebszeit zu Beschädigungen führte. Bei den Kreuzgelenken der neueren Maschinen, die ja am Getriebeausgang sitzen, ist eine Pflege nur durch regelmässigen Ölwechsel notwendig. Trotzdem empfiehlt es sich, bei einem solchen Ölwechsel den Gummifaltenbalg am Getriebeausgang zu öffnen, um dort lagerndes Altöl abzulassen. Bei dieser Gelegenheit kann man gleich das Kreuzgelenk kontrollieren. Es darf bei Verdre-

hung kein Spiel aufweisen. Außerdem ist zu prüfen, ob das Kreuzgelenk in den Gelenkgabeln durch die Sicherungskerben noch ausreichend fixiert ist. **Sobald sich nämlich die Abdeckung in den Gelenkgabeln löst, kann das Kreuzgelenk einseitig austreten und durch Anschlagen am Schwingenrohr blitzartig das Hinterrad blockieren.**
Bei irgendwelchen Schäden an den Kardangelenken ist jeweils das komplette Kreuzgelenk auszuwechseln, eine Reparatur läßt sich auch mit raffinierten handwerklichen Mitteln nicht durchführen.

Demontage des Hinterachsgetriebes 1. R 51/2 bis R 68

Wie üblich wird zuerst das Öl aus dem Hinterachsgehäuse abgelassen. Die Bremsbacken sollte man vor dem Abnehmen kennzeichnen, damit sie nachher wieder an derselben Stelle eingebaut werden. Mit einem Zapfenschlüssel wird dann die Federverkleidung unten mitsamt der Feder abgeschraubt, dann kann die Schutzglocke des Kardangelenks (Linksgewinde!) ebenfalls mit einem Zapfenschlüssel heruntergeschraubt werden.
Das Kardangelenk liegt jetzt frei, mit der Ritzelwelle ist es durch eine Keilschraube verbunden, an der wir nach Ausziehen des Splints zunächst die Kronenmutter lösen. Beim Durchschlagen der Keilschraube auf der gegenüberliegenden Seite mit einem schweren Hammer gegenhalten, damit kein unnötiger Druck auf das Lager übertragen wird!

Jetzt kann das Kreuzgelenk abgezogen werden. Dabei ist darauf zu achten, daß die Ausgleichscheibe, die zwischen Kreuzgelenkschaft und Kugellagerinnenring liegt, nicht verlorengeht.
Mit einem Hakenschlüssel drehen wir nun den Gewindering (Linksgewinde) aus dem Gehäuse heraus. In diesem Gewindering befindet sich außerdem noch der Wellendichtring, dessen Dichtlippe auf dem äußeren Durchmesser des Kardangelenkschafts läuft. Hinter dem Gewindering liegt eine Druckscheibe, mit der der Gewindering auf den Kugellageraußenring drückt.
Damit sind die Vorarbeiten zur Demontage beendet.
Die nächsten Schritte beim Zerlegen des Hinterachsgetriebes erfordern ein Anwärmen des Getriebegehäuses auf etwa 60 bis 70° C. Zunächst werden die sie-

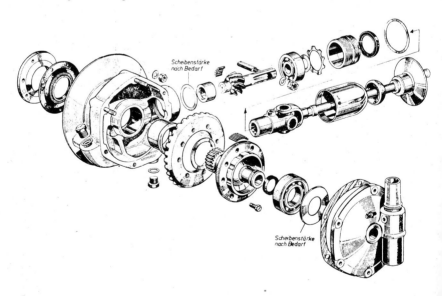

ben Befestigungsschrauben für den Ölfangdeckel im Gehäuse (Bremsenseite) herausgedreht, so daß der Ölfangdeckel samt dem Gummidichtring und seinem schraubenfederähnlichen Spannring abgenommen werden kann. Dann werden die sechs Muttern von den Stehbolzen des äußeren Getriebedeckels heruntergedreht. Aus dem warmen Gehäuse läßt sich nun das Antriebsritzel mit seinem Kugellager herausziehen. Man kann dazu das Keilprofil der Ritzelwelle in einen Schraubstock mit Leichtmetallbacken einspannen und das Gehäuse durch Schläge mit einem Plastikhammer abklopfen. Dabei werden mit Sicherheit die 28 Lagernadeln und die eine Distanzscheibe im Gehäuse liegenbleiben. Ebenso werden nun Gehäusedeckel, Mitnehmerflansch und Tellerrad zusammen durch Schläge mit dem Plastikhammer aus dem Gehäuse herausgeschlagen. Auch hier wieder gilt es, alle 44 Lagernadeln wiederzufinden. Dann nehmen wir den Bronzedruckring für die Zahnspieleinstellung vom Mitnehmerflansch ab, halten den Flansch fest und können jetzt den Deckel mit dem Plastikhammer abklopfen.

Auch hier finden wir wieder eine Paßscheibe, die das seitliche Spiel festlegt. Normalerweise ist damit die Demontage beendet. Es ist nur selten notwendig, das Tellerrad vom Mitnehmerflansch zu lösen. Dazu müßte zunächst die Abstandshülse aus dem Mitnehmerflansch herausgedrückt werden, dann die Drahtsicherungen der Schraubenköpfe entfernt und die Schrauben gelöst werden. Das Tellerrad läßt sich ohne Schwierigkeiten vom Mitnehmerflansch abnehmen. Zum Auswechseln des Kugellagers sind im Mitnehmerflansch Bohrungen vorgesehen, durch die man einen schlanken Dorn stecken kann, um das Kugellager über seinen Außenring aus seinem Sitz heraustreiben zu können.

Während beim Modell R 51/2 der Wellendichtring unter dem Ölfangdeckel an der Seite der Bremse noch als Ledermanschette ausgebildet war, besteht er bei den moderneren Maschinen bereits aus einem Spezialgummi. Falls im übrigen nur dieser Dichtring einen Defekt aufweist, braucht das Hinterachsgetriebe nicht aus dem Fahrwerk ausgebaut werden, man kann den Dichtring ohne Spezialwerkzeug auswechseln.

Reparaturen

Bei Reparaturen am Hinterachsgetriebe werden im allgemeinen wohl nur die Kugellager ausgewechselt werden. Besonders das Doppelkugellager erreicht relativ früh seine Lebensdauergrenze. Das zweite Kugellager, das im Mitnehmerflansch des Tellerrads sitzt, ist etwas weniger kritisch. Aber auch hier erfordert das Auswechseln keinerlei Nachmessung oder Änderung des Zahnflankenspiels. Diese Einstellarbeiten sind nur dann notwendig, wenn ein neuer Radsatz eingebaut wurde. Höchstens übermäßiger Verschleiß der Bronzedruckscheibe zum Einstellen des Zahnflankenspiels unter dem Mitnehmerflansch des Tellerrads könnte eine Neueinstellung erzwingen. In diesem Fall ist aber mit Sicherheit außer am Bronzering auch an vielen anderen Stellen so hoher Verschleiß aufgetreten (meist findet man dann sogar Metallspäne im Öl!), daß es höchste Zeit für eine Kontrolle sämtlicher Zahnflanken wird, und es ist sehr wahrscheinlich, daß der Zahnradsatz wegen ausgebrochener Oberflächenteilchen auf den Zahnflanken auch erneuert werden muß. Das Auswechseln des kleinen Nadellagers auf dem Ritzelschaft bedingt außer der Erneuerung der Lagernadeln und des Lageraußenrings meist auch eine Erneuerung des Lagerinnenrings. Dabei muß aber dieser Innenring nach dem Aufpressen auf den Zapfen maschinell überschliffen werden, damit das Nadellager das vorgeschriebene Spiel bekommt. Diese Arbeit läßt sich praktisch nur im Herstellerwerk durchführen. Falls das große Nadellager größere Defekte (gebrochene Nadeln oder Laufspuren in den Lagerringen) aufweisen sollte, müßten der Mitnehmerflansch und die als Lageraußenring dienende Buchse mitsamt den Nadeln erneuert werden. Auch in diesem Fall ist es notwendig, nachher das Zahnflankenspiel zu überprüfen.

In der Zeichnung ist als Grundeinstellmaß mit 77 ±0,1 mm der Abstand des

Bundes vom Ritzel bis zur Mitte der Tellerradachse angegeben. Dieses Maß ist nur theoretisch zu verstehen, denn mit normalen, werkstattüblichen Mitteln läßt es sich nicht messen. Wir können es also vergessen. Viel wichtiger sind die auf dem Zahnradsatz (die beiden Zahnräder sollen nur gemeinsam ausgewechselt werden) elektrisch aufsignierten Zahlen. Hierbei ist auch nur die letzte Zahlengruppe für den Zusammenbau bedeutsam. Sie gibt nämlich die fertigungsmäßige Abweichung vom Grundeinstellmaß an, nach dieser Abweichung richtet sich die Stärke der Unterlagscheibe zwischen dem Innenring des Doppelkugellagers und dem Ritzelanlaufbund. Bei einer Signierung »minus 20« müssen wir eine Distanzscheibe von 0,2 mm Dicke zwischen Kugellagerinnenring und Ritzelanlaufbund beilegen. Das Ritzel wird damit etwas mehr in Richtung Tellerradachse versetzt. Sollte eine mit Plus beginnende Zahlengruppe aufsigniert sein, so muß die Distanzscheibe zwischen Kugellageraußenring und dessen Gehäuseanschlagfläche eingesetzt werden.

Beim Zusammenbauen beginnen wir mit dem Ritzel. Hier wird zunächst das Doppelkugellager aufgepreßt (Distanzscheibe!), wobei wir besonders darauf achten, daß die Kugeleinfüllnut des Doppelkugellagers in Fahrtrichtung nach vorn zeigt. Die Lagernadeln kleben wir mit Fett in den Lageraußenring, dann kann der Ritzelschaft mit dem Kugellager mit leichten Hammerschlägen eingeklopft werden.

Hierbei benutzt man am besten einen passenden rohrförmigen Dorn, der auf den Kugellageraußenring aufgesetzt wird. Sofern das Gehäuse noch warm ist, geht diese Arbeit sehr leicht und schnell vonstatten, ohne daß die Lagernadeln aus dem Lageraußenring herausfallen können.

Als nächstes wird die Druckscheibe aufgelegt, die zwischen dem Lageraußenring und dem großen Linksgewindering für festen Sitz sorgen soll. In dem Gewindering befinden sich bereits der Wellendichtring und die Alu-Asbest-Dichtung.

Bevor wir das Kardangelenk auf die Vielkeilwelle des Ritzels aufschieben und die Verbindungskeilschraube festziehen, müssen wir noch sicherstellen, daß die konische Seite der Keilschraube auch tatsächlich am in Fahrtrichtung vorderen Ende der Bohrung im Ritzelschaft anliegt. Nur so werden beide Teile dieser Vielkeilverzahnung auch tatsächlich gegeneinander gezogen.

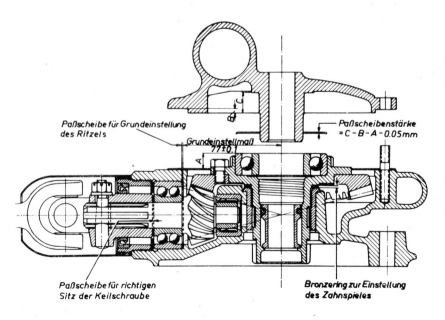

Falls sich die äußere Vielkeilnabe zu weit aufschieben läßt, muß zwischen dieser und dem Innenring des Doppelkugellagers noch eine Paßscheibe beigelegt werden, gegen die sich dann die Keilnabe anlegt. Die Kronenmutter der Keilschraube wird festgezogen und wieder mit Splint gesichert.
Als nächstes wird das Tellerrad mit dem Mitnehmerflansch eingebaut. Vorher ist aber darauf zu achten, daß die Flanschschrauben auch ordentlich festgezogen und sämtlich mit Draht gesichert sind. Die Lagernadeln kleben wir wieder mit Fett fest, dann wird der Bronzedruckring auf die Laufbuchse im Gehäuse aufgelegt und nun der Mitnehmerflansch mit den aufgeklebten Nadeln in die Lagerbuchse eingesetzt. Das große Kugellager wird wiederum nur über den Lageraußenring in die Sitzbohrung des Mitnehmerflansches eingepreßt; dann können wir die Abstandshülse mit dem Filzring (diesen erst säubern und gründlich mit Öl tränken) in den Mitnehmerflansch einschieben.
Die vorher so ausführlich beschriebene Einstellung des Zahnflankenspiels kann jetzt vorgenommen werden. Wenn wir davon ausgehen, daß die Abweichungen vom Grundeinstellmaß bereits elektrisch auf den Zahnrädern markiert sind, bleibt uns nur noch die Möglichkeit, durch Auswahl verschieden starker Bronzeringe den Abstand des Tellerrads vom Ritzel zu verändern. Genau das wird nun auch vorgenommen. Dabei ist es nicht mehr notwendig, das Laufbild der beiden Zahnräder mit Tuschierfarbe festzustellen. Es genügt völlig, wenn man mit einer Meßuhr genau in der Mitte der Zahnbreite des Tellerrads tangential bei starr festgehaltenem Ritzel das Flankenspiel prüft. Hierzu gibt es eine Spezialvorrichtung, die einmal aus dem Meßuhrhalter und zum anderen aus einem genau abgepaßten Anschlagstück besteht. Man könnte ein solches Anschlagstück auch ohne Schwierigkeiten unter eine der Tellerradbefestigungsschrauben am Mitnehmerflansch klemmen (ein Verziehen des Flanschs oder Tellerrads ist nicht zu befürchten), man darf nur nachher nicht vergessen, diese Schraube wieder fest anzuziehen und zu sichern.

Das Zahnflankenspiel muß bei dieser Messung 0,15 bis 0,22 mm betragen. Bei zu großem Spiel ist ein schwächerer Bronzering, bei zu kleinem ein dickerer Bronzering zu verwenden.

Aus dieser Einstellanweisung geht schon hervor, daß man sich beim Auswechseln eines Radsatzes für das Hinterachsgetriebe nicht nur diesen Radsatz und eventuelle Dichtungen besorgt, sondern auch mindestens drei bis vier verschieden starke Bronzeringe. Auch verschieden starke Paßscheiben für die Unterlage unter das Doppelkugellager sollten bereitgehalten werden. Theoretisch wäre es zwar für den routinierten Bastler möglich, einen zu dicken Bronzering so abzuschleifen, daß er gleichmäßig (das läßt sich mit einer Mikrometerschraube kontrollieren) dünner wird. Aber erfahrungsgemäß braucht man meistens einen dickeren Bronzering — und was dann?

Vor dem Anbauen des Gehäusedeckels ist nur noch eine normale Ausmessung des seitlichen Spiels notwendig; es muß verhindert werden, daß das große Kugellager unter seitlichem Druck steht. Dazu soll der Mitnehmerflansch mit dem Kugellager axiales 0,05 mm Spiel bekommen.

So werden zunächst folgende Abstände ausgemessen:
von der Dichtfläche des Gehäuses zur Seitenfläche des Kugellagers. Dieses Maß nennen wir »A«;
im Gehäusedeckel die Tiefe des Bundes für den Sitz des Lagerinnenrings vom Gehäuserand aus, dieses Maß nennen wir »C«;
schließlich wird wiederum am Gehäusedeckel festgestellt, wie tief die Dichtungsfläche gegenüber dem danebenliegenden Bund zurückgedreht ist. Dieses Maß heißt »B«.

Den größten Wert wird das Maß »C« haben, von diesem müssen wir sowohl »B« wie auch das Maß »A« abziehen. Das Resultat ergibt die Stärke der notwendigen Paßscheibe plus das zulässige Axialspiel von 0,05 mm. Wäre dieses Maß also 0,25 mm, dann müßte eine

139

Paßscheibe von 0,20 mm beigelegt werden. Die Dichtung ist beim Messen des Abstands »A« bereits aufgelegt, die Zusammenpressung der Dichtung in eingebautem Zustand im Spiel von 0,05 mm berücksichtigt.

Nun endlich kann der Gehäusedeckel aufgesetzt und festgeschraubt werden. Abschließend sollte noch kontrolliert werden, ob sich der gesamte Kegelradtrieb leicht bewegen läßt. Man spürt das am besten, wenn man auf der Bremsenseite innen am Mitnehmer das Tellerrad zu drehen versucht. Um den Betrag des Zahnflankenspiels wird es sich leicht bewegen lassen, beim Weiterdrehen merkt man dann deutlich den Kraftaufwand, der nötig ist, um das Ritzel mitzubewegen.

Auf der Innenseite, also der Bremsenseite, wird nur noch der Gummidichtring mit dem Ölfangdeckel aufgesetzt; hier ist es wichtig, daß eine Beschädigung des Gummidichtrings durch die scharfen Kanten der Mitnehmerverzahnung vermieden wird. Für eine einmalige Reparaturarbeit lohnt sich keine Anfertigung einer Montagebuchse, es genügt das Umwickeln der scharfen Mitnehmerverzahnung mit Tesakrepp oder Tesafilm. Der Dichtring wird natürlich so aufgelegt, daß seine Spannfeder innen liegt. Man achte auch auf die Ölbohrung im unteren Teil des Gehäuses, diese Bohrung muß mit den Bohrungen im Gummidichtring und im Ölfangdeckel übereinstimmen.

Das komplette Hinterachsgetriebe kann nun wieder in den Rahmen eingebaut werden. Zwei Dinge sind dabei zu beachten: Einmal ist es möglich, daß Öl aus dem Gehäuse entlang der Keilverzahnung der Ritzelwelle nach außen in Richtung Kardangelenk kriecht. Das läßt sich verhindern, indem man das Kardangelenk noch einmal abnimmt, die Anschlußstirnfläche des Kreuzgelenks zum Kugellager hin bzw. die dort liegende Paßscheibe beiderseits mit Dichtungsmasse bestreicht und dann erst die Kardanwelle endgültig einbaut und mit Keilschraube, Kronenmutter und Splint befestigt.

Eine zweite Schwierigkeit kann auftreten, wenn die Kardanwelle erneuert wurde oder auf die alte Kardanwelle vorn ein neuer Stoßdämpferflansch aufgepreßt wurde. Der Abstand zwischen dem Stoßdämpferflansch auf der Kardanwelle und dem Gegenflansch am Getriebe (dazwischen liegt die Gummimitnehmerscheibe) muß 31 mm (± 1 mm) betragen. Bei zu geringem Abstand würde beim Ausfedern der Federung ein metallischer Kontakt zwischen beiden Stoßdämpferflanschen auftreten, wodurch das Getriebe beschädigt werden könnte. Der Stoßdämpferflansch auf der Kardanwelle muß dann eventuell etwas weiter aufgepreßt werden.

Arbeiten am Hinterachsgetriebe der R 50 bis R 69 S

Grundsätzlich sind die neueren Hinterachsgetriebe genauso aufgebaut wie die früheren. Ein augenfälliger Unterschied ergibt sich nur durch die geänderte Lage des Tellerrads zum Ritzel. Befand sich das Tellerrad bei den früheren Modellen in Fahrtrichtung rechts vom Ritzel, so liegt es jetzt links davon. Damit ergibt sich eine andere Antriebs-Drehrichtung! Wir wissen ja bereits, daß die Getriebe der neueren Modelle eine zusätzliche Zwischenwelle aufweisen, die die Drehrichtung der Abtriebswelle umkehrt. Daraus ergab sich die geänderte Tellerradanordnung.

Das ist wichtig zu wissen, wenn jemand einen alten Motor mit altem Getriebe in ein neues Fahrwerk mit neuem Hinterachsgetriebe einbauen wollte. In diesem Fall könnte er also nur rückwärts fahren! **Der alte Motor ist durchaus verwendbar, nur muß daran das neue Getriebe angebaut werden.** Dann erst stimmt die Drehrichtung des Hinterrads wieder.

Die Einstellung des Zahnflankenspiels auf 0,15 bis 0,22 mm am Tellerradaußendurchmesser ist wiederum mit der Meßuhr und einer kleinen Hilfsvorrichtung nachzuprüfen, außerdem sind bei den neueren Hinterachsgetrieben die Vorschriften hinsichtlich des Tragbildes der Verzahnung etwas genauer angegeben. Hier wird man, falls ein neuer Radsatz eingebaut werden soll, sowohl verschiedene Paßscheiben für das Doppelkugellager am Ritzel wie auch verschieden starke Bronzescheiben für die Einpassung des Tellerrads gleich mitbestellen.

Demontage des Hinterachsgetriebes

Das Ausbauen des Hinterachsgetriebes aus dem Fahrwerk brauchen wir hier nicht gesondert zu beschreiben. Auch die Demontage der Bremsbacken wurde schon erklärt. Vor dem Zerlegen des Hinterachsgetriebes muß der Bremshebel mit der Bremsnockenwelle abgebaut werden; hier genügen einige leichte Hammerschläge axial auf die Welle, nachdem die Klemmschraube gelöst und herausgenommen wurde.

Der Zerlegen beginnt mit dem Abschrauben der sechs Muttern Schlüsselweite 14, die den innenliegenden Getriebedeckel halten. Falls die dahinterliegende Wellendichtung wiederverwendet werden soll, muß eine Montagebuchse eingedrückt werden, die den Wellendichtring beim Ausziehen vor Beschädigung durch die scharfen Kanten der Mitnehmerverzahnung schützt. Das Umwickeln der Verzahnung mit Tesaband läßt sich hier nämlich nur schwer machen.

Am Gehäusedeckel finden wir zwei einander gegenüberliegende Gewindebohrungen M 6. In diese Bohrungen werden zwei Abdrückschrauben M 6 hineingedreht, mit denen man den Gehäusedeckel samt Tellerrad und Nadellagerinnenring mit der dazugehörigen Paßscheibe herunterdrücken kann. Oft bleibt dabei das große Kugellager im Getriebedeckel hängen, so daß man

zum Herausziehen des Kugellagers den Deckel etwas anwärmen muß.

Unter dem großen Kugellager liegt meist eine Paßscheibe zum Spielausgleich. Auf diese Scheibe achten wir selbstverständlich auch wieder. Meist kann man nämlich die damit eingestellte Passung beibehalten, wenn keine größeren Teile ausgewechselt wurden. Sofern wir nur das Nadellager im Getriebegehäuse auswechseln wollen, brauchen wir jetzt nicht weiterzudemontieren, sondern müssen lediglich das Gehäuse auf 100°C erwärmen, worauf sich der Außenring des Nadellagers herausziehen läßt.

Der Innenring des Lagers wird von der Tellerradnabe abgezogen. Hier ist ein Einschleifen des neu aufgepreßten Lagerinnenrings nicht notwendig, der Preßsitz des Innenrings auf dem Nabenteil ist nicht so stark, daß sich der Lagerring etwa beim Aufdrücken aufweiten könnte.

Falls nur der Dichtring ausgewechselt werden muß, der auf der Tellerradnabe läuft, kann man sich die Anfertigung einer Montagebuchse sparen, denn nach dem Abnehmen des Deckels kommt man an die scharfkantige Mitnehmerverzahnung zum Umwickeln mit Tesaband gut heran. Das große Kugellager soll möglichst auf seinem Sitz auf dem Tellerrad bleiben, der Gehäusedeckel wird auf etwas über 100°C angewärmt, worauf er leicht auf das Lager hinaufrutscht. Zum Ausbauen des Ritzels muß zunächst die Sicherungsscheibe unter der Ritzelmutter zurückgebogen werden, dann ist es notwendig, das Ritzel gegen Mitdrehen zu blockieren. Dazu gibt es eine Haltevorrichtung, die eine ähnliche Verzahnung aufweist wie die Mitnehmerglocke an der Kardanwelle. Die Haltevorrichtung wird von außen aufgesteckt und sitzt dann auf den vier Befestigungsschrauben des Getriebegehäuses am Schwingenarm. Nach meinen Erfahrungen kann man sich dieses etwas komplizierte Werkzeug sparen. Es genügt, wenn man mit einem eingelegten Flacheisenstück das von außen sichtbare Mitnehmerritzel gegen die Gehäusewand abstützt. Ein Ausbrechen der Gehäusewand ist nicht zu befürchten. Die Mutter mit Schlüsselweite 22 mm läßt sich mit einem Steckschlüssel gut erreichen.

Etwas schwieriger wird es schon, den Gewindering mit der Wellendichtung herauszuschrauben. Hierzu ist ein Rohrschlüssel nötig, an dessen Stirnfläche kurze Zapfen stehengelassen wurden, die in die Nuten des Gewinderings eingreifen. Die Abmessungen dieses Rohrschlüssels gehen aus dem Foto hervor. Es erscheint angebracht, vor trickreichen Versuchen an dieser Stelle zu warnen. Der Gewindering sitzt meist so fest, daß man etwa nach der Räubermethode mit Hammer und Schlagdorn kaum auf Erfolg hoffen darf. Außerdem besteht dabei die Gefahr, das Gewinde im Leichtmetall zu beschädigen. Ganz abgesehen davon, daß ein Anziehen des Gewinderings auf die gleiche Methode mit Hammer und Dorn unmöglich ist.

Dies ist das Lager mit Messingkäfig. Der Lagerinnenring ist geteilt, man findet also keine Kugel-Einfüllnut mehr, nach der man sich beim Einbau des Lagers richten müßte.

Wenn wir dann diese Hürde genommen haben, wird das Gehäuse wiederum auf 100° C angewärmt, damit man das Ritzel mit Kugellager, Paßscheiben und Lagernadeln aus ihm herausziehen kann. Der Nadellageraußenring bleibt dabei im Gehäuse zurück.

Das Doppelkugellager ist genau wie bei den alten Modellen etwas kritisch. Es empfiehlt sich, anläßlich des ersten Lagerdefekts an dieser Stelle ein spezielles Doppelkugellager mit Messingkäfig zu verwenden. Dieses Lager ist zwar nicht handelsüblich, kann jedoch als Original-BMW-Ersatzteil bezogen werden. Beim Auswechseln ist hier nicht darauf zu achten, daß die Kugeleinfüllseite in Fahrtrichtung nach vorn zeigt. Das große Kugellager auf dem Tellerrad läßt sich einfach auswechseln, hier brauchen keinerlei Spezialwerkzeuge oder Basteltricks angewendet zu werden. Bei älteren Maschinen muß man dieses Lager noch mit zwei gegenüber angesetzten Schraubenziehern von seinem Sitz auf der Tellerradnabe herunterhebeln, später wurden vier Bohrungen in Höhe des Kugellagerinnenrings im Tellerrad angebracht, so daß man das Lager nun von der anderen Seite mit einem schlanken Dorn abdrücken kann. Aufpressen des neuen Lagers selbstverständlich wieder nur über den Kugellagerinnenring!

Einstellen des Zahnflankenspiels

Wie auch schon bei den früheren Hinterachsgetrieben, werden bei den neueren Modellen nur jeweils Tellerrad und Ritzel gemeinsam ausgewechselt. Beide Räder sind auf Spezialmaschinen aufeinander eingeschliffen, danach wurden sie wiederum mit speziellen Zahlengruppen gekennzeichnet. Die jeweils erste dreistellige Zahlengruppe interessiert weniger, sie gibt nur an, daß Ritzel und Tellerrad zum gleichen Satz gehören (sofern eben diese Zahlengruppe gleich ist). Wichtig ist die mit Plus oder Minus bezeichnete zweistellige Zahlengruppe dahinter. Sie gibt die Abweichung des Zahnradpaars vom Grundeinstellmaß an. Ein werksseitiges Montagebeispiel führt hierzu folgendes an:

War ein Radsatz eingebaut, der mit »plus 10« gekennzeichnet war, und das neue Ritzel hat »plus 30«, so ist zunächst eine zusätzliche Paßscheibe von 30 minus 10 = 0,20 mm zwischen Kugellageraußenring und Sitzgrund im Gehäuse einzusetzen.

Eine Bezeichnung mit Plus-Zahlen bedeutet immer, daß die Abstandscheibe zwischen Kugellageraußenring des Doppelkugellagers und Gehäusegrund liegen muß. Eine Bezeichnung mit Minus würde eine Scheibe zwischen Kugellagerinnenring und Ritzelanlagefläche bedingen.

Ein Ausmessen der Abstände ist auch bei dieser Hinterachsgetriebekonstruktion nicht möglich, die Paßscheibenstärke richtet sich also jeweils nach den auf den Radsätzen vermerkten Ist-Maßen. »Minus 10« bedeutet Beilage einer 0,1 mm dicken Scheibe, »plus 20« bedeutet Beilage einer 0,2 mm dicken Scheibe an den oben angeführten Stellen.

Trotz dieser angegebenen Maße ist dennoch eine Nachprüfung des Zahntragbildes am Zahnritzel auf der Vorwärtsflanke nach Einfärben mit Tuschierfarbe notwendig. Damit schaltet man etwaige Fehler durch unterschiedliche Bearbeitung des Gehäuses aus. Das Tragbild an der Vorwärtsflanke muß sich nahezu in der Mitte der Zahnflanke abzeichnen, es soll eher ein wenig zum vorderen Ende (zum dicken Ende des Zahns) gelegen sein. Liegt das Tragbild an der Vorwärtsflanke des Ritzels jedoch sehr stark am vorderen dicken Zahnende, dann muß das Ritzel noch ein wenig nach außen gerückt werden, es muß also zwischen Kugellageraußenring und Lagergrund eine etwas dickere Paßscheibe beigelegt werden.

Dementsprechend muß dort eine dünnere Paßscheibe zwischengelegt werden, wenn das Tragbild am schwachen Ende des Zahns liegt. Möglicherweise wird dann sogar eine Unterlagscheibe zwischen Kugellagerinnenring und Ritzelbund notwendig.

Die Prüfung des Zahnspiels mit der Meßuhr erfolgt bei den neueren Maschinen in Höhe des Tellerradaußendurchmessers (nicht in Höhe der Zahnmitte), wozu eine kleine Zusatzvorrichtung direkt auf die Mitnehmerverzahnung aufgeklemmt wird. Die Meßuhr muß wieder möglichst genau tangential angesetzt werden. Sollte sich nach dem Einstellen des richtigen Tragbildes zu großes oder zu kleines Zahnspiel ergeben, dann wird dieses durch eine andere Bronzepaßscheibe zwischen Nadellagerinnenring und Nadellageraußenring am Tellerrad berichtigt. Zu großes Spiel bedingt eine dünnere, zu kleines Spiel eine dickere Paßscheibe aus Bronze.

Es hat sich als zweckmäßig erwiesen, nach der Einstellung des Zahnflankenspiels mittels der geänderten Bronzepaßscheibe noch einmal mit Tuschierfarbe das Zahntragbild nachzuprüfen.

Dieser Einstellvorgang und die Kontrolle des Tragbildes sind gegenüber der in der Einleitung aufgeführten Vorschrift stark vereinfacht. Diese Vereinfachung ist nur dadurch möglich geworden, daß gewisse Grundeinstellmaße durch die Bezeichnung des Zahnradsatzes bereits gewährleistet sind. Falls man aber Ritzel und Tellerräder verschiedener Zahnradsätze miteinander kombinieren will (oder muß, weil es die richtigen Ersatzteile vielleicht für ein sehr altes Modell nicht mehr gibt), dann sollte man sich speziell bei der Tragbildkontrolle doch mehr nach den in der Einleitung gegebenen Hinweisen richten. Dort wurde ja der vollständige Arbeitsgang der Tragbildprüfung beschrieben, bei dem nicht nur die Vorwärtsflanke, sondern auch die rückwärtige Flanke des Ritzels zur Kontrolle herangezogen wird. Auf diese Weise kann man wohl mit etwas Glück auch nicht zusammenpassende Zahnräder einander angleichen — wenn man auch mit diesen Radsätzen dann keineswegs die Lebensdauer erreichen wird, die speziell aufeinander eingeläppte Radsätze bringen.

Bevor zum Abschluß der Gehäusedeckel innen wieder aufgesetzt wird, bleibt noch das Ausmessen des Seitenspiels für das Tellerrad. Dieses Seitenspiel von 0,05 mm ist erforderlich, damit das Kugellager auf dem Tellerrad keinen seitlichen Druck bekommt.

Zuerst mißt man den Abstand vom Kugellagersitzgrund im Deckel zur Deckeldichtfläche. Es ist notwendig, diese Messung in zwei Etappen durchzuführen, da die Dichtfläche etwas vertieft liegt. Am Antriebsgehäuse wird dann bei aufgelegter Dichtung der Abstand vom Kugellager auf dem Tellerrad bis zur Dichtung auf der Trennfläche gemessen. Dieses zweite Maß zieht man vom ersten Maß ab. Von dem erhaltenen Wert wird noch einmal das Maß von 0,05 mm abgezogen, dann hat man die Dicke der erforderlichen Paßscheibe. Diese Paßscheibe wird zwischen Kugellageraußenring und Sitzgrund im Gehäusedeckel eingelegt. Erst nach dieser Messung wird der Gehäusedeckel auf 100°C angewärmt und auf das Kugellager aufgedrückt. Dabei ist die Mitnehmerverzahnung, wie bereits erwähnt, durch Tesakreppstreifen abgedeckt, um ein Beschädigen des Dichtrings zu vermeiden. Die richtige Lage des Gehäusedeckels ergibt sich aus dem Bohrbild der Befestigungsbohrungen, die Ablaufbohrung für etwa ausgetretenes Öl muß mit der entsprechenden Ablaufbohrung im unteren Teil des Gehäuses übereinstimmen.

Falls man hier wiederholt Schwierigkeiten mit austretendem Öl hat, sind folgende Defekte möglich: Das große Kugellager auf der Tellerradnabe kann soweit verschlissen sein, daß der Dichtring durch den Schlag der dazugehörigen Anlauffläche überfordert wird und Öl austreten läßt. Außerdem kann das Öl am Außendurchmesser des Dichtrings durch irgendwelche von unsachgemäßer Demontage herrührenden Rillen nach außen gelangen. Schließlich ist es auch noch möglich, daß die Dichtung zwischen Deckel und Gehäuse defekt ist oder daß durch ungleichmäßiges Anziehen der Befestigungsmuttern der Gehäusedeckel verzogen wurde. Alle diese Punkte sind bei Ölaustritt zu kontrollieren.

Am Schluß der Ausführungen über die Hinterachsgetriebe sollen noch einige Worte zur richtigen Auswahl des Schmieröls gesagt werden. Normalerweise empfiehlt BMW für die Hinterachsgetriebe ein handelsübliches Motorenöl der Viskositätsklasse SAE 40, sowohl für den Sommer- als auch den Winterbetrieb. Dieses Öl reicht für den Kegelradantrieb dieser Konstruktion auch vollständig aus. Vor allen Dingen sind die Materialien der Wellendichtringe auf normales Motorenöl abgestimmt und dagegen beständig. Sofern man, irrtümlich oder um der Maschine einen besonderen Gefallen zu tun, hier Hypoidöl einfüllt, wie es für Differentialgetriebe bei Pkw üblich ist, kann man zwar mit einer höheren Lebensdauer der gleitenden Teile rechnen, muß aber eine Überraschung in Kauf nehmen, die das aggressive Hypoidöl bereithält: Es wird nämlich die Dichtlippen der Wellendichtringe angreifen, was sehr schnell zu größeren Leckverlusten führt. Wenn man eine Umstellung auf Hypoidöl vornehmen will, dann müssen vorher unbedingt die beiden Dichtringe im Hinterachsgetriebe ausgewechselt werden. Während der große Wellendichtring an der Bremsenseite des Mitnehmers keine Schwierigkeiten handwerklicher Art bereitet, sollte man sich aber vor dieser Bastelei auf jeden Fall ein Haltewerkzeug für das Ritzel und den Rohrstiftschlüssel für den Gewindering auf der Ritzelseite anfertigen.

Bei einer solchen Umstellung auf Hypoidöl ist es vielleicht sogar von Nutzen, wenn man im gleichen Arbeitsgang auch das Öl innerhalb des Schwingenholms durch Hypoidöl ersetzt. Auch hierbei muß aber wieder die höhere Aggressivität des Hypoidöls bedacht werden; auszuwechseln wären deshalb dann der Wellendichtring am Getriebeausgang und der Faltenbelag am Kardangelenk. Da diese Arbeiten doch recht umfangreich sind, bleibt zu überlegen, ob der erzielte Effekt den Aufwand auch rechtfertigt. Die Wirkung des Hypoidöls liegt darin, daß es Zusätze hat, die die Zahnflanken mit einer Art Metallsalz überziehen. Dadurch wird das Öl von den Zahnflanken nicht weggedrückt, so daß der Schmierfilm trotz hoher Belastung nicht abreißen kann. Ein normales Kegelradgetriebe, dessen Achsen sich in einem gemeinsamen Mittelpunkt treffen, läuft zwar nicht so ruhig wie ein Hypoidgetriebe, es hat dafür aber auch nicht dessen hohe Zahndrücke. Ein besonderes Öl mit hoher Druckbelastbarkeit erscheint deswegen gar nicht notwendig.

Die Eigenschaften des Hypoidöls kann man gut an einem Beispiel mit Wasser und Seife erklären. Seife allein gleitet zwar recht gut, sie wird jedoch erst dann besonders schlüpfrig, wenn ihre Oberfläche durch Wassereinwirkung ganz leicht aufgelöst ist. Der dabei entstehende Schmierfilm bringt nur noch einen Bruchteil der Reibung von trockener Seife. Dieses Anlösen der Metalloberfläche durch Hypoidöle braucht aber keine Angst hervorzurufen, denn die angelöste Schicht ist so hauchdünn, daß sie keinesfalls etwa mit Verschleiß verglichen werden könnte. Es handelt sich hierbei um reine Oberflächen-(Grenzflächen-)Veränderungen, die so minimal sind, daß sie mit einer normalen Messung gar nicht erfaßbar sind.

Wesentlich wirkungsvoller als die Füllung mit Hypoidöl erscheint die sorgfältige Einstellung des Zahnflankenspiels und des Zahntragbildes sowie äußerstenfalls noch die Verwendung eines Doppelkugellagers mit Messingkäfig. Bei einer üblichen Lebensdauer von über 50 000 km für das Hinterachsgetriebe (im Normalfall: Solobetrieb oder leichter Seitenwagenbetrieb) vermag man den Nutzen von Hypoidöl nur schwer nachzuweisen.

Die elektrische Anlage

Bei der BMW R 51/2 fand noch eine der früher üblichen getrennten Gleichstrom-Lichtmaschinen Verwendung. Wir kennen diese Bauart ja auch heute noch beim Pkw, während sie sich als Stromerzeuger bei Motorrädern nicht so recht durchgesetzt hat. Erst in allerneuester Zeit lassen sich Anzeichen dafür erkennen, daß insbesondere bei Modellen, die nur in kleiner Serie gebaut werden, die Lichtmaschine aus dem Pkw-Bau übernommen und als getrenntes Aggregat an den Motorradmotor angebaut wird. Diese Baurichtung kann man aber nicht mit der zur Zeit der R 51/2 angewendeten vergleichen, denn damals ging es nicht darum, die Entwicklung einer eigenen Lichtmaschine für die Motorradfertigung einzusparen und deshalb auf Pkw-Teile zurückzugreifen, damals wurden auch die getrennten Lichtmaschinen speziell für Motorräder konstruiert.

Aber bereits beim nächsten Modell, der R 51/3, wurde die Lichtmaschine, dem allgemeinen Trend folgend, mit ihrem Rotor auf das vordere Ende der Kurbelwelle gesetzt. Von dieser Bauart, die allerdings auch nicht nur Vorteile aufweist, ist BMW selbst heute bei den neuesten Modellen ab R 50/5 nicht abgegangen.

Die Zündanlage der R 51/2 bestand aus einer normalen Batteriezündung, bei der von der Hochspannungsseite der Zündspule eine Leitung zu einem Verteiler ging, von dem aus die Zündfunken den beiden Zylindern über einen rotierenden Finger zugeleitet wurden. Diese Bauart ist heute noch im Automobilbau üblich, bei Motorrädern findet man sie nur sehr selten. Auch BMW verließ sie gleich bei der ersten Neukonstruktion zugunsten einer separaten Magnetzündung. Der Grund für diesen ohne Zweifel hohen konstruktiven Aufwand ist wahrscheinlich darin zu sehen, daß

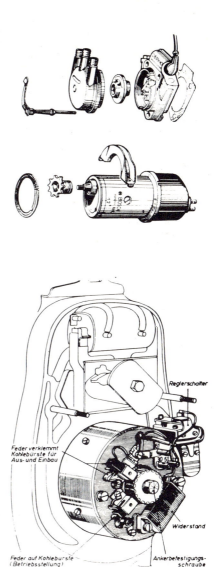

Die obere Zeichnung zeigt die Lichtmaschine der R 51/2, die getrennt angebaut war. Der Regler befindet sich im Inneren (rechts im dunkleren Teil). Sichtbar ist auch der Zündverteiler. Das Bild unten stellt die R 51/3-Lichtmaschine dar.

die Gleichstrom-Lichtmaschinen der damaligen Zeit noch längst nicht so ausgereift und zuverlässig waren, wie wir das von modernen Aggregaten kennen. Dadurch, daß man die Zündfunkenerzeugung vollständig von der Gleichstrom-Lichtmaschine und der Batterie (die auch nicht zu den Teilen gehörte, denen man blindlings Vertrauen schenken konnte) trennte, sollte wenigstens sichergestellt sein, daß im Fall einer elektrischen Panne im Bordnetz nicht gleich der Motor stehenbleibt.

Die Trennung von Zündanlage und Stromerzeugung wurde erst bei den Modellen der Baureihen R 50/5 bis R 75/5 wieder verlassen. Man kehrte zur bordnetzversorgten Batteriezündung zurück, setzte jedoch zur Stromerzeugung nicht mehr eine Gleichstrom-Lichtmaschine, sondern einen Drehstrom-Generator ein. Bei diesen Stromerzeugern spielt die Zuverlässigkeit der Batterie eine noch wichtigere Rolle als früher. Aus der Batterie wird nämlich jetzt nicht nur der Strom für die ersten Zündfunken entnommen, sondern auch der Erregerstrom beim Anlaufen des Drehstrom-Generators.

Während man also früher bei einer Gleichstrommaschine und Batteriezündung noch durch einen schaltungstech-

Oben die letzte Ausführung der Lichtmaschine der R 69 S als Drehstrom-Generator, unten der Generator der R 50/5 bis R 75/5 mit getrenntem Unterbrecher.

nischen Kunstgriff die Batterie aus dem Bordnetz herausnehmen und die Lichtmaschine direkt auf die Zündung arbeiten lassen, den Motor also durch Anschieben mit hohen Drehzahlen in Gang setzen konnte, ist das heute bei der Drehstrom-Lichtmaschine nicht mehr möglich. Das bedeutet einerseits ein Kompliment für die Hersteller der Batterien, für den Fahrer einer Maschine mit Drehstromanlage heißt es aber, daß er sich speziell im Winter sorgfältig um den Ladezustand der Batterie kümmern muß.

Es ist hier nicht der Raum, für die elektrische Anlage ins Detail gehende Reparaturanweisungen zu geben. Das Gebiet der Motorradelektrik ist so umfangreich, daß man darüber allein mehr als ein Buch füllen könnte. Wer sich tiefer in die Materie hineinknien will, für den gibt es bei Motorbuch in Stuttgart unter dem Titel »Motorrad-Elektrik« von Rudolf Hüppen ein modernes Standardwerk zu diesem Thema.

Ein weiteres Buch, das sich nur mit Motorradelektrik befaßte, hieß »Der Kupferwurm«, erschien ebenfalls bei Motorbuch, ist aber leider bereits seit mehreren Jahren vergriffen. Falls es irgendwo antiquarisch angeboten wird, sollte man bei Interesse ohne Bedenken zugreifen, denn auch dieses Buch gehörte zu den ausgesprochen praxisnah geschriebenen Werken.

Einige spezielle Hinweise für die elektrischen Anlagen der BMW-Motorräder erscheinen aber notwendig. Wir wollen zunächst einmal die verschiedenen Zündanlagen behandeln, bevor wir uns um die Stromerzeugung kümmern.

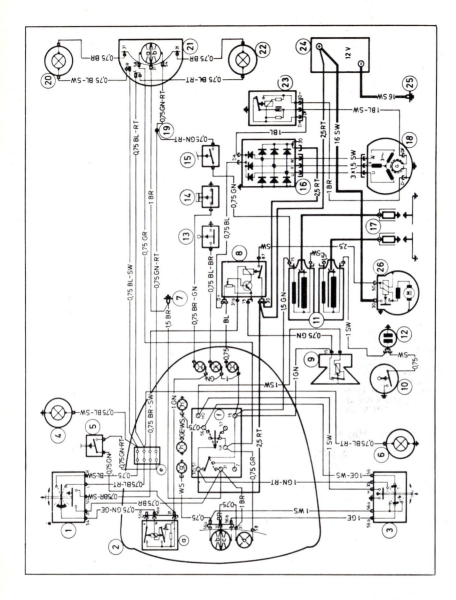

Dies ist der Stromlaufplan der neuesten BMW-Modelle, hier in der Ausführung der R 75/5 (erkennbar am elektrischen Anlasser, der mit Nr. 26 bezeichnet ist). Die einzelnen eingekreisten Ziffern bedeuten:
1 = Blinkerschalter; 2 = Scheinwerfer; a = Blinkgeber; b = Fernlicht; c = Abblendlicht; d = Standlicht; e = Leitungsverbinder; f = Zünd-Lichtschalter; g = Fernlicht-Kontrolleuchte (blau); h = Instrumentenbeleuchtung; j = Öldruck-Kontrolleuchte (orange); k = Leerlauf-Kontrolleuchte (grün); l = Ladekontrolleuchte (rot); 3 = Abblendschalter; 4 = Blinkleuchte v. r.; 5 = Handbremslichtschalter; 6 = Blinkleuchte v. l.; 7 = Masseverbindung Rahmen; 8 = Relais Anlaßwiederholsperre; 9 = Hupe; 10 = Unterbrecher; 11 = Zündspulen; 12 = Kondensator; 13 = Leerlauf-Kontrollschalter; 14 = Öldruckschalter; 15 = Fußbremslichtschalter; 16 = Diodenträger; 17 = Zündkerzen; 18 = Drehstromgenerator; 19 = Verbindungsstelle im Kabelbaum; 20 = Blinkleuchte h. r.; 21 = Heckleuchte; a = Schluß-Kennzeichenleuchte; b = Bremsleuchte; 22 = Blinkleuchte h. l.; 23 = Spannungsregler; 24 = Batterie; 25 = Masse an Getriebedeckel; 26 = Anlasser.
Die Großbuchstaben sind Abkürzungen für die Kabelfarben: BL—blau; BR—braun; GE—gelb; GR—grau; GN—grün; RT—rot; SW—schwarz; WS—weiß.
Vor diesen Kennzeichnungen stehen stets auch Zahlen, die den Kabelquerschnitt angeben.

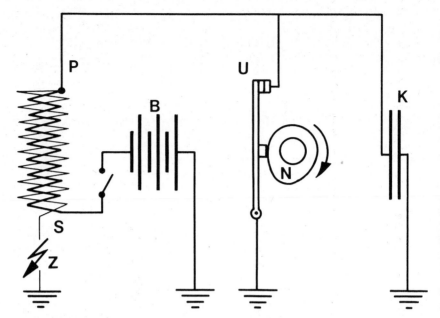

Die obere Zeichnung kann als Grundsatzschaltplan für jede Batteriezündung angesehen werden. Links ist die Zündspule eingebaut, sie hat (mit P bezeichnet) die Primärwicklung, mit S die Sekundärwicklung markiert. Bei Z ist die Zündkerze, an der der Hochspannungsfunke überspringt. B ist die Batterie, die über den Zündschalter (im Zündschloß) mit der Primärwicklung verbunden ist. U sind die beiden Unterbrecherkontakte, N der Unterbrechernocken.

Zur Löschung der Schaltfunken am Unterbrecher ist der Kondensator »K« zwischen die »heiße« Klemme am Unterbrecher und Masse geschaltet.

Bild unten: Zündspule in ihrem üblichen Aufbau. 15 kommt ans Zündschloß, 1 an den Unterbrecher. Die seitlich gesondert eingezeichnete Masseverbindung ist gar nicht nötig, denn an Masse geht die Primärwicklung über den Unterbrecher, die Sekundärwicklung über die Kerze. Sekundär-Plus geht an die Batterie, der die hier auftretenden hohen Spannungen wegen ihrer winzigen Stromstärke nicht schaden.

Beginnen wir mit der
Batteriezündung

Wir wissen, daß zwischen den Elektroden der Zündkerze ein kräftiger elektrischer Funke überspringen muß, der das im Verbrennungsraum befindliche Kraftstoff-Luft-Gemisch entzünden soll. Bei der Batteriezündung bezieht dieser Funke seine elektrische Energie aus der Batterie.

Wir wissen weiterhin, daß der Zündfunke zu einem ganz bestimmten Zeitpunkt an den Kerzenelektroden überschlagen muß.

Diese beiden Forderungen müssen von jeder Zündanlage für einen Verbrennungsmotor erfüllt werden. Bei der Batteriezündung übernehmen Zündspule, Unterbrecher und Kondensator gemeinschaftlich sowohl das Umwandeln der 6-Volt-Batteriespannung auf die Zündspannung von über 10 000 Volt wie auch die Steuerung des Zündzeitpunkts.

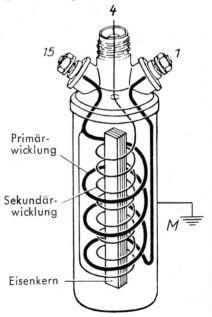

In der Zündspule, die wir als eine Art Transformator ansehen können, der nur jeweils beim Unterbrechen des Stromkreises in Funktion tritt, wird im Augenblick dieser Stromunterbrechung die Batteriespannung von 6 Volt in die hohe Zündspannung umgewandelt. Unterbrecher und Kondensator haben auf diesen Vorgang insofern einen Einfluß, als das Abschalten der Batteriespannung schlagartig erfolgen muß. Ohne den Kondensator würden beim Öffnen der beiden Unterbrecherkontakte an dieser Stelle unerwünschte Funken überspringen, die den Abschaltvorgang unzulässig verlängern und dadurch den eigentlichen Hochspannungsfunken schwächen würden. Die gleiche Wirkung tritt ein, wenn sich im Lauf der Betriebszeit an den Kontaktflächen der beiden Unterbrecherkontakte Unebenheiten durch elektrische und mechanische Einflüsse gebildet haben.

Defekte an Kondensator und Unterbrecherkontakten sind es wohl am häufigsten, die zu Zündungsstörungen führen. Vor allem bei schlechtem Anspringen der Maschine (hier ist von Batteriezündung die Rede, bei der Magnetzündung spielen noch andere Dinge eine Rolle) sollte man sich zuerst um den Zustand der Unterbrecherkontakte kümmern. Auch ein Auswechseln des Kondensators kann Wunder wirken.

Sind diese beiden Teile offensichtlich einwandfrei, dann ist als nächstes zu überprüfen, ob die Hochspannung von der Zündspule überhaupt bis zur Zündkerze gelangt. Besonders bei feuchtem Wetter ist es für den Zündfunken nicht schwierig, einen bequemeren Weg zu finden als ausgerechnet den zwischen den zwei Elektroden an der Zündkerze. Die leicht leitende Feuchtigkeit kann z. B. an den beiden Anschlußstellen des dicken Zündkabels unter die vorhandenen Gummidichtungen kriechen und damit dem Zündfunken den Weg an die Fahrzeugmasse freigeben. Besonders häufig finden sich die Spuren von unerwünscht überschlagenden Funken an den Kerzensteckern. Da man in diesem Fall außer Trockenwischen keine weitere Abhilfe schaffen kann und da auch das bei bereits eingefressenen Funkenspuren kaum noch etwas nützt, empfiehlt es sich, für jede Fahrt einen Satz neuer Kerzenstecker im Bordwerkzeug bereitzuhalten.

Defekte an Zündkerzen sind erheblich seltener, wir werden sie später noch kurz streifen.

Die Magnetzündung

Auch bei der Magnetzündung brauchen wir einen Unterbrecher, um den Zündzeitpunkt genau einzuhalten. Wir brauchen weiterhin eine Zündspule, um die Hochspannung für den Funken zu erzeugen. Der Unterschied zur Batteriezündung liegt darin, daß nicht die Batterie als Kraftquelle für die elektrische Energie benutzt wird, sondern (bei BMW) ein rotierender Magnet. Denn Strom wird auch erzeugt, wenn man magnetische Kraftlinien durch eine Spule aus Draht hindurchführt. Je schneller die Magnetfeldlinien die Drahtspule schneiden, um so höher die erzeugte Spannung in der Drahtspule. Auch von der Stärke des Magnetfelds und von der Anzahl Windungen der Drahtspule hängt die erzeugte Spannung ab.

Bei den BMW-Magnetzündungen der Modelle R 51/3 bis zur R 69 S ist der rotierende Magnetläufer auf der Nockenwelle mit konischem Sitz befestigt. Die darüberliegende Zündspule besteht wiederum aus zwei Wicklungen, in denen die recht niedrige, durch das Magnetfeld erzeugte Spannung in die Hochspannung für den Zündfunken umgewandelt wird. Die Wicklung für die Hochspannungsseite dieser Zündspule ist zweifach ausgeführt, damit auch jeder Zylinder tatsächlich einen korrekten Zündfunken erhält. Man kann keine zwei Kerzen von einer Spule versorgen lassen, weil der elektrische Widerstand beider Kerzen niemals so genau gleich ist, daß sich die Hochspannung auf beide gleichmäßig verteilt und auch tatsächlich an beiden Kerzen jeweils Funken überschlagen. Ein Ausweg bietet sich für etwaige Umbauten nur auf die Art an, wie sie bei der R 51/2 und deren

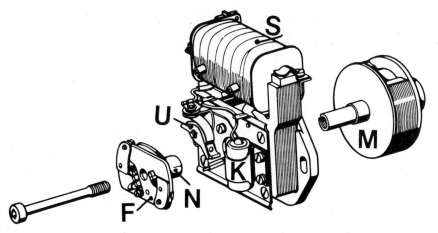

Batteriezündung bereits beschrieben wurde, nämlich durch Zwischenschalten eines Verteilers, der dann allerdings auch einen eigenen Antrieb braucht. Umstellung der Magnetzündung auf die Batteriezündung ist möglich, aber mit normalen handwerklichen Mitteln nur dadurch zu bewerkstelligen, daß man zwei Zündspulen zu je 3 Volt hintereinanderschaltet.

Die Schwäche einer Magnetzündung gegenüber der Batteriezündung liegt darin, daß beim Antreten (also bei niedrigen Drehzahlen) nur eine relativ geringe Zündleistung zur Verfügung steht. Die Magnetfeldlinien schneiden ja dann die Drahtwindungen nur mit geringer Geschwindigkeit. Wenn der Motor erst einmal läuft, hat die Magnetzündung den Vorzug, daß sie, je höher die Drehzahl liegt, um so kräftigere Funken liefert. Die Funken der Batteriezündung sind bereits beim Startvorgang kräftig, sie werden erst bei recht hohen Drehzahlen wieder schwächer, was früher u. a. dazu führte, daß man bei Rennmotoren mit Vorliebe Magnetzündung verwendete. Bei Rennmaschinen war ja auch (durch das Anschieben) der Anlaßvorgang nicht so kritisch wie beim normalen Motorrad, bei dem man mit dem Kickstarter den Motor längst nicht so schnell durchdrehen kann.

Die Schwäche der Magnetzündung bei niedrigen Drehzahlen macht sich aber nur sehr selten bemerkbar. Wenn der Motor mechanisch in Ordnung ist und auch keine ausgesprochenen elektrischen Defekte vorliegen, wenn aber, speziell im Winter, trotzdem das Antreten eine Quälerei bedeutet, kann bei der Magnetzündung durchaus ein Einstellfehler daran die Schuld tragen. Vielfach wird in solch einem Fall zwar geraten, einfach die Leerlaufdüse eine Nummer größer zu wählen, doch liegt die eigentliche Ursache, wie wir in vielen Fällen immer wieder bestätigt bekamen, nur

Oben: Die Zeichnung der Bosch/BMW-Ausführung einer Magnetzünder-Anlage. Die einzelnen Buchstaben markieren: M = Magnetläufer; S = Zündspule; U = Unterbrecher; F = Fliehkraftregler mit N = Nocken; K = Kondensator.

Unten: Der Schaltplan macht den Stromverlauf deutlich. Die Buchstaben haben etwas andere Bedeutung: K ist der Kurzschlußknopf (im Zündschloß wird er durch Abziehen des Schlüssels mit Masse verbunden), U = Unterbrecher mit N = Nocken, Ko = Kondensator. Auf dem Magnetläufer sind die beiden Magnetpole mit N und S als Nord- bzw. Südpol angedeutet.

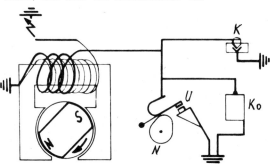

Die beiden Skizzen erklären den Begriff »Polschuhabriß« (Maß »a«, rechtes Bild), der als wichtiges Einstellmaß bei der Magnetzündung zu beachten ist. Im rechten Bild hat der Magnetläufer die Abriß-Stellung erreicht, die angedeuteten Magnetlinien sind am linken Teil des Südpoles »straff gespannt«. Jetzt muß der Unterbrecher öffnen.

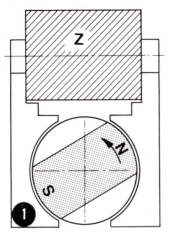 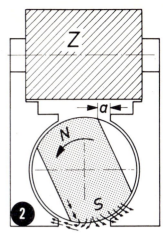

in falscher Einstellung des Zünders. Während bei der Batteriezündung nur der einwandfreie Zustand von Unterbrecher, Kondensator und Zündspule für die Stärke des Zündfunkens maßgebend sind, spielt es bei der Magnetzündung auch eine Rolle, ob der Magnetläufer im Verhältnis zum Öffnen des Unterbrechers die richtige Stellung hat. Die kleine Skizze soll das erklären helfen: Das Magnetfeld des Läufers schneidet die Windungen der Zündspule, da es innerhalb des Eisenkerns dieser Spule verläuft. Im ersten Teil dieser Skizze ist gezeigt, wie Nordpol und Südpol des Magneten genau zwischen den beiden Polschuhen des Eisenkerns stehen. In diesem Fall verläuft das Magnetfeld im Eisenkern ohne eine Bewegung, die Strom erzeugen könnte. Beim Weiterdrehen des Magnetläufers wird schließlich der Punkt erreicht, den das Teilbild 2 zeigt: die magnetischen Feldlinien müssen einen Luftspalt überwinden, bevor sie das Ankereisen der Zündspulen erreichen. Man kann sich vorstellen, daß diese Feldlinien hier sozusagen »gedehnt« werden. Bei einer bestimmten Stellung des Magneten werden die Feldlinien überdehnt und reißen ab, dies ist der Augenblick, in dem im Ankereisen ein besonders starker Fluß der magnetischen Feldlinien auftritt; denn im nächsten Augenblick springen bereits die Magnetfeldlinien des anderen Pols an diesen Polschuh, wodurch die Richtung des in der Spule erzeugten (induzierten) Stroms umgekehrt wird.

Auf den Punkt des »Abreißens« der Magnetfeldlinien vom Polschuh kommt es also an. Bei normaler Drehbewegung geht dieses Abreißen nicht schlagartig vor sich, so daß ein besonders hoher Spannungsstoß entstände, sondern wie bei einem reißenden Seil trennen sich zunächst einige wenige Magnetlinien, der Vorgang schwillt also innerhalb eines verhältnismäßig langen Zeitraums an. Hier kommt nun die Wirkung des Unterbrechers hinzu: Durch das Unterbrechen des Primärstromkreises, das schlagartig erfolgt, wird schließlich innerhalb der Zündspule die benötigte hohe Spannung zum Induzieren eines Hochspannungsstoßes im Hochspannungsteil der Spule erzeugt. Zum Löschen der Schaltfunken benötigt der Unterbrecher auch bei der Magnetzündung einen den Kontakten parallel geschalteten Kondensator.

Die Komplizierung des Einstellvorgangs bei der Magnetzündung liegt darin, daß der Unterbrecher genau in dem Augenblick öffnen muß, in dem das auseinandergezerrte Magnetfeld im Abreißen ist. Öffnet der Unterbrecher zu früh, dann hat das Magnetfeld noch nicht seine notwendige »Dehnung« erhalten, der Funke wird geschwächt. Öffnet der Unterbrecher zu spät, dann ist das Magnetfeld bereits abgerissen und hat einen nur sehr schwachen Spannungsstoß in der Primärseite der Zündspule erzeugt. Das Abschalten durch den Unterbrecher bringt dann keine entscheidende Verstärkung mehr.

Nach meinen Erfahrungen reagiert die Magnetzündung besonders bei den BMW-Motoren recht deutlich auf falsche Einstellung der Unterbrecheröffnung im Verhältnis zur Stellung des Magnetläufers (falscher »Abriß«). So kann man z. B. mit einem zu großen Unterbrecherkontaktabstand bei sonst völlig korrekter Einstellung des Zündzeitpunkts eine deutliche Schwächung des Zündfunkens feststellen. Der Kontaktabstand beeinflußt nämlich das Verhältnis zwischen Kontaktöffnungspunkt und dem Abreißen der Magnetlinien des Läufers. Und durch Verstellung des Kontaktabstands um nur $^2/_{10}$ mm kommt man sehr schnell in einen unbrauchbaren Bereich, was die »Zerrung« der Magnetfeldlinien betrifft.

Wenn man also im Winter unter Schwierigkeiten beim Anspringen der Maschine zu leiden hat, wenn außerdem diese Schwierigkeiten so ganz merkwürdig nur bei bestimmten Minustemperaturen auftreten, also frühmorgens oder spätabends, dann ist der Verdacht auf falsche Einstellung des Polschuhabrißmaßes schon berechtigt. In diesem Fall kann man sich wahrscheinlich durch Probieren recht schnell helfen, indem man nämlich »auf Verdacht« den Unterbrecherkontaktabstand etwas ändert. In solchen Zweifelsfällen kann man ihn sogar bis auf 0,5 mm vergrößern oder bis auf 0,3 mm verringern. Man merkt dabei sehr schnell, ob diese Blitzkur etwas geholfen hat. In diesem Fall aber nicht vergessen, die korrekte Einstellung des Zündzeitpunkts noch einmal zu überprüfen, denn auch der Zündzeitpunkt im Verhältnis zur Kolbenstellung wird ja durch Veränderung des Unterbrecherkontaktabstands verstellt. Für kurze Strecken mag ja ein falscher Zündzeitpunkt noch zu tolerieren sein, man begebe sich aber keinesfalls auf eine Strecke über 50 km mit derart verstelltem Motor. Ein zu früh oder zu spät eingestellter Zündzeitpunkt kann nämlich durch Motorüberhitzung zu deftigen Schäden führen.

Die Einstellung eines korrekten Zündzeitpunkts beginnt bei den Magnetzündern schon mit dem Aufstecken des Magnetläufers auf die Nockenwelle. Zuerst ist zu berücksichtigen, daß auf der Rückseite des Magnetläufers ja die Lauffläche für den Wellendichtring angebracht ist. Diese Lauffläche sollte a) sauber, b) ohne Riefen und c) leicht eingeölt sein. Der konische Sitz des Magnetläufers auf dem Zapfen der Nockenwelle hingegen soll nicht gefettet oder eingeölt werden. Den Magnetläufer stecken wir lose auf den Nockenwellenzapfen, dann schieben wir die komplette Zündergrundplatte mit Unterbrecher und den Zündspulen auf ihren Sitz, die beiden Haltemuttern M 6 werden aber vorerst nur von Hand aufgedreht.

Die Grundplatte richten wir so ein, daß die beiden Befestigungsbolzen ungefähr in der Mitte der zur Verstellung vorgesehenen Langlöcher stehen.

Dichtring-Lauffläche

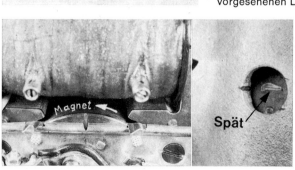

Spät

Vor dem Aufsetzen des Magnetläufers muß die im oberen Bild bezeichnete Dichtring-Lauffläche gesäubert und leicht eingeölt werden.

Im unteren Bild ist die Stellung des Läufers in Übereinstimmung mit der Markierung auf der Grundplatte bei Kurbelwellenstellung im Spätzündzeitpunkt angedeutet.

Jetzt wird die Kurbelwelle so gedreht, daß die Markierung »S« auf der Schwungscheibe mit der Markierung im Schauloch übereinstimmt. In dieser Stellung halten wir die Kurbelwelle für die nächsten Arbeitsgänge fest. Am Umfang des Magnetläufers befindet sich eine Kerbe, eine ähnliche Kerbe finden wir auf der Grundplatte des Unterbrechers. Diese beiden Markierungen müssen übereinanderstehen, wenn die Kurbelwelle im Zündzeitpunkt für Spätzündung steht. Jetzt erst setzen wir den Fliehkraftregler auf den Zapfen des Magnetläufers, stecken die zentrale Befestigungsschraube hinein und ziehen den Magnetläufer auf der Nockenwelle fest. Dabei dürfen sich die Stellung der Kurbelwelle und die Stellung des Magnetläufers nicht verändern. Eine kurze Nachprüfung: Wir treten den Motor mehrmals durch und stellen dann die Schwungscheibe wieder auf die Markierung »S«, die beiden Kerben am Magnetzünder müssen nun wiederum übereinanderstehen.

Wenn man nicht schon diese Vorarbeiten richtig durchgeführt hat, braucht man die nun folgende Einstellung des Zündzeitpunkts gar nicht erst zu beginnen.

Wie üblich wird zunächst einmal der Unterbrecherkontaktabstand auf 0,35 bis 0,4 mm einreguliert. Gemeint ist in jedem Fall der größte Abstand zwischen den beiden Unterbrecherkontakten: das Fiberklötzchen, das auf der Nockenbahn des Fliehkraftverstellers gleitet, muß zum Einstellen des Unterbrecherkontaktabstands auf der höchsten Nockenstelle des Fliehkraftverstellers stehen. Es braucht hier sicher nicht besonders erwähnt zu werden, daß man den Abstand zwischen den beiden Unterbrecherkontakten nur mit einer sauberen Fühlerlehre mißt (die also keine Öl- oder Fettspuren auf die Kontakte überträgt) und daß man zum zweiten die Kontakte so hinbiegt, daß ihre Oberflächen sich möglichst parallel gegenüberstehen. Nur dann ist eine korrekte Messung möglich, wie auch Unebenheiten, die durch Abbrand auf den Kontaktoberflächen entstanden sind, eine Einstellung des richtigen Unterbrecherkontaktabstands verhindern. Noch ein Hinweis: der Fliehkraftversteller muß nicht nur mit seiner an der Grundplatte angebrachten Nase in die entsprechende Aussparung des zylindrischen Magnetläuferzapfens hineinpassen, er muß auf diesem Zapfen auch sehr leicht und spielfrei gleiten. Denn der Nocken des Unterbrechers soll ja durch die auf die Fliehgewichte einwirkende Kraft in Drehrichtung verschoben werden. Bevor man also den Magnetläufer endgültig festzieht (mit 2 mkg), prüft man den Fliehkraftversteller auf Leichtgängigkeit. Die Fliehgewichte müssen durch ihren eigenen Federzug wieder in Ruhestellung zurückschnappen, nachdem man sie von Hand ausgelenkt hatte. Eine weitere Kontrolle erstreckt sich auf die Anschlagfeder, die auf der Grundplatte des Fliehkraftverstellers angebracht ist, um den maximalen Frühzündungszeitpunkt auf 42 Grad vor OT zu begrenzen. Diese kleine Blattfeder ist sehr zerbrechlich; wenn sie weggeknackt ist, muß der Fliehkraftversteller ausgewechselt werden.

Ein Unterbrecherkontaktabstand von 0,35 mm und die korrekte Übereinstimmung der beiden Markierungen auf Zündergrundplatte und Magnetläufer müßten bereits den richtigen Zündzeitpunkt garantieren. Weitergehende Korrekturen dürfen nur mehr als ausgesprochene Feineinstellung gelten. So ist zu überlegen, ob man nicht die Feineinstellung nur durch Veränderung des Kontaktabstands zuwege bringt. Denn man will ja erreichen, daß in dem Augenblick, wenn die beiden Zündermarkierungen übereinanderstehen, auch der Unterbrecher zu öffnen beginnt. Tatsächlich habe ich

festgestellt, daß man beim Einstellen des korrekten Zündzeitpunkts durch Verschieben der Grundplatte doch wieder beträchtliche Unterschiede zwischen den beiden Markierungen an Grundplatte und Läufer zuwege bringt. Besonders bei älteren Maschinen kann es sogar vorkommen, daß die Verstellmöglichkeit der Grundplatte in den zwei Langlöchern gar nicht mehr ausreicht, man gerät dann mit dem Wert des Polschuhabrisses schon recht weit daneben. Der Grund für diese Schwierigkeiten liegt oftmals darin, daß entweder der kleine Zapfen an der Grundplatte des Fliehkraftverstellers etwas abgenutzt ist und nicht mehr eindeutig die Stellung des Fliehkraftverstellers auf dem Zapfen des Magnetläufers festhält. Auch die Nut des Magnetläuferzapfens kann etwas ausgeschlagen sein, wodurch sich eine weitere Verschiebemöglichkeit für den Fliehkraftversteller ergibt.

Wenn nun diese verschiedenen Fehlermöglichkeiten zusammentreffen, erreicht man trotz genauer Einstellung von Unterbrecherkontaktabstand und Zündzeitpunkt keinen genügend kräftigen Funken.

Für den normalen Gebrauch genügt dieses theoretische Wissen um die Zusammenhänge zwischen Polschuhabriß, Unterbrecherkontaktabstand und Zündzeitpunkt. Sollte man jedoch irgendwann einmal einer etwas rätselhaften Schwäche auf der Spur sein, dann ist es vielleicht nützlich, wenn man sich ein kleines Hilfsgerät bastelt, mit dem man die Zündfunkenstärke ziemlich genau abschätzen kann. Eine solche Dreispitzenfunkenstrecke läßt sich aus ein paar Stücken Gewindestange mit Bohrer und Feile recht einfach herstellen. Die Zeichnung gibt die benötigten Maße an. Zwischen den zwei unter Spannung stehen-

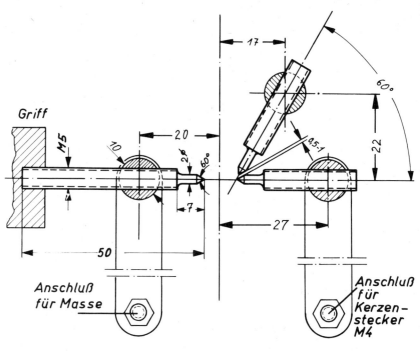

den Spitzen (die dritte ist nirgendwo angeschlossen, sie bewirkt nur eine »Ionisation« der umgebenden Luft, der Effekt interessiert uns hier nicht weiter) muß auch dann ein Funke überspringen, wenn die Spitzen 7 bis 8 mm voneinander entfernt sind. Auf diese Weise kann man eine Schwächung des Zündfunkens sehr schnell feststellen, so daß man sich etwaige Herumprobiererei am Vergaser und Untersuchungen des Zündschlosses auf Wackelkontakt durch eine solche Messung ersparen kann.

Ein weiteres nützliches Hilfsmittel ist die ganz normale Gradscheibe. Es ist schon oft vorgekommen, daß die Markierungen auf der Schwungscheibe nicht mit der tatsächlichen Stellung des Kolbens übereinstimmten. Sei es, daß die Schwungscheibe sich auf ihrem Konus gedreht hat (weil der Keil abgeschert war) oder sei es, daß man eine Schwungscheibe erwischt hat, die irrtümlich mit falschen Markierungen durch die Kontrolle der Fertigung gelaufen ist: In solchen und ähnlichen Fällen (vor allen Dingen, wenn man Zweifel an der richtigen Markierung hat) empfiehlt sich eine Nachprüfung mit der Gradscheibe. Diese Scheibe (die es im Zubehörhandel bei besseren Firmen zu kaufen gibt) wird vorn auf den Anker der Lichtmaschine aufgeschraubt. Am Rahmenrohr bringt man sich irgendwo einen Zeiger an. Durch das Zündkerzenloch schraubt man ein Hilfsmittel, mit dem man den Kolben in seiner Stellung kurz vor OT festhält. Wichtig ist dabei nur, daß sich dieses Hilfsgerät während der Messungen nicht verstellen kann. Die Bilder zeigen, wie so etwas aussehen könnte. Bei abgenommenem Zylinderkopf kann man sich diese Arbeit durch einen einfachen Stahlblechwinkel sehr leicht machen. Die Kurbelwelle wird zum Messen einmal vorwärts gegen diesen Anschlag gedreht, die Zeigerstellung wird auf der Gradscheibe markiert. Dann drehen wir die Kurbelwelle einmal rückwärts gegen den Anschlag, und auch jetzt wieder wird die Markierung auf der Gradscheibe angebracht. Genau in der Mitte zwischen diesen beiden Markierungen liegt die Stellung OT. Den Anschlag nehmen wir dann ab, zählen von OT 9 Grad

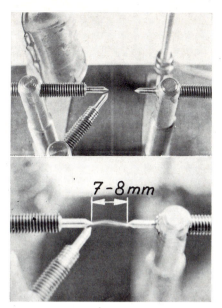

nach rückwärts (Kurbelwelle entgegen der Betriebsdrehrichtung verdrehen), und genau bei dieser Stellung der Welle muß die Schwungscheibenmarkierung »S« mit der Markierung am Schauloch übereinstimmen. Zur Vereinfachung wei-

Unten: Die Kontrolle des OT muß nicht mit einem Anschlag durchs Kerzenloch durchgeführt werden. Bei abgenommenem Zylinderkopf geht's mit einem Winkel vielleicht noch besser.

terer Überprüfungen können wir uns auf der Schwungscheibe nun noch einige Strichmarken anbringen, etwa alle 2 Grad Kurbelwellendrehung eine Linie. Nach dieser Überprüfung kann die Gradscheibe wieder abgebaut werden. Die zuletzt angebrachten Gradmarkierungen auf der Schwungscheibe sollen uns zur Überprüfung der Gleichmäßigkeit der Zündzeitpunkte für den rechten und den linken Zylinder dienen. Werksseitig besteht die Vorschrift, daß eine Abweichung der Zündzeitpunkte zwischen rechtem und linkem Zylinder nicht mehr als 2 Grad betragen darf. Eine Kontrolle dieser Abweichungen ist nur auf elektrischem Weg möglich, sie wird also bei der normalen Überprüfung des Zündzeitpunkts vorgenommen.

Wenn wir den Öffnungszeitpunkt der Unterbrecherkontakte genau festlegen wollen, dann brauchen wir nur einen elektrischen Strom über diese Kontakte fließen zu lassen, etwa auf eine Glühlampe. Sobald die Kontakte öffnen, wird die Glühlampe ausgeschaltet. Dabei dürfen wir aber eine Schwierigkeit nicht übersehen: der elektrische Strom könnte auch durch die Wicklungen der Zündspule (und nicht über die Glühlampe) an die Fahrzeugmasse gehen. Sofern wir den Strom aus einer Motorradbatterie entnehmen, kann dabei in der Zündspule ein starkes Magnetfeld aufgebaut werden, das seinerseits die Magnetkraft des Magnetläufers beeinflußt. Eine Schwächung dieses Magnetfelds würde aber auch eine Schwächung unserer Zündfunken ergeben, sie muß also vermieden werden. **Deshalb grundsätzlich vor einer Prüfung des Zündzeitpunkts mit Batterie und Prüflampe die Verbindung zwischen Unterbrecherkontakt und Zündspule lösen!**

Wenn man anstelle einer Glühlampe und einer Motorradbatterie einen kleinen Summer verwendet, der nur von einer Taschenlampenbatterie gespeist wird, kann auf der einen Seite kein so starkes Magnetfeld in der Zündspule aufgebaut werden, daß der Magnetläufer Schaden nimmt, kann aber auf der anderen Seite durch verschiedene Tonhöhen des Summers auch erkannt werden, wann die Unterbrecherkontakte geöffnet werden. Der Ton wird sich deshalb ändern, weil der elektrische Strom einmal über die Unterbrecherkontakte direkt an Masse gehen kann, bei geöffneten Kontakten jedoch erst den Weg über die Zündspule nehmen muß.

Der genaueste Zeitpunkt läßt sich bei von Hand durchgedrehtem Motor sehr leicht feststellen und auf die richtigen Maße einregulieren. Die Überprüfung muß für jeden Zylinder getrennt erfolgen. Wenn sich nun dabei herausstellt, daß der eine Zylinder etwa einen Zündzeitpunkt von 9 Grad vor OT aufweist, der andere Zylinder jedoch bei gleicher Einstellung des Unterbrechers erst bei 4 Grad vor OT seinen Zündfunken bekommt, dann sind guter Rat und eine Abhilfe nicht immer billig.

Bei etwas Nachdenken können wir schnell die zwei möglichen Fehlerquellen erkennen. Der Unterbrecher selbst steht fest, an ihm kann es also nicht liegen. Der Fliehkraftversteller ist schon verdächtiger. Er trägt zwei Nocken, die sich genau um 180 Grad gegenüberstehen müssen. Wenn diese Nocken durch Verschleiß oder einen Fertigungsfehler nur etwa 170 Grad gegeneinander versetzt sind, muß sich das auch in unterschiedlichen Zündzeitpunkten für beide Zylinder auswirken. Der Fliehkraftversteller muß dann ausgewechselt werden.

Die zweite Fehlerquelle können wir nur mit der Meßuhr feststellen. Sobald nämlich der Zapfen des Magnetläufers nicht genau rundläuft, wird auch der Unterbrechernocken im Lauf einer Umdrehung einmal etwas näher am Unterbrecherfiberklotz sein als in der Stellung um 180 Grad weitergedreht. Mit der Meßuhr kann man leicht feststellen, nach welcher Seite der Zapfen des Magnetläufers aus der Mitte läuft, mit etwas Gefühl läßt sich das durch zarte Schläge mit dem Plastikhammer korrigieren. Oftmals ist nicht der Zapfen des Magnetläufers der eigentlich schuldige Teil. Ein verschmutzter Konussitz des Läufers auf der Nockenwelle und sogar ein leicht verbogener Zapfen der Nockenwelle selbst können genauso die Ursache für den seitlichen Schlag des Magnetläuferzapfens darstellen. Wichtig für einwand-

freie Funktion ist aber nur, daß der Magnetläuferzapfen genau rundläuft, so daß ich bei leichter Verbiegung der Nockenwelle doch nur den Läuferzapfen geraderichten würde.
Der hier dargestellte Arbeitsgang der Synchronisation der Zündzeitpunkte beider Zylinder ist nicht nur für die Modelle der Baureihen R 51/3 bis zur R 69 S hin anwendbar, sondern auch für die neuesten Modelle R 50/5 bis R 75/5.
Denn auch hier ist der Fliehkraftversteller auf einen Zapfen der Nockenwelle aufgebaut, auch hier trägt er zwei Nocken und unterliegt den gleichen Einflüssen bei verbogenem Nockenwellenzapfen.
Wenn man die Einstellung des Zündzeitpunkts für beide Zylinder bei langsam gedrehter Kurbelwelle durchführt, dann ist damit nur gewährleistet, daß die Zündung im unteren Drehzahlbereich stimmt. Trotzdem können immer noch Zündaussetzer oder übermäßige Frühzündung bzw. Spätzündung bei den normal üblichen Drehzahlen oberhalb 2500 U/min auftreten. Bei diesen Drehzahlen ist aber eine Überprüfung mit einer normalen Glühlampe nicht mehr möglich. Man braucht einen trägheitslosen kurzen Blitz, der im gleichen Augenblick aufleuchtet, in dem der Zündfunke an der Kerze überspringt. Mit diesem Blitz beleuchtet man durch das Schauloch die Schwungscheibe. Da im Zündzeitpunkt jeweils eine ganz bestimmte Markierung (bei niedrigen Drehzahlen die Markierung »S«, bei hohen Drehzahlen die Markierung »F«) am Schauloch vorbeistreicht, müßte man bei sehr kurzer Dauer des Lichtblitzes diese Markierung erkennen können. Das Gerät, das einen solchen kurzen Lichtblitz zum Überprüfen des Zündzeitpunkts bei laufendem Motor erzeugt, nennt man **Stroboskop.**
Sofern man keine allzu hohen Ansprüche stellt, kann man sich eine Art Stroboskop auch selbst basteln. Ich habe gefunden, daß eine für 2,50 DM im Elektrohandel erhältliche Glimmlampe (Spannung 220 Volt) zur Not (und vor allen Dingen, wenn man den Zündzeitpunkt bei Dunkelheit überprüft, wenn man außerdem nicht in zu hohe Drehzahl-

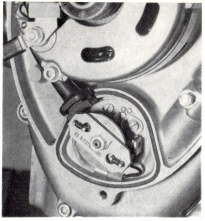

Oben der Fliehkraftregler der R 75/5 auf der Nockenwelle.
Unten: Glimmlampe für 220 V eignet sich als Behelfs-Stroboskop, man versieht sie mit Anschlüssen und schaltet sie zwischen Kerzenstecker und Kerze. Ganz unten ein nur wenig helleres, käufliches Stroboskop, Preis etwa **35 DM.**

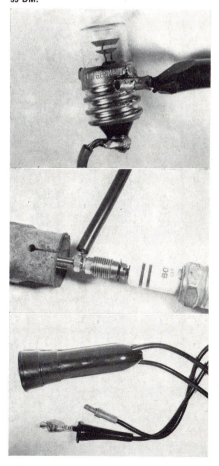

bereiche gehen will) genügen kann. Man bastelt sich zum Messen am besten ein Zwischenstück, das man zwischen Kerzenstecker und Zündkerzenanschluß setzt. An dieses Zwischenstück kann man dann über ein längeres Kabel den einen Pol der Glimmlampe anschließen. Den zweiten Pol der Glimmlampe braucht man nirgendwo anzuschließen, es genügt, hier eine freiliegende Leitung einfach hängen zu lassen – nur soll sie nicht an Masse kommen. Wenn man die Glimmlampe dicht genug vor das Schauloch hält, kann man tatsächlich die Markierung »S« bei laufendem Motor sehr deutlich sehen. Auch die Frühzündungsmarkierung »F« ist erkennbar, sofern man mit der Drehzahl nicht zu hoch geht. Die Spätzündungsmarkierung soll bei Drehzahlsteigerung etwa ab 1200 U/min langsam nach oben wandern, die Frühzündungsmarkierung muß bei weiterer kurzzeitiger Drehzahlsteigerung bis auf etwa 5800 U/min die Höhe des Schaulochs erreichen.

Mit einem richtigen Stroboskop ist die Arbeit allerdings wesentlich leichter. Das Gerät unterscheidet sich von der preiswerten Glimmlampe dadurch, daß eine Entladungsröhre wie beim Elektronenblitzgerät verwendet wird, die nicht nur einen helleren Lichtblitz erzeugt, sondern außerdem einen kürzeren. So sind die Strichmarkierungen nicht nur besser, sondern auch schärfer zu erkennen. Während bei der Verwendung einer Glimmlampe beispielsweise der Unterschied zwischen zwei Zündungen (also rechter und linker Zylinder nacheinander) kaum merkbar ist, weil das Bild sowieso recht heftig flackert, kann man beim Stroboskop die Markierung sehr wohl doppelt sehen. Durch die beim Ansetzen der Gradscheibe auf die Schwungscheibe gezeichneten Marken für jeweils 2 Grad Kurbelwellendrehung können wir auch jetzt ungefähr abschätzen, ob das doppelte Bild der Schwungscheibenmarkierung einen unzulässig großen Unterschied der beiden Zündzeitpunkte anzeigt.

Zum Abschluß der Besprechung der Zündanlage noch ein Hinweis auf die sogenannte Sicherheitsfunkenstrecke. An den Zündspulen der Magnetzünder sind die Hochspannungskabel an Klemmschrauben angeklemmt. Von diesen Schrauben in Richtung Zündergrundplatte ist der kürzeste Überschlagweg für einen Hochspannungsfunken. Dort sind zwei Spitzen vorgesehen, die den Funkenweg noch weiter (auf 11 mm) verkleinern sollen. Man will erreichen, daß bei irgendwelchen Störungen an der Zündkerze der Funke dann an einer ganz bestimmten, ungefährlichen Stelle überschlägt. Fehlt diese Sicherheitsfunkenstrecke, oder ist sie wesentlich zu groß eingestellt, dann besteht die Gefahr, daß die Hochspannung in der Zündspule selbst einen Weg durch die Isolierungen hindurch findet. Und nach einem solchen inneren Überschlag ist im allgemeinen die Zündspule unbrauchbar, weil sich die innere Überschlagstelle sehr schnell so weit vergrößert, daß man schon fast von einem Kurzschluß sprechen kann. An der Kerze funkt es dann nicht mehr. Die Sicherheitsfunkenstrecke soll aber auch nicht unter 10 mm betragen, denn sonst ist dieser Weg für den Zündfunken bequemer als der Überschlag an den Elektroden der Zündkerze.

Die Lichtanlage

Während die Zündanlage nur einen einzigen, stets gleich großen Verbraucher mit Strom beliefern soll (nämlich die Zündspulen), muß die Lichtmaschine darauf gefaßt sein, bei den verschiedensten Belastungszuständen möglichst eine gleich hohe Spannung abzugeben. Die Nennspannung der BMW-Gleichstrom-Lichtmaschinen beträgt 6 Volt, die tatsächliche Arbeitsspannung wird durch die Einstellung des sogenannten Spannungsreglers einmal justiert und dann durch diesen ständig auf gleicher Höhe gehalten. Reglereinstellung für Winterbetrieb etwa 7,5 Volt, für Sommerbetrieb etwa 6,8 bis 7,1 Volt.

Kümmern wir uns aber zunächst einmal um die Verbraucher.

Bei eingeschaltetem Scheinwerfer sind die 35 Watt der Zweifadenglühlampe als Belastung vorhanden. Zusätzlich dazu die 5 Watt der Rückleuchte. Kontrollampen mit jeweils 1,5 bis 2 Watt machen noch einmal 5 Watt (rund gerechnet) voll. Summe: 45 Watt. Tritt man auf Bremse, dann werden von der Bremsleuchte weitere 18 Watt verschluckt, ein eingeschalteter Blinker bringt noch einmal 18 bis 20 Watt dazu. Inzwischen beträgt die Summe bereits 83 Watt. Dabei ist noch nicht berücksichtigt, daß diese angenommenen Wattzahlen nur theoretische Werte sind, daß also z. B. die Zweifadenglühlampe des Scheinwerfers nicht 35 Watt, sondern tatsächlich 42 Watt aufnimmt. Bleiben wir aber ruhig bei der Milchmädchenrechnung: 83 Watt bei Solobetrieb sind bereits mehr, als die Dauerleistung der Lichtmaschine offiziell beträgt. Die Gleichstrom-Lichtmaschine der R 51/2 hatte eine Dauerleistung von 45 Watt, kurzzeitig bis 75 Watt überlastbar. Die Gleichstrom-Lichtmaschine der R 51/3 hatte in den letzten Baujahren (wie auch die Maschinen der R 50/60/69 S) eine Lichtmaschinenleistung von 60 Watt, überlastbar bis 90 Watt. Erst die Drehstrom-Generatoren der allerneuesten BMW-Baureihe R 50/5, R 60/5 und R 75/5 kön- bis zu 180 Watt belastet werden (bei 14 Volt Spannung).

Vergessen wurde in der obigen Zusammenstellung der Verbraucher die Batterie. Der Grund dafür ist, daß man die Batterie nicht als konstanten Faktor einbeziehen kann. Eine leere Batterie nimmt erheblich mehr Leistung auf als eine bereits geladene. Wenn z. B. die von den Verbrauchern geforderte Wattzahl die Leistung der Lichtmaschine übersteigt, dann liefert die Batterie (gewissermaßen als Puffer) ihrerseits Strom hinzu.

Die Gleichstrom-Lichtmaschine muß nun also bei all diesen verschiedenen Belastungen bis zur leichten Überlastung möglichst immer die gleiche Spannung (Volt) liefern. Das bedeutet, daß der Spannungsregler nur auf Spannungsunterschiede, nicht aber auf Unterschiede in der Belastung (also auf Unterschiede der Stromstärke Ampere) reagieren soll. Tatsächlich läßt sich das aber nicht auf diese einfache Art lösen, eine gewisse Abhängigkeit von der Belastung ist auch für den Regler vorgesehen. Das sieht etwa so aus, daß ein Regler die Spannung der Lichtmaschine ohne Belastung durch einen Verbraucher auf z. B. 7,8 Volt einstellt. Nimmt man einen Strom von 9 Ampere aus der Lichtmaschine, dann werden vom Regler nur noch 6,7 Volt einreguliert, bei 12 Ampere Belastung nur noch 6,3 Volt. Durch diese von der Belastung abhängige Spannungsregulierung kann man die Lichtmaschine vor Überlastung schützen.

Es ist aber noch ein kleiner Haken dabei. Die Überlastung einer Lichtmaschine tritt beispielsweise ab einer Verbrauchshöhe von 12 Ampere auf. Erst von diesem Augenblick an müßte der Regler die Spannung stark senken. Vorher wird über den gesamten Verbrauchsbereich (Ampere) möglichst gleiche Spannung verlangt. Das kann nur ein sogenannter »Knickregler« gewährleisten.

Die Aufgabenstellung für den Regler zeigt wohl deutlich, welche Vielfalt von Überlegungen notwendig sind, um den Vorgang der Spannungsregelung bei der Gleichstrom-Lichtmaschine mit all seinen Konsequenzen zu erklären.

Das aber würde hier zuviel Raum beanspruchen (das können auch die Elektrospezialisten sicher besser). Für den »normalen« Motorradfahrer, der keinerlei Erfahrungen und Meßgeräte elektrischer Natur hat, bleibt daher gar nichts anderes übrig, als die Reglereinstellung so zu belassen, wie sie fabrikseitig (oder vom letzten Bosch-Dienst) justiert wurde. Irgendwelche Fummeleien nach Schätzung oder Faustformeln sollte man sich sparen, es wird nämlich sehr teuer, wenn wegen Überlastung der Lichtmaschine aufgrund eines falsch justierten Reglers die Wicklungsdrähte des Ankers aus den Lamellen des Kollektors auslöten. Und das ist nur einer der möglichen Schäden.

Beschränken wir uns deshalb hier darauf zu erklären, was der Regler tut, nicht aber, warum und wie er es tut. Die konstante Spannung der Lichtmaschine ist die Aufgabe, von der der Regler seinen Namen hat. Diese Aufgabe wird mit Hilfe des aus drei Kontakten bestehenden Reglersatzes erfüllt. Bei stehendem Motor bzw. bei sehr niedriger Drehzahl ist das Kontaktpaar geschlossen, das die im Anker erzeugte Spannung zur Erregung des magnetischen Felds an die Erreger-(Feld-)Wicklungen im Lichtmaschinengehäuse weitergibt.

Bei steigender Drehzahl lösen sich diese zwei Kontakte voneinander, woraufhin die feststehenden Erregerwicklungen den Erregerstrom nur noch über einen Widerstand zugeleitet bekommen. Das von ihnen erzeugte Magnetfeld wird dadurch schwächer, und entsprechend sinkt auch die im Anker erzeugte Spannung. Bei weiterem Drehzahlanstieg wird schließlich der bewegte Reglerkontakt an den dritten Kontakt angelegt, wodurch die Erregerwicklungen über-

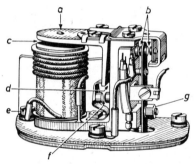

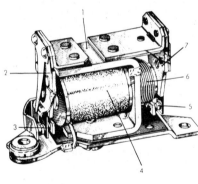

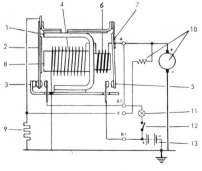

Die drei Zeichnungen stellen zwei der üblichen Regler und ganz unten das Schaltbild dazu dar. Oben der alte Bosch-»F«-Regler. Die Buchstabenbezeichnungen bedeuten: a = Anker, b = Spannungsregler-Kontakte, c = Luftspalt zwischen Anker und Magnet, d = hier wird die Bewegung des Ankers zur mittleren Kontaktzunge des Spannungsreglers übertragen, e = Anschlußschraube für Spannungsspule an Masse, f = Rückstromschalter-Kontakte, g = Spannungsreguliermutter.

Die mittlere Zeichnung zeigt den modernen »Z«-Regler, die Ziffern bedeuten: 1 = Grundplatte, 2 = Regleranker, 3 = Spannungsreglerkontakte, 4 = Spannungsspule, 5 = Rückstromschalterkontakte, 6 = Stromspule, 7 = Rückstromschalter-Anker.

Der Schaltplan unten hat bis 7 die gleichen Nummernbezeichnungen, dann folgt 8 = Magnet-Eisenkern, 9 = Widerstandswicklung, 10 = Anker der Lichtmaschine (rechts) und Feldwicklungen der Lichtmaschine (links), 11 = Ladekontrolleuchte, 12 = Zündschloßschalter, 13 = Batterie. Mit »F«, »B+« und »61« sind die drei Anschlußstellen am Regler markiert.

haupt keine Spannung mehr bekommen. Im Anker wird dann auch keine Spannung mehr erzeugt. Diese drei Schaltvorgänge des Spannungsreglers laufen sehr schnell hintereinander ab, man kann bei laufendem Motor die mittlere Kontaktzunge gut vibrieren sehen.

Es leuchtet ein, daß irgendwelche Reglerschäden zunächst einmal durch die natürliche Abnützung der Schaltkontakte auftreten können. Sobald die Oberfläche der Reglerkontakte beschädigt ist, bietet sie natürlich dem durchfließenden Strom einen anderen Widerstand, bringt also den gesamten Haushalt durcheinander.

Am Regler finden wir aber noch ein weiteres Kontaktpaar. Dieses hat nichts mit der Spannungsregelung zu tun, sondern es ist ein einfacher Schalter, mit dem die Batterie bei stehendem Motor automatisch von der Lichtmaschine getrennt wird. Würde dieser Schalter geschlossen bleiben, dann könnte Strom aus der Batterie in die Lichtmaschine fließen und diese wie einen Motor antreiben. Nur dreht aber die Lichtmaschine, wenn sie als Motor benutzt wird, die Kurbelwelle nicht durch, dazu reicht ihre Leistung nicht. Sie würde in solchem Fall überlastet und durchbrennen. Also muß man durch den Schalter am Regler (man nennt ihn **Rückstromschalter**) verhindern, daß bei stehendem Motor oder bei niedriger Drehzahl, bei der die Lichtmaschine noch eine unter der Batteriespannung liegende Spannung erzeugt, Strom von der Batterie in die Lichtmaschine fließen kann.

Wenn die zwei Kontakte des Rückstromschalters geöffnet sind, leuchtet die rote Kontrolleuchte im Scheinwerfer auf. Sie bekommt ihren Strom direkt aus der Batterie, sie leitet ihn ab über die Pluskohle durch den Anker an Masse. Sobald die Lichtmaschine angetrieben wird und eine Spannung erzeugt, die genauso hoch wie die Batteriespannung ist, fließt durch die Kontrolleuchte kein Strom mehr (weil kein Spannungsunterschied zwischen Batterie und Lichtmaschine mehr besteht). Also verlischt die rote Kontrolleuchte in dem Augenblick, in dem der Rückstromschalter die Verbindung zwischen Batterie und Lichtmaschine herstellt. Der Strom geht dann sowieso den bequemeren Weg über die Kontakte des Rückstromschalters direkt zur Batterie.

Saubere Kontakte sind auch für den Rückstromschalter lebenswichtig. Daraus läßt sich die erste »Behandlungsvorschrift« ableiten: Bei allen Arbeiten an der Lichtmaschine ist Sauberkeit erste Voraussetzung. Fett und Öl, aber auch Benzin haben hier nichts zu suchen.

Ebenso einleuchtend ist, daß eine mechanische Störung der Bewegung des Reglerankers zu Fehlfunktionen führt. Daraus ergibt sich der zweite wichtige Grundsatz:

Wenn irgendwo gefeilt, gesägt oder gebohrt werden soll, und es besteht Gefahr, daß die Metallspäne in die Lichtmaschine bzw. an den Regler gelangen können, dann müssen diese mit einem sauberen Lappen abgedeckt werden!

Die dritte Behandlungsvorschrift ergibt sich schließlich ganz einfach aus der Überlegung, daß man mutwillig keinen Kurzschluß hervorrufen will, durch den irgendwelche Drähte, die dann versehentlich belastet werden, durchschmelzen könnten. Das bedeutet, daß wir vor jeder Arbeit an der elektrischen Anlage unbedingt die Batterie abklemmen.

Welche Handgriffe sind nun bei der Montage der Lichtmaschine besonders zu beachten?

Zunächst einmal muß auch hier der Lichtmaschinenanker auf den Konus der Kurbelwelle ohne Fett und Öl und vor allen Dingen ohne Schmutz aufgepreßt

Die doppelten Pfeile zeigen Stellen, an denen der Kollektor ungleichmäßig verschlissen ist. Der dicke Pfeil weist auf Brandspuren an einzelnen Lamellen.

werden. Der Kollektor des Ankers muß schlagfrei rundlaufen. Er muß außerdem auf seiner Lauffläche frei von Riefen und Brandspuren sein. Eine zarte Färbung vom Abrieb der Kohlebürsten ist unbedenklich. Diese Kohlebürsten schließlich dürfen nicht zu kurz werden, ihre Mindestlänge ist durch eine kleine Kerbe an ihrer Schmalseite angezeigt. Im Zweifelsfall lieber zu früh als zu spät die Kohlen auswechseln! Sie müssen außerdem in ihren Führungen leicht gleiten, ihre Anschlußdrähte dürfen nicht mit unisolierten Teilen in Berührung kommen (sie würden sich daran durchscheuern), und schließlich sollte man auch hin und wieder nachsehen, ob sich die Anschlußdrähte in der Kohle nicht gelockert oder gar ausgelötet haben.

Die Andruckfedern für die Lichtmaschinenkohlen können zwar im Lauf der Zeit auch ermüden, zumeist sterben sie aber durch Verrosten.

Falls man beim Laufenlassen des Motors den Eindruck hat, daß zwischen Kohlebürsten und Kollektor übermäßig

viele Funken überspringen (dann zeigt auch meist der Kollektor außer der normalen, gleichmäßigen Färbung durch die Kohlen Brandflecken von den Funken), so bedeutet dieses, daß der Kollektor nicht rundläuft. Ursache dafür kann außer einem verbogenen Kurbelwellenzapfen auch ein ausgeschlagenes vorderes Kurbelwellenhauptlager sein. Hier hilft nur Nachprüfen mit der Meßuhr.

Weitere Fehler, die bei der Montage der Lichtmaschine auftreten können, sind zumeist mechanischer Art. Das Lichtmaschinengehäuse muß z. B. in seiner Passung im Räderkastendeckel satt sitzen; wenn hier Schmutz oder Feilspäne zwischen Gehäuse und Räderkastendeckel liegen, kann es schlimmstenfalls dazu kommen, daß das Lichtmaschinengehäuse außermittig sitzt und die Pole des Ankers an den Polen der Feldwicklungen streifen. Des weiteren ist bereits beim Auseinandernehmen darauf zu achten, daß man die Isolierungen der Feldwicklungen am Lichtmaschinengehäuse nicht durchstößt, noch empfindlicher sind die einzelnen freiliegenden Drahtwicklungen des Ankers. Beide Teile bewahrt man deshalb am besten in saubere Lappen gewickelt auf.

Beim Anschließen der vier elektrischen Leitungen an die einzelnen Klemmen der Lichtmaschine kann man eigentlich nicht viel falsch machen. An der Klemmleiste mit drei Anschlüssen sind eindeutige Nummernbezeichnungen angebracht. Die an Klemme 61 anzuschließende Leitung führt im Scheinwerfer an die rote Kontrolleuchte. Klemme 51 im Scheinwerfer wird mit Klemme 30/51 der Lichtmaschine verbunden, schließlich bekommt die Klemme 30 eine Leitung direkt von der Batterie. Übrig bleibt ein viertes Kabel, dessen Anschlußfahne am Lichtmaschinengehäuse an Masse gelegt wird. Auch dieses darf im Scheinwerfer selbstverständlich nur an die dortige Masseklemme angeschlossen werden; die Nummernbezeichnung für Masse lautet 31.

Falls man eine Feldwicklung findet, die durchgestoßen ist (oberes Bild), dann kann man sie ohne Schwierigkeiten auswechseln. Nur muß auf die richtige Wicklungsrichtung geachtet werden (Bild Mitte und unten), so daß sich Nord- und Südpol stets abwechseln.

Es wurde hier absichtlich keine Kabelkennfarbe erwähnt, denn nach meinen Erfahrungen kann man damit gerade bei älteren, gebraucht gekauften Maschinen böse Reinfälle erleben. Wer weiß denn, ob der Kabelbaum noch so eingebaut ist, wie er fabrikseitig vorgesehen war? Deshalb empfehle ich grundsätzlich, sich die Kabelfarben nur zum Verfolgen der einzelnen Leitungen als »Eselsbrücke« zu nehmen, die Anschlüsse selbst jedoch stets nur nach der entsprechenden Nummer vorzunehmen.

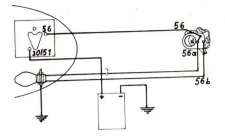

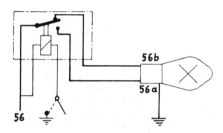

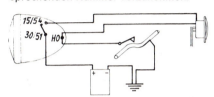

Die fünf Einzelschaltbilder sollen beim Verdrahten etwas helfen.

Ganz oben rechts ist die normale Schaltung der Leitungen zur Scheinwerferbirne gezeichnet, so daß man den Abblendschalter auf diese Weise selbst anschließen kann. Hier ist übrigens ein älterer Schalter mit Lichthupenknopf abgebildet ... Lichthupe erfordert dann noch eine Leitung von Klemme 15/54 zum Schalter. Darunter ist skizziert, wie man mit einem sogenannten »Schrittrelais«, wie es in Automobilen verwendet wird, den Abblendschalter ersetzen kann, man braucht dann am Lenker zum Auf- und Abblenden nur noch einen (nicht mal gegen Masse isolierten) Druckknopf.

Oben links ist die Verdrahtung der Leitungen zur Hupe gezeigt, der Umweg wird hier nur deshalb gegangen, weil man mit der Leitung zum Druckknopf am Lenker im gleichen Kabelbaum liegt wie die Leitungen zum Abblendschalter.

Rechts Mitte: Batteriezündung mit sämtlichen Klemmenbezeichnungen.

Unten rechts: So liegen die Kabelanschlüsse im Scheinwerfer. Es fehlt hier nur die Kurzschlußleitung, die vom Zünder kommt und im Zündschloß an die einzelne Klemme ganz vorn angeschlossen wird, von wo aus sie bei abgezogenem Zündschlüssel an 31 = Masse gelegt

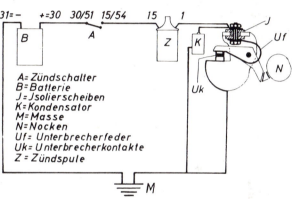

wird. Außerdem ist hier bereits skizziert, wie man den Regler im Scheinwerfer unterbringen könnte, die Kabelverlegung ist darauf abgestimmt.

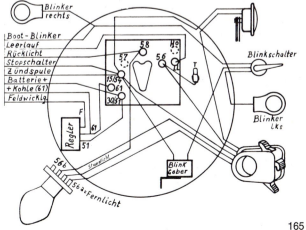

Die Drehstrom-Lichtmaschinen

Bei den neuen BMW-Modellen R 50/5 bis R 75/5 wird im Generator auf der Kurbelwelle kein Gleichstrom, sondern ein Drehstrom (spezielle Art eines Wechselstroms) erzeugt. Solcher Drehstrom kann nicht zur Batterieladung verwendet werden, denn seine Polarität wechselt ja ständig. Deshalb ist es notwendig, am elektrischen Ausgang des Drehstrom-Generators einen Gleichrichter vorzusehen. Im Fall der BMW-Drehstrom-Lichtmaschine besteht dieser Gleichrichter aus einem Satz Silizium-Dioden, die so geschaltet sind, daß an ihrem Ausgang jeweils nur eine Leitung die Plus-Polarität und die zweite Leitung die Minus-Polarität hat.

Die Spannungsregelung einer solchen Drehstrom-Lichtmaschine ist noch etwas komplizierter als die einer Gleichstrommaschine. Es werden in der Praxis zwei verschiedene Systeme der Regelung verwendet. In der Anfangszeit der Drehstrom-Lichtmaschinen-Herstellung begnügte man sich mit einem mechanischen Spannungsregler. In der Zwischenzeit sind aber bereits elektronisch funktionierende Spannungsregler im Serienanlauf.

Die Verwendung von Silizium-Dioden zur Gleichrichtung und auch zur Steuerung des Erregerstroms, der über zwei Schleifkohlen in die Wicklung des rotierenden Ankers geschickt wird, ist, vom Standpunkt des Elektronikers aus gesehen, vollständig problemlos. Im Fahrzeugbau jedoch treffen oft viel mehr unglückliche Zufälle aufeinander, als es im Prüflabor überhaupt simulierbar ist. So hat die Elektronik nicht nur ihre Vorzüge, sondern speziell für den Fahrer und gelegentlichen Bastler auch einige kräftige Nachteile. Dioden reagieren z. B. sehr empfindlich auf Kabelbrüche, weshalb einige besonders gefährdete Anschlußleitungen nicht mehr aus einfacher Litze, sondern aus geflochtenem Leiterband gefertigt werden. Auch vertragen die Dioden nicht, wenn man bei laufendem Motor etwa die Batterie abklemmen würde. Da genügt schon ein ganz kurzes Lösen und Wiederanstecken (wenn man etwa erst im letzten Moment den falschen Handgriff merkt), um durch dabei entstehenden kurzen Funken am Batteriepol eine für die Dioden tödliche Spannungsspitze zu erzeugen.

Wenn man sich aber diese Verhaltensmaßregeln einprägt, niemals bei laufendem Motor irgendwelche elektrischen Experimente durchzuführen (außer den notwendigen Messungen), dann sollte eigentlich auch die Drehstrom-Lichtmaschine einigermaßen zuverlässig sein.

Einige kleine Kinderkrankheiten weist sie jedoch sichtlich noch auf, die wahrscheinlich aber im Lauf der ersten Serienerfahrungen werksseitig behoben werden. So ist es nicht nur einmal passiert, daß sich die Anschlußleitung im rotierenden Anker von dessen Wicklung zum Schleifring löste. Es ist klar, daß dann die Lichtmaschine keine Leistung mehr abgibt, daß man dann also nur noch (unbemerkt!) mit der vorhandenen Batteriekapazität fährt. So dauert es gar nicht lange, bis die Maschine schließlich endgültig stehenbleibt. Man kann sich gegen solche Überraschungen eigentlich gar nicht besonders wappnen, denn Dioden u. ä. elektronischen Bauteilen sieht man es ja nicht an, wenn sie einen Defekt aufweisen. Auch das Kabel von der Erregerwicklung zum Schleifring kann man ja nicht ständig daraufhin kontrollieren, ob es nicht etwa abgebrochen ist. Diese Fehlerquelle wurde inzwischen bereits erkannt und beseitigt. Wieder zeigte sich dabei die BMW-typische Kulanz: ältere Rotoren (weißer Farbpunkt an der Schleifringstirnseite) wurden kostenlos gegen neue mit blauem Farbpunkt ausgetauscht. Best.-Nr. der neuen Rotoren: 1231 8002347. Leider lassen sich alle die möglichen

Defekte und fehlerhaften Einstellungen einer Drehstrom-Lichtmaschine nur mit einem recht umfangreichen elektrischen Gerätepark aufspüren, so daß die Möglichkeiten zum »Selbermachen« bei der Drehstrom-Lichtmaschine praktisch nicht mehr gegeben sind. Wenn diese Bauart von elektrischen Generatoren auch hinsichtlich ihrer Leistung speziell in niedrigeren Drehzahlbereichen etliche Vorzüge bietet, so läßt es sich doch nicht leugnen, daß besonders die alten Hasen unter den BMW-Fahrern den inzwischen recht zuverlässig gewordenen Gleichstrom-Lichtmaschinen nachtrauern. Dabei muß nicht einmal die Begründung herangezogen werden, daß ja die Funktion einer Gleichstrom-Lichtmaschine recht einfach zu begreifen ist, während die meisten von uns doch durch die Elektronik nicht so recht hindurchschauen.

Der weiße Pfeil zeigt auf eine der kritischen Stellen des Läufers. Hier ist der Anschluß des Wicklungsdrahtes an den Schleifring gegen Vibrationen empfindlich. Und wenn er dort abbricht, kann natürlich kein Strom mehr geliefert werden. Ebenso scheint die Wicklung innerhalb des Klauenpolteiles nicht immer genügend festgelegt zu sein, auch hier treten manchmal innerliche Kabelbrüche auf. Inzwischen gibt es (Stand Mai 1971) bereits neue Läufer mit grüner Farbpunkt-Kennzeichnung.

Kleine Kerzenkunde

Die Zündkerze ist nicht nur ein Bauteil, das thermisch und elektrisch recht hohen Beanspruchungen unterliegt, sie muß zusätzlich auch noch die wildesten Verdächtigungen ertragen. Sie muß sich gefallen lassen, für die Ursache der unwahrscheinlichsten Schäden gehalten zu werden. Dabei ist doch die Kerze eher eine Art Anzeigeinstrument, an dem man Motorschäden, Motorverschleiß, Kraftstoffqualität und sogar Motorbelastung ablesen kann. Wenn man die Diagnose auf der richtigen Grundlage aufbaut! Vor allem darf man nicht zu vieles hineinzugeheimnissen versuchen. Die Schwierigkeit der richtigen Beurteilung des Kerzenzustands liegt darin, daß sehr viele Faktoren berücksichtigt werden müssen. Außerdem kann man auch die Fähigkeit, folgerichtig zu überlegen, als unerläßliche Voraussetzung für erfolgreiche Diagnosen ansehen. Denn wenn z. B. eine R 51/2 mit einer 310er-Rennkerze nicht zurechtkommt, weil die Kerze weiß verbrannt aussieht, also noch zu niedrig zu sein scheint, dann kann der Fehler wirklich nicht der Kerze angelastet werden. Wer dann noch mit Kerzenwärmewerten dieser Höhe herumexperimentiert, ist mit (Betriebs-) Blindheit geschlagen. Etwas Überlegung ... und dann müßte man eigentlich draufkommen, daß die weißgebrannte Kerze nicht die Ursache, sondern die Auswirkung ist. Daraus folgt, daß man jetzt nicht mit der Kerze weiterbasteln und knobeln kann, sondern daß man der Ursache für die Überhitzung auf die Spur kommen muß. Bei dieser Suche wird sich, falls man den richtigen Fehler findet, am Ende auch wieder ein normaler Wärmewert als brauchbar erweisen.

Bevor wir uns um die richtige Erkennung des Wärmewerts der Zündkerze kümmern, noch schnell ein Hinweis für Fahrer der R 50, R 60 und R 69 S. Im Zuge der Verbesserungen an diesen Modellen wurde, wie ja auch im Kapitel über den Motor schon erwähnt, eine andere Aluminiumlegierung für den Zylinderkopf verwendet. Seinerzeit entfiel dann die Einsatzbuchse mit dem Kerzengewinde, man sah ein langes Kerzengewinde vor, das jetzt auch ohne Buchse im Aluminium halten sollte. Die entsprechenden Zylinderköpfe tragen am Kerzensitz die Bezeichnung »LK«. In diesen Zylinderköpfen darf keine Zündkerze verwendet werden, deren Gewinde 12,7 mm Länge hat, sondern nur eine Kerze mit 19 mm Gewindelänge.

Für die richtige Funktion der Zündkerze ist der Abstand zwischen der Masse- und der Mittelelektrode maßgebend. Diesen Abstand muß der Zündfunke überbrücken, wobei einerseits wichtig ist, daß der Funke äußerst kräftig ist (hierfür wäre ein kurzer Funkenweg günstig), andererseits soll er aber recht lang sein. Um beiden Forderungen bestmöglich zu entsprechen, muß man also für den Abstand der Elektroden der Zündkerze einen guten Mittelwert finden.

Der Mittelwert liegt bei etwa 0,5 mm. Magnetzündung kann manchmal einen engeren Elektrodenabstand vertragen (besseres Anspringen, aber schlechtere Zündleistung bei hohen Drehzahlen), während Batteriezündung oftmals auch mit 0,8 mm und größeren Luftspalten noch sichere Zündungen ergibt.

Der nächste Punkt sind die Temperaturen an der Kerze. Bei einem ganz bestimmten Prüfmotor wurden beispielsweise folgende Temperaturen in der Gegend der Zündkerze eines Viertakters gemessen: Gegen Ende des Saughubs nur 60°, gegen Ende der Verdichtung etwa 450°; zu Beginn der Verbrennung 2000° und gegen Ende der Verbrennung 1300°. Im Lauf der Betriebszeit stellt sich eine mittlere Arbeitstemperatur an der Kerze ein. Diese mittlere Arbeitstemperatur müssen wir in unseren Motoren durch richtige Einstellung des Vergasers und des Zündzeitpunkts und durch richtige Zündkerzenwahl zu treffen versuchen. Der Isolatorfuß der Kerze soll zwischen 500 und 850° heiß sein. Er glüht dann dunkel bis hellrot. In diesem Bereich besitzt er eine gewisse Selbstreinigungskraft, d. h. angelagerte Rückstände (Ölkohle) verbrennen dann restlos.

Aus eigener Erfahrung wissen wir, daß ein Motor, der völlig richtig eingestellt und mechanisch in Ordnung ist, unter hoher Belastung wärmer wird als im Leerlauf. Die Temperaturen an der Kerze schwanken also je nach Belastung des Motors. Wird etwa bei langsamer Fahrweise die Selbstreinigungstemperatur nicht erreicht, so leidet die Kerze unter Ölkohleablagerungen. Wird dagegen bei Autobahnhetze die obere Temperaturgrenze gar überschritten, so kommt es ab etwa 880° mittlerer Kerzentemperatur zu Glühzündungen und erhöhtem Elektrodenabbrand. Einer der wenigen Merksätze, den wir schlicht auswendig lernen können, lautet: Eine Kerze hat einen begrenzten Bereich, in dem sie voll betriebsfähig bleibt. Sie kann entweder für Stadtfahrten oder für Autobahnjagden passen, selten jedoch für beides.

Die Beurteilung des Kerzenzustands geschieht nach der Färbung des Isolatorfußes. Drei Farbtöne müssen wir unterscheiden: Hellweißer Isolator (dabei leichte Schmelzperlen an den Elektroden) bedeutet, daß die Kerze zu heiß geworden ist. Es bedeutet nicht unbedingt, daß die Kerze den falschen Wärmewert hat, denn die Überhitzung kann u. a. von zu magerer Vergasereinstellung herrühren, von zu frühem Zündzeitpunkt und sogar von innerlich verludertem Motor, in dem die Ölkohle so dick abgelagert ist, daß das Verdichtungsverhältnis bereits merklich erhöht wurde. Ist der Isolatorfuß mittelbraun, vielleicht etwas gelblich, und sind die Elektroden von gleicher Farbe und vor allem ohne schmierigen (ohne trockenen, gläsernen) Glanz, dann stimmt alles. Es sei denn, dieser Zustand wurde bei einer R 50 oder R 51/2 erst mit einer 310er-Rennkerze erreicht!

Schwarzer Belag, samtartig, rußig, vielleicht etwas schmierig, bedeutet, daß die Kerze unter den gegebenen Betriebszuständen nicht warm genug wurde. Das kann z. B. daran liegen, daß der Vergaser zu fett eingestellt ist. Es kann daran liegen, daß man mit gezogener Starthilfe gefahren ist, daß das Luftfilterelement stark verschmutzt, daß der Elektrodenabstand zu groß ist, wobei es allerdings auch zusätzliche Fehlzündungen gibt. Also müssen wir auch hier eine ganze Reihe verschiedener Ursachen in Betracht ziehen. Schließlich kann der Fehler aber auch an der Kerze liegen, die einen zu hohen Wärmewert für diesen Betriebszustand hat.

Zu diesen drei, nur in der Farbe unterschiedlichen Kerzengesichtern kommt im Fahrbetrieb noch eine große Anzahl von Merkmalen hinzu, die durch die Ablagerung innerhalb der Kerze gebildet werden und spezielle Rückschlüsse erlauben. Vielfach wird die Farbe des Kerzengesichts durch die Färbung einer bestimmten, für eine Kraftstoffsorte vielleicht typischen Ablagerung verfälscht, so daß eine gute Kerze nicht immer nur braunen Grundton haben muß, sondern auch nach Grau tendieren kann.

Hier beginnt das Gebiet der Erfahrung, die man sich z. B. durch Verwendung verschiedener Kraftstoffsorten aneignen kann. Zumeist genügt es, eine Tankfüllung zu verbrauchen, um die typische Ablagerungsfarbe dieses Kraftstoffs zu erzielen. Dann hat man auch einen Anhaltspunkt dafür, ob eine graue Farbe durch Hitze oder durch den Kraftstoff hervorgerufen wurde.

Andere Ablagerungen lassen Rückschlüsse auf den Zustand des Motors zu. Wenn grobe Batzen an den Elektroden kleben, recht hartes Material, Färbung nahezu in allen Schattierungen zwischen Hellbraun und Schwarz, dann wird es Zeit, sich einmal um den Ölverbrauch zu kümmern. Denn außer schlechter Luftfilterung, die derartige

Ablagerungen aus dem Straßenstaub ermöglicht, kann durchaus auch Ölverbrennung (trotz einwandfreien Erreichens der Selbstreinigungstemperatur) im Laufe einiger tausend Kilometer dicke Schlackenreste hinterlassen. So wird man in solchen Fällen die Ventilführungen und die Kolbenringe kontrollieren oder sich wenigstens Rechenschaft zu geben versuchen, wie lange der normale Verschleiß an diesen Stellen schon arbeiten konnte.

Diese wenigen Grundsätze können zur richtigen Auswahl der Zündkerzen für Ihre Maschine ausreichen. Es ist nach meinen Erfahrungen nur sehr selten notwendig, gegenüber der werksseitig vorgeschriebenen Zündkerze nach oben oder nach unten eine Änderung vorzunehmen. Wichtig ist allerdings, daß man sich über seine spezifische persönliche Fahrweise klar ist. Scharfer Seitenwagenbetrieb erfordert z. B. eine 260er-Zündkerze bei der R 60/2, während die gleiche Maschine bei normalem Solobetrieb mit 240er-Kerzen auskommen kann. So wird es für jeden Fahrer besonders in den ersten 5000 km von Wert sein, regelmäßig nach der Zündkerze zu schauen, um etwaige typische Verfärbungen in Richtung »zu hell« oder »zu dunkel« rechtzeitig zu erkennen und durch Wahl eines anderen Wärmewerts für die Anpassung an die persönliche Fahrweise zu sorgen. Sobald man aber mehr als zwei Wärmestufen über oder unter der werksseitig angegebenen Richtgröße liegt, ist anzuraten, Vergasereinstellung und Zündungseinstellung zu überprüfen.

In den Bildern sind im übrigen einige der häufigsten Kerzenschäden gezeigt, so daß man wenigstens die Anfangsgrundlage für die Beurteilung einer Zündkerze daraus entnehmen kann.

Unten: Elektroden-Abbrand.

Mechanische Schäden: Hier geplatzter Isolator.
Unten: Verschmutzung und Ölkohleablagerungen.

Der elektrische Anlasser der neuen BMW-Modelle

Die Baureihen R 50/5, R 60/5 und R 75/5 werden, zum Teil serienmäßig, zum Teil auf Wunsch, mit einem elektrischen Anlasser geliefert. Es handelt sich dabei um einen im Pkw-Bau bereits bewährten Schubschraubtriebanlasser, dessen Ritzel auch beim Motorradmotor in eine entsprechende Verzahnung am Umfang der Schwungscheibe einspurt. Der Anlasser ist ein weiterer Grund dafür, daß man bei den neuesten BMW-Modellen den Batteriezustand unter Kontrolle halten muß. Zwar kann man natürlich auch diese Maschinen noch mit dem Kickstarter anwerfen, aber die Erfahrung hat gezeigt, daß man sich die Bequemlichkeit des elektrischen Anlassers sehr schnell zur Gewohnheit werden läßt und dann, falls es mal schwierig wird, mit dem Kickstarter gar nicht mehr klarkommt.

Vielleicht sollte man deshalb anraten, nicht nur die Batterie laufend zu überwachen (und gegebenenfalls an einem ortsfesten Ladegerät, das ruhig eine recht kleine Leistung haben darf, nachzuladen), sondern hin und wieder einmal das Antreten der Maschine zu trainieren. Dabei kommt es dann nicht darauf an, den Schwung mit dem Kickstarter zu üben, vielmehr soll man darauf achten, daß das Zusammenspiel zwischen Starthilfe und Drehgriffstellung beim Antreten auch richtig klappt. Mit dem Anlasser ist es ja einfach, da kann man ein wenig mit dem Gasgriff spielen, während der Anlasser den Motor durchkurbelt. Beim Antreten sollte man gleich die richtige Gasgriffstellung auf Anhieb finden.

Über die Zuverlässigkeit des elektrischen Anlassers der neuen BMWs läßt sich naturgemäß wegen der kurzen Zeit seit den ersten Auslieferungen der Maschinen noch nicht viel sagen. Der Anlasser entspricht leistungsmäßig und in den Grundzügen dem im alten Opel-Kadett verwendeten Modell, lediglich der Befestigungsflansch ist gegenüber dem Kadett-Anlasser etwas verdreht. Am Wagenmotor hat sich dieser Anlasser anstandslos bewährt, auch sind mir bisher von BMW-Fahrern keine Klagen zugetragen worden. Häufiger hingegen war die Batterie leer, denn sie hat im Verhältnis zur Pkw-Batterie doch erheblich geringere Kapazität.

So lebt sie länger

BMW-Motorräder sind für ihre Zuverlässigkeit berühmt. Bei kaum einem anderen Gebrauchsgegenstand hängt jedoch die Zuverlässigkeit so stark von der Behandlung der Maschine durch den Fahrer ab wie bei einem Motorrad. Mit dem so oft zitierten »Gefühl« kann man selbst eine schwerkranke Maschine noch über erstaunliche Strecken streicheln. Wenn man hingegen die Ohren verschließt, ist es durchaus möglich, eine anfänglich gesunde BMW auf einer Strecke von Hamburg bis Stuttgart vollständig zu zerstören. Krasses Beispiel: Man braucht nur ständig im dritten Gang zu fahren.

Derartige Fehler werden Sie als BMW-Liebhaber natürlich nicht machen. Sie haben sicher auch nicht den Ehrgeiz, durch häufige Reparaturen aufzufallen, sondern Sie fahren bestimmt doch auch »eigentlich ganz normal«. Aber es gibt auch dabei Unterschiede. So kann man z. B. jeden einzelnen Gang bis zur Grenzdrehzahl ausfahren, um im nächsten Gang den richtigen Anschluß zu finden und den Motor nicht in zu niedrigen Drehzahlen zu »quälen«. Vielleicht ist man sich dessen gar nicht bewußt, daß dieses kurzzeitige Hochjubeln des Motors gerade bei den BMWs mit ihrem doch recht schweren Ventiltrieb (Stoßstangenmotor mit den dafür üblichen beträchtlichen hin- und hergehenden Massen) wesentlich ungünstiger ist als kurzer Betrieb mit zu niedriger Drehzahl. Hohe Drehzahlen bedeuten immer hohe Flächendrücke zwischen Nockenwelle und Stößel, zwischen Kipphebel und Ventilschaft. Die sogenannte Pittingbildung auf den Stößeln, die trotz gegenteiliger Versicherungen doch immer wieder auftritt, wird zwar von manchen Leuten auf ungeeignetes Motorenöl zurückgeführt, dürfte aber nicht zuletzt auch durch ständige Inanspruchnahme der Maximaldrehzahlen hervorgerufen werden.

Nun muß man gerade eine BMW nicht unbedingt nach Drehzahlmesser fahren (obwohl das schon empfehlenswert wäre), denn die erreichten Drehzahlen sind zumindest bei den Tourenmodellen nicht so hoch, daß man sie nicht mit etwas Erfahrung abschätzen könnte. Aber man sollte sich doch darüber im klaren sein, daß nun einmal ein Stoßstangenmotor hinsichtlich der Drehzahlempfindlichkeit ungünstiger liegt als ein Motor mit obenliegender Nockenwelle. Und wenn man sich das vor Augen hält, dann braucht man trotzdem im Notfall nicht darauf zu verzichten, die volle Drehzahl und die höchstmögliche Beschleunigung auszunutzen. Nur soll man es eben nicht ständig tun. Auch die Sportmodelle, denen ja auch bereits werksseitig eine höhere zulässige Drehzahl zugestanden wird, sind nur Stoßstangenmotoren und stellen als solche eben gewisse Anforderungen an die Vernunft des Fahrers.

Einfahren

Den Grundstein für eine lange Lebensdauer der Maschine legt man bereits in der Einfahrzeit. Früher war es üblich, Motorräder etwa 5000 bis 7000 km mit halber Kraft zu fahren, um dann mit ruhigem Gewissen zu behaupten, der Motor sei nun »frei«. Im Laufe der Zeit bürgerte es sich aber doch ein, daß werksseitig kürzere Einfahrzeiten zugelassen wurden. Man erkannte auch, daß es viel wichtiger ist, dem Fahrer den richtigen Übergang zwischen Einfahrzeit und normaler Betriebszeit beizubringen, als ihn stur in enge Geschwindigkeitsvorschriften zu pressen. Letzteres funktioniert ja doch nur theoretisch.

Wenn man überlegt, daß die einzigen Teile eines Motors, die ein Einlaufen, d. h. eine Anpassung gleitender Schichten am Anfang der Betriebsszeit benötigen, die Kolbenringe und die Zylinderlaufbahn sind, dann kann man auch seine Fahrweise danach richten. Man weiß, daß die Kolbenringoberflächen in der Fertigung bewußt etwas rauh gehalten werden, so daß sie sich im Lauf der ersten Betriebszeit an die Zylinderwand anpassen können. Dieser Vorgang ist wichtig, und man soll ihn durch vorbildliches Einfahren günstig beeinflussen. Die Anpassung der Kolbenringoberfläche geschieht durch Verschleiß. Verschleiß bedeutet höhere Reibung, diese wiederum bedeutet höhere Temperaturen an der Reibstelle. Man muß also in der Einfahrzeit den Motor schonen. Man soll ihn nicht zu hoch drehen lassen, weil hohe Drehzahlen auch hohe Kolbengeschwindigkeiten und damit eben erhöhten Anfall von Reibungswärme bedeuten. Es ist aber kein Grund dafür anzuführen, daß man einen Motor während des Einfahrvorgangs unbedingt in so niedrigen Drehzahlen fahren muß, daß sich die ganze Maschine schüttelt. 20 km/h im vierten Gang wäre also mächtig übertrieben.

Die meisten Fehler werden aber nicht während des Einfahrens gemacht, sondern erst nachher. Wenn der Motor z. B. seine 2000 bis 3000 km gelaufen ist, dann hat er während des Einfahrvorgangs die höchste Betriebstemperatur noch nicht erreicht. Zwar ist jetzt schon eine weitgehende Glättung der Kolbenringe und der Zylinderlaufbahn eingetreten, aber diese Anpassung gilt bisher nur für niedrige Temperaturbereiche. Es erscheint also angebracht, daß man nach der eigentlichen Einfahrzeit (die so ungefähr nach 1500 bis 1800 km beendet sein könnte) eine Periode einlegt, in der man den Motor langsam an höhere Belastungen gewöhnt.

Auch jetzt sollte man noch nicht stur mit Vollgas von München an die Nordsee fahren, sondern man sollte hin und wieder etliche Kilometer mit Halbgas einlegen. Diese Übergangsperiode könnte man auf etwa 1000 km beschränken, sollte aber diese 1000 km nicht im Stadtverkehr fahren, sondern tatsächlich auch auf Bundesstraßen und zum Teil sogar Autobahnen. Denn im Stadtverkehr erreicht man nie die Belastungen, die bei einer wirklichen Vollgashetze (und sei sie auch nur kurzzeitig) auftreten.

Damit könnten wir das Kapitel über das Einfahren eigentlich bereits abschließen. Nach meinen eigenen BMW-Erfahrungen, die sich auf verschiedene Modelle erstrecken, ist das Einfahren bei BMW-Motorrädern gar nicht so kritisch. Im Gegensatz zu vielen anderen Motorrädern braucht man sich bei einer BMW kaum auf schwerere Schäden (wie Kolbenklemmer) während der Einfahrzeit gefaßt zu machen.

Ein wenig Zurückhaltung aufgrund des Wissens um die inneren Zusammenhänge, daraus resultierend eine leichte Scheu vor zu hohen Drehzahlen, genügt in den meisten Fällen.

Langstreckenfahrten

Bei vielen Motorrädern wird für Langstreckenfahrten empfohlen, zwischendurch einige Abkühlungspausen für den Motor einzulegen. Abgesehen davon, daß derartige Pausen seitens des Fahrers gefühlsmäßig eingerichtet werden und meistens doch zu kurz ausfallen (der Motor heizt sich durch die fehlende Fahrtwindkühlung während der ersten Zeit des Stillstandes noch etwas stärker auf), erscheint dieser Rat ein wenig peinlich für den Konstrukteur. Denn damit wird doch indirekt gesagt, daß der Motor für Langstrecke nicht tauglich ist. Bei BMW-Motorrädern braucht man sich in dieser Beziehung keine Sorgen zu machen. Sofern man nicht ausgesprochen unvernünftig fährt (also mit völlig verstelltem Motor auf die Autobahn geht und außerdem auch noch falsche Zündkerzen verwendet), kann ohne Bedenken auch eine längere Tour unternommen werden. Meist ist es doch so, daß Pannen auf der Langstreckenfahrt stets an solchen Teilen auftreten, die man etwas vernachlässigt hat.

So wurde ich einmal von meiner allerersten BMW durch ein kreischendes Heulen aus der Autobahn-Trance geweckt ... ich hatte es vorher nicht für notwendig gehalten, das Getriebeöl zu wechseln oder auch nur den Ölstand zu kontrollieren. Wenn man mit einem kränkelnden Motor auf die Autobahn geht, dann braucht man sich nicht zu wundern, wenn die verdächtigen Teile im ungeeignetsten Zeitpunkt ihren Geist aufgeben. Über die Schäden an Kolbenringen, die auch mit Vorliebe bei hohen Dauerdrehzahlen auf Autobahnlangstreckenfahrten auftreten, wurde bereits im Kapitel vom Schlossern am Motor gesprochen. Wenn man trotz dieses kritischen Details sicher ans Ziel gelangen will, dann braucht man eine BMW nur 10 bis 15 km/h unterhalb der Spitzengeschwindigkeit zu fahren, um ein ruhiges Gewissen behalten zu können. So würde ich z. B. eine gebraucht gekaufte Maschine, die ich noch nicht kenne, auf einer Langstreckenfahrt, die vielleicht zwangsläufig unternommen werden muß, nicht gleich voll ausfahren. Es dauert erfahrungsgemäß 4000 bis 6000 km, bevor man eine »neue« Maschine richtig kennengelernt hat und weiß, was man ihr zutrauen kann. Innerhalb dieser Zeit hat man sich an das Geräuschbild des Motors gewöhnt, man hört dann schon das leise Tickern der Ventile und wird schnell aufmerksam, wenn zu diesen bekannten Geräuschen ein neues hinzutritt. Während der ersten 1000 km auf einer unbekannten Maschine hat man ja im allgemeinen alle Hände voll zu tun, sich an die Eigenarten sowohl des Motors als auch des Fahrwerks zu gewöhnen. Das richtige Zusammenspiel zwischen Fahrer und Maschine erfordert nun mal eine gewisse Zeit, während der man trotz mancher Versuchungen vernünftig bleiben sollte.

Die wichtigsten Punkte zur Vorbereitung einer Langstreckenfahrt seien hier kurz erwähnt:

Überprüfung der Einstellungen der Maschine, Kontrolle sämtlicher Ölstände, eventuell fällige (oder demnächst fällige) Ölwechsel durchführen, Kontrolle und Reinigung des Luftfilters sowie die Überlegung, ob die montierten Reifen diese Langstreckenfahrt noch überleben oder ob man nicht besser vor der Fahrt gleich neue Reifen aufziehen soll. Daß man mit einer überalterten Batterie (älter als drei Jahre) nicht mehr an die Riviera fährt, braucht nicht besonders erwähnt zu werden.

Zur Einstellung der Vergaser ist zu sagen, daß man für eine Langstreckenfahrt sowohl im Sommer als auch im Winter ruhig sicherheitshalber die Hauptdüse eine Nummer größer wählen kann. Bei vereinzelten Modellen hatte es sich sogar als zweckmäßig erwiesen, den rechten Vergaser etwas fetter als den linken einzuregulieren. Darüber hinausgehende Änderungen sollten jedoch nicht vorgenommen werden, Leerlaufdüse und Nadelstellung bleiben unangetastet.

Unangetastet bleibt auch die Einstellung der Zündung. Bei den Modellen R 51/2 und R 68, die jeweils eine handbetätigte zusätzliche Zündzeitpunktverstellung besaßen, wird man auf Langstrecke höchstens darauf achten, daß der Motor immer nur so viel Frühzündung bekommt, wie er zum vibrationsarmen Rundlaufen benötigt. Durch probeweise Verstellung der Frühzündung mit dem Handhebel findet man die für die Reisegeschwindigkeit passende Stellung sehr schnell, sie muß durchaus nicht immer volle Frühzündung bedeuten.

Eine Änderung der Einstellung des Zündzeitpunkts kann nur dann angebracht sein, wenn man einen zweifelhaften Kraftstoff tanken muß, mit dem der Motor im normalen Betrieb beim Beschleunigen zu klingeln beginnt. Mit der Handzündverstellung hatte man es ja seinerzeit sehr schön, konnte den Zündzeitpunkt auf den Kraftstoff recht gut einstellen. Bei den moderneren Maschinen ist dazu immer erst eine gewisse Bastelei nötig, die man außerdem beim Erreichen der heimatlichen Gefilde wieder rückgängig machen muß! Dazu ein kleiner Tip. Man markiert sich die zu Haus unter normalen Bedingungen gefundene beste Einstellung auf Grundplatte und Räderkastendeckel, bei Einstellung auf schlechten Kraftstoff probiert man ein wenig in Richtung Spätzündung (etwa 5 bis 8 Grad müßten reichen) und kann später ohne weitere Kontrolle auf die vorher markierte Stellung zurückdrehen.

Die Ventilspielkontrolle vor einer Langstreckenfahrt halte ich für besonders wichtig. Während man nämlich mit zu geringem Ventilspiel im Kurzstreckenbetrieb bis zu 20 km pro Tag ziemlich lange fahren kann, bevor das Ventil an seinem Sitz endgültig verbrennt, tritt ein solcher Schaden bei Langstreckenfahrt meistens im ersten Drittel der Tour auf. Es genügt aber nach meinen Erfahrungen, das Ventilspiel auf den werksseitig vorgeschriebenen Wert einzustellen. Die früher übliche Methode, für längere Strecken 0,05 mm größeres Ventilspiel zu geben, hat zwar den Vorteil, daß sie vor Verbrennen des Ventils recht sicher schützt, kann jedoch schlimmstenfalls unter der Dauerbelastung einer Langstreckenfahrt mit gleichmäßig gefahrenen hohen Drehzahlen zu Verschleißspuren an Nockenwelle, Stößeln und Kipphebeln führen. Auf keinen Fall würde ich also beispielsweise die Auslaßventile mit mehr als 0,25 mm Spiel laufen lassen, 0,2 mm ist da viel beruhigender.

Auf eine Kleinigkeit, die oft übersehen wird, die aber gerade bei Langstreckenfahrten in fremden Gebieten besonders wichtig ist, muß noch kurz hingewiesen werden. Die Luftfiltereinsätze verschmutzen auf staubigen Straßen sehr schnell, sie drosseln dabei nicht nur die Luftzufuhr zu den Vergasern, sie lassen auch größere Schmutzteilchen durch als im Neuzustand. Es ist gleichgültig, ob es sich beim Luftfilterelement um ein Papierfilter oder um einen der früheren Naßluftfilter handelt. Beide reagieren gleich bösartig auf übermäßige Verschmutzung. Kommt gar noch Feuchtigkeit hinzu, so kann das unliebsame Überraschungen mit sich bringen. Man wird sich also gerade im Sommer und vor allem wenn man in Richtung Süden startet möglichst vor der Fahrt das Luftfilter reinigen oder ihm eine neue Papierfilterpatrone spendieren. Das gehört genauso zur Routinepflege wie die Überwachung der Ölwechselzeiten und der Einstellungen.

Regelmäßige Überwachungen

Bei meinen eigenen BMWs habe ich gefunden, daß es vollauf ausreicht, wenn man die Einstellkontrollen an Vergaser, Zündung und Ventilen alle 5000 km vornimmt. Zur Not kann man auch 7000 bis 8000 km damit warten, wenigstens dann, wenn man seinen Motor schon länger kennt und seine empfindlichen Stellen bereits aus Erfahrung abschätzen kann. Viel wichtiger als die Kontrolle der verschiedenen Einstellwerte dürfte die regelmäßige Pflege sein. Hier ist nicht gemeint, daß man die Maschine jeden Samstag waschen muß, hier ist gemeint, daß man keineswegs versäumen soll, nach 2000 bis 2500 km das Motorenöl zu wechseln. Für das Getriebeöl und die Ölfüllungen in Schwingenholm und Kardan kann man sich ruhig 6000 km Zeit lassen. Aber speziell das Motorenöl sollte eher zu häufig als zu selten gewechselt werden.

Die Alterung des Öls beruht nämlich nicht nur darauf, daß es Abriebschmutz aufnimmt, der (grob gesagt) das Öl zu einer Schmirgelpaste macht, die Alterung beruht auch auf Oxydation, und deren Auswirkung ist ein Verlust an Schmierfähigkeit. Das trifft auch für die modernen Öle zu.

Bei der Auswahl der Ölsorte sollte man zwei Punkte im Auge behalten. Zum ersten kann gesagt werden, daß heutzutage die Markenöle sämtlicher Firmen den Beanspruchungen der Motoren standhalten. Hinsichtlich der Ölmarke braucht man also keine Bedenken zu haben, wenn man eine etwas weniger bekannte Firma (weil die Tankstelle vielleicht gerade günstig liegt) für seine Maschine bevorzugt.

Zum zweiten ist zu beachten, daß man die Viskositätsklasse den jeweiligen Temperaturverhältnissen entsprechend richtig wählt. Im Winter kann man durchweg SAE 20 nehmen, im Sommer SAE 30. Ein Mehrbereichsöl halte ich für unnötig, denn die Ölwechselintervalle sind ja bei 2500 km so kurz, daß man kaum am Anfang der Lebensdauer des neuen Öls ein 30er- und am Ende ein 20er-Öl benötigen würde. Gewiß kann man den Motor mit SAE-30-Öl bei strenger Kälte beim ersten Tritt kaum richtig durchdrehen, spätestens nach dem fünften Tritt (wenn er bis dahin nicht sowieso angesprungen ist) bereitet auch das SAE-30-Öl keine großen Widerstände mehr.

Lebensdauer-Erfahrungswerte

Die deutlichste Lebensdauergrenze an meiner letzten BMW zeigten die Stoßdämpfer. Praktisch schlagartig von einem Kilometer auf den nächsten versagten sie ihren Dienst. Die Symptome des Stoßdämpferschadens sind im entsprechenden Kapitel weiter vorn bereits erklärt, man wird auf einen solchen Schaden sehr deutlich hingewiesen. Hinsichtlich der Lebensdauer scheint es bei Stoßdämpfern zwei verschiedene Werte zu geben. Entweder hält ein Stoßdämpfer nicht einmal 5000 km, dann hat man anscheinend ein schlechtes Exemplar erwischt. Sobald aber 5000 bis 7000 km ohne Anstände vergangen sind, kann man nach meiner Erfahrung damit rechnen, daß zumindest 20 000 bis 25 000 km ohne Schäden durchgestanden werden. Eine Stoßdämpferprüfung, die auf genauer Messung beruht, kann vielleicht schon geringfügiges Nachlassen zeigen, im Fahrbetrieb macht es sich jedoch kaum bemerkbar.

Während die Stoßdämpferlebensdauer weitgehend von der Fahrweise und den Betriebsbedingungen unabhängig ist, kann man das von den Reifen nicht sagen. Wer mit einem Gespann mehr als 10 000 km einen Reifen auf dem Hinterrad fährt, hat entweder eine knochenharte Gummimischung erwischt, oder aber er benutzt das Fahrzeug praktisch nur zum Rollen, nicht jedoch zum Fahren. Es soll hier keineswegs der übersportlichen Rennerei das Wort geredet werden, aber es scheint angebracht, gerade bei der Reifenlebensdauer ein paar subjektive Bemerkungen einzuflechten. Auf einer normal gefahrenen Solomaschine lebt ein Hinterradreifen ungefähr 8000 bis 10 000 km. Beim Gespann muß man schon sehr viel Glück haben, wenn der Hinterradreifen über 4000 bis 5000 km sein Profil behält. Es erscheint nach meinen Erfahrungen gar nicht einmal notwendig, an jeder Verkehrsampel bei Grün einen Kavaliersstart hinzulegen und jede Linkskurve mit pfeifenden Reifen zu nehmen, um den Hinterreifen innerhalb dieser Zeit völlig blankzufahren.

Der einzige Reifen, der an meiner Maschine länger als 5000 km überlebte, war ein sehr alter, sehr lange abgelagerter, runderneuerter Reifen, der heute auch längst nicht mehr gefertigt wird.

Diese geringe Lebensspanne eines Hinterradreifens im Gespann muß man wohl in Kauf nehmen, denn ein wenig hat man doch schließlich sein Motorrad auch als Fahrzeug für den Spaß! Und ich glaube nicht, daß man sehr viel Spaß hat, wenn man immer nur ans Sparen denkt. Ein »wirtschaftliches« Fahrzeug ist ein Motorrad, vor allem eines mit Seitenwagen, sowieso nicht.

Für den Vorderradreifen einer Solomaschine kann man grundsätzlich etwa die eineinhalbfache bis doppelte Lebensdauer des Hinterradreifens annehmen. Allerdings muß ich dazu sagen, daß ich grundsätzlich den Vorderradreifen längst nicht soweit abnutzen lasse wie etwa den Hinterradreifen oder gar den Reifen auf dem Seitenwagenrad. Aber, welchem guten Motorradfahrer muß man das noch besonders einhämmern?

Ein weiteres Bauteil mit begrenzter Lebensdauer, die jedoch kaum vom Fahrer zu beeinflussen ist, ist die Batterie. Auch heute noch ist es so, daß eine Batterie durch Unzulänglichkeiten des elektrischen Bordnetzes (der im Elektro-Kapitel erwähnte Knickregler, der die Spannung erst ab einer gewissen Belastung schlagartig herunterregelt, wird ja bei Motorrädern serienmäßig nicht verwendet!) und durch die beim Motorrad unvermeidlichen Vibrationen im Lauf der Betriebszeit planmäßig zerstört wird. Eine handelsübliche Bleibatterie 6 Volt 14 Ah oder 6 Volt 8 Ah würde ich nicht länger als drei Jahre (drei Winter) in der Maschine behalten. Gegen Ende ihrer Lebensdauer stellt man häufig fest, daß man ständig nachladen muß, sie hat ihre Kapazität dann (in den meisten Fällen wenigstens) weitgehend verloren. Das bedeutet, daß sie eben nicht mehr 8 Ah speichert, sondern nur noch wesentlich weniger, etwa 2 bis 4 Ah.

Motor-Lebensdauer

Die interessantesten Lebensdauerwerte dürften für die meisten BMW-Fahrer und die meisten Interessenten beim Motor gesucht werden. Denn die teuersten Reparaturen pflegen bei Verschleiß oder Schäden am Motor aufzutreten. In dieser Beziehung ist die BMW, und zwar jede BMW, den meisten anderen Motorrädern überlegen. Die Kurbelwelle, als teuerstes Teil, lebt nach meinen Erfahrungen bei scharfem Seitenwagenbetrieb immer noch über 50 000 bis 60 000 km. Dabei ist es vielleicht nötig, etwa bei 40 000 km das vordere und hintere Kurbelwellenhauptlager auszuwechseln. Die Pleuellager erweisen sich als ausgesprochen standfest. Im Kapitel übers Schlossern am Motor wurde die einzige kleine Schwäche der Kurbelwelle schon erwähnt, nämlich die Pleuelbuchsen für den Kolbenbolzen. Doch kann man eigentlich keine allgemeingültigen Lebensdauerwerte angeben. Ich habe viele Fahrer kennengelernt, die noch niemals am Kolbenbolzenlager einen Defekt hatten. Meine eigenen Erfahrungen in dieser Hinsicht können, das sei gern zugunsten der BMW eingeräumt, Einzelerscheinungen gewesen sein.

Die erste Motor-Grundüberholung mit Abnehmen der Zylinder und kompletter Kontrolle aller erreichbaren Einzelteile sollte nach meiner Erfahrung etwa bei 30 000 bis 35 000 km erfolgen. Zu diesem Zeitpunkt pflege ich bei meinen eigenen Maschinen grundsätzlich und ohne hinzusehen die Ventile auszuwechseln. Dabei ist natürlich auch ein Auswechseln der Ventilführungen notwendig. Neue Ventile würden in alten Führungen zuviel Spiel haben, und zu großes Spiel führt nach den Aussagen einiger sehr erfahrener Techniker viel häufiger zum Abreißen des Ventiltellers als etwa überhöhte Drehzahlen.

Die Ventilsitze sind nach meinen Erfahrungen keine kritischen Punkte. Ob eingegossen oder gepreßt, leben sie in beiden Fällen meist über 50 000 km. Nur manchmal kann es bei eingepreßten Sitzen vorkommen, daß sie sich im Zylinderkopf lockern. Das zeigt sich durch ein unregelmäßiges Ticken beim Fahren, wobei besonders die Unregelmäßigkeit des Geräuschs auffällt. In diesem Fall muß unbedingt das Auswechseln der Ventilsitze einer dafür eingerichteten Spezialwerkstatt überlassen werden. Wegen der hohen Beanspruchung ist hier eine sehr ausgeklügelte Passung notwendig, die einerseits nicht zu locker, andererseits wegen der möglichen Verformbarkeit bei den hohen Temperaturen aber auch nicht zu stramm sein darf. Zylinderschleifereien kennen sich aber in solchen Dingen sehr gut aus, sie kommen auch mit den BMW-Ventilsitzen zurecht. Der für eine solche Reparatur zu zahlende Preis ist meist um ein Vielfaches niedriger als die zur korrekten Durchführung in eigener Regie notwendigen Meßwerkzeuge.

Beim Kilometerstand 30 000 bis 35 000 habe ich es auch schon mehrfach erlebt, daß die Kolben in den Zylindern bereits so viel Spiel aufwiesen, daß dieses sich in erhöhtem Ölverbrauch (mehr als 1 Liter auf 1000 km) bemerkbar macht. Ausschleifen der Zylinder und Einbauen neuer Kolben werden dann notwendig. Diese Arbeiten werden ja glücklicherweise allgemein von Zylinderschleifereien ohne große Schwierigkeiten durchgeführt. Falls es speziell für die älteren Modelle Ärger bei der Beschaffung passender Kolben geben sollte, sei hier darauf hingewiesen, daß nicht unbedingt der Kolben verwendet werden muß, der im Ersatzteilkatalog des entsprechenden Baujahrs der Maschine angeführt ist. Vielfach kann man auch Kolben neuerer Modelle verwenden, ohne Schäden oder Schwierigkeiten erwarten zu müssen. Wichtig ist, daß man auf gleiche Kompressionshöhe beider Kolben achtet (das ist das Maß zwischen Bolzenaugenmitte und Kolbenoberkante); daß man weiterhin auf den richtigen Durchmesser des Kolbenbolzens sieht; daß schließlich im Kolbenboden auch die etwa erforderlichen Einfräsungen für die Ventilteller vorhanden sind. Sofern diese drei Punkte geklärt sind, kann man im Notfall sogar in Kauf nehmen, daß das Kolbenhemd nach unten etwas zu lang geraten ist. Hier läßt sich manchmal durch Nacharbeit schnell eine Anpassung erzielen.

Der Kolben darf nur nicht an die Kurbelwangen schlagen. Eines allerdings würde ich nie tun: den Kolben einer R 69 S in einer R 60 verwenden. Die Veränderung der Verdichtung bringt derart viele Unsicherheitsmomente hinein (ohne etwa merkbar erhöhte Leistung zu bringen), daß man im Hinblick auf eine vernünftige Laufart des Motors auf dieses Experiment verzichten sollte.

Mit dem Kolbenbolzenlager im Pleuel hatte ich bisher den meisten Ärger (Bild oben), während die Kurbelwellenlager meiner sämtlichen BMWs nie ihren Geist aufgaben.

Die individuelle BMW

Wenn man sein Motorrad nicht nur als reines Fahrspielzeug ansieht, wenn man bastlerisch ein wenig begabt ist und Spaß am Ausknobeln technischer Raffinessen hat, wenn man außerdem eine ordentlich ausgerüstete kleine Bastelwerkstatt besitzt, dann kann man seine BMW zu einem ganz individuellen Motorrad umbauen. Dafür gibt es tausenderlei Möglichkeiten, die hier gar nicht alle aufgezählt werden können. Die Anregungen, die ich für derartige bastlerische Verbesserungen der eigenen Maschine geben möchte, beschränken sich bewußt auf die technisch sachlichen Schlossereien. Keineswegs aber bringen sie das, was heutzutage da und dort unter »Verschönerung« verstanden wird. Für die wichtigsten Fragen, die man sich vor solchen Basteleien an der Maschine überlegen sollte, halte ich folgende: Ist es nützlich? Ist es notwendig? Trägt es zur Vergrößerung der Handlichkeit, der Lebensdauer oder zur Erleichterung des Service bei? Und schließlich: Liegt es innerhalb der Möglichkeiten, die durch die gesetzlichen Bestimmungen der StVZO gegeben sind.

Vielleicht bin ich zu nüchtern, um der Frage nach dem schönen Aussehen einen der wichtigeren Plätze einzuräumen. Aber ich glaube, daß ein BMW-Fahrer es nicht nötig hat, vor anderen Leuten »eine Schau abzuziehen«, etwa mit einer Maschine, die futuristisch »modern« herausgeputzt ist. Ich finde, wenn man sich von einem Motorrad künstlerisch anregen lassen will, dann soll man die daraus entstehenden Objekte entweder an die Wand hängen oder unter Glas stellen, aber nicht auf der Straße zum Fahren mißbrauchen.

Die einfachste Verbesserung einer serienmäßigen Maschine besteht darin, daß man die Reifen für größere Bodenhaftung präpariert. Dafür gibt es ein sehr brauchbares Werkzeug, den sogenannten »Gilsterhobel«, mit dem man im Reifenprofil sehr feine, etwa 3 mm tiefe Längsschnitte anbringen kann. Die Fotos erklären den Vorgang wohl deutlich genug. Diese Längsschnitte bringen eine Entspannung der Reifenoberfläche, damit eine vor allem bei Nässe auffällige Verbesserung der Bodenhaftung. Erhöhter Reifenverschleiß wurde bei vielen Versuchen nicht festgestellt. Das Werkzeug ist im Zubehörhandel erhältlich.

Unter dem Stichwort »Zubehör« stehen die nächsten, recht einfach zu verwirklichenden Verbesserungen. Abgesehen davon, daß die serienmäßig gelieferten Kraftstofftanks ein wenig zu klein geraten sind und man sich deshalb häufig einen größeren Tank wünscht, gibt es von BMW noch viele andere nützliche Zubehörteile. Dazu gehören auch die sogenannten Sturzbügel, bei denen es nicht ganz eindeutig geklärt ist, ob sie

Teilbild 1 = unbearbeiteter Gummi, Bild 2 = feinprofiliert und deshalb oberflächenentspannt. Bild 3 = Versuchsaufbau zum Nachweis der Wirkung einer Feinprofilierung. Allerdings hier eben nur Modellversuch.

bei einem Sturz mehr die Zylinder schützen oder mehr den Rahmen verbiegen. Auch ein besonderer Suchscheinwerfer kann speziell für sportliche Wettbewerbe (Orientierungsfahrten) schon von Nutzen sein. Er ist durch die StVZO erlaubt, darf jedoch nicht während der Fahrt zum Ausleuchten der Straße benutzt werden. In dieser Hinsicht bieten die Motorräder durch ihre kleinen Lichtmaschinen auch verhältnismäßig geringe Möglichkeiten, einen großen »Lichtzauber« zu veranstalten.

Größere Kraftstofftanks gibt es von BMW (den Georg-Meier-Tank), außerdem sind die Firmen Ernst Hoske, Groß-Hilligsfeld bei Hameln, und Karl Heinrich, Maichingen, für ihre ausgezeichneten Spezialtanks berühmt. Ich persönlich gebe dem Heinrich-Tank den Vorzug, da er dort, wo man Knieschluß nimmt, schön schmal gehalten ist, so daß man nicht so breitbeinig auf der Maschine sitzt. Die Firma Heinrich fertigt auch eine für Tourenfahrten nützliche Verkleidung, deren Oberteil am Lenker befestigt wird, während das Unterteil getrennt am Fahrzeug angebracht ist. So kann man entweder nur mit den Knieschutzblechen fahren oder aber auch nur mit dem Verkleidungsteil am Lenker, was besonders im Winter als Wind- und Kälteschutz für die Hände von Bedeutung sein kann.

Etwas anspruchsvolleres Zubehör (weil man es nicht nur anschrauben, sondern dabei sogar etwas denken muß) ist ein elektronischer Drehzahlmesser. Die Firma Kröber in Winningen an der Mosel bietet ein bewährtes Instrument an, das speziell für die Magnetzündung der BMWs entwickelt wurde. Seine besondere Stärke liegt darin, daß es in Gummi gelagert ist, daß man außerdem nur wenige elektrische Leitungen (die allerdings richtig!) anzuschließen braucht und daß dieses Gerät bereits in so hoher Stückzahl gefertigt wurde, daß man mit Sicherheit etwaige Kinderkrankheiten ausschließen kann.

Weniger wichtig, aber durchaus auch nützlich wäre ein Öltemperaturmesser. Man müßte das Anzeigeinstrument in der Gegend des Lenkers anbringen, die Frage bleibt nur: Wo bringt man den Fühler für die Temperaturmessung an? Die Öltemperaturen im Motorradmotor liegen etwas höher als die im Pkw-Motor, sie sind aber an den verschiedenen Stellen des Motors so unterschiedlich, daß schon einige Überlegungen notwendig sind, um eine Stelle zu finden, an der eine einigermaßen konstante Öltemperatur auftritt. Als geeignet bietet sich die Ölablaßschraube an der Ölwan-

Links die Heinrich-Verkleidung an der R 60, dazu (allerdings kaum erkennbar) der sehr schöne Heinrich-Tank mit dem engen Knieschluß.
Rechts: Großer Scheinwerfer am Gespann darf ruhig gewichtig werden, solo wäre hier jedes zusätzliche Gramm ungünstig. Handschutz für Winterfahrten läßt sich aus Polyesterharz mit Glasfasermatte recht einfach selbst machen.

ne an. Auf eine zweite Schwierigkeit stößt man gleich bei der ersten Ausfahrt: Wie hoch darf die Öltemperatur steigen, was ist also normal, welche Toleranzen darf man ihr zubilligen? Wo muß man man die rote Grenze am Anzeigeinstrument anbringen? Die Temperaturen in der Ölwanne liegen um 95° bis 100°, manchmal auch bei 110°C max. Diese Werte kann man grundsätzlich nur als grobe Anhaltspunkte nehmen, man soll sich also keine Sorgen machen, wenn die Temperatur etwa nur bei 85°C liegt. Wenn man sicher weiß, daß der Motor mechanisch einwandfrei und in seiner Einstellung ebenfalls in Ordnung ist, dann könnte man sogar eine Öltemperatur in der Ölwanne von 120°C tolerieren. Es erscheint weniger wichtig, den absoluten Wert der Öltemperatur zu messen, als vielmehr Kontrollpunkte, die man als Vergleichswerte für verschiedene Motorbelastungen heranziehen kann. Dazu wäre es gar nicht notwendig, irgendwelche Gradeinteilungen am Anzeigeinstrument anzubringen, ausreichen würden Farbmarkierungen, wie man sie beispielsweise im Pkw auf den Kühlwasserthermometerskalen findet.

Im Gegensatz zum Öltemperaturmesser hätte ein Öldruckmesser an einem BMW-Motorrad älterer Bauart keinen Sinn. Erst bei den neuesten Modellen (R 50/5 bis R 75/5), deren Motoren mit Gleitlagern ausgerüstet sind, ist ein Öldruckmesser sinnvoll und deshalb auch serienmäßig angebracht. Alle früheren BMW-Modelle verwendeten als Lager innerhalb des Motors Wälzlager (also Kugel- oder Rollenlager), und in diesen Wälzlagern kann sich kein Öldruck aufbauen, soviel die Pumpe auch liefern mag. Ein Öldruckmesser würde hier also nur sehr geringe Werte anzeigen, die nicht einmal als Vergleichswerte brauchbar sind. Schließlich könnte er nicht einmal anzeigen, wenn die Ölschleuderscheiben auf der Kurbelwelle so stark verschmutzt sind, daß kein Öl mehr zu den Pleuellagern gelangt. Am Öldruckmesser würde eine solche gefährliche Verstopfung gar nicht angezeigt.

Als letztes Zubehörteil, das es in besseren Motorradgeschäften zu kaufen gibt, möchte ich noch den Gaszugverteiler erwähnen. Es ist unter den Experten noch umstritten, ob beide Vergaser besser mit zwei langen Seilzügen vom Gasdrehgriff aus betätigt werden oder mit einem langen, einem Verteiler und daran anschließend zwei kurzen Zügen. Gegen die serienmäßige Ausführung spricht eigentlich nur die Tatsache, daß die Seilzüge vom Gasdrehgriff bis zu den Vergasern bei Lenkereinschlägen nicht zwangsläufig dieselben Biegungen machen. Es ist also denkbar, daß bei Lenkereinschlag nach rechts der rechte Zylinder mehr Füllung erhält, bei Lenkereinschlag nach links entsprechend dann der linke. Andererseits treten bei Solofahrt derart große Lenkeinschläge gar nicht auf, so daß man dieses Problem vernachlässigen kann.

Anders sieht es beim Gespann aus. Hier werden Kurven u. U. mit starkem Lenkeinschlag gefahren, und dabei merkt man es schon, wenn durch ungleichmäßige Seilzugdehnung ein Vergaser weiter geöffnet wird als der andere. Für Gespanne wäre also ein Gaszugverteiler ein sogar notwendiges Zubehör.

Die Befestigung des Gaszugverteilers erfolgt am günstigsten am unteren Rahmenlängsrohr, vorn unterm Tank. Es genügt, wenn man zum Festlegen des Verteilers ein normales Schlauchband verwendet, Anschrauben ist nicht notwendig. Sehr große Sorgfalt sollte man aber der Abdichtung des Verteilers gegen Spritzwasser von vorn widmen. Denn der schönste Verteiler nützt nichts, wenn in ihm Wasser und Schmutz schmirgeln. Die Führung des nunmehr nur noch einen Gasseilzugs vom Verteiler bis zum Gasdrehgriff scheint am günstigsten zu sein, wenn sie unterm Scheinwerfer mitten zwischen den beiden Gabelrohren hindurch in einem nur 90 Grad betragenden Bogen zum Gasdrehgriff gerichtet wird.

Es leuchtet ein, daß man beim Umbau auf Gaszugverteiler nicht mehr den BMW-Doppelzug-Gasdrehgriff verwenden soll.

Das Gleitstück in diesem Drehgriff könnte bei einseitiger Belastung verkanten, also die Bewegung blockieren. Hier empfiehlt es sich, gleich einen anderen

183

Gasdrehgriff einzubauen, womit man außerdem auch noch den Vorteil erhält, daß man einen der schönen Magura-H-48-Bremshebel verwenden kann. Die H-48-Hebel sind wegen ihrer griffgerechten Form und ihrer wassergeschützten Ausführung (sie haben eine Plastikabdeckhaube) sehr beliebt. Nur muß man darauf achten, daß man als Kupplungshebel für BMW-Motorräder auch den dafür speziell entwickelten H-48-Hebel von Magura wählt. Ähnliche Hebel haben meist einen zu geringen Weg für den Seilzug der Kupplung, so daß man beim Einstellen der BMW-Kupplung in Schwierigkeiten geraten kann.

Wer häufig nachts fährt, wird mit dem serienmäßigen Scheinwerfer der BMWs trotz seiner verhältnismäßig soliden Leistung nicht ganz zufrieden sein. 160 mm Lichtaustrittsdurchmesser sind eben sehr wenig. Außerdem haben die älteren BMW-Motorräder noch keine für asymmetrisches Abblendlicht eingerichteten Scheinwerfer (den finden wir ja nur an den neuesten Modellen ab R 50/5), und auch die Verwendung von Halogenscheinwerfern scheitert immer noch daran, daß es wohl Einsätze gibt, die Abblendbirne und Fernlichtbirne in einem Reflektor vereinigen, daß es aber für die Verwendung dieser Einsätze am Motorradscheinwerfer einiger Umkonstruktionen bedarf, die sich auf den Fassungsring beziehen. Bei noch älteren Maschinen, etwa den früheren Modellen R 51/2, R 51/3, R 67 und R 68, die noch die leistungsschwächere Lichtmaschine hatten, empfiehlt sich sowieso kein Halogenscheinwerfer, weil durch die hohe Stromaufnahme der Halogenlampen die Lichtmaschine überlastet würde. Abhilfe könnte man schaffen, wenn man auch in einem alten R-51/3-Modell die Lichtmaschine der 50/60/69 S verwenden würde. Diese Lichtmaschine, bis 90 Watt überlastbar, verträgt dann auch einen Halogenscheinwerfer.

Etwas einfacher und problemloser kann man zu größerer Lichtausbeute kommen, wenn man sich aus einem Lkw-Scheinwerfer mit 200 mm Lichtaustrittsdurchmesser einen passenden Motorradscheinwerfer bastelt. Für derartige Basteleien empfiehlt sich die Verwen-

Ganz oben der Magura-H 48-Handhebel mit Schnellverstellkreuz und Plastikabdeckung. Darunter zwei Bilder mit kleinen Tricks, die man an alten und auch an neuen Gasdrehgriffen anwenden kann. Einsatz von Innensechskantschrauben (man braucht dann weniger Werkzeug für schnelle Unterwegsreparatur) und vor allem (im unteren Bild) Sicherung des Seilzugwiderlagers, das sonst bei Seilbruch verlorengeht.
Ganz unten: Es ist nichts so einfach, als daß es nicht ständig wiederholt werden müßte: Seilzüge arbeiten nur dann leichtgängig, wenn sie gut geschmiert sind. Also Plastik-Schmiernippel aufsetzen. (Gibt's in jedem besseren Motorrad-Zubehörgeschäft. Aufpassen: Seilzugdurchmesser bei Bestellung angeben!)

dung von glasfaserverstärktem Polyesterharz, für das man eine Gipsform ohne großen Aufwand herstellen kann. Dabei ist zu erwägen, ob man das Glasfaserpolyesterteil nicht einfach an das alte Scheinwerfergehäuse anschraubt, anklebt oder annietet. Wichtig ist dabei, daß eben der Chromfassungsring für Spiegel und Glas nicht direkt am Kunststoffteil gehalten wird. Die Schwierigkeiten, eine Kunststoffhaltenase für die obere Chromringbefestigung bruchsicher zu gestalten, dürfte doch zu groß sein.

Im 200-mm-Scheinwerfer bringt eine normale 35-Watt-Zweifadenglühlampe eine wesentlich höhere Reichweite des Lichtstrahls. Halogenlicht übertrifft dieses zwar noch, selbst bei nur 160 mm Lichtaustrittsdurchmesser, aber bei Halogen gibt es eben eventuell elektrische Schwierigkeiten. Man kann diesen Schwierigkeiten aus dem Weg gehen, indem man eine recht große Batterie verwendet, deren höhere Kapazität es gestattet, auch einmal längere Zeit zum Stromhaushalt einige Ampere beizusteuern. Eine größere Bleibatterie, etwa mit 14 Ah, ist schon ein Vorteil gegenüber der serienmäßigen Ausrüstung mit nur 6 Ah. Außerdem paßt sie mit nur ganz geringfügigen Änderungen der Befestigung an den gleichen Platz, der für die serienmäßige Batterie vorgesehen war. Ebenso paßt ein Nickel-Cadmium-Motorrad-Akku in die serienmäßige Halterung. Solch ein NC-Akku hätte den Vorzug, daß er hinsichtlich seiner Lebensdauer eine Bleibatterie um ein Vielfaches übertrifft. Man muß dabei nicht einmal die Reglereinstellung verändern, die theoretisch auf eine etwas höhere Voltzahl eingestellt werden müßte. Der Nachteil bei NC-Akkus liegt andererseits darin, daß man ihm keine hohen Amperezahlen entnehmen kann, ohne daß die gelieferte Spannung sehr stark zusammenbricht. Das bedeutet, daß man bei stehendem Motor kaum das Scheinwerferlicht anschalten kann, die Glühbirne brennt sehr dunkel. Sobald der Motor läuft und in den Bereich kommt, in dem die Lichtmaschine an die Batterie angeschaltet wird, wird dann das Scheinwerferlicht schlagartig heller. An

Oben noch mal der große Scheinwerfer für Gespannbetrieb. Für die Solomaschine ließe sich das gleiche bei halbem Gewicht aus Polyesterharz machen. Darunter: Bitte die neue Batterie nicht auf das nackte Metall des Trägers stellen. Erst rostschützen, dann Schaumgummi unterlegen!
Darunter: Sehr oft vernachlässigt: Bremslichtschalter. Hier muß öfter mal geputzt werden, am besten mit Fett einschmieren.
Ganz unten: Die Nickelbatterie paßt in ihren Abmessungen auf den Original-Batteriehalter. Nur ist sie etwas höher, das bringt aber kein Problem.

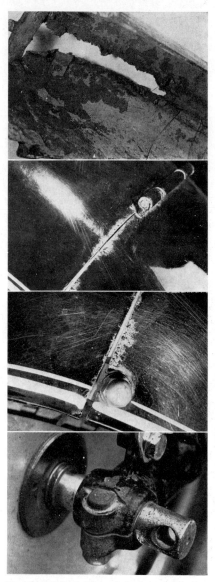

Ein Kapitel Rost. Dies sind die unschönsten Rostnester, die eine BMW innerhalb eines einzigen Winters bekommen kann ... wenn man nicht Vorsorge trifft.
Ganz oben: So rostet der Kotflügel entlang der Kabelführung durch. Reparatur durch restloses Entfernen der Rostnarben und Drübernieten oder -kleben von zugeschnittenen Blechstücken. Darauf dann Kunststoffspachtel und Lack, so hat man für zwei Winter wieder Ruhe.
Darunter das rostanfällige Scharnier, das man nur etwa zwei Nummern größer machen müßte, um Ärger zu sparen. Darunter: Hutmuttern aus Messing genügen für normale Festigkeit und rosten nicht!
Ganz unten: Steinschlaggefährdete Stellen müssen öfter und dicker nachlackiert werden, um Rosten zu verhindern.

dieser deutlichen Spannungssteigerung kann man im übrigen im Stadtverkehr sehr gut merken, ob man mit zu niedriger Drehzahl vor einer Verkehrsampel wartet, ob also die Batterie den Strom für die Beleuchtung liefert oder die Lichtmaschine. So kann man übermäßige Entladung der Batterie recht gut vermeiden. Wenn man diesen Nachteil in Kauf nimmt, wenn man ihn vor allen Dingen den in der letzten Zeit ins unwahrscheinliche gestiegenen Preisen für Bleibatterien gegenüberstellt, dann überwiegt eigentlich das, was zugunsten des NC-Akkus spricht.

Während die bisher genannten Umbauten noch durchaus mit kleiner Werkzeugausrüstung zu bewältigen sind, teilweise ja sogar nur einen Schraubenzieher erfordern, wollen wir jetzt etwas »trickreicher« werden. Speziell bei Motorrädern, die sehr häufig auch im Winter bei salzgestreuten Straßen gefahren werden müssen, findet man schon nach einer Wintersaison verzweifelt viele Roststellen. Besonders ärgerlich sind dabei die Winkel und Ecken, in die man beim Waschen nicht richtig hineingelangt, in denen man den Rost deshalb auch nicht einwandfrei mit Feile oder Schmirgelleinen entfernen kann. Unterhalb der Schutzbleche wird sich sehr schnell Rost ansetzen. Beim hinteren Schutzblech ist auch das Scharnier zum Aufklappen des Nummernschildträgers sehr rostanfällig. Ich habe häufig gefunden, daß dieses Scharnier beim ersten Versuch des Hochklappens bereits abbrach. So wird also eine kleine Bastelei nötig sein. Man könnte hier zwar das alte Prinzip weiterverwenden, also ein dünnes Scharnier anbringen, das elegant aussieht, aber man würde dadurch ja letztlich doch keine Erhöhung der Lebensdauer dieses Teils erreichen. Sofern man werkzeugmäßig einigermaßen ausgerüstet ist, lohnt es sich, ein Scharnier aus etwa 3 mm starkem Blech selbst herzustellen. Damit dieses Blech außen nicht zu klobig aussieht, legt man es mit seinen Befestigungsteilen nach innen, so daß außen nur das eigentliche Scharniergelenk zu sehen ist. Der Gelenkbolzen wird bei 3 mm Blechstärke vorteilhaft auf 5 mm Durchmesser verstärkt, vielleicht macht man ihn auch auswechselbar, so daß man bei stärkerer Verrostung ohne Hammer und Meissel auskommt.

Ebenfalls unterm hinteren Schutzblech liegt die Kabelführung für die elektrischen Leitungen zu Rück- und Bremsleuchte. Innerhalb dieser Kabelführung sammeln sich Wasser und Salz, was im allgemeinen nach dem zweiten Winter durch das Blech nach außen durchbricht. Man sollte möglichst schon bei der neuen Maschine verhindern, daß Salz und Wasser in die Kabelführung eindringen können. Dazu genügt es allerdings nach meinen Erfahrungen nicht, daß man am vorderen und hinteren Ende der Kabelführung einfach Unterbodenschutz o. ä. aufstreicht; denn das Wasser tritt auch seitlich in die Hohlräume ein, da die Führung ja nur durch Punktschweißen am Hinterradschutzblechkörper befestigt ist. Am besten wäre hier eine etwas brutale Methode: Das Führungsblech gleich beim neuen Schutzblech abmeißeln, eventuell mit einer Trennscheibe oder einer Schleifscheibe direkt an den Schweißpunkten lösen. Dann muß man allerdings das Schutzblech von innen neu lackieren, was aber sowieso den Vorteil hat, daß die zusätzliche Lackschicht auch einen zusätzlichen Rostschutz bedeutet. Die Verlegung der Kabel entlang der Schutzblechhaltestrebe nach hinten bedeutet dann die geringste Schwierigkeit.

Ölnebel

Die ausgeklügelte Kurbelgehäuseentlüftung der BMW-Motorräder hält die Motoren äußerlich in den meisten Fällen frei von Ölnebeln. Im Motorgehäuse herrscht ein Unterdruck, so daß das Schmieröl nicht aus jeder kleinen Dichtungsfuge herausgepreßt wird. Eine Stelle aber scheint bei vielen BMW-Motorrädern einfach nicht sauber abdichtbar zu sein. Ich meine die Trennfuge zwischen Motorgehäuse und Ölwanne. Hier ist werksseitig eine sehr dicke und entsprechend weiche Korkdichtung vorgesehen. Die Ölwanne besteht aus Tiefziehstahlblech, sie ist in engen Abständen mit Schrauben an das Motorgehäuse angeheftet. Sobald diese Schrauben ein wenig zu fest angezogen werden, beulen sie die Dichtfläche der Ölwanne ein. Wenn man sie nicht fest genug anzieht, lösen sie sich sehr schnell, weil sie ja nicht unter Spannung stehen. Aus diesem Dilemma gibt es nur wenige Auswege.

Man kann einmal beide Seiten der Korkdichtung kräftig mit Dichtungsmasse bestreichen und dann hoffen, daß sich das heiße Öl tatsächlich auf die Dauer von der Dichtungsmasse zurückdämmen läßt. Die zweite Abhilfsmöglichkeit besteht darin, daß man die Blechölwanne soweit versteift, daß die Schrauben sie nicht mehr einbeulen können. Allerdings helfen in diesem Fall keine einfachen Stahlblechunterlagscheiben. Das beste wäre, man würde entlang der gesamten Dichtungsfläche eine etwa 5 mm dicke Alu-Leiste verlegen ... eine etwas mühsame Angelegenheit.

Ich habe gefunden, daß es durchaus genügt, wenn man unter jede der Befestigungsschrauben (wie im Foto zu sehen) nur ein etwa 30 mm langes und 5 mm dickes Alu-Flachmaterial unterlegt. Jetzt lassen sich auf einmal die Befestigungsschrauben sehr fest anziehen, die Ölwanne wird nicht mehr verformt, die Dichtung erfüllt ihre Aufgabe einwandfrei.

An der Ölwanne ist aber noch eine weitere Verbesserung denkbar, die sich auch auf die Motorinnenkühlung aus-

wirkt. Der BMW-Motor kommt im allgemeinen mit einer Ölfüllung von 2 Litern aus. Diese 2 Liter werden ständig unter Druck durch den Motor gepumpt und nehmen dabei an vielen Stellen Wärme auf. Die Wärme transportieren sie in die Ölwanne, von wo sie nach außen abgeführt wird. Es leuchtet ein, daß eine vergrößerte Ölumlaufmenge auch eine verbesserte Wärmeabfuhr mit sich bringt. So gibt es im Zubehörhandel besondere Zwischenringe aus Leichtmetallguß, die unters Motorgehäuse geschraubt werden und die an ihrer Unterseite dann die normale Ölwanne tragen. Vom technischen Standpunkt ist eine solche Vergrößerung der Ölumlaufmenge begrüßenswert, sofern man die dadurch etwas verringerte Bodenfreiheit in Kauf nehmen kann. Es erscheint aber notwendig, darauf hinzuweisen, daß der einfache Anbau eines Zwischenrings zwischen Motorgehäuse und Ölwanne nicht ausreicht, um alle erzielbaren Vorteile dieses Umbaus zu nutzen. Wir wissen ja aus dem Kapitel vom Schlossern am Motor, daß aus der Ölwanne über ein Filtersieb das Öl von der Ölpumpe angesaugt wird. Bei der normalen Ölwanne geschieht das Absaugen nahezu vom tiefsten Punkt der Ölwanne aus. Wenn man einen Zwischenring anbaut, dann wird nur von der Oberfläche des Ölsumpfs das noch nicht gekühlte, gerade eben erst abgetropfte Öl gleich wieder in den Motor hineingepumpt. Es ist also notwendig, auch das Filtersieb um das der Zwischenringstärke entsprechende Maß nach unten zu versetzen.

Durch den Zwischenring kann nun eine größere Ölmenge in den Motor eingefüllt werden. Der Ölmeßstab braucht wohl nicht verändert zu werden, denn der obere Ölstand soll ja nach wie vor der gleiche bleiben.

Eines ist allerdings bei dieser Bastelei zu bedenken: Irgendwelche konkreten Versuchsergebnisse liegen nicht vor. Es läßt sich also nicht mit Sicherheit sagen, wie groß der Nutzen der erhöhten Ölmenge im Motor ist. Schaden kann die Vergrößerung der Ölwanne aber keinesfalls.

Die nächste Änderung am Motor erfordert noch mehr Werkzeug. Es geht darum, das Verbindungsrohr zwischen beiden Auspuffrohren, das ja serienmäßig etwa unterm Getriebe liegt und kaum gewaschen wird, deshalb auch höchstens zwei Winter lang zu überdauern pflegt, an eine andere Stelle zu setzen, wo man es leichter erreicht. Bei den Modellen R 50/5, R 60/5 und R 75/5 ist dieses Zwischenrohr bereits ganz nach vorn gerückt, so daß es vor dem Lichtmaschinendeckel liegt, wo es für die Pflege gut zugänglich ist. Dieser Umbau erfordert aber ein Schweißgerät und daß man außerdem die Möglichkeit hat, nach dem Anschweißen der beiden Querstutzen zur Aufnahme des Verbindungsrohrs die Schweißstellen auch wieder verchromen oder sonstwie gegen Rost schützen zu lassen.

Vor dem Anschweißen des Stutzens muß die Chromschicht in der weiteren Umgebung der Schweißnaht entfernt werden, da sich sonst sehr schnell noch während des Schweißens Risse in der Naht bilden. Ganz ohne Rostschutz kann man das Verbindungsrohr auch an der pflegegünstigen Stelle nicht lassen. Es gibt zwar hochhitzebeständige Lacke, die bei Moto-Cross-Maschinen beispielsweise für die Lackierung des gesamten Auspuffsystems verwendet werden, doch habe ich gefunden, daß auch diese recht guten Lacke kaum einen Salzwinter überleben. So scheint es also am günstigsten, die fertig zusammengeschweißten neuen Auspuffrohre in eine Verchromerei zu geben. Hierbei tauchen oft Schwierigkeiten auf, denn die Auspuffüberwurfmuttern müssen ja an den Auspuffrohren dranbleiben, weil man sie nicht über die Bördelung am vorderen Rohrende abschieben kann. Sofern die Überwurfmuttern aus Stahl bestehen, gibt es bei der Verchromerei keine Beanstandungen. Sobald aber diese Über-

wurfmuttern aus Leichtmetall bestehen, müssen sie vor dem Verchromen der Rohre durch einen Speziallack geschützt werden. In seltenen Fällen, und nur wenn man einen guten persönlichen Kontakt zur Verchromerei hat, übernimmt diese auch derartige Nebenarbeiten.

Eine weitere Möglichkeit des Rostschutzes für Auspuffrohre, die sich ganz hervorragend bewährt hat, ist das Flammspritzen mit Aluminium. Nahezu in jeder größeren Stadt in Deutschland gibt es Betriebe, die sich mit Flammspritztechnik befassen. Diese Technik beruht darauf, daß man in einer Art Schweißbrenner unter hohem Druck pulverförmiges Metall in die Flamme schießt; das Metall schmilzt und wird auf die Werkstückoberfläche in geschmolzener Form aufgespritzt. Damit kann sowohl an Verschleißteilen das Material regeneriert als auch ein Korrosionsschutz aufgebaut werden, der dank einer lückenlosen und porenfreien Oberfläche eine lange Lebensdauer verspricht. Stahlteile werden üblicherweise mit Zink flammgespritzt. Beim sehr heiß werdenden Auspuffrohr hat sich jedoch Flammspritzen mit Aluminium besser bewährt. Der Nachteil, daß diese aufgespritzte Alu-Schicht nicht polierbar ist, kann wohl ohne Bedenken in Kauf genommen werden. Sie sieht auf jeden Fall wesentlich besser aus als einfach mit Silberbronze angepinselte Auspuffrohre. Auch sogenannte Auspuffrohr-Antirostfarben halten keineswegs das, was ihre Vertriebsfirmen in Prospekten freigebig versprechen. Die vielfach genannten ausgezeichneten Ergebnisse derartiger Rostschutzfarben für Auspuffrohre mögen vielleicht im Automobilbau erzielt worden sein, die Beanspruchung am Motorrad ist jedoch erheblich höher, da die heiße Zone des Auspuffrohrs nicht geschützt im Wageninnern liegt, sondern von außen stets auch mit Salzwasser in Berührung kommt.

In vielen Gesprächen wird erwogen, die Auspuffrohre einfach aus nichtrostendem Stahl herzustellen oder herstellen zu lassen. Die Erleichterung der Pflege, die man sich dadurch verspricht, wird aber wohl leider doch durch den unwahrscheinlich hohen Preis einer solchen nichtrostenden Anlage wieder aufgewogen. Ich habe so etwas einmal versuchsweise probiert. Ein Meter nichtrostendes Stahlrohr (erhältlich auch nur in den Abmessungen 38×2 mm, also mit unnötiger Wandstärke) kostet nahezu 110 DM. Die Beständigkeit solcher nichtrostenden Stahlrohre gegen die im Straßenverkehr auftretenden chemischen Belastungen ist allerdings sehr gut. Nach dem dritten Winter waren an den Versuchsrohren trotz nur geringer Pflege recht wenig Korrosionsspuren zu finden, die sich leicht wieder wegfeilen ließen. Bei solchen Versuchen kommt einem schließlich die Idee, nur die besonders gefährdeten Stellen aus rostfreiem Material zu basteln, also etwa das Verbindungsrohr unterm Getriebe gleich in der Form eines großen »H« auszuführen. Da sich nichtrostender Stahl schlecht schweißen läßt, empfiehlt sich hier Hartlöten, allerdings wird man die Rohre nicht stumpf aneinanderlöten, sondern, ebenfalls aus rostfreiem Stahlblech, passende Muffen zurechtbiegen. Einige Vorteile dieser Ausführung sind erkennbar. Man braucht die Auspuffkrümmer nicht mehr in ihrer vollen Länge und nicht mehr mit der angeschweißten Abzweigung fürs Verbindungsrohr. Das bedeutet, daß man die Auspuffüberwurfmuttern je nach Geschmack wählen kann, entweder Sternmuttern oder die normalen Stahlmuttern, deren Schlüsselbohrung aber (wie bereits erwähnt) leider bis zum Gewinde durchgehen. Durch die andere Gestaltung des Auspuffrohrs braucht man sich aber jetzt keine Gewissensbisse mehr zu machen, wenn man die Überwurfmuttern einfach aufmeißelt, sofern sie gefressen haben. Nach meinen Erfahrungen läßt sich das Fressen der Überwurfmuttern infolge Korrosion mit Graphit oder MOS-2-Paste nur über relativ kurze Zeit verhindern. Es scheint, als ob die Konstruktion der Auspuffrohrbefestigung am Zylinderkopf mittels Überwurfmuttern doch der bei Pkw üblichen Flanschbefestigung unterlegen ist. Edelbastler könnten also auch an dieser Stelle weiterdenken und an einer problemloseren Befestigung herumknobeln. (Wobei man nicht vergessen darf, daß eine starre Flanschbefestigung den unvermeidlichen Motorvibrationen nicht lange gewachsen ist — man betrachte sich mal die Auspuffrohrbefestigung bei Zweitaktrennmotoren!)

Wir haben gerade von Rostschutz gesprochen. Die Methode des Flammspritzens mit Zink wurde erwähnt. Es wäre also denkbar, daß man einen ganzen Rahmen und die anderen gefährdeten Einzelteile der Maschine anläßlich einer Generalüberholung mit Zink flammspritzen läßt. Über die Zinkschicht kann man mit Speziallacken ohne Schwierigkeiten drüberstreichen, der einzige Nachteil der Flammspritzmethode wäre eine (geringfügige) Gewichtserhöhung.

Zum Abschluß des Themas Rostschutz seien noch ein paar lästerliche Worte gestattet: Speziell an Zubehörteilen, wie Kotflügel, Tank, Scheinwerfer und ähnlichen Blechteilen, hat man immer wieder mit Rostärger zu kämpfen, welche Rostschutzmethode man auch wählt. Ständige Überwachung und dauernde Ausbesserung werden erfahrungsgemäß aber auch dem Geduldigsten irgendwann einmal zuviel. Deshalb werden Auswege ersonnen, wie man die Rostgefahr dadurch bannen kann, daß man an all diesen Stellen nichtrostendes Material verwendet. Hier bietet sich glasfaserverstärktes Polyesterharz geradezu an, zumindest bei all den Teilen, die nicht mit Kraftstoff und Öl direkt in Berührung kommen. Es ist sehr empfehlenswert, sich ein paar Wochen in die Theorie der Kunststoffverarbeitung hineinzuknien. Man sollte auch kleinere Investitionen nicht scheuen, um sich in der Verarbeitung der Kunststoffe zu üben, um schließlich z. B. nach dem Modell der vorhandenen Original-Schutzbleche eine Form zu bauen (es genügt auch schon ein Kunststoffnegativ von der ursprünglichen Kotflügelform) und dann die Schutzbleche aus glasfaserverstärktem Polyesterharz einfach selbst zu machen. Zwei Lagen Glasfasermatte oder Glasfasergewebe, eine Lage Deckschichtharz und gegebenenfalls an kritischen Stellen Verstärkungen durch zusätzliche Einlage einer weiteren Glasfaserschicht genügen vollauf für die Beanspruchungen, die im normalen Betrieb auftreten. Es würde hier zu weit führen, die Verarbeitung von Polyesterharz und Glasfasermatten zu erklären. Darüber gibt es von den verschiedenen Hersteller- und Vertriebsfirmen ausreichendes Schrifttum; Bezugsquellen für Kunststoffe findet man nahezu in jeder deutschen Stadt im Branchen-Adreßbuch. Nur empfehle ich Zurückhaltung beim Eigenbau eines Kraftstoffbehälters. Die modernen Kraftstoffe, speziell die Superkraftstoffe, enthalten Zusätze, die von Polyesterharzen nicht vertragen werden. So kann es dazu kommen, daß ein Kraftstofftank aus Kunstharz, der vielleicht sogar schon gebraucht war und beim Vorbesitzer einwandfrei gehalten hat, nur durch die Verwendung eines anderen Kraftstoffs plötzlich Zerfallserscheinungen zeigt. Da wird die innere Oberflächenschicht angelöst, Kunststoff und Glasfaserteilchen ballen sich zu Kugeln zusammen oder gelangen gar als pastenähnliche Masse in den Motor.

Der Schaden, der damit angerichtet wird, ist oft beträchtlich. Kunststofftanks sind auch noch aus einem anderen Grund bedenklich: Der TÜV hat noch keine gültigen Richtlinien für die Abnahme solcher Tanks, er kann die Zulassung also verweigern (und das wird er aus guten Gründen auch in den meisten Fällen tun).

Verbesserungen am Motor

Bisher erstreckten sich die Änderungen hauptsächlich auf Äußerlichkeiten. Aber auch an den Motoren kann man kleine Verbesserungen vornehmen, zumindest an den Motoren der Tourenmaschinen. So empfiehlt es sich beispielsweise, auch für die Kurbelwellen der Tourenmodelle als hinteres Kurbelwellenlager das Tonnenlager des Sportmodells zu verwenden. Es wurde bereits erklärt. warum dieses Lager einen Vorteil gegenüber einem normalen Kugellager aufweist.

Für weniger wichtig halte ich die Verwendung der nadelgelagerten Kipphebel der Sportmodelle auch im Tourenmotor. Die Buchsenlager sind sehr stabil, sie halten im allgemeinen weitaus länger als die meisten anderen Verschleißteile im Motor.

Viel wichtiger wäre, daß man sich beim Überholen eines Zylinderkopfs überlegt, ob man nicht gleich die entsprechenden passenden Ventile eines S-Modells verwendet, diese Ventile haben Ventilschäfte mit 8 mm Durchmesser im Gegensatz zu den bei den Tourenmotoren mit 7 mm Durchmesser. Sie bringen also eine etwas größere Sicherheit gegen Abreißen.

Dabei taucht die Frage auf, ob und wieweit man überhaupt einen normalen Tourenmotor, etwa der R 50 oder der R 60, in den Sportmotor der R 69 S oder der R 50 S umbauen soll. Derartige Umbauten sind bei Wechseln der entsprechenden Teile durchaus möglich, nur fragt es sich, ob das der vernünftigste Weg zur Erreichung höherer Leistung und höherer Zuverlässigkeit ist. Für die Zuverlässigkeit würden das Tonnenlager, die dickeren Ventilschäfte sowie die speziellen Kolbenringe wahrscheinlich ausreichen. Für eine Leistungssteigerung müßte man aber bereits so viele Teile auswechseln, daß zu überlegen ist, ob man sich nicht im Gebrauchtteilehandel gleich einen Sportmotor besorgt, der erfahrungsgemäß zu einem verhältnismäßig niedrigen Preis gehandelt wird. Diesen Motor könnte man, während der Tourenmotor im Fahrwerk noch betriebsbereit ist, in aller Ruhe und mit aller Sorgfalt gründlich überholen, was meist viel preiswerter ist als ein Umbau des vorhandenen Tourenmotors.

Motorentausch

Das Austauschen der verschiedenen Motorenmodelle innerhalb einer Baureihe bereitet keine Schwierigkeiten. Man könnte höchstens hinsichtlich der Getriebeabstufung und der Übersetzung im Hinterachsgetriebe einige besondere Änderungen als notwendig empfinden, diese lassen sich aber dann am besten aufgrund der ersten Fahrererfahrungen mit dem neuen Motor abschätzen. Die verschiedenen Getriebestufen und die verschiedenen Hinterachsübersetzungen, die es bei den BMW-Motorrädern gegeben hat, sind aus den Technischen Daten im Anhang ersichtlich.

Während also der Einbau eines R-69 S-Motors in ein Fahrwerk der R 60 keinerlei Schwierigkeiten bereitet, können bei Verwendung des neueren S-Motors im Fahrwerk der R 67, R 68 oder der R 51/3 doch Probleme auftreten. Bereits bei der Besprechung des Hinterachsgetriebes haben wir darauf hingewiesen, daß die Drehrichtung am Getriebeausgang bei den neueren Modellen zu der der alten Modelle gegenläufig ist. Daraus ergibt sich, daß man beim Einbau eines R-69 S-Motors in das Fahrwerk einer R 51/2, 51/3, R 67 oder R 68 auch das alte Getriebe der entsprechenden Modelle weiterverwenden muß. Die Motorbefestigungsbohrungen stimmen jeweils überein, desgleichen paßt der Motor des neuesten Modells an das Getriebe des ältesten. Zu berücksichtigen bleibt lediglich, daß die Kupplung des neueren Modells die Neuanfertigung einer Kupplungsdruckstange erfordert. Bekanntlich hatten die alten Kupplungen innerhalb der Druckplatten einen Vierkant, während die neueren einen 60-Grad-Kegel aufweisen. Hier empfiehlt sich die Verwendung der Kupplungsdruckstange einer R 27, die sowohl hinsichtlich ihrer Länge als auch des Anschlusses an die Druckscheibe der Kupplung am besten paßt.

Kleinere Basteleien werden noch nötig, wenn der Motor einer Schwingenmaschine in einen alten Rahmen eingebaut werden soll. Hier ist u. a. ein neues Widerlager für den Kupplungsseilzug anzufertigen; derartig einfache Schlossereien brauchen hier aber sicher nicht beschrieben zu werden.

Der Einbau eines alten Motors in ein Schwingenfahrwerk (man könnte sich z. B. denken, einen R-68-Sportmotor in das Fahrwerk einer R 50 einzubauen) erfordert natürlich grundsätzlich die gleichen Überlegungen wie der umgekehrte Fall. Auch hier ist wieder der Unterschied an der Kupplung das größte Problem, man wird kaum um die Anfertigung einer neuen Kupplungsdruckstange herumkommen.

Gleitlagermotor im Schwingenfahrwerk

Für ganz moderne Bastler ist schließlich noch der Einbau eines Motors R 50/5, R 60/5 oder R 75/5 der neuesten Bauserie in ein Schwingenfahrwerk älterer Fertigung interessant. Auch hier braucht man am Rahmen keinerlei Änderungen vorzunehmen. Die Motorbefestigungsbohrungen sind gleichgeblieben. Man wird allerdings nicht das alte Getriebe verwenden können, es sei denn, man baut in dieses Getriebe die Antriebswelle eines neuen Getriebes ein, da die neueren Getriebe hinsichtlich der Verzahnung für die Mitnahme der Kupplungsreibscheibe gegenüber früher einen wesentlichen Unterschied aufweisen. Früher war eine Keilwelle vorgesehen, heute ist es eine Kerbverzahnung. Die Kupplungsreibscheibe des neuen Motors sollte verwendet werden. Dieser Umbau wird immer dann ins Auge gefaßt, wenn man die Vorteile des neuen, mit Gleitlagern versehenen Motors (auch die höhere Leistung) mit den Vorzügen des alten Schwingenrahmens (Eignung für Seitenwagenbetrieb) verbinden will. Denn die neuen BMW-Rahmen sind bekanntlich nicht seitenwagentauglich. Obwohl dieser Umbau nur geringe handwerkliche Schwierigkeiten bereiten wird, obwohl also alle Teile zueinander zu passen scheinen, sollte man doch nicht zu optimistisch hinsichtlich der Lebensdauer der so umgebauten Maschine sein. Der alte Motor hatte ein geringeres Drehmoment, das Hinterachsgetriebe erscheint zunächst durch die höhere Belastung gefährdet. Dann kann die Kardanwelle Schwächen zeigen, desgleichen sind die Getrieberäder der alten Getriebe wesentlich schmaler als die der neueren. Man muß also damit rechnen, daß sich an verschiedenen Stellen Schäden durch Überlastung zeigen. Und noch eine weitere Komplikation bringt der neue Motor im alten Fahrwerk mit sich:

Man muß zum Wechseln des Ölfiltereinsatzes den Motor aus dem Rahmen herausheben, denn das Rahmenrohr des Schwingenrahmens verdeckt genau den Deckel, hinter dem dieser Filtereinsatz liegt. Dieser gerade in der heutigen Zeit so interessante Umbau birgt also eine ganze Anzahl von Problemen in sich, ganz abgesehen davon, daß für die TÜV-Abnahme eines derart umgebauten Motorrads nicht damit zu rechnen ist, daß man seitens des Herstellerwerks eine Bescheinigung bekommt, die einen solchen Umbau gutheißt. Bei BMW steht man neuerdings aus wirtschaftlichen Erwägungen dem Gespannbetrieb ablehnend gegenüber. Das Argument, das allerdings auch schwer zu widerlegen ist, lautet: Gespanne sind so selten, daß es sich nicht lohnt, dafür einen besonders stabilen Rahmen auch bei sämtlichen Solomaschinen mitzuschleppen. Die Spezialentwicklung eines ausgesprochenen Seitenwagenrahmens erscheint aus dem gleichen Grund wirtschaftlich nicht vertretbar. So wird also gerade der Gespannfahrer in Zukunft auf BMW-fremde Fabrikate ausweichen müssen, wenn er sich nicht mit der Leistung der R 69 S (42 PS) begnügen will. Für manche BMW-Gespann-Freunde ist das leider eine sehr bittere Tatsache.

Vordergabel nach Wunsch?

Die letzte lohnende Umbaumöglichkeit an BMW-Motorrädern wäre der Einbau einer anderen Vorderradgabel. Besonders hinsichtlich der Schwingenfahrwerke wird oft gefragt, ob man nicht die Vorderradschwinge durch eine Teleskopgabel ersetzen könne. Grundsätzlich bestehen dagegen keine Bedenken. Es hat sich inzwischen gezeigt, daß die neue Gabel der R 50/5, R 60/5 und R 75/5 an den Schwingenrahmen mit einigen Änderungen anzupassen ist, daß dadurch sogar die Fahreigenschaften des alten Fahrwerks etwas verbessert

Bild oben: Die KS 601-Gabel von Zündapp paßt mit geringen Umbauten in die BMW-Schwingfahrwerke.
Unten: Bei der Firma Zabrocky werden nicht nur Gabeln für BMWs passend hergerichtet, sondern auch Fahrwerke speziell nach Wunsch des Fahrers gebaut und durch den TÜV gebracht. Das kann so phantastisch aussehen wie bei dieser Maschine!

werden. Die Schwierigkeiten beim Anbau der neuen Gabel liegen aber darin, daß die Lenkungslager der neuen Telegabel Kegelrollenlager sind.
Und die Kegelrollenlager passen leider nicht in den Lenkkopf der alten Schwingenfahrwerke. Hier muß man also improvisieren. Sofern man keine Möglichkeiten zu den erforderlichen Umänderungen hat, empfiehlt es sich, auf die von einigen Motorradhändlern angebotenen fremden Telegabeln für die Schwingen-BMWs zurückzugreifen. Ich denke da besonders an die Horex-Telegabel der Firma Zabrocky, 42 Oberhausen-Buschhausen, Thüringer Straße 82. Diese Gabel ist nicht mehr die Original-Horex-Gabel, es wurde sowohl an der Abdichtung der Gabel wie auch an der hydraulischen Dämpfung und an der Lenkungsdämpfung manche Erfahrung vom Bau von Moto-Cross-Maschinen verwendet, so daß diese neue Gabel auf der Grundlage von Horex-Teilen (die Bezeichnung lautet Hydra SS) in der BMW ganz hervorragende Fahreigenschaften bringt. Sie ist zwar nicht ausgesprochen preiswert, aber zumindest für eine Solomaschine würde ich die Telegabel der Schwinge vorziehen. Beim Gespann scheint mir die Schwinge doch einige Vorteile in bezug auf Fahrkomfort gegenüber der Telegabel aufzuweisen. Hier würde ich keine Änderung empfehlen.
Ebenso wie die Gabel der Firma Zabrocky dürften auch die berühmten italienischen Ceriani-Telegabeln für BMW-Motorräder geeignet sein. Hierüber liegen mir aber keinerlei Erfahrungen vor. Es ist jedoch anzunehmen, daß Ceriani, der eine große Typenvielfalt herstellt, auch ein speziell für BMW passendes Modell anbieten kann. Schließlich wäre noch zu erwähnen, daß die Firma Friedel Münch in Altenstadt bei Frankfurt eine sehr stabile Telegabel anbietet, die auch den Anforderungen des Gespannbetriebs gewachsen sein dürfte. Zu dieser Telegabel kann man noch eine der berühmten Münch-Rennbremsen beziehen; den verschiedensten Kombinationen sind hier kaum Grenzen gesetzt.
Ein früher interessanter Gabelumbau wird heute kaum noch in Frage kommen. Ich meine die Verwendung der sehr guten Telegabel aus der Zündapp KS 601, die sich mit ganz geringfügigen Änderungen (Scheinwerferbefestigung) auch in die BMW-Fahrwerke einbauen ließ. Durch den separat angebrachten Stoßdämpfer, den man gegebenenfalls auch gegen einen anderen austauschen konnte, war hier die Möglichkeit einer individuellen Dämpferabstimmung gegeben. In früheren Jahren sah man diesen Umbau recht häufig. Da jedoch heute die Ersatzteilbeschaffung für die KS 601 von Zündapp noch schwieriger geworden ist als die Teilebeschaffung für BMWs, läßt sich der Umbau nicht mehr empfehlen.
Ebensowenig sympathisch ist mir der Einbau der Telegabeln der früheren BMW-Modelle R 51/3 bis R 67 und R 68. Die Federung dieser Gabeln war sehr hart, der zur Verfügung stehende Federweg sehr gering, so daß die Telegabeln im Verhältnis zur Schwinge eine andere

Die raffinierteren Bastler geben sich natürlich mit Kleinigkeiten nicht zufrieden. Da genügt nicht das Auswechseln der Gabel, da muß gleich auch eine anders gestaltete Hinterradfederung her (siehe Bild der Zabrocky-BMW, vorige Seite). Interessant ist dieser Umbau hier deshalb, weil der alte Rahmen einer R 51/3 auf Hinterradschwinge umgeändert wurde. Wer aber diese Arbeiten schafft, der braucht dazu keine Anleitung.

Neigung des Lenkkopfs ergeben. Eine solche Änderung ist hinsichtlich der Fahrsicherheit nicht ganz problemlos.

Älterer BMW-RS-Motor im Renngespann: auch heute noch teuer und chancenreich, aber der Mechaniker muß ein Könner sein und gute Beziehungen haben. Ersatzteile sind Mangelware!

Eine BMW frisieren?

Ich halte nicht viel davon, einen normalen BMW-Motor durch Frisierkunststückchen auf eine geringfügig höhere Leistung zu trimmen. Das beste Beispiel für die Berechtigung meiner Abneigung gegen solche Leistungssteigerung gab ja die Entwicklung der R 69 S, die trotz der BMW-üblichen Sorgfalt und der verschiedenen, die Lebensdauer verlängernden Maßnahmen in der Anfangszeit erhebliche Schwierigkeiten mit sich brachte. Hier braucht nicht die Story von den abgerissenen Zylindern wiederholt zu werden, auch die Schwingungen der Kurbelwelle wurden bereits an anderer Stelle erklärt. Angesichts dieser Probleme bei Leistungssteigerungen von BMW-Serienmotoren erscheint mir eine solche Aufgabe selbst für einen interessierten und handwerklich begabten Laien nicht durchführbar.

Falls jemand ernsthaft an sportlicher Betätigung mit einer BMW interessiert ist, würde ich es für richtiger halten, wenn man sich nach dem Sammeln erster Erfahrungen mit der unfrisierten Maschine bei Langstreckenrennen (24-Stunden-Rennen von Barcelona u. ä.) mit einem der bekannten Motorentuner in Verbindung setzt. Zu erwähnen wären die Firmen Schleicher, 8 München, Boschetsrieder Straße, die Firma Muthig in Bad Soden im Taunus, die Firma Labitzke in Hilden im Sauerland und einige andere. Diese Firmen sind zum Teil seit sehr langer Zeit auf das Schnellmachen von BMW-Motorrädern spezialisiert, so daß man kaum irgendwelche unliebsamen Überraschungen erleben wird, die das sowieso hohe Risiko einer Leistungssteigerung noch vergrößern würden. Aber man muß sich darüber im

klaren sein, daß eine Leistungssteigerung, die durch Spezialisten durchgeführt wird, zwar hohe Aussichten auf erfolgreichen sportlichen Einsatz hat, aber auch den entsprechenden Preis kostet.

Ich glaube, dieses Kapitel kann damit abgeschlossen werden. Wer sich erst einmal als Anfänger an einigen sportlichen Veranstaltungen beteiligt hat, wächst ganz von selbst in den Kreis der Sportfahrer hinein und gewinnt im Lauf der Zeit genügend eigene Erfahrungen, so daß er keiner besonderen Ratschläge mehr bedarf.

Es steht fest, daß man für Beteiligung an Sportveranstaltungen mit einer normalen Maschine auskommt, man muß sie nur sorgfältig in Ordnung halten und darauf achten, daß der Motor fehlerfrei zusammengebaut und erstklassig eingestellt ist. So wird man also zunächst mit Straßenzuverlässigkeitsfahrten anfangen, bei denen oft auf abgesperrten Rennstrecken wie dem Nürburgring oder dem Hockenheimring eine Anzahl gezeiteter Runden verlangt wird, so daß man sowohl fahrerisch als auch hinsichtlich der Maschinenvorbereitung auf diese Weise eine sehr gute Lehrzeit hinter sich bringen kann. Aufgrund eigener Erfahrungen läßt sich dann abschätzen, wann man sich an ein richtiges Langstreckenrennen heranwagen kann, wie sie heute häufig für Serienmaschinen veranstaltet werden.

Diese Sportart verspricht in der nächsten Zukunft interessanter zu werden denn je, und wenn man genügend Talent (und genügend Geld) mitbringt, kann das sogar der Start für die ersten Versuche in der Ausweisklasse bei Straßenrennen sein.

Bloß vier Bilder zum Thema Frisieren ... aber ich glaube, daß allzu optimistische Gemüter schnell ruhiger werden, wenn sie sich die vier Bilder etwas genauer angesehen haben. Das sind Ausweisfahrergespanne, also erste Frisierstufe ... die RS von der Vorseite ist schon viel teurer. Bild ganz oben: Es genügt nicht, einen »Rennvergaser« anzuhängen oder nur einen Trichter aufzustecken. Die Länge des Ansaugweges sieht ernsthaft ausprobiert aus! Und: Wer hat (von den fröhlichen Optimisten) zu Hause denn so einen dicken Bohrer, um die Belüftungslöcher für die Kupplung ins Gehäuse zu schneiden? Allein an so kleinen lächerlichen Punkten scheitern die meisten!

Die beiden unteren Bilder zeigen ein anderes Renngespann, aber auch mit Stoßstangenmotor. Hier ist der Vergaser wesentlich dichter am Zylinder. Interessant übrigens die Verbindungsleitung zwischen beiden Schwimmerkammern. Damit kein Knick den Schlauch absperrt, wird eine Feder eingezogen! Und außerdem: man beachte die vielen sichtbaren Schweißnähte ... da wurde im Rahmen mehrfach zersägt und nach Zeichnung speziell fürs Renngespann zusammengebaut. Dazu gehören eben nicht nur Mut und Mundwerk, sondern auch Können und ... Ausdauer, Geduld, Geld und noch mal Ausdauer.

Das BMW-Gespann

Wenn im vorigen Kapitel gerade ein paar resignierende Worte zur fehlenden Gespanntauglichkeit der neuesten BMW-Motorräder gesagt werden mußten, so will ich trotzdem nicht unerwähnt lassen, daß eine sehr große Anzahl BMW-Motorräder der älteren Klasse den Besitzern im Gespannbetrieb erst den richtigen Spaß brachte. Ich habe es nicht nur ein- oder zweimal erlebt, daß ein seitheriger Solofahrer für den nächsten Winter nur kurzzeitig einen Seitenwagen anbauen wollte, der sich möglichst schnell wieder demontieren lassen sollte, damit im nächsten Frühjahr aus der BMW wieder ein reines Solomotorrad werden konnte. Doch nur sehr selten wurde der Seitenwagen dann wieder abgenommen. Man gewöhnt sich an den besonderen Reiz des Gespanns und mag dann kaum noch auf seine Vorteile verzichten. Es geht dabei nicht so sehr darum, daß ein Gespann nicht umfallen kann, sondern es hat sich auch gezeigt, daß (etwa für Urlaubsreisen) ein Gespann auch hinsichtlich der Gepäckunterbringung seine Vorteile ausspielen kann. Und schließlich ist das Fahren mit dem Gespann auch keine langweilige, sondern eine ausgesprochen sportliche Angelegenheit. Man braucht schon etwas Kraft, man braucht dabei zumindest ebensoviel Gefühl, um die Grenzen des Gespanns zu erkennen und die fahrerischen Möglichkeiten, die ein Gespann bietet, auch wirklich auszunutzen.

Welche Seitenwagen gibt es gebraucht?

Die Auswahl an Seitenwagen ist heutzutage nicht mehr sehr groß. Was man auf der Straße sieht, sind meist Seitenwagen früherer Baujahre, die langsam die Grenze ihrer Lebensdauer erreichen. Da die Fertigung dieser Seitenwagen schon vor mehr als fünf Jahren eingestellt wurde, gibt es keine Ersatzteile mehr. Man ist darauf angewiesen, sehr viel zu improvisieren. Ein Glück, daß am Seitenwagen nicht viele Schäden auftreten können. Rahmenbrüche bei Seitenwagen sind so gut wie unbekannt (jedenfalls bei Steib-Seitenwagen), die Federungen lassen sich in den meisten Fällen durch Auswechseln handelsüblicher Teile recht einfach generalüberholen. Als Laufräder kann man BMW-Räder und auch andere Motorradräder verwenden (für BMW-Räder gibt es sogar spezielle Umbauteile und eine hydraulische Seitenwagenbremse). Schwierig wird es erst dann, wenn irgendwelche Blechteile durchgerostet sind. Einen Seitenwagenkotflügel wird man heute kaum noch auftreiben, es sei denn in

recht desolatem Zustand auf dem Schrottplatz. Auch Seitenwagenboote sind sehr rar geworden, hier zeigen sich die Auswirkungen der starken Salzstreuungen im Winter. So bietet sich auch hier nur wieder der Ausweg an, auf einen vorhandenen Steib-Seitenwagenrahmen ein selbstgebautes Boot aus Polyesterharz und Glasfasermatten aufzusetzen.

Wenn dieses Unternehmen gelingt, kann man mit einem Seitenwagen aus dem Baujahr 1951 (sofern man ihn durch den TÜV bringt) noch viele Jahre fahren.

Bevor wir uns um die Vorschriften zum Anbau eines Seitenwagens kümmern, wollen wir etwas Typenkunde betreiben. Der größte deutsche Seitenwagenhersteller war die Firma Steib in Nürnberg, Zerzabelshofstraße. Deshalb sind die Steib-Seitenwagen auch heute wohl die einzigen, die auf dem Gebrauchtmarkt noch angeboten werden. Der kleinste Steib-Beiwagen war das Modell LS 200, das aber für eine BMW kaum zu empfehlen ist. Abgesehen davon, daß aus der Typenbezeichnung schon hervorgeht, für welche Hubraumklasse (200 bis 250 ccm) dieser Seitenwagen von Haus aus gedacht war, abgesehen auch davon, daß man ihn an einer BMW kaum durch den TÜV bringen wird, bietet dieser Seitenwagen tatsächlich nichts weiter als ein drittes Rad als Stütze. Zur Personenbeförderung über Strecken von mehr als 100 km ist er völlig ungeeignet, es sei denn, man setzt nur ein Kind in den Seitenwagen.

Für eine BMW diskutabel wird erst das nächstgrößere Modell: der Steib S 250. Dieser Seitenwagen war der letzte und deshalb auch fahrwerksmäßig modernste Steib-Beiwagen. Er hatte serienmäßig eine hydraulische Bremse und ebenfalls serienmäßig eine Federung, die mit zusätzlicher Stoßdämpfung versehen werden konnte. Und er hatte schließlich einen sehr geräumigen Innenraum bei kleinen Außenabmessungen. Man fährt in ihm sogar bequemer als im Modell S 500 und S 501, die beide zwar für schwere Motorräder gebaut wurden, jedoch konstruktiv viel älter als der S 250 waren.

Diese beiden Modelle (S 500/S 501 und S 350) unterscheiden sich fast nur durch die Form des Bootes, das beim S 350 noch aus ebenen Blechteilen, bei den 500er-Typen aus gewölbten Segmenten zusammengesetzt ist. Die Rahmen sind gleich, die Federungen des Seitenrads ebenfalls, teils als Gummidruckfeder, teils als Schraubendruckfeder ausgebildet. Das Boot hängt bei beiden Modellen vorn in Gummigelenken und ist hinten an Schraubenzugfedern gehalten. Eine Dämpfung der Bootsbewegung ist zumeist nur im Selbstbau anzubringen, erst die letzten Baujahre brachten serienmäßig hydraulisch gedämpfte Federbeine der hinteren Bootsaufhängung.

Falls jemand hieran Eigenbauten plant, so kann er sich nach folgenden Tips richten:

Als Federbeine für die Bootsaufhängung eignen sich hydraulisch gedämpfte Vorderradfederbeine etwa einer normalen 250er-Maschine mit Vorderschwinge (also kommen nur Maschinen älterer Baujahre in Frage, wie Maico Blizzard, Tornax S 250 u. ä.). Federbeine der R 26 und R 27 müßten ebenso in der Federcharakteristik passen, dürften nur etwas lang sein.

Zur Abfederung des Seitenrads eignen sich Hinterradfederbeine von schwereren Maschinen, also etwa Horex Imperator, aber auch modernere, die allerdings meist kürzere (und damit ungünstigere) Federwege haben. Federwege um etwa 80 bis 90 mm sollten für das Seitenrad schon vorhanden sein, zu mehr reicht es wegen der geringen Länge der Seitenradschwinge nicht.

Die Schwingenlagerung der Seitenwagen S 500 und S 350 wurde durch zwei Kugellager gebildet, die bei Verschleiß leicht auszuwechseln sind. Erst modernere Baujahre brachten hier eine fertigungsseitige Verbesserung durch Gummidrehschubfedern, die gleichzeitig als Lagerung dienten. Aber wenn bei diesen eine Alterung eintritt, kann man sich heute nicht mehr durch einfaches Auswechseln von Normteilen helfen.

Ähnliches gilt auch für den größten Seitenwagen der Steib-Baureihe, den berühmten TR 500. Sein Rahmen ist wesentlich stabiler als der Rohrrahmen der S-Modelle, sein Boot ist sehr geräumig und je nach Baujahr mit Blattfedern bzw. Federbeinen abgefedert. Die Schwingenlagerung ist genauso gebaut wie die der S-Typen (nur stabiler), auch hier wurden in den letzten Baujahren Gummidrehschubfedern angewendet.

Diese kurze Übersicht über die Steib-Beiwagenmodelle muß hier genügen. Man wird sich auf dem Gebrauchtmarkt sowieso nicht immer das Modell aussuchen können, das man gern hätte. Sehr oft entscheiden neben dem Preis im Verhältnis zum Baujahr und den technischen Raffinessen noch andere Dinge: Pflegezustand, Rostnester, etwa mitgelieferte Anschlußteile u. ä.

Was soll man für einen gebrauchten Seitenwagen bezahlen? Wenn man kaufmännisch denkt, dann haben alte Seiten-

wagen heute keinen »Buchwert« mehr, entsprechend würde also eine Versicherung auch kaum mehr als etwa 50 bis 80 DM für einen total beschädigten Seitenwagen (im Fall eines Unfalls) bezahlen. Die Preise auf dem Gebrauchtmarkt schwanken stark; sie sind außerdem

Unten der Rahmen des TR 500, man erkennt die Bootsaufhängung in Blattfedern. Darunter ist der Schwingarm mit der Gummi-Drehschubfeder gezeigt, in ihrer Gestaltung ähnelt diese einem sehr langen Silentbloc. Ausbau (wenn kein Rost vorliegt) nach Ausheben des Seegerringes (Pfeil).

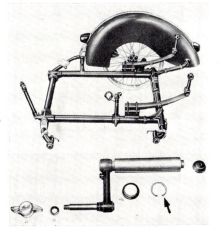

saisonabhängig. Im Winter kaufen viele Fahrer einen Seitenwagen, da werden selbst die älteren Modelle noch mal um 100 DM teurer. Grundsätzlich sollte man für einen guterhaltenen (nur geringe Rostspuren aufweisenden) S 501 mit Federbeinen am Boot nicht mehr als etwa 350 bis maximal 400 DM ausgeben. Ältere Modelle, die noch ein mit Schraubenfedern abgefedertes Boot haben, sollten nicht mehr als 200 bis 250 DM kosten.

Der S 250 kann in ganz miserablem Zustand (Schweißstellen am Boot) auf 150 DM geschätzt werden, während bei guter Pflege (wenn also nicht einfach Farbe auf den alten Rost geschmiert wurde) bis zu 400 DM geboten werden können. Der TR 500 kann je nach Zustand zwischen 200 und 500 DM kosten, viel mehr jedoch nicht. Immerhin sind selbst die neuesten Modelle dieses Typs schon mit dem Makel behaftet, daß keine Ersatzteile mehr aufzutreiben sind!

Welche Seitenwagen gibt es neu?

Die interessanteste Neukonstruktion eines Seitenwagens kommt aus dem Schwabenland. Die Firma Rudolph Müller in dem kleinen Dorf Bleichstetten über Reutlingen, Uracher Straße 20, fertigt den in seiner Konstruktion sehr fortschrittlichen »Clipper«-Seitenwagen. Bei diesem Modell wurden sämtliche Forderungen, die man heute hinsichtlich Straßenlage, Fahrkomfort und schließlich auch hinsichtlich Rostsicherheit stellen muß, berücksichtigt. Das Boot des »Clipper« ist nicht aus Stahlblech, sondern aus glasfaserverstärktem Polyesterharz hergestellt. Der Rahmen befindet sich innerhalb des Bootskörpers, ist also gegen Wasser und speziell gegen Streusalz sicher geschützt.

Der Federungskomfort ist durch langen Federweg der Seitenradschwinge gewährleistet, mit der Fahrsicherheit ist der Konstrukteur (Dipl.-Ing. Hans-Joachim Penz, selbst begeisterter Gespannfahrer) durch die Verwirklichung zweier Gedanken ein gutes Stück weitergekommen als die vor dem »Clipper« auf dem Markt befindlichen Seitenwagenbauer. Zunächst ist dafür gesorgt, daß man die Härte der Federung (hydraulisch gedämpfte Drehstabfedern) je nach Belastung des Boots vom Sattel aus einstellen kann. Als zweites wurde die bei größeren Federwegen stets etwas störende seitliche Neigung des Gespanns in Kurven durch Verwendung eines Querstabstabilisators begrenzt. Der Sta-

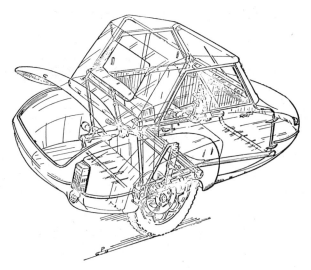

Der normale Clipper »R« ist ein großräumiger Tourenseitenwagen, der an der R 60 schon etwas schwer wirkt. Durch seine Polyester-/Glasfaser-Karosserie kann er aber bei großer Stabilität erheblich leichter sein als gleichwertige Blechkonstruktionen. Und er hat den Vorteil, nie zu rosten.
Auf der rechten Seite ist der Clipper »S« gezeigt, oben in der Gesamtansicht, unten noch mal seine raffiniertesten Teile im einzelnen. Gewicht nur knapp 90 kg, damit bleibt die R 60 noch sportlich. Raum ist für den Passagier genügend vorhanden, selbst etliches Gepäck bringt man noch gut unter. Nur für Sohn oder Tochter reicht's nicht mehr.

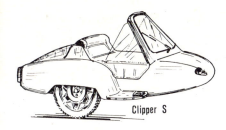

Clipper S

bilisator verbindet federnd das Hinterrad der Maschine mit dem Seitenrad, so daß die Federwege der beiden Räder sich gegenseitig beeinflusssen. Diese Bauart ist im Automobilbau schon lange üblich, bei Gespannen aber außer beim MZ-Seitenwagen noch nicht praktisch verwirklicht worden.

Der »Clipper«-Seitenwagen ist recht teuer, knapp 2000 DM muß man dafür bereithalten. Etwas preisgünstiger, in der Form noch gefälliger und dabei nur wenig kleiner als der Touring-Clipper, wurde der »Clipper S« entwickelt. Er kostet nur knapp 1600 DM und rückt damit sehr viel näher in den Bereich der Diskussion. Für mein Gefühl dürfte er das Gespannfahren mit dem meisten Spaß verbinden, wohingegen der »Clipper R« (wie die offizielle Bezeichnung des Touring-Clipper lautet) mehr dem Transport von Reisegepäck an der sehr starken Maschine dienen soll. Etwa die R 69 S mit ihren 42 PS dürfte leistungsmäßig für den »Clipper R« geeignet sein, während die R 60 schon heftig zu schleppen hätte.

Aus Holland kommt (importiert durch die Firma Zweirad-Röth in Hammelbach/Odenwald) der Hollandia-Seitenwagen der Firma J. A. Bon. Äußerlich hat er viel Ähnlichkeit mit dem alten TR 500, ist jedoch sowohl in den Abmessungen als auch in der Konstruktion mehr auf Kleinserienfertigung abgestimmt. Das Boot besteht hier aus einem Rohrrahmen, an dem die Blechteile befestigt sind. Preislich liegt der Hollandia-Beiwagen heute knapp unter 2000 DM. Man bekommt ihn, je nach Ausstattung, aber schon ab 1750 DM, darin ist aber noch nicht das gebremste Seitenrad enthalten, das für den TÜV nötig ist. 1750 DM sind also sehr niedrig angesetzt, das reicht noch nicht zum Fahren.

Zwei recht seltene Seitenwagen seien zum Abschluß kurz erwähnt: Watsonian-Monza aus England (auf Anfrage bei Importeuren englischer Motorräder vielleicht erhältlich), dessen Boot auch aus glasfaserverstärktem Polyesterharz besteht, dessen Stahlrohrrahmen zwar sta-

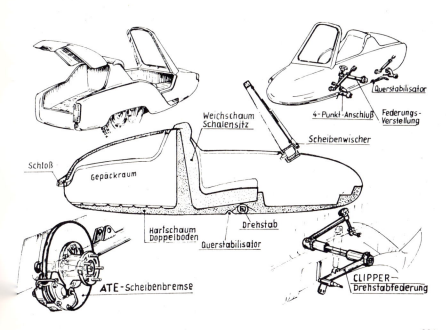

bil, aber hinsichtlich der Anschlußbefestigung nicht ganz nach meinem Geschmack ist. Preis etwa (das war anfangs 1970) um 1700 DM herum.

Zum zweiten der MZ-Seitenwagen, wie er von Neckermann für MZ-250-ccm-Motorräder vertrieben wird und wie er, etwas umgebaut, durch die Firma Nefzger, Berlin, Quedlinburger Straße 1—3, eine Zeitlang für BMW-Motorräder angeboten wurde. Die Federung und die Straßenlage dieses 250er-Seitenwagens sind hervorragend, Seitenneigung wird auch hier durch Querstabstabilisator gedämpft. Schwächen zeigte er im Testbetrieb an MZ-Motorrädern nur bezüglich der Verarbeitung, die aufklappbare vordere Haube und der Kofferraumdeckel waren nicht so recht dicht. Vielleicht legt man als Kritiker hier zu strenge Maßstäbe an, denn derartige Kleinigkeiten kann ein geschickter Bastler selbst in Ordnung bringen.

Die Bremse am Beiwagen:

Ab 1. April 1961 ist durch StVZO vorgeschrieben, daß ein neu in den Verkehr kommender Seitenwagen eine eigene Bremse besitzen muß. Ohne diese Bremse darf er nicht einmal angeboten werden! Die älteren Modelle haben natürlich noch keine Bremse, eine Frist für die Umrüstung dieser älteren Seitenwagen wurde bisher noch nicht gesetzt. Bei den verschiedenen TÜV-Stellen besteht noch häufig Unklarheit, wann man einen ungebremsten Seitenwagen noch gerade durchgehen lassen kann. Grobe Schätzungen der Bremswirkung der Maschine kommen aber kaum noch vor, meist wird vor der Zulassung eine Messung gemacht. Bei BMW-Bremsen bestehen kaum Zweifel, daß die gesetzlich vorgeschriebene Mindestverzögerung auch mit Seitenwagen erreicht wird, sofern die Bremsen innerlich einigermaßen in Schuß sind. Manche TÜV-Stellen geben sich bei der Zulassung eines alten Seitenwagens zufrieden, wenn nachgewiesen werden kann, daß der Seitenwagen bereits in diesem Zustand an einer anderen Maschine zugelassen war. Näheres steht übrigens im Paragraph 42/6 der StVZO.

Trotz aller Großzügigkeit wird man aber in manchen Fällen Schwierigkeiten mit dem TÜV bekommen. Und zwar bei einem sehr alten Seitenwagen. Wenn das Baujahr vor 1952 liegt, dann war für einen Seitenwagen noch keine Betriebserlaubnis (Bauartgenehmigung) notwendig, die damals gefertigten Stücke hatten auch zumeist noch keine Fahrgestellnummer und kein Typenschild. Einen solchen alten Seitenwagen kaufe man also nicht, der TÜV ist dabei (zum Teil mit Recht) sehr mißtrauisch, denn die Rahmenrohre könnten schon längst von innen her durchgerostet sein, ohne daß man das auf einfache Weise prüfen könnte.

Der Anbau eines Seitenwagens

Die beiden Zeichnungen enthalten eigentlich alles, was man zum Anbau eines Seitenwagens an eine BMW wissen muß. Der **Vorlauf** des Seitenrads vor dem Hinterrad wurde früher auf wenige Zentimeter begrenzt, heute kommt man mehr und mehr dahin, ein Maß von etwa 20 bis 25 cm zu wählen. Das gibt etwas mehr Sicherheit gegen Anheben des Maschinenhinterrads bei gerissenen Linkskurven. Nur der MZ-Seitenwagen wird noch mit 15 cm Vorlauf recht konservativ angebaut.

Der Begriff der **Vorspur** muß kurz erklärt werden. Aus der Zeichnung geht hervor, wie sie gemessen wird, das wichtigste Maß wird aber in solch einer Zeichnung gern übersehen. Die beiden Meßstellen an Vorder- und Hinterrad müssen 2 m voneinander entfernt sein. Dann erst ist man sicher, den Wert der Vorspur richtig (und vor allem stets unter den gleichen Voraussetzungen) ablesen zu können.

Die Spurweite ergibt sich in den meisten Fällen aus der Konstruktion der Anschlußteile des Seitenwagens, man soll hier aber geizig sein und die vorhandenen Verschiebemöglichkeiten zum Erreichen einer sehr engen Spur auszunutzen versuchen. Breite Spur gibt stärkeren Zug im Lenker zum Seitenwagen hin, erfordert also mehr Vorspur und gegebenenfalls, wie aus der zweiten Zeichnung ersichtlich, mehr **Sturz** der Maschine.

Für dieses letzte Einstellmaß kann man kaum Werte vorschreiben. Dazu hängt der richtige Sturz von zu vielen Faktoren ab. Beispiel: An meinem Gespann (R 60 mit S 500) habe ich die Hinterradfederung in Stellung »hart« festgelegt. Federwege der Maschine sind also kurz, entsprechen etwa dem Federweg des Seitenrads (Eigenbaufederung mit 80 mm Weg). Würde ich mit derselben Sturzeinstellung nun die Hinterradfederung auf »weich« einstellen, so würde sich der Sturz durch den größeren Federweg verstellen und die Maschine ständig nach außen hängen. Der Sturz müßte geringer gewählt werden. Anhaltspunkte für die erste Einstellung kann man aber geben, sie finden sich auch in der BMW-Vorschrift: 4 bis 10 mm (Millimeter, nicht etwa Zentimeter!) kann der Maschinensturz betragen.

Wenn man die Einstellarbeiten einmal beim Anschließen des Seitenwagens hinter sich gebracht hat, dann muß man sich darauf gefaßt machen, daß diese erste Stellung noch nicht die beste ist. Es bedarf etlicher Fahrversuche, bis man durch geringfügige Änderungen an

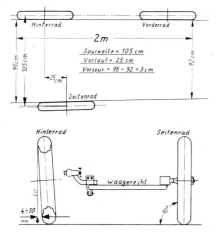
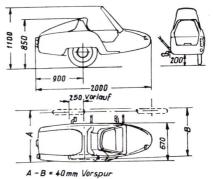

Links die Anbaumaße, wie sie allgemein für Seitenwagen angenommen werden können. Von dieser Grundlage aus muß man dann jeweils die Feineinstellung vornehmen. Rechts die vom Hersteller für den Clipper S angegebenen Maße, die sich nur geringfügig von den üblichen unterscheiden.

Maschinensturz und Vorspur erreicht hat, daß das Gespann auf ebener Straße freihändig geradeaus rollt. Dabei darf dann nur so viel Gas gegeben werden, um die gefahrene Geschwindigkeit beizubehalten. Beschleunigen und Bremsen geben immer einseitigen Zug im Lenker und lassen sich nicht durch andere Einstellungen kompensieren.

Grundsätze: Zieht die Maschine stark nach rechts, dann muß mehr Sturz gegeben werden. Zieht sie stark nach links, muß der Sturz reduziert werden. Den Wert der Vorspur soll man nur geringfügig von den in der Skizze angegebenen 3 bis 3,5 cm (30 bis 35 mm) abweichen lassen. Größere Vorspur gibt stärkeren Verschleiß des Seitenrads, geringere Vorspur merkliche Verstärkung der Lenkerpendelei.

Damit kommen wir zum letzten Punkt, der beim Anbauen eines Seitenwagens, gleich welcher Bauart, berücksichtigt werden muß:

Änderungen an der Maschine für Seitenwagenbetrieb

Bei den Modellen R 51/2 bis zur R 68, also den Modellen mit Hinterradfederung nach dem Geradwegprinzip und der Telegabel, sind nur wenige Änderungen nötig. Als Wichtigstes muß die Übersetzung des Hinterachsgetriebes auf Seitenwagenbetrieb umgestellt, es müssen also Ritzel und Tellerrad ausgewechselt werden. Die verschiedenen Übersetzungsmöglichkeiten sind im Anhang mit den Technischen Daten angegeben. Man wird sich die etwas umständliche Schlosserei des Zahnradwechselns aber besser dadurch ersparen, daß man sich schlicht einen zweiten kompletten Hinterachsantrieb besorgt. Gebraucht ist er meist nicht teurer als ein neuer Radsatz. Und dann lohnt sich die Umbauarbeit bereits nicht mehr. Änderungen der Getriebeübersetzung sind nicht unbedingt nötig. Auch hier kann man aus den Technischen Daten entnehmen, welche Unterschiede zwischen dem Sologetriebe und dem Seitenwagengetriebe bestanden. Teilweise sind ja diese Unterschiede von einem Modell zum nächsten beinahe verwischt worden. Falls man viel mit leerem Boot fährt, kann man ohne Schwierigkeit das Sologetriebe beibehalten. Es hat sogar den Vorzug, einen »längeren« ersten Gang zu bieten. Zum Beispiel ist bei der R 69 (ohne S) das Sologetriebe (auch als »Sportgetriebe« bezeichnet) in den unteren drei Gängen knapper übersetzt und stimmt erst beim vierten wieder mit dem Normalgetriebe (das auch die anderen Modelle dieser Baujahre hatten) überein. Für Gespannbetrieb ergibt sich daraus eine etwas schlechtere Beschleunigung unter Last, die Endgeschwindigkeit bleibt gleich. Das kann man, wie gesagt, bei leichtem Gespannbetrieb in Kauf nehmen. Für die R 60/2 ist beispielsweise die Seitenwagenübersetzung im ersten Gang sehr reichlich, man nutzt sie erst bergauf mit Passagier und Gepäck so richtig aus. Diese Seitenwagenübersetzung wurde früher als Normalübersetzung angesehen, man baute sie aber schließlich nur noch für Gespanne ein und ließ die ehemalige »Sport«-Übersetzung normal in der Serie laufen. Die Rechnereien mit der Übersetzung müssen aber jeweils die Übersetzungsverhältnisse des Hinterachsgetriebes berücksichtigen! Die Formel dazu findet sich im Anhang.

Wenn man an der R 67 einen Seitenwagen etwas verspannt anschließt, dann kann durchaus diese Augenschraube (unterm Sattel) brechen. Dies war noch eine ältere mit 12 mm Durchmesser, später wurden 13er verwendet. Aufbohren der Öse am Rahmen war aber verboten. Doch die 12er hielt auch ... wenn man keine Spannungen hineinbrachte!

Die nächste Änderung betrifft die Federstärken für Vorder- und Hinterradfederung. Bei den Modellen R 51/3 und R 67 wurden für Seitenwagenbetrieb stärkere Federn (6,5-mm-Draht statt 5,5 mm) für die Vordergabel vorgeschrieben, für die Hinterradfederung statt 7,25 mm Drahtstärke beim Gespann 8,0 mm.

Bei den Schwingenmodellen (R 50 bis R 69 S) wurden genauso durch dickeren Federdraht die erforderlichen Tragfähigkeitsänderungen bewirkt. Hier sind vorn Federn mit 6,3-mm-Draht (statt 6,0 mm) und hinten solche mit 7,6-mm-Draht (statt 7,0 mm) einzubauen. Durch diese Drahtstärkenänderung ergeben sich auch Änderungen im Durchmesser und der Länge der Federn, die wir aber zur Unterscheidung nicht mehr benötigen.

Wichtiger als die Federverstärkung ist aber bei den Schwingenmodellen die Umsetzung der vorderen Schwingenlagerung und der Federbeinbefestigung oben. Denn das Gespann braucht einen geringen Nachlauf des Vorderrads, die Schwingenachse wird also in das vordere Auge im Schwingenträger eingesetzt. Die oberen Federbeinanschlüsse müssen in die unteren Bohrungen eingeschraubt werden.

Diese Änderungen sind zum Fahren unbedingt notwendig. Kleinigkeiten gehören aber ebenfalls zur Umrüstung, als da sind: Änderung der Tachowegdrehzahl (am besten und preiswertesten bei einer VDO-Tachometerwerkstatt durchführen lassen), Bremshebel am Hinterrad auswechseln gegen den Hebel mit Anschlagschraube (verlangt der TÜV für hydraulische Bremse), Sololenker (660 mm breit) gegen Gespannlenker auswechseln und schlimmstenfalls noch das Auswechseln der Leichtmetallfelgen gegen Stahlfelgen. Den Leichtmetallfelgen ist aber auch im Gespannbetrieb, zumindest auf Vorder- und Seitenwagenrad, zu trauen. Ich kenne Fahrer, die Alu-Felgen selbst auf dem Hinterrad mit Erfolg beibehalten. Man darf eben nicht brutal über Bürgersteigkanten donnern oder durchs Gelände bolzen. Vor allem nicht mit ungenügendem Luftdruck auf den Reifen fahren! Etwas Vorsicht ist auf normalen Bundes- bzw. Landstraßen in jedem Frühjahr notwendig, wenn nämlich nach der Frostperiode die Straßen mit Schlaglöchern übersät sind. Das kann sogar für eine Stahlfelge manchmal zuviel werden.

Eine kleine Änderung der elektrischen Anlage des Gespanns gegenüber der Solomaschine pflegt von den TÜV-Stellen recht ernst genommen zu werden: Das Standlichtbirnchen muß beim Gespann stets mit dem Scheinwerfer (Abblend- und Fernlicht) gemeinsam brennen. Es wird dazu von der gleichen Klemme des Zündschlosses versorgt, die auch für die Rückleuchte zuständig ist: Klemme 58. Bei der Solomaschine ist das Standlicht häufig noch an Klemme 57 angeschlossen.

Diese Anschlagschraube verlangt der TÜV am Bremshebel, wenn ein Seitenwagen mit hydraulischer Bremse angebaut ist. Interessant ist hier auch die Einstellmutter fürs Bremsgestänge: aus Messing und so lang, daß das Gewinde der Stange voll überdeckt wird. Rosten unmöglich! M 8-Schraube hinten am Ende dient zur Konterung der Einstellung = doppelte Sicherheit.

Kontrolle eines gebrauchten Seitenwagens

Zum Schluß bleibt noch zu fragen, an welchen Stellen man bei einem gebrauchten Seitenwagen die Fehler sucht. Dabei muß man heute etwas anders kalkulieren als zur Zeit, als diese Seitenwagen noch in Serie gebaut wurden. Heute ist es weniger unangenehm, wenn die Radlager oder andere Normteile verschlissen sind. Auch die Teile der Bremse lassen sich mit etwas Glück noch durch die Firma Ate, Frankfurt (Main), Dieselstraße, beschaffen. Aber ein Rostschaden am Boot oder gar an der Stelle des Kotflügels, mit der dieser am hinteren Rahmenausleger befestigt ist, zwingt zum Schweißen oder zur Suche nach Kunststoff-Auswegen. Falls Federbeine mit defekter Dämpferfunktion entdeckt werden, dann lassen diese sich oft noch vom Federbeinhersteller reparieren. In Frage kommen hier die Firmen Boge GmbH, Eitorf (Sieg), Maschinenfabrik Hemscheid, Wuppertal; Suspa Federungstechnik, Altdorf bei Nürnberg; schließlich kann man sich durch Anbau eines separaten Dämpfers (etwa eines der berühmten, aber auch recht teuren holländischen Koni-Dämpfer) helfen. Diese Dämpfer gibt es nämlich inzwischen, bereits zu Federbeinen zusammengebaut, für verschiedene Motorräder auf dem deutschen Markt.

Bei der Beurteilung des Bremssystems am Seitenwagenrad können noch Schwierigkeiten auftreten. Da gibt es eine Menge Eigenbauten auf der Grundlage des jeweiligen verwendeten Seitenrads (das auch von einem anderen Motorrad stammen kann), die meist auf mechanischem Weg betätigt werden. Es fragt sich nur, was der TÜV zu solchen Eigenbau-Bremsen sagt. Ich ziehe eine mechanische Bremse zwar bisher der Hydraulik noch vor, jedoch nicht wegen ihrer Wirkung, sondern weil die umständliche Entlüfterei wegfällt. Wenn dann noch zwei getrennte Fußhebel (einer fürs Hinterrad und einer fürs Seitenrad) vorgesehen sind, dann kann man davon sogar fahrerisch profitieren. Die hydraulische Bremse muß immer so eingestellt sein, daß das Seitenrad ein wenig später als das Maschinenhinterrad anspricht, man kann hier also nicht so stark mit der Bremse lenken.

Bei der hydraulischen Bremse gibt es zwei Stellen, die man besonders beobachten muß, wenn man vor einem Gebrauchtkauf steht: Einmal muß das Leitungssystem dicht sein. Auch nach einer Probefahrt mit häufigem Bremsen darf nirgendwo Bremsflüssigkeit austreten. Abgewaschene Lackierung an Koppelungsstellen ist ein Warnzeichen. Die zweite Stelle ist der Zustand des Bremszylinders im Seitenrad. Wenn hier keine Verbesserung der serienmäßigen Abdichtung zwischen Radnabe und Bremsankerplatte vorgenommen wurde, dann hat die Seitenradbremse innerlich stark unter Spritzwasser gelitten, das direkt vom vorderen Unterteil des Kotflügels in die Bremstrommel geschickt wird. In

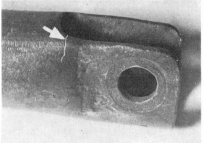

Die Roststellen sind die schlimmste Plage an einem alten Seitenwagen. Man kann praktisch nur noch Flickwerk liefern, eine dauerhafte Reparatur erscheint mir nach eigenen Erfahrungen kaum möglich. Im unteren Bild ist eine Gemeinheit gezeigt: Anschluß des Seitenwagens mit angerissenem Bolzenauge!

diesem Fall macht der hohe Schmutzanfall in der Bremse meist sehr schnell die Abdichtung des Bremszylinders zunichte, Flüssigkeit kann austreten, und die Bremswirkung ist verloren. Da man aber diese Schwierigkeiten im Automobilbau schon lange beherrscht, müßte sich das Problem mit etwas Nachdenken (und eventuell mit einigen Pkw-Teilen) lösen lassen. Mir liegen darüber jedoch keine eigenen Erfahrungen vor.

Wenn man das Seitenrad »nach Wahl« bestimmen kann, dann ist in jedem Fall ein Original-BMW-Rad die beste Lösung. Denn das Rad bleibt mit den beiden Rädern der Maschine auswechselbar, was dann von Vorteil ist, wenn etwa die Mitnehmerverzahnung eines der Maschinenräder nicht mehr in Ordnung ist. Außerdem macht sich das Originalrad bezahlt, wenn man zusätzlich ein Reserverad mitnehmen kann (auf der Kofferbrücke), so daß man bei Pannen (oder im Winter bei wechselnden Straßenbedingungen) nicht immer unterwegs Reifenmontage üben muß.

Was sonst noch fürs Gespannfahren wichtig ist.

Damit haben wir noch längst nicht sämtliche Punkte besprochen, die im Zusammenhang mit dem Gespann von Interesse sind. Aber ich habe die Erfahrung gemacht, daß man sehr vieles im Lauf recht kurzer Zeit selbst erkennt und daß man um eigene Erfahrungen gerade beim Gespann doch nie herumkommt. Das beginnt ja schon bei der speziellen Fahrtechnik, die sich prima auf dem Papier beschreiben läßt, die man aber dennoch stets selbst ins Gefühl bekommen muß. Vielleicht sollten einige kleine Regeln zum Abschluß wiederholt werden:

Seitenwagen stets so anbauen, daß durch die Anschlüsse weder der Maschinenrahmen noch der Beiwagenrahmen verzogen wird. Zuerst also drei Anschlüsse richtig einstellen, dann den vierten Anschluß oben zum Lenkkopf der Maschine ohne Gewaltanwendung anpassen. Grundsätzlich Vierpunktanschluß wählen, es sei denn, die Seitenwagenkonstruktion läßt nur Dreipunktanschluß zu.

Seitenwageneinstellung muß bei etwa 60 km/h freihändiges Geradeausfahren ermöglichen.

Für das Gespann ist der hydraulische Lenkungsdämpfer schlecht. Deshalb auf Reibungsdämpfer umrüsten! Reibungsdämpfer möglichst sauberhalten (Rost stört stark!) und leicht anziehen. Spurweite des Gespanns für geringsten Kraftaufwand beim Fahren möglichst eng wählen.

Reifenverschleiß auf dem Hinterrad ständig unter Kontrolle halten. Das geht hier sehr schnell! Fast abgefahrene Hinterreifen, solange sie noch brauchbar sind, auf das Seitenrad übernehmen. Auf Hinterrad und Vorderrad nur einwandfreie Reifen. Wenn das Hinterrad nämlich bei Schmiere oder nassem Kopfsteinpflaster weggeht, hat man alle Hände voll zu tun.

Im Winter aufs Hinterrad unbedingt mindestens Trialprofil, bei ständigem Winterbetrieb sind Spikes nützlich! Aber aufpassen auf trockener oder nur nasser Straße: Spikes verlängern die Bremswege!

Beladung des Gespanns stets so wählen, daß möglichst viel Gewicht im Seitenwagen untergebracht wird. Im Urlaub also nicht das Kind allein ins Boot und die Sozia auf den Soziussitz, sondern möglichst viel Gepäck mit in den Beiwagen.

Niemals Beifahrer auf der Maschine bei leerem Seitenwagen transportieren. Erste Rechtskurve bringt Überschlag.

Beim Kolonnenfahren zum Vordermann stets größeren Abstand halten, als von der Solomaschine gewohnt. Denn das Gespann hat längere Bremswege, das beladene noch längere! Besonders bei Paßabfahrten muß das berücksichtigt werden. Hier kommt man manchmal sogar mit BMW-Bremsen in Verlegenheit! Falls Sie sportlich fahren wollen: Körperauslage (etwa in Rechtskurven zum Seitenwagen hinüberlegen) muß **vor** dem Beginn der Kurve geschehen. **In** der Kurve wenig bewegen. Der Passagier darf im Boot nur dann turnen, wenn er schon sehr lange auf den Fahrer eingespielt ist. Neulinge haben stillzusitzen. Gasgeben und Bremsen in der Kurve sind mit Vorsicht zu genießen. In Rechtskurven Gasgeben ist ein alter Rat, er hat nur dann Berechtigung, wenn man die Kurvengrenzgeschwindigkeit noch nicht erreicht hat und sich nur das Lenken erleichtern will. In Grenzbereichen (wenn also das Seitenrad sowieso nur den Boden antippt) darf man nicht mehr Gas geben, dann kommt nämlich das Boot erst recht hoch. Das Hinterrad geht nur bei schmieriger Straße weg, und nur dann kann durch Gasgeben ein »Driften« (mit allen Rädern) oder »Power Slide« (nur mit dem Hinterrad) erreicht werden. In Linkskurven (zur Maschine hin) ist Gasgeben risikoloser. Denn dann geht das Hinterrad meist gut steuerbar weg. Wenn der Seitenwagen in Rechtskurven hochkommt: keine Panik, sondern bremsen und Lenkung etwas geradeaus richten. Vor allem nicht die Übersicht verlieren und beim Geradeauslenken etwa den Gegenverkehr aufs Korn nehmen. Ein leichter Ruck während des Bremsens genügt meist.

Ich glaube das reicht fürs Gespann.

Kommen Sie mit!

Auf einen Sprung zu den neuen BMWs

Die neuen BMW-Modelle R 50/5; R 60/5 und R 75/5 sind nun zwar bereits seit zwei Jahren auf den Straßen unterwegs, der Eindruck, den diese Baureihe jedoch bisher hinterlassen hat, ist durchaus nicht einheitlich. So läßt sich auch kaum etwas sagen, was als Wertung der Konstruktion oder der Qualität Anspruch auf Allgemeingültigkeit hätte... der Zeitraum der Erfahrungen ist einfach zu kurz. Denn was wird heute im Durchschnitt pro Jahr und Maschine an Kilometern gefahren? Kaum mehr als 15 000 km! Und so sind auch die meisten neuen BMWs noch als »fast neuwertig« anzusehen. Deshalb erscheint es am zweckmäßigsten (und fairsten), die Maschinen der neuen Baureihe nur vorzustellen. Damit dürfte auch dem Besitzer sicherlich am meisten geholfen sein und dem, der mit dem Gedanken an den Kauf einer dieser Maschinen liebäugelt, der tiefste Einblick gegeben sein.

Einzig eine Wertung hinsichtlich des Fahrwerks erscheint angebracht: wie schon bei den früheren BMW-Motorrädern ist auch hier wieder das Haupt-Augenmerk auf Fahrsicherheit, Handlichkeit und Fahrkomfort gelegt, die Fahrwerke können in all diesen Punkten als vorbildlich gelten!

Die neuen BMW-Modelle bestechen durch Fahrwerkstugenden, nicht so sehr durch den optischen Eindruck. Denn der Knick im Schalldämpfer, der auf diesem Foto durch das Geschick des (BMW-)Fotografen so abgeschwächt ist, sowie einige andere kleine retuscheheischenden Punkte stören diesen Gesamteindruck noch ein wenig.

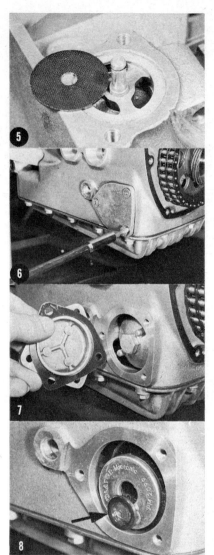

Die Handgriffe zur Demontage des Motors

1: Der Motor der R 60/5 ist hier zum Zerlegen auf den praktischen Montagebock gespannt. Für Werkstätten bedeutet dieser Bock eine spürbare Erleichterung der Arbeit.

2: Ausbau des Anlassers, der auch bei R 50/5 und R 60/5 auf Wunsch geliefert wird.

3: Abschrauben des Deckels für den Kurbelgehäuseentlüfter.

4: Die Entlüftung wird durch eine kleine federbelastete Pertinaxplatte bewerkstelligt, diese Platte darf auf dem Bolzen nicht verkanten!

5: Falls die Bohrung des Entlüfterplättchens zu weit geworden ist (was man durch Ölverlust aus dem Entlüftungsschlauch merkt), nicht nur die Platte, sondern auch die Druckfeder auswechseln.

6: Schrauben mit Innensechskant halten den Deckel für das Öl-Feinfilter.

7: Dichtung des Deckels bei jeder Demontage erneuern!

8: Beim Abschrauben des Filtereinsatzes diesen Dichtring aus ölfestem Gummi nicht verlieren! Möglichst aber stets einen neuen Dichtring verwenden! Es versteht sich von selbst, daß man Ölwechsel und Filterwechsel nur bei warmem Motor durchführt.

9: Die Filterpatrone muß alle 5000 km im Sommer und etwa alle 2500 km bei Winterbetrieb erneuert werden. Man kann sie mit einem Drahthaken aus dem Gehäuse herausziehen.

10: Als Sicherheit gegen verstopften Ölfiltereinsatz ist hier das mit Pfeil bezeichnete Überdruckventil vorgesehen, das den Filtereinsatz vom Ölkreislauf in solchem Fall trennt, die Schmierung wird also nicht unterbrochen.

11: Abnehmen der Zylinder geschieht gemeinsam mit der Demontage der Zylinderköpfe durch Lösen der vier Muttern auf den Kipphebellagerböcken.

12: Lagerböcke von Hand abnehmen, Stößelstangen herausziehen.

13: Der Pfeil weist auf die gewellte Scheibe, die seitliches Anschlagen des Kipphebels an den Lagerbock federnd abfängt.

14: Der Zylinderkopf ist mit zwei zusätzlichen Schrauben am Zylinder gehalten. (Der Pfeil weist auf die obere, die untere liegt symmetrisch dazu). Mit dem schräg übergespannten Abziehwerkzeug werden Zylinder und Kopf gemeinsam vom Kurbelgehäuse gelöst.

15: Diese Bohrung darf nicht durch Dichtungsmasse verstopft werden!

16: Um den Kolben vor hartem Anschlagen zu bewahren, wird ein gegabeltes Schutzholz (wie üblich) aufs Pleuel gesetzt.

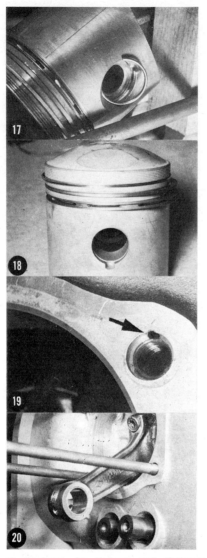
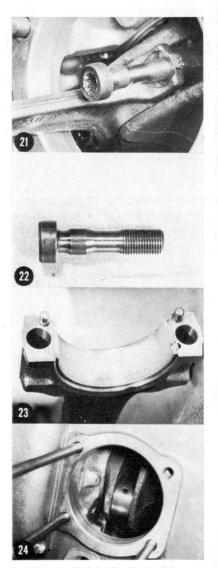

17: Abnehmen des Kolbens nach Entfernen der Drahtsicherung. Hier fährt man wie auch bei den früheren BMWs mit einer Reißnadel unter die Sicherung und hebelt sie vorsichtig aus der Nut. Kurbelgehäuse abdecken!

18: Kolbenbestückung mit Ringen bei den neuen BMWs: Nur zwei recht dünne (in der Höhe) Kompressionsringe (oben Rechteck, 2. Ring = Nasenring) und nur ein Ölabstreifring. Gegen Schwingungen sind Ringe dieser Abmessungen unempfindlicher als die Ringe der früheren Baumuster!

19: Durch diese Bohrung (Pfeil) wird das Schmieröl entlang der Zuganker-Schrauben (Stehbolzen) innerhalb des Zylinders und des Kopfes zum Ventiltrieb befördert. Aufpassen: Nicht mit Dichtungsmasse verstopfen!

20: Daß die Nockenwelle der neuen Modelle unterhalb der Kurbelwelle liegt, sieht man spätestens jetzt, wenn man die Stößel aus ihren Führungen herauszieht. Das Pleuelauge oben ist wie bisher mit einer Buchsenlagerung für den Kolbenbolzen versehen.

21: Die Dehnschrauben des jetzt geteilten unteren Pleuellagers bitte nicht mit Behelfswerkzeugen, sondern nur mit »XZN«-Vielzahn-Stiftschlüsseln abschrauben!

22: Dehnschrauben erkennt man an der verjüngten Form des Schaftes! Keine anderen Schrauben hier verwenden.

23: Das Pleuellager ist ein Gleitlager mit Dreistoff-Lagerschalen (wie im Pkw-Bau üblich). Falsche Montage wird durch die Paßstifte an der Trennfuge verhindert.

24: Die Ölversorgung der Pleuellager geschieht durch diese Bohrung.

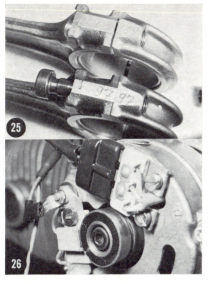

25: Die Pleuel sind zweiteilig, die jeweils zueinandergehörigen Einzelteile sind durch Ziffern gekennzeichnet. Zum Auswechseln braucht man sehr gute Meßwerkzeuge, um Innendurchmesser der Lagerbohrung und Außendurchmesser des Kurbelzapfens zu messen. Werkstattsache!

26: Vorm Schlossern unbedingt Batterie abklemmen, dann Lichtmaschine abbauen wie üblich. Durch die Steckverbindungen ist das Abklemmen der Kabel sehr vereinfacht.

27: Diodenträger (oben) und Unterbrecher müssen auch noch abgebaut werden.

28: Der vordere Gehäusedeckel sitzt nur auf dem Kugellager der Kurbelwelle mit Preßsitz, also muß er mit einem einfachen Querbalken/Spindel-Werkzeug abgezogen werden. Anwärmen ist nicht nötig. Das Werkzeug wird mit 3 Schrauben M 5 an den Bohrungen der Lichtmaschinenbefestigung angesetzt, Druckspindel über Druckpilz an den Kurbelzapfen angelegt.

29: Nach Aushängen der Schenkelfeder (Abschrauben der Haltemutter) und Abnehmen des Seegerringes den Kettenspanner abbauen.

30: Vor dem Abziehen der beiden Kettenräder muß erst der Lagerdeckel des Nockenwellenlagers losgeschraubt werden. Durch die Bohrungen im Kettenrad erreicht man die Innensechskantschrauben gut (Pfeil).

31: Der Kurbelzapfen wird wieder mit dem Druckpilz geschützt, bevor man den Abzieher ansetzt. Im Bild mit »Ü« bezeichnet: Das Überdruckventil, das bei Verstopfungen und dadurch bedingtem überhöhtem Öldruck diesen ins Kettenkastengehäuse »abbläst«. Das Kugellager an dieser Stelle der Kurbelwelle ist nötig, um den Anker des Drehstromgenerators genau mittig zu führen, so daß der Generator mit geringstmöglichem Luftspalt laufen kann. Verschleiß des Lagers bringt erst Undichtheit des Wellendichtringes zum Lichtmaschinenraum und dann Anlaufen des Klauenpolankers an den Polen der Ständerwicklung.

32: Abziehen des Kugellagers entweder mit dem Spezialwerkzeug oder mit etwas schlanker geschliffenem Haken eines Universal-Zweiarm-Abziehers. Dessen Arme dann mit Schraubzwinge zusammenspannen.
33: Auch das Kettenrad wird mit einem normalen Zweiarmabzieher von der Kurbelwelle heruntergezogen. Hierbei ist wieder der Kurbelzapfen durch den Druckpilz geschützt.
34: Das Zahnrad auf der Kurbelwelle ist durch eine Scheibenfeder (Halbmondkeil) gegen Verdrehen gesichert. Wie üblich muß diese Scheibenfeder satt in ihrer Nut sitzen.
35: Beim Abziehen des Zahnrades der Kurbelwelle achtet man darauf, daß die Nockenwelle gleichzeitig herausgehoben wird, daß sich also die Kette nicht verkantet. Das geht ohne Hammerschläge!
36: Wenden wir uns jetzt dem Kupplungsraum zu. Von den früheren BMW-Modellen ist das Prinzip der Kupplung bereits bekannt, die Handgriffe zur Kupplungsdemontage sind gleichgeblieben. Hier sind noch mal einzeln aufgeführt: Lösen der Schlitzschrauben der Druckplatte . . .
37: Jede zweite Schlitzschraube wird durch M 8 x 1 Schrauben mit Muttern ersetzt, um die Kupplungsdruckfeder nachher langsam entspannen zu können.
38 und 39: Es erscheint angebracht, daß man sich tatsächlich diese Hilfs-Schrauben mit Muttern anschafft, denn die Montage wird dadurch doch erleichtert. Man verliert nicht so leicht die Zwischenringe zwischen Druckscheibe und Schwungscheibe. Erkennbar ist in Bild 38 übrigens der Unterschied der Verzahnung der Kupplungs-Reibscheibennabe gegenüber den früheren Modellen: hier ist sie feiner.

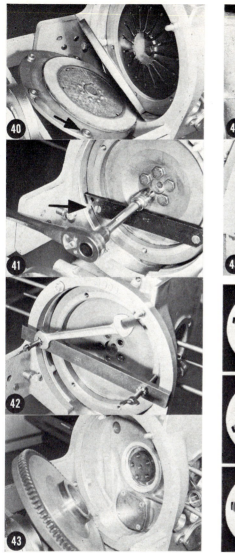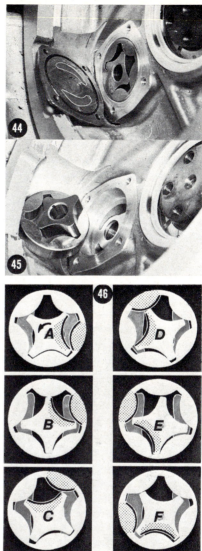

40: Die Einzelteile der Kupplung, wie sie bei der Demontage zutage treten. Der Pfeil bezeichnet die kleinen Zwischenringe, die einen Luftspalt zwischen Schwungscheibe und Druckscheibe herstellen, so daß Kupplungsabrieb besser abgeführt werden kann. Dies ist auch schon von früheren BMWs bekannt.
41: Nach dem Ausbau der Kupplung werden die 5 Schrauben der Schwungscheibenbefestigung auf der Kurbelwelle gelöst. Die Schwungscheibe wird dazu mit einem einfachen Flacheisen-Werkzeug, das sich gegen die Nase am Gehäuse abstützt (Pfeil) blockiert.
42: Abziehen der Schwungscheibe geschieht wieder mit einem einfachen Flacheisenwerkzeug, das aber für diese Arbeit etwa 15 mm dick sein sollte.
43: Die Schwungscheibe trägt die Lauffläche für den Wellendichtring am Absatz auf der Rückseite. Mit dem Innendurchmesser ist sie sehr eng auf den Zapfen der Kurbelwelle aufgesetzt.
44: Die Ölpumpe der neuen BMWs ist eine ZF-Eaton-Pumpe (gesprochen »Ihton«). Sie wird von der Nockenwelle angetrieben. Durch nierenförmige Ausschnitte im Gehäuse wird das Öl angesaugt und weggedrückt (weiß nachgezeichnet im Ölpumpendeckel).
45: Der vierflügelige Rotor der Pumpe läuft mit dem fünf»bäuchigen« Ring im Gehäuse um.
46: Die Funktion der Ölpumpe in den Einzelbildern A bis F. Beobachten Sie die Veränderung des Rauminhaltes zwischen den zwei durch Punktieren gekennzeichneten Pumpensegmenten. Das Öl wird rechts angesaugt und links (jeweils im Hintergrund hellgrau gehalten) weiterbefördert.

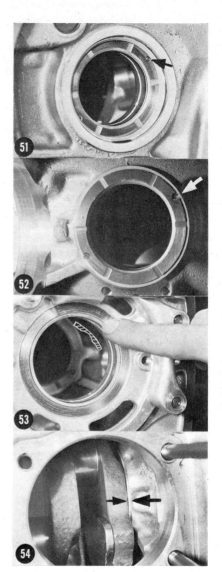

47: Jetzt schlossern wir vorn am Motor weiter: Der Lagerdeckel für das vordere Kurbelwellenlager wird abgezogen, das Werkzeug ist wieder ein einfacher Querbalken mit Druckspindel. Die Zugschrauben werden in zwei besonders dafür vorgesehene Gewindebohrungen im Lagerdeckel eingeschraubt. Gewinde M 8. Bitte darauf achten, daß der Abziehbalken parallel zum Gehäuse bleibt und der Lagerdeckel beim Ausziehen nicht verkantet wird.
48: Die Kurbelwelle liegt frei.
49: Zum Ausbauen muß die Welle so gedreht werden, daß das vordere Gegengewicht nach oben steht und durch die dortige Aussparung im Gehäuse geführt wird.
50: Das hintere Gegengewicht erfordert nochmaliges Drehen der Welle.
51: Die Gleitlager sind sogenannte Dreistofflager, wie im Pkw-Bau seit eh und je bewährt. Auswechseln bedingt erheblichen Aufwand an Meßwerkzeugen, außerdem muß das Gehäuse dazu angewärmt werden. Der Pfeil zeigt auf die Fixierstifte (auch in Bild 52) für die innen und außen am hinteren Lager vorgesehenen seitlichen Anlaufscheiben, mit denen (durch Auswahl verschiedener bereitgehaltener Dikken) das Spiel der Kurbelwelle in Längsrichtung festgelegt wird.
53: Der Stoß der Lagerbüchse (Gleitlager) im vorderen Lagerdeckel darf nicht, wie hier angedeutet, rechts oben (von vorn gesehen) liegen, sondern muß etwa 26 Grad gegen die Senkrechte versetzt links oben stehen.
54: Beim Wiedereinsetzen der Kurbelwelle passiert es leicht, daß die Fixierstifte für die seitlichen Anlaufscheiben austreten und dann an den mit Pfeil bezeichneten Stellen Scheibe, Gehäusewand und Welle unter Druck setzen.

55: Der Zusammenbau muß nicht ausführlich erklärt werden, hier nur noch die wichtigsten Punkte: Anziehen der fünf Schrauben der Schwungscheibenbefestigung mit Drehmomentschlüssel gleichmäßig und schrittchenweise (immer um 1 mkp mehr) bis auf 5,8 bis 6,2 mkp.
56: Ausmessen mit der Meßuhr wie schon bei früheren Modellen, ob die Schwungscheibe mehr als 0,1 mm seitlichen Schlag hat.
57: Der schon erwähnte kleine Trick beim Einbauen der Kupplung: die Zwischenringe werden auf die Schrauben aufgefädelt, damit man sie nicht beim weiteren Anziehen verliert.
58: Aufsetzen des Zahnrades auf die Kurbelwelle geschieht gleichzeitig mit dem Einbau der Nockenwelle. Das Zahnrad bleibt dabei kalt, es wird ähnlich wie bei den früheren Modellen mit einer Druckbüchse fest auf den Sitz geschoben (Bild 59). Aufpassen, daß die Markierungen der beiden Zahnräder übereinanderstehen, aufpassen auch, daß die Nockenwelle beim Einbau richtig ins schwungscheibenseitige Lager eingeführt wird (Ölpumpe!).
59: Das Kugellager wird vor dem Aufsetzen auf etwa 80 bis 100 Grad angeheizt, dann rutscht es recht gut auf seinen Sitz. Druckbüchse mit Spindel muß aber auch hier feste Anlage sicherstellen. Nur über Lagerinnenring drücken. Der Kettenkastendeckel muß ebenfalls zur Montage auf 80 bis 100 Grad angewärmt werden, damit das Kugellager keinen Druck über die Wälzkörper bekommt.
60: Das Aufsetzen der Zylinder und der Zylinderköpfe ist problemlos. Wichtig wird nachher nur, daß die Kipphebellagerböcke parallel zueinander ausgerichtet werden, dazu gibt es diese Vorrichtung. Die Befestigungsmuttern der Kipphebellager werden als erste über Kreuz angezogen (Drehmoment 3,5 bis 3,9 mkp), natürlich schrittchenweise. Dann, also nach dem ersten Schritt (bei etwa 1,5 mkp) werden die beiden Muttern oben und unten zur Zylinderkopfbefestigung angezogen. BMW schreibt vor: erste Anzugsstufe für alle sechs 1,5 mkp, zweite ca. 3,5 und dritte Stufe ca. 3,9 mkp.
Das war nun die äußerste Kurzfassung der Reparaturhandgriffe für die Gleitlagermotoren. Die Schwierigkeiten für den Bastler liegen hierbei nicht so sehr auf der handwerklichen Seite (die Werkzeuge sind durchweg sehr einfach gestaltet) als vielmehr auf der Seite der Werkstattausrüstung mit teuren Meßgeräten.

P.S.

Bei aller Mühe und bei allem guten Willen ließ es sich dennoch nicht vermeiden, daß dieses Buch »eigentlich« gar nicht fertig ist. Denn es fehlt noch immer einiges, von Tag zu Tag wird das Fehlende sogar mehr.
Wollen Sie ein Beispiel? Bitte: Inzwischen funktioniert z. B. der Einbau des Gleitlagermotors in ein Schwingenfahrwerk sogar halbwegs offiziell. Denn in den letzten Tagen bekam ich eine Mitteilung in die Hand, nach der eine Bescheinigung für den TÜV, nach der dieser Umbau keine Bruchgefahr für den Rahmen ergibt, von der Abteilung »Technischer Kundendienst« der Firma BMW ausgestellt wird.
Noch ein Beispiel: Erst in den letzten Tagen schälte sich aus Erfahrungen mit den neuen Modellen heraus, daß die langen Federwege wahrscheinlich noch eine Änderung des Kreuzgelenks erzwingen könnten, hier würde man z. B. ein homokinetisches Gelenk benötigen.
Aber: Wenn all das, was ich täglich hinzulernen muß, auch noch schreiberderweise verarbeitet werden sollte, dann würde aus diesem Buch wahrscheinlich nie ein käufliches Hilfsmittel für BMW-Fahrer und -Freunde. Und diese Freunde, das ist hier kein Werbespruch, haben tatsächlich schon sehr lange gewartet... hoffentlich nicht zu lange.
Und noch etwas muß zum Schluß gesagt werden: Allein hätte ich's nie geschafft. Geholfen haben mir durch Ausleihen von verschiedenen Teilen zum Fotografieren (Motor, Getriebe, Hinterachsgetriebe) vor allem die BMW-Kundendienstschule und die Firma Nettesheim in Flensburg. In diesem Zusammenhang schnell noch den letzten Tip: Beide (Leiter der Kundendienstschule ist Herr Dittmann) helfen in schwierigen Fällen jedem BMW-Fahrer, soweit es überhaupt in ihrer Macht steht, Firma Nettesheim speziell mit gebrauchten Teilen für ältere Maschinen. Geholfen hat mir selbst aber freundschaftlich mit Rat und ständiger Ermunterung das Team der MOTORRAD-Redaktion. Und auch dieses Team steht in Notfällen jedem Motorradfahrer zur Seite.

Hans-Joachim Mai

Technische Daten 1

Baumuster	R 51/2	R 51/3	R 67	R 67/2	R 68
Hub/Bohrung/Hubraum	68/68/494	68/68/494	73/72/590	73/72/590	73/72/590
Verdichtungsverhältnis	1:6,4	1:6,3	1:5,6	1:6,5	1:7,5 - 7,7
Leistung (PS/U/min)	24/5800	24/5800	26/5500	28/5600	35/7000
Steuerzeiten bei Ventilspiel	2 mm	2 mm	2 mm	2 mm	1 mm
Einlaß öffnet	4-9° n OT	4-9° n OT	4-9° n OT	4-9° n OT	19-24° v OT
Einlaß schließt	30-35° n UT	30-35° n UT	30-35° n UT	30-35° n UT	60-65° n UT
Auslaß öffnet	31-36° v UT	31-35° v UT	31-35° v UT	31-35° v UT	59-64° v UT
Auslaß schließt	5-10° v OT	5-10° v OT	5-10° v OT	5-10° v OT	20-25° n OT
Betriebs-Ventilspiel b. Kaltem Motor					
Einlaß	0,10 - 0,15	0,15	0,15	0,15	0,15 - 0,20
Auslaß	0,15 - 0,20	0,20	0,20	0,20	0,20 - 0,25
Kraftstoff	Normal	Normal	Normal	Normal	Super
Bing-Vergaser Nr. rechts (Knecht-Filter)	—	1/22/42	1/24/16	—	—
links (Knecht-Filter)	—	1/22/41	1/24/15	—	—
Vergaser rechts (Eberspächer-Filter)	1/22/30	1/22/62	—	1/24/26	1/26/10
Vergaser links (Eberspächer-Filter)	1/22/29	1/22/61	—	1/24/25	1/26/9
Vergaserdurchlaß	22 mm	22 mm	24 mm	24 mm	26 mm
Hauptdüse (solo)	90	100 (105)	100 (105)	110	115
Hauptdüse (f. Gespannbetrieb)	95	105 (110)	105 (110)	110 (115)	120
Leerlaufdüse	40	40	40	40	35
Nadeldüse	1208/2,64	1208	1208	1208	1208
Düsennadel	normal	normal	2	2	4
Mischkammereinsatz Nr.	5	5	5	5	ohne
Nadelstellung in Kerbe (solo)	1	1	3	3	1
Nadelstellung in Kerbe (Gespann)	2	1	3	3	2
Leerlauf-Luftschraube geöffnet (Umdr.)	1½ - 2	1 - 2	1 - 2	1 - 2	1 - 2
Gasschieber Nr.	—	—	—	—	—
Schwimmergewicht	7 gr.	7 gr.	7 gr.	7 gr.	7 gr.
Startschieber am Luftfilter	ja	ja	ja	ja	ja
Zündanlage (Batterie oder Magnet)	Batterie	Magnet	Magnet	Magnet	Magnet
Unterbrecher-Kontaktabstand	0,4 ± 0,05	0,4	0,4	0,4	0,4
Zündzeitpunkt max „spät"	12° v OT	9° v. OT	6° v. OT	9° v. OT	2° v. OT
Zündzeitpunkt max „früh"	38-41° v OT	39° v OT	36° v OT	39° v OT	42° v OT
Verstellbereich Fliehkraftversteller	—	30°	30°	30°	30°
Verstellbereich Handverstellung	26°	—	—	—	10°
Zündkerzen-Wärmewert (Bosch)	240	240	240	240 (260)	240 (260)
Zündkerzen-Elektrodenabstand	0,6	0,6	0,6	0,6	0,6
Lichtmaschine, Bosch-Bezeichnung (Noris)	RD 45/6	L 45/60 L	L 45/60 L	L 45/60 L	L 45/60 L/6V
Lichtmaschinen-Leistung/Nennspannung	45-60W/6V	45-60W/6V	45-60W/6V	45-60W/6V	45-60W/6V
Batterie Spannung/Kapazität	6V 7Ah	6V 7Ah	6V 7Ah	6V 7Ah	6V 7Ah
Batterie-Ladestrom max.	0,8 A	0,8 A	0,8 A	0,8 A	0,8 A
Scheinwerfer Lichtaustrittsdurchmesser	160	160	160	160	160
Getriebe-Gangzahl	4	4	4	4	4
Übersetzungen „Solo" bzw. „Sport"					
1. Gang	3,6 : 1	3,6 (4,0)	3,6 : 1	4,0 : 1	4,0 : 1
2. Gang	2,28 : 1	2,28 : 1	2,28 : 1	2,28 : 1	2,28 : 1
3. Gang	1,7 : 1	1,7 : 1	1,7 : 1	1,7 : 1	1,7 : 1
4. Gang	1,3 : 1	1,3 : 1	1,3 : 1	1,3 : 1	1,3 : 1
Übersetzungen „Seitenwagenbetrieb"	—	—	—	—	—
1. Gang					
2. Gang					
3. Gang					
4. Gang					
Hinterachsgetriebe Übersetzung „Solo"	3,89 : 1	3,89 : 1	3,56 : 1	3,56 : 1	3,89 : 1
Hinterachsgetriebe Übersetzung „Gespann"	4,57 : 1	4,57 : 1	4,38 : 1	4,38 : 1	4,57 : 1
Zähnezahl „Solo"	9 : 35	9 : 35	9 : 32	9 : 32	9 : 35
Zähnezahl „Gespann"	7 : 32	7 : 32	8 : 35	8 : 35	7 : 32
Felgen Solomaschine vorn + hinten	3x19/2,15Bx19	3x19	2,15 B x 19	2,15 B x 19	2,15 B x 19
Felge Gespann vorn	3x19	3x19	2,15 B x 19	2,15 B x 19	2,15 B x 19
Felge Gespann hinten	2,15 B x 19	2,15 B x 19	2,15 B x 19	2,15 B x 19	2,15 B x 19
Felge Seitenwagenrad	2,15 B x 19	2,15 B x 19	2,15 B x 19	2,15 B x 19	2,15 B x 19
Reifen Solo vorn + hinten; Gespann vorn	3,50 x 19	3,50 x 19	3,50 x 19	3,50 x 19	3,50 x 19
Reifen Gespann hinten	4,00 x 19	4,00 x 19	3,50 x 19	4,00 x 19	4,00 x 19

Baumuster	R51/2	R51/3	R67	R67/2	R68
Reifen Seitenrad	3,50 × 19	3,50 × 19	3,50 × 19	3,50 × 19	3,50 × 19
Bremstrommel Durchmesser	200	200	200	200	200
Bremsbauart vorn	Simplex	Duplex	Simplex	Duplex	Duplex
Bremsbauart hinten	Simplex	Simplex	Simplex	Simplex	Simplex
Größte Breite (Lenkerbreite)	815	790	790	790	725
Größte Länge	2130	2150	2150	2150	2150
Sattelhöhe	725	725	725	725	725
Bodenfreiheit	120	103	120	103	103
Radstand solo/Gespann	1400	1400	1400	1400	1400
Leergewicht (fahrfertig)	185	190	192	192	193
zulässiges Gesamtgewicht solo	400	355	355	355	355
zulässiges Gesamtgewicht Gespann	600	600	600	600	600
Reifen-Luftdruck vorn solo (atü)	1,4	1,5	1,5	1,5	1,5
vorn mit Sozius	1,4	1,5	1,5	1,5	1,5
vorn Gespann + 2 Personen	1,9	1,9	1,9	1,9	1,9
vorn Gespann + 3 Personen	1,9	1,9	1,9	1,9	1,9
hinten solo	1,4	1,8	1,8	1,8	1,8
hinten mit Sozius	1,9	1,9	1,9	1,9	1,9
hinten Gespann + 2 Personen	1,9	1,9	1,9	1,9	1,9
hinten Gespann + 3 Personen	1,9 - 2,6	1,9 - 2,6	1,9 - 2,6	1,9 - 2,6	1,9 - 2,6
Seitenrad immer	1,8	1,8	1,8	1,8	1,8
Füllmengen					
Motoröl SAE /ccm (Sommer)	40/2 Ltr	40/2 Ltr	40/2 Ltr	40/2 Ltr	40/2 Ltr
Getriebe: Motoröl SAE /ccm	40/800	40/800	40/800	40/800	40/800
Hinterachsgetriebe: Getriebeöl SAE/ccm	90/130	90/130	90/130	90/130	90/130
oder Hypoidöl SAE/ccm	—	—	—	—	—
Getriebe Hypoidöl SAE /ccm					
Schwingarm hinten: Motoröl SAE/ccm	—	—	—	—	—
oder Hypoidöl SAE/ccm					
Telegabel pro Holm Motoröl SAE/ccm	20/160	20/160	20/160	20/160	20/160
Motoröl SAE/ccm (Winter)	20/2000	20/2000	20/2000	20/2000	20/2000
Lichtmaschine Baujahr 1954	—	L60/6/1500L	—	L60/6/1500L	L60/6/1500L
Lichtmaschinenleistung 1954		60-90W/6V		60-90W/6V	60-90W/6V
Ölwechsel im Motor alle xxx km	1500	1500	1500	1500	1500
Ölwechsel im Getriebe alle xxx km	6000	10 000	10 000	10 000	10 000
Ölwechsel Hinterachsgetriebe alle xxx km	8000	10 000	10 000	10 000	10 000
Ölwechsel Telegabel alle xxx km	10 000	10 000	10 000	10 000	10 000
Ölkontrolle Getriebe + Kardan alle xx km	1500	1500	1500	1500	1500
Passungen und Masse					
Zylinder-Schleifmaße	68,5 / 69,0	68,5 / 69,0	72,5 / 73,0	72,5 / 73,0	72,5 / 73,0
Kolbenlaufspiel	0,05	0,05 - 0,07	0,06 - 0,08	0,06 - 0,08	0,10 - 0,11
Verschleißgrenze f. Laufspiel	0,17	0,19	0,19	0,19	0,20
Kolbenring-Stoßspiel im Zylinder	0,2	0,4	0,4	0,4	0,2 - 0,4
Kolbenring-Höhenspiel in Ringnut 1. Ring	0,04	0,04	0,04	0,04	0,04
Höhenspiel 2. und 3. Ring	0,03	0,03	0,04	0,04	0,04
Höhenspiel Ölabstreifringe	0,02	0,02	0,02	0,02	0,02
Ventilschaftdurchmesser	7 -0,05/-0,065	7 -0,05/-0,065	7 -0,05/-0,065	7 -0,05/-0,065	8 -0,05/-0,065
Ventilteller ⌀ Einlaß/Auslaß	34/32	34/32	34/32	34/32	38/34
max Schlag am Ventilteller	0,03	0,03	0,03	0,03	0,03
Ventilsitzwinkel	45°	45°	45°	45°	45°
Korrekturwinkel außen	15°	15°	15°	15°	15°
Ventilsitzbreite	2	2	2	2	2
Ventilschaft-Laufspiel in Führung	0,05-0,08	0,05-0,085	0,05-0,085	0,05-0,085	0,05-0,085
Verschleißgrenze dafür	0,18	0,18	0,18	0,18	0,18
Preßsitz Ventilführung in Zylinderkopf	0,03-0,05	0,03-0,05	0,03-0,05	0,03-0,05	0,03-0,05
Preßsitz Ventilsitz in Zylinderkopf	0,125-0,175	0,125-0,175	0,125-0,175	0,125-0,175	0,125-0,175
Ventilfeder Einbaulänge außen/innen	34,5/30,5	34,5/30,5	34,5/30,5	34,5/30,5	35/35
Länge entspannt außen/innen	46/37,5	46/42	46/42	46/42	43,5/42
Drahtstärke außen/innen	3,5/2,8	3,5/2,8	3,5/2,8	3,5/2,8	4,25/3,2
äußerer Windungs ⌀ außen/innen	32,7/23,8	32,7/23,8	32,7/23,8	32,7/23,8	38,5/27,9
Kipphebel-Axialspiel	0,01-0,02	0,01-0,02	0,01-0,02	0,01-0,02	0,01-0,02
Kurbelwellen-Hubzapfen ⌀	36	32-0,016	36-0,016	36-0,016	36-0,016
Verschleißgrenze	-0,03	-0,03	-0,03	-0,03	-0,03
⌀ Spiel der Rollen im Käfig	0,05-0,15	0,05-0,15	0,05-0,15	0,05-0,15	0,05-0,15

Baumuster	R51/2	R51/3	R67	R67/2	R68
Axialspiel der Pleuellagerrollen	0,10-0,20	0,10-0,20	0,10-0,20	0,10-0,20	0,10-0,20
Rollenmaße: ø/Länge	7×10	7×10	7×10	7×10	7×10
Aufmaßrollen von-bis, in 0,01-Stufen	7,01-7,06	7,01-7,06	7,01-7,06	7,01-7,06	7,01-7,06
Käfigbreite	15	15	15	15	15
Axialspiel der Pleuel	0,07-0,10	0,07-0,10	0,07-0,10	0,07-0,10	0,07-0,10
Preßsitz Tonnenlager/K'wellenzapfen	—	—	—	—	0-0,012
Preßsitz Tonnenlager/Lagerdeckel	—	—	—	—	0,035-0,04
Laufspiel Kolbenbolzen/Pleuelbuchse	0,015-0,025	0,01-0,02	0,01-0,02	0,01-0,02	0,01-0,02
Laufspiel Stößel in Führungen	0,04-0,07	0,02-0,04	0,02-0,04	0,02-0,04	0,02-0,04
Zahnflankenspiel Steuerräder	—	0,01-0,02	0,01-0,02	0,01-0,02	0,01-0,02
Zahnflankenspiel Ölpumpenräder	0,03-0,05	0,03-0,05	0,03-0,05	0,03-0,05	0,03-0,05
Axialspiel Ölpumpenräder	0,03-0,04	0,01-0,04	0,01-0,04	0,01-0,04	0,01-0,04
max. Schlag am Lichtmasch.-Kollektor	—	0,06	0,06	0,06	0,06
max. Schlag am Magnetläuferzapfen	—	0,03	0,03	0,03	0,03
max. Schlag an Kurbelwellenenden	0,02	0,02	0,02	0,02	0,02
max. Abweich'g v. 180° d. Hubzapfen an Pleuel	0,2 mm	0,2 mm	0,2 mm	0,2 mm	0,2 mm
Anzugsmoment Zylinderkopf	3-3,5	3-3,5	3-3,5	3-3,5	3-3,5
Anzugsmoment Fliehkraftregler	—	2	2	2	2
Axialspiel Unterbrechernocken	—	0,2-0,6	0,2-0,6	0,2-0,6	0,2-0,6
Axialspiel Getriebewellen (beide)	0,2	0,2	0,2	0,2	0,2
Drahtstärke Hinterradfeder, solo	7,25	7,25	7,25	7,25	7,25
Drahtstärke Hinterradfeder, Gespann	8,0	8,0	8,0	8,0	8,0
Federlänge entspannt, solo	145	145	145	145	145
Federlänge entspannt, Gespann	141,5	141,5	141,5	141,5	141,5
Zahnflankenspiel Ritzel/Tellerrad	0,15-0,22	0,15-0,22	0,15-0,22	0,15-0,22	0,15-0,22
Grundeinstellmaß Hinterachsgetr.-Gehäuse	77±0,1	77±0,1	77±0,1	77±0,1	77±0,1
Fertigungsabweichung d. Kegelräder	±0,20	±0,30	±0,30	±0,30	±0,30
Flansch Getriebe bis Flansch Kardanwelle	31±1	31±1	31±1	31±1	31±1
Lenkungslagerkugeln Anzahl/ø	2×24/5,5	2×24/5,5	2×24/5,5	2×24/5,5	2×24/5,5
max. Schlag der Gabelrohre	0,1	0,2	0,2	0,2	0,1
Unterkante unt. Gabelbrücke bis Oberkante Gabelrohr	—	192	192	192	192
Laufspiel obere Gabelbuchse (Ferrozell)	0,08-0,11	0,08-0,11	0,08-0,11	0,08-0,11	0,08-0,11
Laufspiel untere Gabelbuchse	0,04-0,08	0,04-0,08	0,04-0,08	0,04-0,08	0,04-0,08
Gabelfeder Drahtstärke, solo	5,5	5,5	5,5	5,5	5,5
Gabelfeder Drahtstärke, Gespann	6,5	6,5	6,5	6,5	6,5
Federlänge entspannt, solo	198	227,5	227,5	227,5	227,5
Federlänge entspannt, Gespann	174	204	204	204	204
max. Schlag der Bremstrommel	0,1	0,1	0,1	0,1	0,1
Seitenspiel d. Radlager in der Nabe	0,1	0,1	0,1	0,1	0,1
Drahtstärke vordere Bremsrückholfeder	—	2,5	—	2,5	2,5
Drahtstärke hintere Bremsrückholfeder	2,2	2,2	2,2	2,2	2,2
Axialspiel beider Nockenwellen	0,07	—	—	—	—
Laufspiel Entlüfter	0,12-0,15	—	—	—	—

Technische Daten 2

Baumuster	R50	R50S	R60	R 69	R69S
Hub/Bohrung/Hubraum	68/68/490	68/68/490	73/72/590	73/72/590	73/72/590
Verdichtungsverhältnis ( )=60/2	6,8:1	9,2:1	6,5:1(7,5:1)	7,5:1	9,5:1
Leistung (PS/U/min) ( )=60/2	26/5800	35/7650	28(30)5800	35/6800	42/7000
Steuerzeiten bei Ventilspiel	2mm	2mm	2mm	2mm	2mm
Einlaß öffnet	6°n.OT	4°n.OT	6° nOT	3,5°v.OT	4° nOT
Einlaß schließt	34°nUT	44°nUT	34° nUT	43,5°n.UT	44°nUT
Auslaß öffnet	34°vUT	44°vUT	34° vUT	43,5°v.UT	44°vUT
Auslaß schließt	6°vOT	4°vOT	6° vOT	3,5°nOT	4 °vOT
Betriebsventilspiel b. kaltem Motor					
Einlaß	0,15	0,15	0,15	0,15-0,20	0,15
Auslaß	0,20	0,20	0,20	0,20-0,25	0,20
Kraftstoff	Normal	Super	Normal	Super	Super
Bing-Vergaser Nr. rechts ( )=60/2	1/24/46	1/26/72	1/24/96(126)	1/26/10	1/26/70
Bing-Vergaser Nr. links ( )=60/2	1/24/45	1/26/71	1/24/95(125)	1/26/9	1/26/69
Vergaser durchlaß	24	26	24	26	26
Luftfilterbauart ( )=ab 1963	Naß(Micronic)	Micronic	Naß(Micronic)	Naß Micronic	Micronic
Hauptdüse solo ( )=60/2	105	135	105 (110)	115	135
Hauptdüse Gespann (Erfahrungswert)	110	—	110 (115)	—	—
Leerlaufdüse	35	35	35	35	35
Nadeldüse ( )=60/2	1308	1208	1208(6(1308)	1208	2108
Düsennadel ( )=60/2	46-255	934 Nr.4	1467(46-255)	Nr.4	934 Nr.4
Mischkammereinsatz Nr.	—	—	—	—	—
Nadelstellung in Kerbe (solo)	3	2	3	1	2
Nadelstellung in Kerbe (Gespann)	3	—	3	2	2
Leerlauf-Luftschraube offen (Umdr.)	1-2 1/2	1-2 1/2	1-2 1/2	1-2 1/2	1-2 1/2
Gasschieber Nr.	22-470	22-531	22-470	—	22-531
Schwimmergewicht	7gr	7gr	7gr	7gr	7gr
Startschieber am Luftfilter ( )=50/2•60/2	ja(nein)	nein	ja(nein)	ja	nein
Zündanlage (Batterie/Magnet)	Magnet	Magnet	Magnet	Magnet	Magnet
Unterbrecher-Kontaktabstand	0,4	0,4	0,4	0,4	0,4
Zündzeitpunkt max „spät"	9°v.OT	9°vOT	9° vOT	2°v.OT	9°vOT
Zündzeitpunkt max „früh"	39°vOT	39°vOT	39°vOT	42°vOT	39°vOT
Verstellbereich Fliehkraftversteller	30°	30°	30°	30°	30°
Verstellbereich Handverstellung	—	—	—	10°	—
Zündkerzen-Wärmewert	240	260	240	240	260
Zündkerzen-Elektrodenabstand	0,6	0,6	0,6	0,6	0,6
Lichtmaschine (Bosch/Noris)	LJ/CGE60/6	1/700R 5	LJ/CGE...	LG 60/6/1500L	LJ/CGE...
Lichtmaschinen-Leistung/Nennspannung	60-90W6V	60-90W6V	60-90W6V	60-90W6V	60-90W6V
Batterie Spannung/Kapazität	6V 8Ah	6V 8Ah	6V 8Ah	6V 8Ah	6V 8Ah
Batterie Ladestrom maximal	0,8A	0,8A	0,8A	0,8A	0,8A
Scheinwerfer-Lichtaustrittsdurchmesser	160	160	160	160	160
Getriebe, Anzahl der Gänge	4	4	4	4	4
Übersetzungen „Solo" bzw. „Sport"					
1. Gang	4,171	4,171	4,171	4,171	4,171
2. Gang	2,725	2,725	2,725	2,725	2,725
3. Gang	1,938	1,938	1,938	1,938	1,938
4. Gang	1,54	1,54	1,54	1,54	1,54
Übersetzungen „Seitenwagenbetrieb"					
1. Gang	5,33	5,33	5,33	5,33	5,33
2. Gang	3,02	3,02	3,02	3,02	3,02
3. Gang	2,04	2,04	2,04	2,04	2,04
4. Gang	1,54	1,54	1,54	1,54	1,54
Hinterachsgetriebe-Übersetzung „Solo"	3,18/3,13	3,58	2,91/3,13	3,18	3,13/3,375
Hinterachsgetriebe-Übersetzung „Gespann"	4,33	4,33	3,86/4,33	4,33	4,33
Zähnezahl „Solo"	11:35/8:25	7:25	11:32/8:25	11:35	8:25/27
Zähnezahl „Gespann"	6:26	6:26	7:27/6:26	6:26	6:26
Felgen Solomaschine vorn + hinten	2,15B×18	2,15B×18	2,15B×18	2,15B×18	2,15B×18
Felge Gespann vorn	2,15B×18	2,15B×18	2,15B×18	2,15B×18	2,15B×18
Felge Gespann hinten	2,75C×18	2,75C×18	2,75C×18	2,75C×18	2,75C×18
Felge Seitenwagenrad (TR500)	2,15B×18	2,15B×18	2,15B×18	2,15B×18	2,15B×18
Reifen solo vorn/hinten + Gespann vorn	3,50×18	3,50S×18	3,50S×18	3,50S×18	3,50S×18
Reifen Gespann hinten	4,00×18	4,00×18	4,00×18	4,00×18	4,00×18
Reifen Seitenrad (TR500)	3,50×18	3,50×18	3,50×18	3,50×18	3,50×18

Baumuster	R50	R50S	R60	R69	R69S
Bremstrommel Durchmesser	200	200	200	200	200
Bremsbelag Breite	35	35	35	35	35
Bremsbauart vorn	Duplex	Duplex	Duplex	Duplex	Duplex
Bremsbauart hinten	Simplex	Simplex	Simplex	Simplex	Simplex
Größte Breite (Lenkerbreite)	660	660	660	722(Zyl)	722(Zyl.)
Größte Länge	2125	2125	2125	2125	2125
Sattelhöhe	725	725	725	725	725
Bodenfreiheit	135	135	135	135	135
Radstand Solo/Gespann	1415/1450	1415/1450	1415/1450	1415/1450	1415/1450
Leergewicht (fahrfertig)	195/198	198	195/198	202	202
zulässiges Gesamtgewicht (solo)	360	360	360	360	360
zulässiges Gesamtgewicht (Gespann)	600	600	600	600	600
Reifen-Luftdruck vorn solo (atü)	1,4	1,7	1,4	1,7	1,7
vorn mit Sozius	1,4	1,4	1,4	1,4	1,4 -1,7
vorn Gespann + 2 Personen	1,5	1,5	1,5	1,5	1,5
vorn Gespann + 3 Personen	1,5	1,5	1,5	1,5	1,5
hinten solo	1,7	1,7 - 2,0	1,7	1,7 - 2,0	1,7 - 2,0
hinten mit Sozius	2,3	2,3	2,3	2,3	2,3
hinten Gespann + 2 Personen	1,9	1,9	1,9	1,9	1,9
hinten Gespann + 3 Personen	2,7	2,7	2,7	2,7	2,7
Seitenrad immer	1,9	1,9	1,9	1,9	1,9
Füllmengen					
Motoröl SAE/ccm (Sommer)	40/30/2000	30/2000	40/30/2000	40/2000	30/2000
Motoröl SAE (Winter)	20od/10W30	20/10W30	20/10W30	20/10W30	20/10W30
Getriebe: Motoröl SAE/ccm	30/800	30/800	30/800	30/800	30/800
Hinterachsgetriebe: Motoröl SAE/ccm	40/150	40/150	40/150	40/150	40/150
oder Hypoidöl SAE/ccm x	90/150	—— x	90/150	—— x	90/150
Getriebe: Hypoidöl SAE/ccm x	90/800	—— x	90/800	—— x	90/800
Schwingarm hinten: Motoröl SAE/ccm	40/200	40/200	40/200	40/200	40/200
oder Hypoidöl SAE/ccm x	90/200	—— x	90/200	—— x	90/200
x Hypoidöl nur nach Einbau resistenter Dichtungen u Gummiteile!					
Ölwechsel im Motor alle xx km	2000	2000	2000	2000	2000
Ölwechsel im Getriebe alle xx km	12000	12000	12000	12000	12000
Ölwechsel Hinterachsgetriebe alle xxx km	12000	12000	12000	12000	12000
Ölwechsel Schwingenholm alle xx km	6000	6000	6000	6000	6000
Ölkontrolle Getriebe, Kardan, Schwinge: alle	6000	6000	6000	6000	6000
Vorderrad Nachlauf solo/Gespann (mm)	95/60	95/60	95/60	95/60	95/60
Passungen und Masse					
Zylinder - Schleifmaße	68,5 / 69,0	68,5 / 69,0	72,5 / 73,0	72,5 / 73,0	72,5 / 73,0
Kolbenlaufspiel im Zylinder	0,05-0,06	0,08	0,05-0,07	0,09-0,10	0,08-0,09
Verschleißgrenze für Kolbenspiel	0,18	0,20	0,19	0,20	0,20
Kolbenringstoßspiel im Zylinder	0,25-0,40	0,25-0,40	0,25-0,40	0,25-0,40	0,25-0,40
Kolbenringhöhenspiel in Nut, 1.Ring	0,06-0,08	0,07-0,10	0,07-0,10	0,06	0,07-0,10
Kolbenringhöhenspiel 2. Ring	0,03-0,05	0,07-0,10	0,07-0,10	0,05	0,07-0,10
Höhenspiel 3. Ring + Ölabstreifringe	0,03-0,05	0,03-0,05	0,03-0,05	0,03-0,05	0,03-0,05
Spiel Kolbenbolzen in Kolben	0,001-0,006	0,001-0,006	0,001-0,006	0,001-0,006	0 - 0,004
Kolbenbolzen-Desachsierung	1,5mm	1,5mm	keine	——	keine
Ventilschaftdurchmesser Einlaß	$7^{-0,05}_{-0,065}$	$7^{-0,05}_{-0,065}$	$7^{-0,05}_{-0,065}$	$8^{-0,05}_{-0,065}$	$8^{-0,05}_{-0,065}$
Ventilschaftdurchmesser Auslaß	$7^{-0,05}_{-0,065}$	$8^{-0,065}_{-0,08}$	$7^{-0,05}_{-0,065}$	$8^{-0,05}_{-0,065}$	$8^{-0,05}_{-0,065}$
Ventilteller Ø Einlaß/Auslaß	34/32	34/32	34/32	38/34	38/34
max. Schlag am Ventilteller	0,03	0,03	0,03	0,03	0,03
Ventil-Sitzwinkel	45°	45°	45°	45°	45°
Korrekturwinkel außen/innen	15°/75°	15°/75°	15°/75°	15°/75°	15°/75°
Ventilsitzbreite Einlaß/Auslaß	1,5/2	1,5/1,5	1,5/2	1,5/1,5	1,5/1,5
Ventilschaftspiel in Führung (): 50S-Auslaß	0,04-0,07	0,04-0,07(95)	0,04-0,07	0,05-0,08	0,05-0,065
Verschleißgrenze ():50S-Auslaß	0,17	0,17(0,19)	0,17	0,18	0,17
Reibahle Ventilführung 7K7	$+0,005_{-0,01}$	$+0,005_{-0,01}$	$+0,005_{-0,01}$	——	——
Reibahle Ventilführung 8H7	——	+0,015/0	——	+0,015/0	+0,015/0
Preßsitz Ventilführung in Zylinderkopf	0,03-0,05	0,03-0,05	0,03-0,05	0,03-0,05	0,03-0,05
Preßsitz Ventilsitzring in Zylinderkopf 1958	0,125-0,17	0,125-0,17	0,125-0,17	0,125-0,17	——
Preßsitz Ventilsitzring Einlaß (1963)	0,18-0,23	0,18-0,23	0,18-0,23	——	0,18-0,23
Preßsitz Ventilsitzring Auslaß (1963)	0,13-0,18	0,13-0,18	0,13-0,18	——	0,13-0,18
Ventilfeder Einbaulänge außen/innen	34/30,5	34/30,5	34/30,5	35/35	35/35

Baumuster	R50	R50S	R60	R69	R69S
Ventilfeder Drahtstärke außen/innen	3,8/2,8	3,8/2,8	3,8/2,8	4,25/3,2	4,25/3,2
Federlänge entspannt außen/innen	42,3/37,5	42,3/37,5	42,3/37,5	43,25/42	43,25/42
äußerer Windungs ∅ außen/innen	33,3/23,8	33,3/23,8	33,3/23,8	38,5/28	38,5/28
Kurbelwellen-Hubzapfendurchmesser	32 ⌀ 0,018	32 ⌀ 0,018	36 ⌀ 0,02	36 ⌀ 0,02	36 ⌀ 0,02
∅-Spiel der Rollen im Käfig	0,05-0,15	0,05-0,15	0,05-0,15	0,05-0,15	0,05-0,15
Axialspiel der Rollen im Käfig	0,10-0,20	0,10-0,20	0,10-0,20	0,10-0,20	0,10-0,20
Rollenaufmaße in Stufen von +0,01 von	7,01-7,06	—	—	7,01-7,06	—
Rollenaufmaße in Stufen von 0,002 (1963)	4,994-5,012	4,994-5,012	4,994-5,012	—	4,994-5,012
Rollenaufmaße max (1963)	5,020/5,030	5,02/5,03	5,02/5,03	—	5,02/5,03
Axialspiel der Pleuel	0,07-0,10	0,07-0,10	0,07-0,10	0,07-0,10	0,07-0,10
Preßsitz Hauptlager/Kurbelwellenzapfen	0,015	0,015	0,015	0,015	0,015
Laufspiel Kolbenbolzen/Pleuelbuchse	0,007-0,026	0,007-0,026	0,007-0,026	0,007-0,026	0,007-0,026
Laufspiel Stößel in Führungen	0,02-0,04	0,02-0,04	0,02-0,04	0,02-0,04	0,02-0,04
Laufspiel Kipphebelbuchsen	0,01-0,045	—	0,01-0,045	—	—
Seitenspiel Kipphebel	0,01-0,02	0,01-0,02	0,01-0,02	0,01-0,02	0,01-0,02
Zahnflankenspiel Steuerräder	0,01-0,02	0,01-0,02	0,01-0,02	0,01-0,02	0,01-0,02
Zahnflankenspiel Ölpumpenräder	0,03-0,05	0,03-0,05	0,03-0,05	0,03-0,05	0,03-0,05
Axialspiel der Ölpumpenräder	0,01-0,04	0,01-0,04	0,01-0,04	0,01-0,04	0,01-0,04
max. Schlag an Lichtmaschinenkollektor	0,04	0,04	0,04	0,04	0,04
max. Schlag an Magnet(aufer)zapfen	0,02	0,02	0,02	0,02	0,02
max. Schlag an Kurbelwellenenden	0,02	0,02	0,02	0,02	0,02
max. Seitenschlag an Schwungscheibe	0,1	0,1	0,1	0,1	0,1
Anzugsmoment Zylinderkopf (mKg)	3,5	3,5	3,5	3,5	3,5
Anzugsmoment Fliehkraftregler	2,0	2,0	2,0	2,0	2,0
Anzugsmoment Lichtmaschinenanker	2,0	2,0	2,0	2,0	2,0
Anzugsmoment Schwungradschraube	17(22)	17(22)	17(22)	17	17(22)
Getriebeantriebs/abtriebswelle, Axialspiel	0,2 (0,1)	0,2	0,2(0,1)	0,2	0,2(0,1)
Getriebenebenwelle, Axialspiel	0,2-0,4	0,2-0,4	0,2-0,4	0,2-0,4	0,2-0,4
Kugellager Preßsitz auf Getriebewellen	0,007-0,02	0,007-0,02	0,007-0,02	0,007-0,02	0,007-0,02
Laufspiel Zahnrad/Buchse 1.+4. Gang	0,04-0,09	0,04-0,09	0,04-0,09	0,04-0,09	0,04-0,09
Laufspiel Zahnrad/Buchse 2.+3. Gang	0,02-0,06	0,02-0,06	0,02-0,06	0,02-0,06	0,02-0,06
Preßsitz Buchsen/Welle 1.+4. Gang	0,0-0,035	0,0-0,035	0,0-0,035	0,0-0,035	0,0-0,035
Stoßdämpferfeder Länge entspannt	44,5	44,5	44,5	44,5	44,5
Stoßdämpferfeder ∅ außen/innen	34,5/24,7	34,5/24,7	34,5/24,7	34,5/24,7	34,5/24,7
Hinterradfeder Drahtstärke solo/Gespann	7/7,6	7/7,6	7/7,6	7/7,6	7/7,6
Federlänge entspannt, solo	272,5	272,5	272,5	272,5	272,5
Federlänge entspannt, Gespann	271,5	271,5	271,5	271,5	271,5
Hinterachsgetriebe: Grundeinstellmaß	74,5±0,05	74,5±0,05	74,5±0,05	74,5±0,05	74,5±0,05
Fertigungsabweichung d. Kegelräder (mm)	0-0,30	0-0,30	0-0,30	0-0,30	0-0,30
Zahnflankenspiel Tellerrad/Ritzel	0,15-0,20	0,15-0,20	0,15-0,20	0,15-0,20	0,15-0,20
Preßsitz Kugellager auf Ritzel	0,015	0,015	0,015	0,015	0,015
Preßsitz Kugellager auf Tellerradnabe	0,015	0,015	0,015	0,015	0,015
Preßsitz Nadellager auf Tellerradnabe	0,012	0,012	0,012	0,012	0,012
Kugeln Lenkungslager: Anzahl/∅	2×23/5,5	2×23/5,5	2×23/5,5	2×23/5,5	2×23/5,5
Vorderradfeder Drahtstärke solo/Gespann	6/6,3	6/6,3	6/6,3	6/6,3	6/6,3
Federlänge, entspannt: solo/Gespann	284/273	284/273	284/273	284/273	284/273
max. Schlag d. Bremstrommeln	0,1	0,1	0,1	0,1	0,1
max. Felgen-Seitenschlag	0,2	0,2	0,2	0,2	0,2
max. Felgen-Höhenschlag	1,0	<1,0	1,0	<1,0	<1,0
max. Unwucht am Felgenhorn/(cmg)	9gr	9gr (200)	9gr (200)	9gr (200)	9gr (200)

Technische Daten 3

Baumuster	R50/5	R60/5	R75/5
Hub/Bohrung/Hubraum	70,6/67/498	70,6/73,5/599	70,6/82/745
Verdichtungsverhältnis	8,6:1	9,2:1	9,0:1
Leistung bei Drehzahl	32/6400	40/6400	50/6200
Steuerzeiten bei Ventilspiel	2 mm	2 mm	2 mm
Einlaß öffnet	in OT	6° v OT	6° v OT
Einlaß schließt	40° n UT	47° n UT	47° n UT
Auslaß öffnet	40° v UT	47° v UT	47° v UT
Auslaß schließt	in OT	6° v OT	6° v OT
Betriebsventilspiel bei kaltem Motor (max. 35 °C)			
Einlaß	0,15	0,15	0,15
Auslaß	0,20	0,20	0,20
Kraftstoff/Mindestoktanzahl (ROZ)	Normal/92	Super/99	Super/99
Bing Vergaser Nr. links	1/26/113	1/26/111	64/32/4
Bing Vergaser Nr. rechts	1/26/114	1/26/112	64/32/3
Vergaserdurchlaß (mm)	26	26	32
Luftfilterbauart	Micronic	Micronic	Micronic
Hauptdüse	130	130	140
Nadeldüse	2,68	2,68	2,73
Düsennadel Nr.	3	4	46 – 241
Nadelstellung	2. K.v.o	2. K.v.o.	2. K.v.o.
Leerlaufdüse (Kraftstoff)	35	35	45
Leerlauf-Luftdüse			1,0
Leerlaufluft-Regulierschraube (Umdr. offen)	0,5	0,5 – 1	
Leerlaufgemisch-Regulierschraube (Umdr. offen)	—	—	1 – 1,5
Bypass-Bohrung (mm Ø)	0,8	0,8	0,7
Schwimmerventil (mm Ø)	2,2	2,2	2,5
Schwimmergewicht	10 g	10 g	10 g
Starthilfsdüse (mm Ø)	—	—	0,6
Starthilfs-Luftdüse (mm Ø)			2,0
Gemischbohrung im Drehschieber			2,0
Drehschiebermembran Nr.	—	—	65÷811
Steuerschiebergewicht			102 g
Gasschieber Nr.	22-570	20-570	
Zündanlage	Batterie	Batterie	Batterie
Zündspulen Bosch, 2 Stück	E 6 V	E 6 V	E 6 V
Funkenlänge beim Anlassen bei 3V/300 Funken/min	8 mm	8 mm	8 mm
Funkenlänge b. laufendem Motor/3600 Funken/min	13,5 mm	13,5 mm	13,5 mm
Zündkerzengewinde	M14x1,25	M14x1,25	M14x1,25
Zündkerzen-Wärmewert Bosch - Typ	W230T30	W230T30	W200T30
Beru - Typ	230/14/3A	230/14/3A	200/14/3A
Champion - Typ	N 7 Y	N 7 Y	N 7 Y
Elektrodenabstand	0,7	0,7	0,7
Zündzeitpunkt max. „spät"	9° v. OT	9° v OT	9° v OT
Verstellbereich Fliehkraftversteller (± 2°30')	31°	31°	31°
Schließwinkel ± 1°	110°	110°	110°
Verstellbeginn/Ende bei U/min	800/2500	800/2500	800/2500
Unterbrecher Kontaktabstand	0,35-0,4	0,35-0,40	0,35-0,40
Kontaktfederdruck (Gramm)	450	450	450
Drehstromgenerator Bosch Nr.	G1 14V13A19	G1 14V13A19	G1 14V13A19
Höchstleistung W/V, max. Ampère	180/14/13	180/14/13	180/14/13
Ladebeginn bei U/min	980	980	980
max. Drehzahl	10 000	10 000	10 000
max. Schlag an den Schleifringen	0,06	0,06	0,06
Mindestdurchmesser der Schleifringe	26,8	26,8	26,8
Regulierspannung ohne Belastung	13,5 – 14,2	13,5 – 14,2	13,5 – 14,2
Regulierspannung unter Last	13,9 – 14,8	13,9 – 14,8	13,9 – 14,8
Anlasser, Bosch Nr:	DF 12V 0,5 PS	DF 12V 0,5 PS	DF 12V 0,5 PS
Anlaßkurzschlußstromstärke	290 Amp	290 Amp	290 Amp
Leistung	0,5 PS	0,5 PS	0,5 PS
Drehmoment (mkg)	0,885	0,885	0,885
Relais für Wiederholsperre (Stribel Nr:)	SR 9570	SR 9570	SR 9570
Batterie Spannung/Kapazität	12 V 15 Ah	12 V 15 Ah	12 V 15 Ah
Ladestromstärke am Ladegerät für 10 Std	1,5 A	1,5 A	1,5 A

Baumuster	R 50/5	R 60/5	R 75/5
Getriebe: Anzahl der Gänge	4	4	4
Übersetzungsverhältnis 1. Gang	3,896:1	3,896:1	3,896:1
2. Gang	2,578:1	2,578:1	2,578:1
3. Gang	1,875:1	1,875:1	1,875:1
4. Gang	1,50 :1	1,50 :1	1,50 :1
Hinterachsgetriebe - Übersetzungsverhältnis	1 : 3,56	1 : 3,36	1 : 2,91/3,2
Hinterachsgetriebe - Zähnezahl	9 : 32	11 : 37	11:32/10:32
Felgengröße vorn und hinten	1,85 B x 19	1,85 B x 19	1,85 B x 19
Felgengröße hinten	1,85 B x 18	1,85 B x 18	1,85 B x 18
Anzahl der Speichen	40	40	40
Reifengröße vorn	3,25 S 19	3,25 S 19	3,25 S 19
Reifengröße hinten	4,00 S 18	4,00 S 18	4,00 S 18
Reifenluftdruck vorn/hinten (solo) atü	1,9/2,0	1,9/2,0	1,9/2,0
Reifenluftdruck vorn/hinten (mit Sozius) atü	2,0/2,25	2,0/2,25	2,0/2,25
Messung bei warmem Reifen	0,3 mehr	0,3 mehr	0,3 mehr
bei längerer Fahrt mit Höchstgeschwindigkeit	0,2 mehr	0,2 mehr	0,2 mehr
Bremstrommel Durchmesser	200	200	200
Bremsbelagbreite	30	30	30
Mindeststärke der Bremsbeläge	1,5	1,5	1,5
Bremsbauart vorn/hinten	Duplex/Simplex	Duplex/Simplex	Duplex/Simplex
Größte Breite (Zylinder)	740	740	740
Größte Höhe (ohne Spiegel)	1040	1040	1040
Sattelhöhe	850	850	850
Größte Länge	2100	2100	2100
Radstand	1385/1435	1385/1435	1385/1435
Bodenfreiheit	165	165	165
Leergewicht, fahrfertig	205	210	210
zulässiges Gesamtgewicht	398	398	398
Schmierstoff - Füllmengen und Sorten			
Motoröl menge mit/ohne Filterwechsel (Liter)	2,25/2,0	2,25/2,0	2,25/2,0
HD-Ölsorte bei Außentemperatur unter 0°C	SAE 10W/30	SAE 10W/30	SAE 10W/30
HD-Ölsorte bei Außentemperatur von 0°+30°C	SAE 30	SAE 30	SAE 30
HD-Ölsorte für Sportfahrt und mehr als +30°C	SAE 40	SAE 40	SAE 40
Getriebe Hypoidöl SAE/ccm	90/800	90/800	90/800
Schwingenarm rechts: Hypoid-Getriebeöl SAE/ccm	90/100	90/100	90/100
Hinterachsgetriebe Hypoid Getriebeöl SAE/ccm	90/250	90/250	90/250
Telegabel Stoßdämpferöl pro Holm ccm	280	280	280
Ölsorten: Shell 4001/BP Olex HL 2463 (Aero Hydraulik) für alle Baumuster (gleiche Gabel)			
Ölwechselintervalle nach der Einfahrzeit			
Motoröl alle xxx km: Sommer/Winter	5000/2500	5000/2500	5000/2500
Getriebeöl Kontrolle/Wechsel	5000/10 000	5000/10 000	5000/10 000
Öl im Schwingenarm Kontrolle/Wechsel	5000/10 000	5000/10 000	5000/10 000
Öl im Hinterachsgetriebe: Kontr./Wechsel	5000/10 000	5000/10 000	5000/10 000
Öl in der Telegabel Wechsel alle	10 000	10 000	10 000
Batteriekontrolle alle	4 Wochen	4 Wochen	4 Wochen
Kompressionsdruck gut/normal atü	10/8,5 - 10	10/8,5 - 10	10/8,5 - 10
Kompressionsdruck schlecht atü	unter 8,5	unter 8,5	unter 8,5
Anziehdrehmomentwerte			
Motor:			
Zylinderkopfmuttern (in 3 Stufen: 1,5 - 3,5 - 3,9 mkg)	3,5 - 3,9	3,5 - 3,9	3,5 - 3,9
Pleuelschrauben (Fixierstifte zeigen nach vorn)	4,8 - 5,2	4,8 - 5,2	4,8 - 5,2
Schwungscheibe an Kurbelwelle	5,8 - 6,2	5,8 - 6,2	5,8 - 6,2
Ölwanne an Kurbelgehäuse	1,2	1,2	1,2
Kontermutter der Ventileinstellung	1,8 - 2,2	1,8 - 2,2	1,8 - 2,2
Sternmutter für Auspuff (schmieren m. Klüber ZB91GG)	20 - 22	20 - 22	20 - 22
Lichtmaschinenankerbefestigungsschraube	2,3 - 2,7	2,3 - 2,7	2,3 - 2,7
Anlasserbefestigungsschrauben	4,75	4,75	4,75
Zündkerzen	2,3 - 3	2,3 - 3	2,3 - 3
Kupplung an Schwungscheibe	1,5 - 2	1,5 - 2	1,5 - 2
Kontermutter f. Kupplungshebel Einstellschraube	2 - 2,3	2 - 2,3	2 - 2,3
Getriebe:			
Befestigung am Motor	2 - 2,3	2 - 2,3	2 - 2,3

Baumuster	R 50/5	R 60/5	R 75/5
Anziehmoment Anschlagschrauben f. Ankerhebel mkg	1,7 - 1,9	1,7 - 1,9	1,7 - 1,9
Schaltgabelbefestigung	2,3 - 2,5	2,3 - 2,5	2,3 - 2,5
Mitnehmerflansch auf Abtriebswelle mkg	22,0 - 24,0	22,0 - 24,0	22,0 - 24,0
Getriebedeckel an Gehäuse	0,8 - 0,9	0,8 - 0,9	0,8 - 0,9
Mutter für Kickstarterhebel	2,0 - 2,3	2,0 - 2,3	2,0 - 2,3
Öleinfüllschraube	2,8 - 3,1	2,8 - 3,1	2,8 - 3,1
Ölablaßschraube	2,3 - 2,6	2,3 - 2,6	2,3 - 2,6
Mutter auf Kardanwelle (Kupplungsglocke)	24,0 - 26,0	24,0 - 26,0	24,0 - 26,0
Hinterachsgetriebe			
Mutter auf Ritzel	10 - 11	10 - 11	10 - 11
Gewindering vorm Ritzel	10 - 12	10 - 12	10 - 12
Öleinfüllschraube	2,8 - 3,1	2,8 - 3,1	2,8 - 3,1
Ölablaßschraube	2,3 - 2,6	2,3 - 2,6	2,3 - 2,6
Öleinfüllschraube an Schwinge	1,4	1,4	1,4
Ölablaßschraube an Schwinge	1,4 - 1,7	1,4 - 1,7	1,4 - 1,7
Muttern Gehäusedeckel	1,8 - 2,1	1,8 - 2,1	1,8 - 2,1
Schwingen-Lagerbolzen	1 - 1,2	1 - 1,2	1 - 1,2
Kontermutter Schwingen-Lagerbolzen	10 - 11	10 - 11	10 - 11
Telegabel:			
Zentriermutter	12,0 - 13,0	12 - 13	12 - 13
Klemmschraube am Klemmring	1,0 - 1,2	1,0 - 1,2	1,0 - 1,2
Federlager oben	12,0	12,0	12,0
Klemmschrauben an unterer Gabelbrücke	3,3 - 3,5	3,3 - 3,5	3,3 - 3,5
Verschlußbolzen am Dämpferrohr unten und Kolben (Federlager) oben	2,5 - 2,7	2,5 - 2,7	2,5 - 2,7
Bodenverschraubung im Gleitrohr	12 - 13	12 - 13	12 - 13
Mutter M 8 x 1 (Dämpfer-Gleitrohr-Bodenverschraub'g)	2,3 - 2,6	2,3 - 2,6	2,3 - 2,6
Schutzblechbügel oben	2,3	2,3	2,3
Achsmuttern vorn und hinten	4,5 - 4,8	4,5 - 4,8	4,5 - 4,8
Rahmen:			
Befestigungsschrauben für Rahmenheckteil	2,5	2,5	2,5
Kippständerbefestigungsschrauben	3,5	3,5	3,5
Schutzblechhaltebügel unten	0,25	0,25	0,25

Laufspielwerte und Toleranzen

MOTOR

	R 50/5	R 60/5	R 75/5
Zylinderbohrungen Original „A"/„B"	67,00/67,01	73,50/73,51	82,00/82,01
„C"	67,02	73,52	82,02
Bohrung 1. Übermaß „A"/„B"	67,50/67,51	74,00/74,01	82,50/82,51
„C"	67,52	74,02	82,52
Bohrung 2. Übermaß „A"/„B"	68,00/68,01	74,50/74,51	83,00/83,01
„C"	68,02	74,52	83,02
Oberflächenrauhigkeit	2,5-4 µm	2,5-4 µm	2,5-4 µm
Zul. Unrundheit der Bohrung (mm)	0,01	0,01	0,01
Zul. Konizität	0,01	0,01	0,01
Zul. Gesamtverschleißspiel an Kolben und Zylinder	0,12	0,12	0,12
Kolbendurchmesser Original „A"/„B"	66,960/66,970	73,460/73,470	81,960/81,970
„C"	66,980	73,480	81,980
Kolbendurchmesser 1. Übergröße „A"/„B"	67,46/67,47	73,96/73,97	82,46/82,47
„C"	67,48	73,98	82,48
Kolbendurchmesser 2. Übergröße „A"/„B"	67,96/67,97	74,46/74,47	82,96/82,97
„C"	67,98	74,48	82,98
Kolbeneinbauspiel normal (Behörden + 0,01)	0,035 - 0,045	0,035 - 0,045	0,035 - 0,045
Kolbenbolzen desachsiert	1,5 mm	1,5 mm	1,5 mm
Kolbenring-Höhenspiel 1. Ring (Rechteckring)	0,06 - 0,07	0,06 - 0,07	0,06 - 0,07
Kolbenring-Höhenspiel 2. Ring (Nasenring)	0,05 - 0,06	0,05 - 0,06	0,05 - 0,06
Kolbenring-Höhenspiel 3. Ring (Gleichfasenring)	0,03 - 0,04	0,03 - 0,04	0,03 - 0,04
Kolbenring-Stoßspiel 1. Ring	0,25 - 0,40	0,25 - 0,40	0,30 - 0,45
Kolbenring-Stoßspiel 2. Ring	0,25 - 0,40	0,25 - 0,40	0,30 - 0,45
Kolbenring-Stoßspiel 3. Ring	0,20 - 0,35	0,20 - 0,35	0,25 - 0,40
Ringhöhen: 1. Ring /2. Ring /3. Ring	1,75/2,00/4,00	1,75/2,00/4,00	1,75/2,00/4,00
Ringe mit Schrift nach oben montieren			
Kolbenbolzen, Markierung „weiß" Ø 22	0/-0,003	0/-0,003	0/-0,003
Kolbenbolzen, Markierung „schwarz" Ø 22	-0,003/-0,006	-0,003/-0,006	-0,003/-0,006
Bolzenauge im Kolben, eingeschlagen „W" Ø 22	+0,003/0	+0,003/0	+0,003/0

Baumuster	R50/5	R60/5	R75/5
Bolzenauge im Kolben, eingeschlagen „S" ⌀ 22	-0,003 / 0	-0,003 / 0	-0,003 / 0
Kolbenbolzenspiel im Kolben	0,000 - 0,006	0 - 0,006	0 - 0,006
Laufspiel Kolbenbolzen in Pleuelbuchse „weiß"	0,015 - 0,023	0,015 - 0,023	0,015 - 0,023
Laufspiel Kolbenbolzen in Pleuelbuchse „schwarz"	0,018 - 0,026	0,018 - 0,026	0,018 - 0,026
Kolben und Bolzen nur gemeinsam ersetzen!			
Ventilteller ⌀ Einlaß / Auslaß	34 / 32	38 / 34	42 / 38
Ventillänge Einlaß / Auslaß	103-0,4/102,5-0,4	98,5-0,3/97,5-0,3	98,8-0,4/98,8-0,4
Ventilschaft ⌀ Einlaß 8mm	-0,04 / -0,055	-0,05 / -0,065	-0,05 / -0,065
Auslaß 8mm	-0,05 / -0,065	-0,065 / -0,08	-0,05 / -0,065
Mindest-Randdicke / max. Schlag d. Ventiltellers	1 / 0,025	1 / 0,025	1 / 0,025
Schrumpfsitz Ventilsitzring in Zylinderkopf	+0,15 ÷ 0,20	+0,15 ÷ 0,20	+0,15 ÷ 0,20
Ventilsitzwinkel +20°	45°	45°	45°
Korrekturwinkel innen / außen	75° / 15°	75° / 15°	75° / 15°
Ventilsitzbreite Einlaß / Auslaß	1,5 / 2,0	1,5 / 2,0	1,5 / 2,0
Ventilsitzringe mit Übermaß ⌀ außen:	+ 0,02	+ 0,02	+ 0,02
Ventilführung ⌀ außen / innen / Länge	14 / 8 / 54	14 / 8 / 54	14 / 8 / 54
Schrumpfsitz Führung in Zylinderkopf / Temperatur	0,032-0,061/240°	0,032-0,061/240°	0,032-0,061/240°
Übermaßgröße Ventilführung	14,1 +0,04/+0,06	14,1	14,1
Laufspiel Ventilschaft in Führung Einlaß	0,04 - 0,07	0,05 - 0,08	0,050 - 0,080
Auslaß	0,05 - 0,08	0,065 - 0,095	0,050 - 0,080
max. Verschleißspiel	0,15	0,15	0,15
Maße d. Steuerkette (Duplex) Länge/Breite/Rollen ⌀	3/8 x 7/32 / 6,35	3/8 x 7/32 / 6,35	3/8 x 7/32 / 6,35
Anzahl der Glieder	50	50	50
Ventilfeder: Drahtdicke / Windungs-Außen ⌀	4,25 / 31,9	4,25 / 31,9	4,25 / 31,9
Federlänge entspannt	43,5	43,5	43,5
Einbau: grüne Marke zum Zylinderkopf!			
Federkraft bei Prüflängen 37,6 / 28,5 mm (Kg)	29 / 70	29 / 70	29 / 70
Laufspiel Kipphebel	0,002 - 0,047	0,002 - 0,047	0,002 - 0,047
Ölpumpe: Förderleistung Ltr/h bei 6000 U/min	1400	1400	1400
Spiel Außenrotor in Pumpengehäuse	0,1 - 0,17	0,1 - 0,17	0,1 - 0,17
Seitenspiel zw. Gehäuse und Rotor	0,05 - 0,091	0,05 - 0,091	0,05 - 0,091
Spalt Innen / Außen Rotor	0,12 - 0,30	0,12 - 0,30	0,12 - 0,30
Einlauftiefe im Deckel max.	0,05	0,05	0,05
Länge der Überdruckfeder, entspannt	68	68	68
Öffnungsdruck des Überdruckventils atü	5,0	5,0	5,0
Öldruckkontrolle leuchtet, wenn Öldruck unter	0,2 - 0,5	0,2 - 0,5	0,2 - 0,5
Laufspiel Nockenwelle	0,02 - 0,062	0,02 - 0,062	0,02 - 0,062
Axialspiel Nockenwelle - Flanschlager	0,1 ± 0,02	0,1 ± 0,02	0,1 ± 0,02
Nockenhub	6,198	6,198	6,756
Laufspiel Stößel im Motorgehäuse	0,01 - 0,051	0,01 - 0,051	0,01 - 0,051
Kurbelwellenhauptzapfen Original „rot" 60 ⌀	-0,01 / -0,02	-0,01 / -0,02	-0,01 / -0,02
„blau" 60 ⌀	-0,02 / -0,029	-0,02 / -0,029	-0,02 / -0,029
Schleifmaß 1. Stufe „rot" 59,75 ⌀	-0,01 / -0,02	-0,01 / -0,02	-0,01 / -0,02
„blau" 59,75 ⌀	-0,02 / -0,029	-0,02 / -0,029	-0,02 / -0,029
Schleifmaß 2. Stufe „rot" 59,50 ⌀	-0,01 / -0,02	-0,01 / -0,02	-0,01 / -0,02
„blau" 59,50 ⌀	-0,02 / -0,029	-0,02 / -0,029	-0,02 / -0,029
Dreistofflager stärke Original 2,5 mm	+0,003 / -0,009	+0,003 / -0,009	+0,003 / -0,009
1. Aufmaß 2,75 mm	+0,003 / -0,009	+0,003 / -0,009	+0,003 / -0,009
2. Aufmaß 3,00 mm	+0,003 / -0,009	+0,003 / -0,009	+0,003 / -0,009
Hauptlagerzapfen Radialspiel	0,029 - 0,091	0,029 - 0,091	0,029 - 0,091
Pleuellagerzapfen ⌀ Original 48 mm ⌀	-0,009 / -0,025	-0,009 / -0,025	-0,009 / -0,025
Original (Ausweichgröße) 48 ⌀	-0,034 / -0,05	-0,034 / -0,05	-0,034 / -0,05
1. Schleifstufe -0,009 / -0,025	47,75	47,75	47,75
2. Schleifstufe -0,009 / -0,025	47,50	47,50	47,50
Kurbelwellen-Axialspiel (max. Verschleiß 0,20)	0,08 - 0,15	0,08 - 0,15	0,08 - 0,15
Anlaufscheibe „rot" Dicke	2,483 - 2,53	2,483 - 2,53	2,483 - 2,53
„blau" Dicke	2,53 - 2,578	2,53 - 2,578	2,53 - 2,578
„grün" Dicke	2,578 - 2,626	2,578 - 2,626	2,578 - 2,626
„gelb" Dicke	2,626 - 2,673	2,626 - 2,673	2,626 - 2,673
max Schlag am vord. Hauptzapfen (Lichtmaschine)	0,02	0,02	0,02
max Seitenschlag der Schwungscheibe (außen)	0,1	0,1	0,1
Pleuellagerstärke Original	1,983 - 1,993	1,983 - 1,993	1,983 - 1,993
Ausweichgröße	1,995 - 2,005	1,995 - 2,005	1,995 - 2,005
1. Stufe	2,108 - 2,118	2,108 - 2,118	2,108 - 2,118
2. Stufe	2,233 - 2,243	2,233 - 2,243	2,233 - 2,243
Pleuellagerspiel radial	0,023 - 0,069	0,023 - 0,069	0,023 - 0,069
zul. Gewichtsunterschied beider Pleuel	± 3 g	± 3 g	± 3 g

Baumuster	R50/5	R60/5	R75/5
Kupplungs-Tellerfeder Kennzeichnung/Druck (kg)	„ – "/150-165	„ + "/166-180	ohne/180-220
Gesamtstärke der Kupplungsreibscheibe/Mindestst.	6 ± 0,25/4,5	6 ± 0,25/4,5	6 ± 0,25/4,5
Höhe der Tellerfeder, entspannt	19,5 ± 0,5	19,5 ± 0,5	19,0 ± 0,5
max. Seiten/Höhenschlag Kupplungsscheibe außen ⌀	0,15 / 0,3	0,15 / 0,3	0,15 / 0,3
max. Schlag der Mitnehmer Membran	0,1	0,1	0,1
max. Unwucht der Kupplungsscheibe cmg	6	6	6
GETRIEBE			
Axialspiel Antriebs/Abtriebs/Nebenwelle	0,1	0,1	0,1
Laufspiel Gangräder auf Buchsen 1.+4. Gang	0,04-0,082	0,04-0,082	0,04-0,082
2.+3. Gang	0,025-0,075	0,025-0,075	0,025-0,075
Laufspiel Buchsen auf Abtriebswelle 1. Gang	0,005-0,035	0,005-0,035	0,005-0,035
4. Gang	0,005-0,047	0,005-0,047	0,005-0,047
Radialschlag/Planschlag Mitnehmerflansch	0,05/0,05	0,05/0,05	0,05/0,05
Axialspiel Fußschalthebelwelle	0,2	0,2	0,2
Überschaltspiel zw. Sperrklinke u. Marken auf Kurvenscheibe 1. bis 4. Gang	ca 2 mm	ca 2 mm	ca 2 mm
HINTERACHSGETRIEBE			
Zahnflankenspiel	0,15-0,20	0,15-0,20	0,15-0,20
Seitenspiel des Tellerrads ohne Dichtung	spielfrei	spielfrei	spielfrei
Hinterradfederweg mm	125	125	125
Feder-Einbaulänge / Länge entspannt	199,1/251	199,1/251	199,1/251
Federdurchmesser außen/innen	49,6/41,8+0,3	49,6/41,8+0,3	49,6/41,8+0,3
Federdrahtstärke/Federdruck bei 120,2 mm Weg	7,5±0,04/105 kg	7,5±0,04/105 kg	7,5±0,04/105 kg
VORDERGABEL UND RÄDER			
Nachlauf	85 mm	85 mm	85 mm
Prüf-Einbaulänge Oberkante Tragrohr-O-Kante der unteren Gabelbrücke	160 mm	160 mm	160 mm
Laufspiel Gleitrohr auf Standrohr	0,05-0,1	0,05-0,1	0,05-0,1
Laufspiel Kolben in Standrohr	0,05-0,55	0,05-0,55	0,05-0,55
Federlänge entspannt	540	540	540
max. Höhen/Seitenschlag am Felgenhorn	0,5/0,2	0,5/0,2	0,5/0,2
max. Reifenunwucht am inneren Felgen ⌀ cmg/g	170/8-9	170/8-9	170/8-9
max. Unrundheit d. Bremstrommel gegen Nabe	0,02	0,02	0,02

Leistungskurven

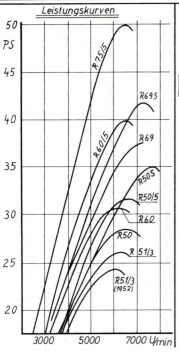

Gangdiagramm – Berechnung

Bezeichnungen: V= Geschwindigkeit; n = Drehzahl; U= Reifen-Umfang; i_G = Übersetzung im Getriebe; i_H = Übersetzung an Hinterachse; i_{ges} = Gesamtübersetzung = $i_G \times i_H$

Formel: $V = \dfrac{n \cdot 60 \cdot U}{i_{ges} \cdot 1000} = $ Km/h

Reifengröße	3,25×19	3,50×19	4,00×19	3,50×18	4,00×18
Reifenumfang	1,99 m	2,00 m	2,07 m	1,92 m	2,02 m

Das Gitternetz unten ist zum Einzeichnen der Gangstufen Ihrer Maschine. Eingetragen ist der 4. Gang der R75/5 mit n = 5000; U = 2,02; i_{ges} = 1,50 · 2,91 = 4,36; V ≈ 140 km/h.

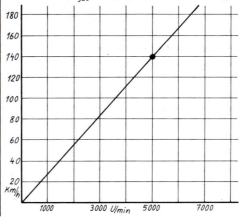

Kommentar zur 3. und 4. Auflage

Es kommt mir wie ein Wunder vor, daß Auflage eins und zwei innerhalb eines knappen Jahres ihre Leser fanden. Vielleicht liegt die Erklärung dafür in dem allgemeinen Aufwind, den Motorräder in Deutschland in diesen Jahren genießen. Nicht gering aber darf das Engagement der Firma BMW mit der Entwicklung der neuen Modelle eingeschätzt werden, das verstärktes Interesse gerade auch für die früheren BMW-Motorräder weckte. Speziell die Jugend hat mit Elan Besitz ergriffen von dem alten „neuen" Spielzeug Motorrad, und diese Jugend kann sich oftmals (aufgrund der Preisentwicklung, die frühere Baumuster beim Erscheinen der neuen günstiger werden ließ) gleich nach dem Erwerb des Führerscheins Klasse 1 schon ein großvolumiges Motorrad leisten. Da finde ich es sehr wichtig, wenn ihr nicht nur verkehrstechnisch allüberall das nötige Wissen eingebläut wird, sondern wenn ihr auch Hilfestellung in der Technik ihrer Motorräder zuteil wird. Trotz aller Bastelei mit den „alten" BMWs im ersten Teil und mit den neuen in der Erweiterung dieser dritten Auflage (die sich mit einigen Tricks für die neuen BMW-Baumuster befaßt) sei aber noch ein kleiner Fahrtip erlaubt: Ein bißchen Angst ist durchaus nicht unmännlich. Schlimmer ist allemale ein Sturz oder gar eine Kollision mit anderen Verkehrsteilnehmern. Mit etwas Angst (und Gaswegnehmen) geht die Fahrt nämlich weiter... Vielleicht sollte ich nicht Angst, sondern Selbstbeherrschung sagen. Die braucht man nämlich, denn die Zweizylinder-BMWs sind nun mal „schnelle BMWs". Sie erfordern Köpfchen vom Fahrer! Nicht nur beim Basteln.
Mein Dank gilt an dieser Stelle ganz besonders dem Verleger, der sich bereitfand, nach dem Erfolg der beiden ersten Auflagen, eine Erweiterung für die dritte einzuplanen. So daß für die Fahrer der neuen BMWs noch ein paar Tips hinzukommen konnten.

Grötzingen, Februar 1973

Erfahrungen mit den neuen BMWs

Seit dem Erscheinen der ersten Auflage konnten bereits sehr viele Erfahrungen gesammelt werden, so daß es jetzt möglich ist, ein wenig sicherer die verschiedenen Eigenschaften der neuen R 50/5, R 60/5 und R 75/5 Modelle zu beurteilen. Außerdem scheint es nötig, einmal zusammenzufassen, welche Argumente für jedes einzelne dieser Baumuster sprechen. Deshalb zunächst eine Art Kurztest, in dem die drei Maschinen einander gegenübergestellt werden.

Welche neue BMW soll man sich kaufen? Die Fahrwerke aller drei Modelle sind völlig gleich, entsprechend braucht zu diesem Punkt nicht sehr viel gesagt zu werden. Auch wurde bereits festgehalten, daß diese Fahrwerke in ihrer Art ein Optimum darstellen, einen wohlausgewogenen Kompromiß zwischen Fahrkomfort und ausgezeichneter Spurtreue. Diese Erfahrung machte ich zuerst mit der R 50/5, und auf den Kilometern, die zum Kennenlernen dieses Modells gefahren wurden, ließ sich bereits deutlich feststellen, daß BMW wieder einmal mehr ausgesprochene Langstreckenmaschinen gebaut hat, die den Fahrer so weit wie irgend möglich schonen. Keine harten Schläge kommen bis zum Fahrer, weder von der Telegabel her noch von der Hinterradfederung.

Hinsichtlich der erreichbaren Höchstgeschwindigkeit liegt aber die R 50/5 recht niedrig, die Fahrwerkstugenden kommen erst so recht zur Geltung, wenn man etwa über 140 km/h von der Maschine verlangt. Das geht aber nur mit der R 60/5 oder noch besser mit der R 75/5. Und da gab es bei mir die erste leichte Enttäuschung. Denn die R 75/5 war zwar bis gut 150 km/h hervorragend zu fahren, doch darüber wurde es einmal recht schön mulmig, denn der Lenker begann heftig zu pendeln. Ursache war nicht etwa die Autobahn-Mittelfuge, sondern ein Wellenpaar in der Fahrbahn, das anscheinend genau die richtige Impulsfolge in die Lenkung weitergab.

Das geschah allerdings nur ein einziges Mal; aus der Leserpost, die mich beim MOTORRAD ständig erreicht, ist diese Lenkerpendelei noch nicht so deutlich zu entnehmen gewesen. Aber sichtlich ist diese Untugend, die unter ganz besonders ungünstigen Umständen auftritt, auch der ständig um Verbesserung bemühten BMW-Versuchsabteilung aufgefallen, so daß man dort schnell auf Änderung sann. Hier bot sich natürlich an, den Lenkungswinkel ein wenig zu ändern, den Nachlauf des Vorderrades also zu verlängern. Diese Änderung, die recht bald nach dem Anlaufen der Serie durchgeführt wurde, hat die Pendelneigung, die den ersten ausgelieferten Maschinen noch anhaftete, vollständig beseitigt. Ohne aber, wie das sonst zumeist geschieht, das Handling, also die Handlichkeit und Wendigkeit der Maschine (etwa im Stadtverkehr) zu beeinträchtigen. Anfang 1973 wurde durch 50 mm Radstandverlängerung noch eine weitere Verbesserung der Geradeausführung erreicht. Wieder hatte man die glückliche

Hand, die für diese unauffällige Art der Modellpflege nötig ist. Denn kaum jemandem wird die Änderung optisch auffallen, man merkt sie fahrerisch auch erst dann, wenn man zum Beispiel von der älteren 75/5 auf die neuere umsteigt und mit beiden Maschinen mal die gleichen Strecken fährt.

Die R 50/5 und die R 60/5 sind fahrwerksseitig etwas genügsamer, sie erreichen ja beide nicht die hohen Geschwindigkeiten, so daß den Fahrern dieser Modelle die leichte Schwäche gar nie aufgefallen sein wird. Nur wenn mehrere ungünstige Umstände zusammenkommen, etwa ein leichter Schlag in einer Felge (der durchaus nicht seine Ursache in einem Unfall haben muß, sondern durch verspannte Speichen zustandekommen kann), oder ein schlecht montierter Vorderreifen, dann wurde die Feinfühligkeit der Lenkung auch bei den von der R 60/5 erreichbaren Geschwindigkeiten spürbar.

So kann man den Fahrern der älteren R 75/5 und R 60/5, die Hochgeschwindigkeits-Pendeln bemerkten, den Rat geben, einmal besonders sorgfältig auf exaktes Radauswuchten zu achten (das machen bereits mehrere BMW-Händler, etwa die Firma Dico in 7154 Schwieberdingen, Markgröninger Str. 64) und zum anderen Lenkungslagerspiel und Radlagerspiel zu überwachen. Als weitere Hilfe gegen unerwünschte Feinfühligkeit auf schneller Fahrt ist natürlich der Lenkungsdämpfer einzusetzen, der schlagartig Beruhigung bringt. Nur sollte man vor der Einfahrt auf die Autobahn oder Schnellstraße daran denken, denn wenn die Pendelei erst mal losgeht, dann rettet sich nur ein Fahrer, der schon Gespannerfahrung besitzt. Im Stadtverkehr wirkt der leicht angezogene Lenkungsdämpfer versteifend, die Fahrerei in Kurven wird ein wenig eckig, man merkt also sofort, wenn man ihn wieder lockern muß.

Soviel als Hinweis für Fahrer der ersten Serie der neuen BMWs. Bei den jetzt ausgelieferten Maschinen braucht man den Lenkungsdämpfer nach meiner Erfahrung überhaupt nicht mehr.

Noch eine weitere Eigenheit muß erwähnt werden, sichtlich sind schon wieder zuviele absolute Neulinge auf schnelle Motorräder umgestiegen, die noch nicht alle fahrerischen Tricks kennen und beherrschen. Das Rückdrehmoment des Motors macht sich gerade bei hohen Geschwindigkeiten recht deutlich bemerkbar, man muß sich darauf etwas einstellen. Ich war bisher der Meinung, diese Einstellung könnte sich zum Reflex des Unterbewußtseins ausweiten, aber es scheint doch, als hätten etliche Neulinge Schwierigkeiten. Dagegen hilft nur Üben. So wird man also versuchsweise

(bei leerer Autobahn natürlich) im großen Gang bei 140 km/h kurz auskuppeln und Gas wegnehmen, als wolle man in einen fünften Gang schalten. Dann läßt man die Kupplung wieder kommen und beobachtet, wie durch das Rückdrehmoment des Motors die Maschine aus der Richtung geschwenkt wird. Wenn man dieses Spiel mit aller Vorsicht zwei bis dreimal durchexerziert hat, verliert man die Unsicherheit. Denn die Maschine bleibt dabei jederzeit beherrschbar. Das ist dann wie beim Gegenziehen beim Gespannfahren, es geht in Fleisch und Blut über.

Wenn man sich überlegt, welche der drei BMWs man sich zulegen soll, dann wird man nicht zuletzt die Leistung der Modelle miteinander vergleichen. Sofern man BMWs bereits gewöhnt ist, sich also auszumalen imstande ist, welche Leistung welche Beschleunigung und welches Fahrgefühl ergibt, meint man, die R 50/5 käme wohl in etwa den Fahrdaten der früheren R 60 gleich. Da muß aber etliches überlegt werden. Sieht man sich die Leistungskurve der alten R 60 an und vergleicht man sie mit der R 50/5, dann merkt man sofort, daß die letztere nicht so kräftig aus niedrigeren Drehzahlen beschleunigen kann. Ihre Leistung ist zwar nominell höher, aber sie wird erst bei höherer Drehzahl erreicht. Besonders auffällig wird dieser Mangel an Leistung im unteren Drehzahlbereich dann, wenn man von einer R 60/5 oder gar R 75/5 auf die R 50/5 umsteigt. Man hat das Gefühl, deren Kupplung rutsche, weil der Motor zunächst jeglichen Zug vermissen läßt.

Sicher gewöhnt man sich daran und fährt im normalen Straßenverkehr dann auch mit der R 50/5 unwahrscheinlich flink, aber sobald man auf ein Stück Schnellstraße gerät oder sobald man an einer Verkehrsampel mal blitzschnell vorneweg fahren will, stößt man wieder auf die Tatsache, daß 32 PS eben doch nicht soviel Temperament ergeben. Zumal dann nicht, wenn sie eine 500er mit 200 kg beschleunigen sollen.

Diese Überlegungen sind vielleicht auch maßgeblich dafür, daß die R 50/5 gar nicht solch ein Verkaufsschlager wurde, wie BMW es aufgrund ihres recht günstigen Preises gegenüber den anderen zwei Modellen gedacht hätte. Wenn nicht seitens der Behörden aus irgendwelchen unerfindlichen Gründen gerade eine 500er gefordert würde (die armen Polizisten, die nicht auch mal eine der schnellsten BMWs fahren können), hätte BMW sicher die Fertigung der „kleinen" schon eingestellt. Denn auch für die gemütliche Urlaubsreise, auf der ja wirklich nicht besonders scharf gefahren wird, ist die R 50/5 nicht ausgesprochen günstig. Man nimmt zuviel Gepäck mit und das Motorrad scheint noch unbeweglicher. Einzig im Vorort- und Stadtverkehr, falls jemand das Motorrad zum täglichen Weg zur Arbeit benutzen will, und dafür eben nicht zuviel investieren will, kann die R 50/5 Freude bereiten. Da kann sie dann auch ihre Vorzüge ausspielen, die sie zur BMW machen: Zuverlässigkeit, Wartungsfreiheit (keine Kette ist zu ölen und zu spannen!) und stete Fahrbereitschaft. Selbst das Putzen der Maschine macht Spaß, mehr je-

denfalls, als bei verwinkelt gebauten Motoren anderer Provenienz.

Die meisten neuen Motorradfahrer wollen aber nicht ausgerechnet nur diese Vorzüge genießen, sie wollen schnell sein. Deshalb kaufen sie sich dann auch (Geld spielt heute anscheinend keine Rolle mehr) gleich die R 75/5. Und damit rücken sie fahrerisch in Bereiche vor, die andere ausländische Motorräder auch nicht gerade wesentlich überbieten. Zwar gibt's etliche »Superbikes«, die der BMW hier überlegen sind, doch gerade diese lassen vielfach genau das vermissen, was die BMW so aus der Masse hervorhebt. Den kultivierten Lauf des Motors und den Komfort des Fahrwerks. Ich sage das hier nochmals ganz deutlich. Man merkt solche Unterschiede immer erst, wenn man von einer auf die andere Maschine umsteigen kann und so direkte Vergleichsmöglichkeiten hat. Da gewöhnt man sich recht schnell das Schwärmen von den vielen PS exotischer Feinheiten ab, wenn man die Aufhängung seiner Nieren zu spüren glaubt oder nach der Fahrt mit Messer und Gabel einen Marsch auf dem Geschirr trommelt. Und wenn man eben ständig mit einem Ohr (nicht etwa nach dem Motor) nach dem Anschlagen der Hinterradkette am Kettenschutz horchen und die nächste Viertelstunde fürs Kettenspannen und Schmieren vertun muß. Das kann einem schon den Spaß nehmen.

In solchen Dingen macht sich die Überlegenheit der BMW-Konzeption bemerkbar, die Maschine braucht zwischen den Routineinspektionen beim Händler tatsächlich nicht mehr angefaßt zu werden. Viele Konkurrenten gibt es nicht, von denen gleiches behauptet werden kann.

Wenn's also um Langstreckenfahrten geht, um hohe Geschwindigkeiten und gute Beschleunigung, dann wird der BMW-Freund die R 75/5 wählen. Wie aber steht's mit der R 60/5? Ist sie ein Zwitter? Oder hat sie ihre ganz bestimmten Vorteile den beiden anderen Modellen gegenüber?

Mit 40 PS liegt sie leistungsmäßig fast so gut wie die frühere R 69 S. Das bedeutet, daß diese Maschine etwa 160 km/h mit aufrecht sitzendem Fahrer schaffen muß. Im unteren Drehzahlbereich ist die 69 S etwas besser, der Sprung von der R 50/5 zur R 60/5 ist aber so groß, daß ein Interessent, wenn schon eine BMW gefahren werden soll, doch der R 60/5 den Vorzug geben sollte.

Hinsichtlich der Zuverlässigkeit bestehen keine Bedenken. Da die R 60/5 in allen wichtigen Bauteilen mit der R 75/5 übereinstimmt (bis auf Zylinder und Kolben natürlich) hat sie nicht den leichten Nachteil, den die alte R 60/2 gegenüber der R 69 S aufwies.

Der einzige Punkt, der etwas nachdenklich stimmen könnte, ist das Verdichtungsverhältnis. Hier ist für die R 60/5 mit 9,2 der höchste Wert angegeben. Manche Fahrer befürchteten bereits, die Verringerung des Bleigehaltes im Kraftstoff könnte bei der R 60/5 zum Klingeln führen. BMW hat in dieser Richtung sofort etliche Versuche angestellt, die sämtlich zufriedenstellend verliefen. Es bestehen also keine Bedenken gegen das hohe Verdichtungsverhältnis, auch (laut BMW) nicht im Hinblick auf die zu erwartenden weiteren Schritte in Richtung auf weniger Blei im Benzin.

Es stellt sich aber nun nur noch die Frage, welche Gründe denn überhaupt noch gegen die R 75/5 sprechen, warum man eigentlich nicht auf jeden Fall gleich die

stärkste BMW kaufen soll. Versicherungsprämien, Steuer und sonstige Unterhaltungskosten sind fast nahezu gleich. Kraftstoffverbrauch der R 75/5 ist auch nicht höher als der der R 60/5, höchstens könnte man gegen die »Große« noch den etwas schnelleren Reifenverschleiß ins Feld führen. Aber ebenso wie der Kraftstoffverbrauch hängt auch die Reifenlebensdauer so weitgehend von der Fahrweise des Einzelnen ab, daß ein echtes Argument nicht hieraus aufgebaut werden kann.

Kurzstreckenbetrieb (unter 10 km pro Tag) vertragen alle BMWs gleich schlecht, wenn sie nicht wenigstens einmal in der Woche auf einer mindestens 50 km betragenden Strecke richtig warmlaufen können, sollte man sich lieber eine 250er Zweitakter-Maschine an Land ziehen. So bleibt schließlich nur der Preisunterschied von rund 800 DM zwischen R 60/5 und R 75/5 als Vorteil für die kleinere Ausführung übrig. Wenn man überlegt, wieviele Reifen und wieviel Benzin man für die 800 DM kaufen kann, ist das schon das Nachdenken wert. Vor allem, weil der fahrerische Spaß mit der R 60/5 gar nicht soviel geringer sein muß als mit der R 75/5.

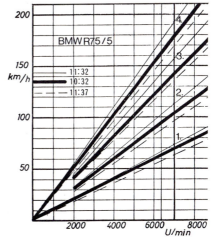

Die Beschleunigungswerte sind bei der 1972er Ausführung der R 75/5 fühlbar besser als bei der alten 1969er Maschine. Der Grund dafür liegt in der günstigeren Getriebestufung.

Das ist das Gangdiagramm für die verschiedenen Hinterachsübersetzungen der R 75/5.

Fahrwerkspflege

Der neue Rahmen, bekanntlich nur für Solofahrt (also ohne Seitenwagenfestigkeit) ausgelegt, erfordert hinsichtlich der nötigen Pflege auch nicht mehr Arbeit als der frühere der Schwingenmodelle. Vielleicht mag sich anfangs so mancher Techniker an dem »nur« angeschraubten Hinterbau gestoßen haben, doch inzwischen ist diese Lösung bewährt. Allerdings erscheint es zweckmäßig, bei irgendwelchen Fahrwerksuntugenden einmal schnell nach den beiden im Bild gezeigten Schrauben zu fassen, damit man ganz sicher geht, daß sich hier nichts gelockert hat.

Eine Erleichterung der Pflege ist unzweifelhaft das nach vorn vor den Motor gelegte Zwischenrohr zwischen beiden Auspuffrohren, jetzt ist es zum Putzen leicht erreichbar und erfordert nicht immer die Überlegung, wann denn dieses Rohr wieder durchgerostet sein wird (so war's doch bei den Schwingenmodellen, nicht wahr?).

Der eigentliche Grund für die Verlegung dieses Zwischenrohres nach vorn dürfte aber mehr darin zu sehen sein, daß sich die Abstimmung zwischen Vergaserstutzenlänge und Auslaßsystem bei dieser Bauart als günstiger erwies, das Rohr brachte deutlich spürbare Leistungssteigerung.

Die Hinterradschwinge ist bei den neuen Modellen genauso befestigt, wie wir es schon von den Schwingenmaschinen kennen: auf kurzen Zapfen sind kräftige Kegelrollenlager gehalten, die man auf das korrekte Lagerspiel einstellen kann. Handwerklich bestehen hier keinerlei Probleme, im Gegenteil: durch die Ausbildung des Lagerzapfens mit einem ordentlichen Innensechskant kann man auch eingerostete (das sollte aber ja sowieso nicht vorkommen) Zapfen mit einem normalen Schlüssel aus ihren Gewinde im Rahmen herausdrehen.

Wichtig ist beim Einstellen genau wie früher, daß die Schwinge sauber mittig im Rahmen justiert wird. Hier müssen also auch die Abstände zwischen Rahmen und Schwinge mit der Schieblehre kontrolliert werden. Die Plastikkappe über dem Schwingenlager ist im übrigen nicht nur preiswerter als die frühere Leichtmetallkappe, sondern sie dichtet selbstverständlich gegen Feuchtigkeit besser ab und dadurch dürfte das Verrosten des Lagerzapfens erheblich seltener vorkommen als früher. Nur sollte man etwas aufpassen, daß ein verlorenes Käppchen bald wieder ersetzt wird, ich habe schon häufig gefunden, daß diese Plastikkappen an der Maschine fehlten.

Die Hinterradfederung wird von verstellbaren Federbeinen übernommen, wie bei BMW üblich, mit besonders großen Federwegen. Gegenüber früher hat sich hier eine Vereinfachung ergeben. Man kann die Dämpfer nach Abnehmen der Feder mitsamt dem unteren Befestigungsauge auswechseln, denn dieses Auge ist fest mit dem Dämpferrohr verbunden. Die Feder muß zum Abnehmen wie früher gespannt werden, dann können Abdeckhülse, Feder und Befestigungsauge oben abgeschraubt werden. Reparatur der Dämpfer ist nicht möglich, dafür ist ja der Dämpfer-Austauschdienst eingerichtet.

Man erleichtert sich die Arbeit des Zusammenspannens der Feder dadurch, daß man die Vorspannung wegnimmt, also den Einstellhebel auf »weich« einrichtet. Der Einbau neuer Stoßdämpfer bereitet keine Schwierigkeiten. Es ist darauf zu achten, daß die Scheibe unten wieder richtigherum angebaut wird (Einstellhebel nicht umgedreht aufsetzen) und daß Gummipuffer usw. nicht vergessen werden. Die Tragfedern, die ja auf diese Weise einfach auswechselbar sind, sollten bei dieser Gelegenheit gleich auf Ermüdungserscheinungen kontrolliert werden. Einerseits sollen beide die gleiche entspannte Länge aufweisen, andererseits sollten sie auch im zusammengespannten Zustand gleichlang bleiben. Allerdings ist hierzu eine Art Prüfmaschine nötig, man wird sich auf Längenvergleich beschränken müssen.

Stoßdämpferprüfung wurde bereits für die alten Modelle ausreichend genau beschrieben, die Arbeitsgänge und auch die Vorsichtsmaßnahmen sind dieselben geblieben.

Eine dringende Mahnung muß aber noch angebracht werden: Wenn Sie die Stoßdämpferstange am Befestigungsauge wieder anschrauben, bitte sorgfältig vorgehen und unbedingt ganz fest anknallen. Denn wenn sich diese Befestigung löst, klappt das Federbein während der Fahrt weg!

Telegabelmontage

Der augenfälligste Unterschied zwischen den alten und den neuen BMWs liegt in der Vorderradführung durch die Telegabel gegenüber der früheren Schwinge. Diese Telegabel hat Leichtmetall-Führungsrohre (das sind die Rohrstücke, die am unteren Ende die Achsfaust für die Vorderachse tragen) und hartverchromte geschliffene Standrohre (das sind die in den Gabelbrücken festgeklemmten Hauptrohre). In den Standrohren liegen sowohl die Tragfedern als auch die Stoßdämpfer, deren »Kolbenstange« im Gabelführungsrohr unten festgeschraubt ist. Durch diese Befestigung wird unter anderem verhindert, daß das Führungsrohr nach unten aus dem Standrohr herausrutschen kann.

Die Führung der Gleitbewegung der beiden Führungsrohre geschieht ohne Gleitbuchsen. Die Hauptrohre laufen also direkt auf dem Leichtmetall der Führungsrohr-Bohrungen. Erst neuerdings wurde eine zusätzliche Gleitbuchse dafür vorgesehen, was aber an den grundsätzlichen Handgriffen bei der Demontage nichts ändert. Nur muß man jetzt diese Gleitbuchse auf Verschleiß prüfen... allerdings dürfte eine Laufzeit von mindestens 80 000 km für diese Buchse erreichbar sein, ohne daß sich durch Abrieb übermäßiges Spiel bemerkbar macht. Darin liegt jedoch der Vorzug der getrennten Buchse: wenn das Leichtmetall-Führungsrohr Verschleiß aufweist und ausgewechselt werden müßte, ergäbe das eine erheblich teurere Reparatur. Und in der Serienfertigung brauchen nun die Toleranzen für die Oberfläche der Führungsrohr-Bohrung nicht mehr so haargenau eingehalten zu werden, weil die Gleitbuchse jetzt führt.

Die Hauptrohre werden von der links sichtbaren Schraube in der oberen Gabelbrücke festgehalten. Diese Schraube ist gleichzeitig Auflager für die Tragfeder.

Wenn die Gabelstandrohre ausgewechselt werden müssen (weil sie vielleicht krummgeschlagen sind), braucht die Lenkungslagerung nicht aus dem Lenkkopf ausgebaut zu werden. Es genügt, wenn wir die beiden oberen Schrauben herausdrehen und dann die Klemmung an der unteren Gabelbrücke lösen. Dabei werden die Hauptrohre freigegeben. Wenn sie sich trotzdem noch nicht leicht nach unten wegziehen lassen, muß ein Holzkeil (Bild) in den Spalt der unteren Gabelbrücke eingetrieben werden. Die Lenkungslagerung kann angebaut bleiben, vor allem wenn nur eines der beiden Standrohre ausgebaut wird. Dann läßt sich ein eventuelles neues Standrohr nämlich ohne besondere Einstellung bis zum Anschlag nach oben einschieben und wieder festklemmen.

Bei einem Unfall, bei dem eines oder gar beide Standrohre der Gabel beschädigt wurden, hat auch zumeist die untere Gabelbrücke einen kräftigen Schlag bekommen. Ich würde sie dann unbesehen und ohne Nachmessen auswechseln. Denn ich habe an einer eigenen Maschine (allerdings war das keine BMW) mal erlebt, welch schönes Gefühl das ist, wenn eine Gabelbrücke in Höhe der Lenkerbefestigungsbohrungen wegknackt und man dann den Lenker allein in der Hand hält, während sich das Vorderrad unterm Motor querstellt. Das geschah mir mit einem kleinen Gespann, solo wäre die Sache wohl nicht so heil ausgegangen. Also: die Gefahr von versteckten Anrissen ist bei Lenkungsteilen immer zu groß, als daß man sich mit der Hoffnung zufriedengeben dürfte, hier sei alles »noch gut«.

Zum Auswechseln der Gabelbrücke muß natürlich die Lenkung völlig zerlegt werden. Dabei finden wir die sehr stabilen Lenkungslager, die bekanntlich bei den neuen BMWs als Kegelrollenlager ausgebildet sind. Einstellung dieser Lager geschieht nachher wieder so, daß keinerlei Spiel fühlbar ist, aber dennoch leichte Beweglichkeit der Lenkung nicht durch zu sehr geklemmte Lager beeinträchtigt wird.

Die Lenkung wird fix und fertig eingebaut, bevor die Gabelstandrohre von unten her eingesetzt werden.

Auch die richtige Einstellung und das Festziehen der Einstellmutter (Klemm-

ring!) müssen schon erledigt sein, denn erst danach ist der Abstand zwischen den beiden Gabelbrücken so genau festgelegt, daß nachher beim Einschieben der Gabelrohre keine Verspannungen mehr auftreten können. Gabelrohre bis zum Anschlag einschieben, oben mit der Schraube festziehen, dann an der unteren Gabelbrücke die Klemmung festziehen.

Man wird sich natürlich die Arbeit beim Zusammenbau nicht unnötig erschweren, indem man erst nach dem Anziehen der Lenkungslager die Scheinwerferhalterung und die Blinkerträger anzusetzen versucht. Ich glaube aber, diese kleinen Arbeiten in der Beschreibung der ein-

zelnen Handgriffe übergehen zu können. Soviel leichte Schlosserei sollte man schon beherrschen, bevor man sich an größere Arbeiten heranwagt. Der Einbau des Stoßdämpfers geschieht von unten in die Standrohre. Aber wir stellen fest, daß ja auch hier unten ein Gewinde vorhanden ist, an dem wir die Kolbenringe verbiegen könnten. Mit etwas Gefummel wird man im Notfall sicher auch so zurechtkommen, BMW hält aber ein Spezialwerkzeug bereit (Bild), mit dem man den Dämpferkolben ohne Risiko einfädeln kann. Diese Buchse wird in das Gewinde im unteren Standrohrende eingeschraubt, der konische Innenteil der Buchse gibt dann die Führung für den Dämpferkolben. Auch den Kunststoff-Anschlag sollte man durch diese Buchse einfädeln, das geht viel leichter als ihn über die Gewindegänge zu drücken. Dann wird die Buchse herausgedreht, so daß das abschließende Gewindestück eingeschraubt werden kann. Zum Schluß nicht den Seegerring vergessen, sonst kann sich die Abschlußschraube von allein herausdrehen.

Am Gabelführungsrohr, dem Leichtmetallrohr, kann eigentlich nur der oben eingepreßte Dichtungsring mit der Staublippe ausgewechselt werden. Dabei gibt es wieder zwei Möglichkeiten, nämlich einmal die Verwendung eines Wellendichtringes mit Metallmantel oder eines solchen mit Gummiaußenfläche. Der Ring mit Metallmantel muß mit der offenen Seite nach innen (die dünne Dichtlippe zeigt nach außen, der Metallmantel ebenfalls) eingesetzt werden, dabei aber vorher diesen Metallmantel mit Dichtungsmasse einstreichen.

Der Dichtring mit Gummi-Außenfläche muß natürlich nicht noch zusätzlich mit Dichtungsmasse eingerieben werden, bei ihm achten wir nur darauf, daß seine offene Seite nach innen zeigt.

Die Gabelführungsrohre lassen sich problemlos auf die Standrohre aufschieben. Vorher nicht vergessen, die Faltenbälge aufzuziehen! Falls es nicht gelingen sollte, die Dämpferstange richtig durch die Bohrung im unteren Deckel des Führungsrohres zu ziehen, dann probiere man es mal bei eingeschobenen Tragfedern ... die drücken dann auf den Dämpferkolben und halten ihn in der untersten Lage fest.

Die SW 13er Mutter mit Feingewinde M 8×1 wird jetzt sehr sorgfältig festgeschraubt, dafür ist unbedingt ein Drehmomentschlüssel zu verwenden. Bei zu hohem Anzugsmoment reißt man leicht diese Schraube ab, bei zu geringer Anzugskraft kann sie sich von allein lösen. Beides führt unweigerlich zum Ausrutschen des Führungsrohres. Anziehmoment 2,3 mkg.

Sofern man diese Montagearbeiten an der stehenden Maschine durchführt, ist vielleicht noch ein kleiner Hinweis nötig. Da gibt es die Schwierigkeit, den kleinen Cu-Dichtring am unteren Ende der Dämpferstange richtig an seinem Platz zu halten. Etwas Fett genügt in diesem Falle. Vergessen sollte man diesen Dichtring nie, auch sollte hier stets ein neuer Ring verwendet werden. Sonst suppt die Gabel unten sehr kräftig Öl heraus.

Haben Sie übrigens bemerkt, daß die große Abschlußkappe im unteren Führungsrohr überhaupt nicht losgeschraubt werden muß? Höchstens für gründliches Reinigen der inneren Lauffläche des Führungsrohres könnte man sie abschrauben. Dabei entsteht natürlich die Frage, warum hier überhaupt konstruktiv eine solche Verschraubung vorgesehen ist? Die Antwort ist: Fertigungsvereinfachung. Es ist unkritischer, eine durchgehende Bohrung von dieser Länge sauber und mit feiner Oberfläche zu bearbeiten, als wenn man ein Werkzeug benutzen müßte, das über diese Länge frei und ohne Führung läuft, nur weil unten ein fester Boden vorhanden ist.

Falls allerdings aus der Dichtung der Abschlußschraube unten Ölnebel herausdringen, dann muß das Vorderrad herausgenommen werden, durch die Achsbohrung steckt man einen kräftigen dikken Dorn und löst mit einem Ringschlüssel SW 30 diese Deckelverschraubung. Die Dichtung muß ausgewechselt werden, dazu die Dämpferstange lösen, dann Dichtung aufsetzen, Verschraubung festziehen und schließlich die Dämpferstange wieder anziehen.

Und noch eine Schwierigkeit könnte auftreten. Der kleine Innensechskant der Dämpferstange könnte durch Vorbesitzer, die hier mit schlechten Schlüsseln gemurkst haben, ausgeweitet sein. Dann bleibt nichts anderes übrig, als die Dämpferstange von oben festzuhalten. Man müßte sich dazu einen langen Steckschlüssel herstellen, der an seinem unteren Ende SW 13 besitzt, und mit dem der Sechskant der Dämpferstange gefaßt werden kann.

Wenn die Gabel ordentlich zusammengebaut wurde und die richtige Ölfüllung erhielt (280 ccm der Sorte Shell 4001 pro Gabelholm, insgesamt also 560 ccm!), aber trotzdem schlechte Federungseigenschaften bemängelt werden, gibt es etliche Punkte, die kontrolliert werden müssen. Man kann bei dieser Gabel auch schon beim Anbauen des Schutzbleches Fehler machen, die die Federung beeinträchtigen. Der kräftige Bügel, der vorn oben an beiden Führungsrohren mit je zwei selbstsichernden Muttern auf Stehbolzen befestigt ist, kann sich verzogen haben, oder er wurde sogar unter Spannung eingebaut. Dann werden die beiden Gabelführungsrohre von diesem Bügel gegeneinandergezogen und die Gleiteigenschaften der Gabel gehen verloren.

Hier hilft nur sorgfältige Kontrolle, ob der Bügel (der zur Entlastung der Achse notwendig ist) an seinen Auflagestellen auch genau parallel ist, ob die Auflagestellen am Gabelrohr etwa nicht parallel zueinander stehen und ob der Bügel ohne Gewaltanwendung satt auf die Auflagestellen paßt.

Möglicherweise wurde aber auch nur die Steckachse falsch montiert (bitte zuerst die Achsmutter anziehen, dann erst die Klemmung festschrauben!), das läßt sich ja ganz einfach abändern. Schlimmstenfalls kann man vor dem Anknallen der Klemmschraube die Gabel einige Male kräftig durchfedern. Und die Klemmschraube nicht zu fest anziehen. Hier wurde früher ein Anzugsmoment von 2,3 bis 2,6 mkg angegeben, das hat sich als zu hoch erwiesen weil es das Gabelführungsrohr einschnüren könnte. Daher wird heute ein Anziehdrehmoment von 1,5 bis 1,7 mkg als ausreichend angesehen.

Schwierigere Fälle von verspannter, schlecht federnder Gabel können ihre Ursachen auch tieferliegend haben. Da wäre zu überprüfen, ob die Tragfedern nicht etwa unten aufgeweitet sind und an den Hauptrohren innen scheuern. Oder ob die Dämpferstange etwa mehr als 0,2 mm Schlag aufweist. Dann kann sich das Ventilplättchen des Dämpfers verkantet haben, vielleicht ist dort ein Grat oder sonst eine rauhe Stelle zu finden, die natürlich beseitigt werden müßte. Schließlich sind noch Fehler denkbar, die in der Fertigung nicht bemerkt wurden. Da könnten zum Beispiel die Kolbenringe des Dämpferkolbens zu stramm sitzen, also ohne Stoßspiel im Hauptrohr laufen. Auch das läßt sich mit recht geringem Aufwand ändern.

Weniger einfach wäre jedoch ein unterschiedlicher Bohrungsabstand in oberer und unterer Gabelbrücke zu beheben, denn hierzu müßten beide Gabelbrücken ausgewechselt werden. (Ob man eine neue mit dem richtigen Bohrungsabstand einzeln bekommt, ist nicht immer gesichert.)

Aber beide letzteren Fehler sind sehr selten, meist ist nur die Ölfüllung nicht korrekt oder der Chrombügel der Führungsrohrverbindung verzogen. Vor allem: wenn die Gabel eine Zeit lang einwandfrei federte und erst nach einer Reparatur nicht mehr funktioniert, dann kommen nur einfache, schlosserische

Frisch aus der Werkstatt kam diese Maschine: Bitte darauf achten, daß der Faltenbalg richtig über das Entlüftungsröhrchen rutscht. Dafür ist eine besondere Bohrung vorgesehen.

Fehler infrage. Vielleicht wurde nur beim Ölwechsel nicht beachtet, daß vom alten Öl immer noch eine geringe Menge in der Gabel bleibt, so daß bei voller Neufüllung von 280 ccm auf einmal etliche ccm zuviel in der Gabel sind. BMW gibt deshalb an, bei Ölwechseln ohne Zerlegen der Gabel nur 265 ccm pro Holm einzufüllen. Möglicherweise liegt eine Verschlechterung also nur an solchen Kleinigkeiten.

Beim Anbau einer Verkleidung, die ja gewichtsmäßig die Vordergabel stark belastet, ist noch aus einem ganz selten bedachten Grunde eine Verschlechterung der Fahreigenschaften zu bemerken.

Durch die zusätzliche Last auf dem Vorderrad sinkt die Gabel in der Federung etwas tiefer ein, wodurch sich natürlich auch der Lenkungswinkel verändert. Und zwar wird er steiler, der Nachlauf wird geringer. Das aber bringt Unruhe beim Geradeausfahren in hohen Geschwindigkeiten, daraus kann sich leichte Pendelneigung ergeben.

Eine Änderung läßt sich einfach anbringen. Man braucht nur die Gabelfedern etwas zu verstärken oder ihre Vorspannung zu erhöhen, damit die Lenkachse wieder in die vorgeschriebene Lage kommt. Dazu dreht man sich zwei (für jeden Gabelholm) Distanzbuchsen, die zwischen oberes Federlager und Feder eingelegt werden. Die Distanzbuchsen bekommen einen Außendurchmesser von 27,5 mm, Innendurchmesser 17,1 mm und eine Höhe von 15 mm. Beide Seitenflächen müssen einigermaßen genau parallel zueinander stehen. Material für diese Buchsen ist frei wählbar. Nur sollte es ölbeständig sein. Man kann Alu, Stahl, Novotex oder Nylon nehmen, was gerade greifbar ist. So wird also jeder Gabelholm mit zwei dieser Zwischenstücke versehen, die Gabel etwa 30 mm höher gehängt. Damit dürfte das Zusatzgewicht der meisten Verkleidungen ausgeglichen sein. Es wäre direkt eine Probe wert, ob sich auf diese Weise nicht auch bei den älteren Ausführungen der Lenkungswinkel etwas verändern ließe, sofern bisher unangenehme Pendelneigung aufgetreten ist. Ich habe diesen Versuch aber noch nicht durchgeführt, kann also nur anregen.

Laufräder

Hinterrad und Vorderrad sind nicht mehr untereinander austauschbar. Das ist heutzutage auch wohl nicht mehr so wichtig, denn es wurde nur beim Gespannbetrieb als wohltuend empfunden, weil man mit einem Reserverad auf dem Seitenwagen schon jeder Panne gewachsen war.
Der Mitnehmerflansch mit der Innenverzahnung ist also jetzt nur noch in der Hinterradnabe vorhanden. Für das Schlossern ergibt sich daraus aber keine Änderung, die Radlager werden auf die gleiche Art ausgebaut. Dabei sollte man sich vor dem Basteln wenigstens den Dorn zum Austreiben der Lager anfertigen, denn wie im Bild zu sehen, passiert es zu leicht, daß die dünne zur Dichtung nötige Abschlußscheibe in der Nabe verletzt wird. Der Dorn darf nicht dicker als 22 mm sein, soll einen zentrischen Absatz mit etwa 16,8 mm ϕ besitzen.
Die Abdeckscheibe auf der linken Seite der Nabe wird bei den neuen Modellen mit fünf Sechskantschrauben festgehalten, diese Scheibe wird zum Ausbau der Radlager zuerst abgenommen. Von der Nabeninnenseite (Bremstrommel) her wird dann der Dorn angesetzt und mit leichten Hammerschlägen der komplette Lagersatz mit Distanzscheiben ausgetrieben. Es ist klar, daß der linke Lagerinnenring und die Paßbuchse auch ohne Hammerschläge herausfallen.

Neue Lager erfordern neue Einstellung, dabei geht man genauso vor, wie das bei den Schwingenmodellen bereits beschrieben wurde. Zum Ändern etwa falscher Paßringe wird wiederum nur Nacharbeit durch Abziehen auf Schmirgelleinen erforderlich sein, es gibt diese Paßringe auch einzeln in verschiedenen Dikken, so daß man sich beim Händler einen neuen Ring entsprechender Dicke besorgen kann.
Ein Hinweis sei noch zum Hinterrad gegeben: die Mitnehmerverzahnung braucht etwas Schmierung. Nun ist diese Stelle aber recht heikel, denn Fett darf ja keineswegs durch Fliehkraft und Erhitzung in die Bremstrommel gelangen. Deshalb zum Schmieren des Mitnehmers nur ein hitzebeständiges Fett verwenden, also etwa das bereits weiter vorn genannte Klüber ZB 91 GG, die schwarze, dicke Schmiere.
An den Laufrädern der neuen Modelle wird der Fahrer, obwohl sie sich gegenüber den früheren kaum wesentlich verändert haben, doch mehr Freude haben. Denn sie lassen sich dank der nun endlich durchgehenden Längsverrippung immer ordentlich sauberhalten, man muß nicht mehr in den Speichenecken umgraben, wenn man mal ein bißchen im Gelände unterwegs war. Aber eines ist

bei den neuen Naben genauso wichtig wie früher: wenn die Speichen nachgezogen werden, besteht die Gefahr, daß bei zu kräftigem Zug die Trommel verspannt wird. Dann muß das gesamte Rad mit Felge und Speichen in eine große Drehbank eingespannt werden, damit die Bremstrommel fein säuberlich ausgedreht werden kann.

Aber eine unrunde Bremstrommel merkt man recht deutlich, bei der Vorderbremse schon durch ungleichmäßige Verzögerung, bei der Hinterradbremse durch pumpenähnliche Bewegungen des Fußbremshebels.

Verzogene Naben sind jedoch recht selten. Viel häufiger kommt es vor, daß BMW-Fahrer über zu heftige Bremswirkung der Vorderbremse klagen. Das hörte ich besonders oft von Fahrern, die gerade ihre erste große BMW gekauft hatten und nicht mehr als vielleicht 500 km damit gefahren waren. Die Erklärung ist nicht ganz einfach, aber nach meinen Erfahrungen handelt es sich dabei nur um einen nötigen Einfahrvorgang. Wenn die Scheu vor der Benutzung der Vorderbremse abgelegt wird und zumindest in der Anfangszeit häufig bei unkritischen Situationen nur vorn gebremst wird, sind die Bremsbeläge innerhalb von längstens 500 km einwandfrei eingefahren und beißen nicht mehr so giftig wie anfangs. Inzwischen ist übrigens serienmäßig schon eine Änderung des Bremsbelages vorgenommen worden, so daß trotz hoher Verzögerung im oberen Geschwindigkeitsbereich kein so heftiges Beißen unterhalb 50 km/h mehr auftritt.

Die letzte Schlosserei an den Laufrädern wäre das Auswechseln von Speichen und Felgen. Hier müßte wieder die Zeichnung der Speichenlehre eingefügt werden, aber da diese Lehre jederzeit käuflich ist, da außerdem die Werkstattsituation heute längst nicht mehr so kritisch ist und da schließlich das Einspeichen keine Arbeit darstellt, die ich mir selbst freiwillig vornehmen würde, habe ich bei BMW niemanden besonders hart bedrängt, um diese Zeichnung zu bekommen. Das veranlaßt mich zu einer kleinen Zwischenbemerkung:

In der Zeit, als die Motorräder bei BMW nur am Rande mitliefen und kaum jemand sich damit auskannte, konnte man schon leichter mal an so kleine »Betriebsgeheimnisse« herankommen. Heute klappt die Organisation dort bestens, was gesichert werden muß, das ist auch gesichert und erfordert einen kleinen Papierkrieg. Diese Organisation hat für den Kunden bisher nur Vorteile mit sich gebracht, denn Reparaturen werden schnell und nach vorgegebenen Richtzeiten durchgeführt, das alles hat nun seine Ordnung und funktioniert auch.

Hinterachsgetriebe

Auch hier finden wir gegenüber der früheren Ausführung nur Formänderungen und Maßunterschiede, in den Schlosserhandgriffen ist alles im Prinzip gleichgeblieben. Bis zum Abnehmen des inneren Gehäusedeckels können wir genauso bauen wie früher. Auch dann fällt einem nur auf, daß inzwischen 10 Muttern SW 13 zu lösen sind, um den Deckel mit dem großen Tellerrand abzunehmen. Wieder finden wir in dem Deckel zwei M 6 Gewinde, in die man Abdrückschrauben, etwa 40 mm lang, eindrehen kann. Das große Tellerrad bleibt fast immer mit dem Kugellager und der Ausgleichsscheibe im Gehäusedeckel, man muß diesen auf etwa 100 Grad anwärmen, um das Lager durch leichtes Antippen herausfallen zu lassen. Vom Tellerrad läßt sich das Lager wie früher durch zwei Bohrungen mit entsprechendem Dorn heruntertreiben.
Etwas schwieriger wird das Abnehmen des Ritzels. Zwar ist die Haltevorrichtung für die Verzahnung des Mitnehmerritzels gleichgeblieben, die davor sitzende Mutter läßt sich also mit dem gleichen Trick überlisten wir früher, doch wird man den großen Gewindering, in dem der Wellendichtring sitzt, nicht so einfach bewegen können, selbst wenn man das richtige Werkzeug dafür hat. (Siehe Foto: Die Maße des Rohrschlüssels sollten einigermaßen genau eingehalten werden, die Zapfen müssen recht satt in die Aussparungen des Gewinderinges hineinpassen, damit sie nicht abrutschen!) Ich habe sogar an den Musterteilen (an denen ständig geschraubt wird) in der Kundendienstschule bei BMW das Gehäuse anheizen müssen, damit sich der Ring herausdrehen ließ. Das kalte Gehäuse hatte ihn derart festgehalten, daß sich eher die gesamte stabile Werkbank drehte als der der Gewindering.
Für diese einigermaßen Kraft erfordernde Schrauberei hat sich die einfache Haltevorrichtung bewährt, die BMW empfiehlt. Ein simples Stück Winkeleisen (zu

finden schlimmstenfalls auf Baustellen) wird einmal mit der Federbeinhalteschraube festgezogen, zum anderen durch die Bohrung für die Bremsschlüsselwelle fixiert. Die Fotos zeigen diese elegante Halterung deutlich genug. Wenn man das in einen kräftigen Schraubstock spannt, bleiben nicht nur für schwergängige Schrauben, sondern später auch für die etwas feineres Gefühl erfordernden Meßvorgänge beide Hände frei.

Ist der Gewindering überwunden, beginnt die nächste Schwierigkeit. Früher konnten Ritzel und Kugellager bei genügend angewärmtem Gehäuse durch kurzes Aufschlagen des Gehäuses aus dem Sitz herausgeholt werden, das klappt heute nicht mehr. Hier ist ein Werkzeug vorgesehen, dessen Spindel ein Innengewinde besitzt, mit dem sie auf den Gewindezapfen des Ritzels aufgeschraubt wird. Über eine Brücke zieht man Ritzel mit Kugellager aus dem Gehäuse heraus.

Für den späteren Zusammenbau ist vielleicht das mittlere Bild wichtig, das die Lage der Scheiben zeigt, die kleinere Distanzscheibe ist konisch! Sie darf nicht verkehrtherum eingesetzt werden. Falls man noch weiter zerlegen muß, kommt

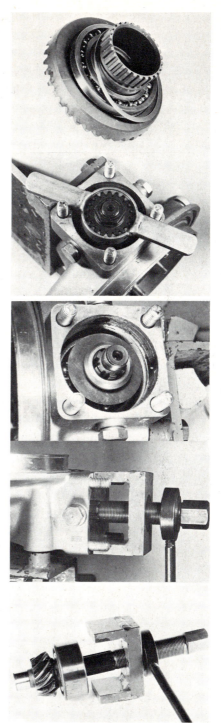

jetzt das Ritzel-Nadellager an die Reihe. Hier wird zuerst der Kerbstift (Pfeil im Bild) herausgezogen, bei einer Gehäusetemperatur von etwas über 100 Grad läßt sich das Nadellager dann ausziehen. Auch das große Nadellager für das Tellerrad fällt bei dieser Erwärmung fast von allein heraus. Dahinter liegt übrigens ein Wellendichtring, der auf dem kleinen Absatz der Tellerradnabe (hinter dem Nadellager-Innenring) laufen soll. Wenn sich auf dieser Lauffläche eine eingelaufene Rille zeigt, muß überschliffen oder sogar ausgewechselt werden, der Wellendichtring ist allerdings meist schon früher »reif«.

Einstellen des Hinterachsgetriebes

Gegenüber den früheren Modellen hat sich die Verzahnungsart nicht geändert. Spiel und Berührungsflächen müssen genauso eingestellt werden, wobei aber durch eine etwas genauere Bezeichnung die Arbeit heute ohne größere Rechnerei vor sich geht. Das »Grundeinstellmaß« für das Ritzel gegenüber Tellerradmitte beträgt 75,5 plus/minus 0,05 mm. Abweichungen sowohl der Bearbeitung des Gehäuses wie auch am Ritzel sind durch eingeschlagene (bzw. elektrisch aufgeschriebene) Ziffern deutlich angegeben. Diese beiden Maße sind nur voneinander abzuziehen, der Unterschied gibt die Dicke der Distanzscheibe zwischen Schrägkugellagerschulter und dem Sitzgrund im Gehäuse. Das Ritzel ist dann einwandfrei fixiert.

Zum Einstellen des Zahnspieles wird wieder die Broncescheibe in der passenden Stärke ausgewählt. Auch hier muß zunächst das Zahnflankenspiel mit der Meßuhr festgestellt werden, dann ist die Berührungsfläche der Zahnräder auf der Vorwärtsflanke des Ritzels mit Tuschierfarbe zu kontrollieren. Liegt diese Berührungsfläche mehr zum starken Zahnende hin, muß der Abstand des Ritzels vom Tellerrad durch eine stärkere Paßscheibe unterm Ritzelkugellager vergrößert werden. Das Zahnflankenspiel dürfte jetzt zu groß sein, eine dünnere Bronce-Paßscheibe wird nötig. Umgekehrt muß die Paßscheibe zwischen dem Doppelkugellager am Ritzel und dem Gehäusegrund dünner gewählt werden, wenn das Tragbild der

Die mit „XX" bezeichneten Stellen im Gehäuse und am Ritzel tragen die Maßzahlen, nach denen sich die Grundeinstellung richtet. Der Pfeil weist auf den Kerbstift, der den Nadellageraußenring fixiert.

Zähne mehr am schwachen Zahnende liegt. Zum Spielausgleich gehört dann eine dickere Broncescheibe.

Diese Arbeitsgänge kann man nur bei angeheiztem Gehäuse vornehmen, denn sonst läßt sich ja das Ritzel mit dem Kugellager nicht herausziehen. Ich habe aber gefunden, daß bei normalen Reparaturen (etwa Auswechseln des Wellendichtringes am großen Kugellager oder dieses Kugellagers selbst) die Einstellung des Kegelradsatzes gar nicht geändert zu werden braucht. Das ist nach meinen Erfahrungen nur dann erforderlich, wenn eines oder beide Kegelräder erneuert werden.

Bevor letzten Endes der Gehäusedeckel wieder aufgesetzt wird, muß noch schnell das Seitenspiel des großen Tellerrades festgelegt werden. Man mißt also den Abstand des Lagersitzgrundes von der Deckeldichtfläche (ohne Dichtung!) und als zweites den Abstand des Kugellager-Außenringes auf dem Tellerrad von der Dichtfläche des Gehäuses. Dieses zweite Maß wird vom ersten abgezogen, das Ergebnis ist die Dicke der erforderlichen Paßscheibe. Das vorgeschriebene seitliche Spiel ergibt sich automatisch durch die zwischengelegte Dichtung. Jetzt braucht man nur noch den Lagerdeckel auf etwa 100 Grad anzuwärmen (dann fällt er leicht über den Lageraußenring) und kann zum Schluß

Dieser Distanzring bestimmt die Lage des Ritzels zur Tellerradmitte. Seine Dicke richtet sich nach den Grundzahlen auf Ritzel und im Gehäuse (Bild Seite 248) und nach dem genaueren Ausmessen von Zahnflankenspiel und Tragbild.

die zehn Muttern wieder anziehen. Hierbei achten wir natürlich wie immer darauf, daß alle Muttern nicht nur gleich stark angezogen werden, sondern daß wir sie schrittchenweise fester schrauben. Auf diese Weise wird der Deckel am wenigsten verzogen.

Motor und Getriebe

Über die Montageschritte für den Motor der neuen BMWs wurde bereits kurz im letzten Kapitel der ersten Auflage gesprochen, es bleibt nur noch die Beschreibung des Getriebes übrig, das sich in verschiedenen Einzelheiten vom Getriebe der Schwingenmodelle unterscheidet. Die Lagerung der Schaltgabeln auf zusätzlichen Exzenterbuchsen wurde bereits erwähnt (Seite 129), ebenso zeigte das Bild auf Seite 130 oben die Schaltscheibe der neuen Modelle. Änderungen der Montagehandgriffe ergeben sich dadurch aber nicht in wesentlichem Umfang. Erheblich anders ist jedoch das Gefühl beim Schalten in der Fahrpraxis geworden. Man findet (dank der gerundeten Rasten der Kurvenscheibe) keinen Leerlauf mehr zwischen einzelnen Gängen, kann also auch die Motordrehzahl nicht mehr durch eine Schaltpause so gut wie früher angleichen. Daraus ergibt sich die Möglichkeit, schneller zu schalten... aber nicht mehr so sicher ohne Klack-Geräusche wie früher. Im Gegenteil, die seither übliche Methode führt dazu, daß der nächste Gang nicht gleich zügig eingelegt wird, das Vorbeirattern der Schaltklauen an den zugehörigen Bohrungen zwingt dann zum schnellen Weitertreten. Aber sobald sich der Fahrer an die neuen Getriebe gewöhnt hat, ist er damit fixer als mit dem alten. Wichtig für sauberes Schalten ist hauptsächlich die sorgsame Einstellung der Kupplung, es muß sichergestellt sein, daß sie ordentlich trennt.

Interessant: am Gelenk des Kupplungshebels am Getriebe ist ein Schmiernippel vorgesehen, der in ungünstigen Fällen auf die Achse drücken kann und damit ordentliche Kupplungsfunktion behindert.

Im Serienbeginn ist auch hin und wieder ein recht merkwürdiges Verhalten der Kupplung aufgetreten. Sie rupfte unregelmäßig. Mal griff sie gut, mal zu heftig. Ich führte es darauf zurück, daß die nunmehr feinere Verzahnung der Kupplungsscheibe und der dort eingreifenden Getriebewelle empfindlich auf Verkanten und mangelnde Schmierung reagierte. Das darf aber keineswegs als Aufforderung zum Ölen oder blinden Einfetten der Verzahnung aufgefaßt werden. Wichtiger erscheint mir, daß das Zusammenspiel der beiden Teile vor der Montage überprüft wird. Und wenn schon Fett hier angebracht ist, dann geringste Mengen des gleichen Fettes, das wir auch schon bei der Schmierung für die Bremsschlüsselwellen vorgesehen hatten: Klüber ZB 91 GG! Das blutet auch bei höheren Temperaturen nicht aus und kann die Kupplungsbeläge nicht verschmieren. Inzwischen ist mir allerdings dieses Rupfen bei drei verschiedenen neueren Maschinen nicht mehr vorgekommen.

Mehr ist zum neuen Getriebe noch nicht zu sagen, wichtiger erscheinen mir einige Einzelheiten der neuen Motoren. Da tauchte zunächst in Leserbriefen die Frage auf, inwiefern denn bei der Reparatur der neuen Motoren der Bastler durch teure Meßgeräte in Schwierigkeiten gelangen könnte. Das läßt sich leicht beantworten: Wenn Sie neue Lagerschalen einbauen wollen, dann müssen Sie erst mal genau wissen, welchen Durchmesser die Schalen haben sollen. Und für die nötige Messung der Kurbelwelle genügt nun mal die Schieblehre nicht mehr. Da muß ein Mikrometer her. Die Breite der Lagerschalen muß wieder anders gemessen werden und ebenfalls sehr genau. Schließlich soll die Lagerschale im Lagerdeckel vorn durch einen Stift fixiert werden. Dazu wird sie in eingebautem Zustand mit dem Gehäuse gemeinsam mit 3,8 mm gebohrt, dann genauestens auf 4 mm aufgerieben, nur halbdurch, damit der Fixierstift nicht mehr herausfallen kann. Zum Schluß muß der Stift mit drei Kerbschlägen gesichert werden (ohne daß er dadurch etwa soweit durchgetrieben wird, daß er nun weniger als 0,5 bis 1 mm gegenüber der Lauffläche zurücksteht). Allein der Einbau der neuen Lagerschalen erfordert hier z. B. ein Anwärmen des Lagerdeckels auf 120 Grad, damit mit Hilfe eines genau passenden Dornes die Lagerschale sauber und ohne zu verkanten eingedrückt werden kann.

Danach darf nicht vergessen werden, die im Lagerdeckel vorhandenen Ölbohrungen (3,2 mm) auch in die Lagerschale einzubringen. Sorgfältiges Entgraten dieser Bohrungen am Innendurchmesser erfordert handwerkliches Geschick, wie überhaupt die alten Motoren nach dem Erkennen der Funktion nur zusammengeschraubt werden brauchten, während man zur richtigen Behandlung der neuen doch etwas routinierter sein muß.

Fehlersuche

Es kommt vor, daß der Motor merkwürdige Geräusche von sich gibt, die man beim besten Willen nicht identifizieren kann, auch wenn man von früher viel BMW-Erfahrung besitzt. Oft spielen auch die Leichtmetallzylinder einen Streich, denn durch die großflächige Verrippung verstärken sich harmlose Geräusche soweit, daß man oft Hemmungen bekommt. Einige Geräuschquellen wurden vom BMW-Kundendienst in den Service-Informationen zusammengestellt, die interessantesten sollen hier kurz angeschnitten werden.

Zunächst kann das Kettenrad auf der Kurbelwelle locker sein. Logisch, daß dann heftiges Klappern zu hören ist. Das kann mehrere Ursachen haben, nicht zuletzt wohl auch schlechten Sitz der in Bild 34, Seite 214, gezeigten Scheibenfeder. Aber da das Rad kalt aufgepreßt wird, kommt man um den Kauf eines neuen Rades nicht herum.

Die zweite Ursache für Klappergeräusche ist auch bei den früheren Motoren vereinzelt aufgetreten. Da hatte dann einer der Kipphebel zuviel seitliches Spiel auf seiner Achse. Bei den neuen Modellen ist hier seitlich eine Wellscheibe vorgesehen (Bild 13, Seite 211). Wenn bei zusammengedrückter Wellscheibe mehr als 0,8 mm Spalt zwischen Lagerbock und Kipphebel meßbar ist, muß hier ausgeglichen werden.

Falls bei den Ständerhülsen im übrigen noch Ölaustritt zu bemängeln ist, kann eine Änderung, die ab Fahrgestellnummer 2 900 602 (R 50/5), 2 930 965 (R 60/5) und 2 970 980 (R 75/5) eingeführt wurde, auch bei früher gebauten Maschinen nachträglich angebracht werden. Dazu wird der Zylinderkopf ausgebaut, dann müssen die alten Ständerhülsen aus dem 180 bis 200 Grad warmen Kopf ausgeschlagen werden. Einfache Methode: Gewinde in das hervorstehende Stück der Hülse einschneiden (M 12), Schraube eindrehen, dann von der anderen Seite mit passendem Dorn gegen die Schraube drücken und die Hülse austreiben.

Die neuen Ständerhülsen werden in den noch heißen Kopf eingedrückt, dann kommt ein O-Ring drauf und schließlich eine Abstandshülse, die mit dem O-Ring für einwandfreie Abdichtung des zusammengebauten Kopfes sorgt. Natürlich wird man, wenn es einmal sein muß, gleich sämtliche Hülsen in einem Arbeitsgang auswechseln.

Nächste Klapperursache kann in der Entlüftung des Kurbelgehäuses liegen. Wenn dort das kleine Ferrozell-Plättchen (Bild 4, Seite 210) eine zu große zentrale Bohrung hat, kann es sich verkanten. Dabei gibt es dann, ebenso wie bei zu schlapper Druckfeder an dieser Stelle, erhöhten Ölverbrauch. Auswechseln der Teile ist die logische Abhilfe.

Ganz dumm ist es, wenn die Kolben klappern. Da wird es nötig, sich mal kräftig an der Nase zu nehmen (sofern man sie selbst eingebaut hat), denn es kann sein, daß die Desachsierung der Kolbenbolzenbohrung nicht berücksichtigt wurde. Diese Bohrung liegt also nicht mittig im Kolbenhemd! Deshalb sind auf den Kolbenböden die Pfeile angebracht, die in Auslaßrichtung zeigen müssen. Also Ölkohle abkratzen und nachsehen!

Zusätzlich zu diesen speziellen Möglichkeiten für Klappereien kommen natürlich auch sämtliche Verschleißerscheinungen als Geräuschquelle in Frage.

Klappern kann eine BMW aber auch, gerade bei den Temperaturen, die jetzt, da dies geschrieben wird (Juli 1972), in Deutschland herrschen, aus ganz simplem Grunde: Es wird zu dünnes Öl verwendet. Wir haben draußen jetzt ca. 30 Grad im Schatten, für solche Temperaturen empfiehlt BMW Motoröle der Viskosität SAE 40 (oder höchstens etwa Mobiloil SAE 10W50). Ölwechsel mindestens alle 6 Monate oder alle 5000 km. Normalerweise fährt man ja SAE 20 im Winter und SAE 30 im Sommer.

Zu den Änderungen in den Technischen Daten gehören die folgenden Prüf-Steuerzeiten. Sie wurden in den ersten Ausgaben der Reparaturanleitung noch so angegeben, wie sie im handschriftlichen Datenteil stehen, inzwischen lauten sie wie folgt:

R 50/5 und R 60/5:
Einlaß öffnet in OT, Einlaß schließt 40° n. UT. Auslaß öffnet 40° v. UT, Auslaß schließt in OT.

R 75/5:
Einlaß öffnet 10° v. OT. Einlaß schließt 50° n. UT. Auslaß öffnet 50° v. UT. Auslaß schließt 10° n. OT.

Gemessen werden diese Steuerzeiten wie üblich bei 2 mm Ventilspiel.

Ebenso hat sich der Schließwinkel für die Zündeinstellung geändert. War er zunächst mit 110 Grad angegeben, so gelten heute (mit anderer Fliehkraftreglerplatte, die aber äußerlich kaum unterscheidbar ist) nur noch 78 Grad. Diese Messung ist aber recht nebensächlich, denn normalerweise kommt man auch bei den neuen BMW-Motoren mit der bisher üblichen Einstellung des Unterbrechers einwandfrei aus. Am besten ist da immer noch das Stroboskop (Seite Nr. 159), wobei hier vielleicht auf das recht ordentliche Gerät hingewiesen werden kann, das von Neckermann zu knapp 100,— DM angeboten wird. Es unterscheidet sich von den preiswerteren (knapp 40,— DM) recht erheblich und kann als vollwertiges Gerät eingeschätzt werden.

Vergaser

Es sind Beschwerden laut geworden, daß im Kapitel über das Schlossern am Motor nahezu gar nichts über die Einstellung der Vergaser zu lesen war. Das allerdings veranlaßt mich zu der Feststellung, daß ich selbst nie Ärger in dieser Beziehung hatte, mir die Notwendigkeit eines gesonderten Vergaserkapitels also nicht so deutlich vor Augen stand. „Nie Ärger" ist vielleicht etwas übertrieben. Bei meiner ersten R 67/2 gab es häufiger undichte Schwimmer. Aber das hat ja wohl mit der Einstellerei nichts zu tun. Und die Düsenbestückung ist vorgeschrieben, hier pflege ich grundsätzlich erst nach langem Überlegen etwas zu ändern, und dann auch nur in Richtung fetter (also größere Düsennummer).

Was einige Leser erhofft hatten, glaube ich ziemlich genau zu wissen: Ratschläge für genaue Synchronisierung beider Vergaser nach Gehör oder Gefühl, möglichst mit Hilfe eines auswendig zu lernenden Zauberspruches. Das geht aber nicht.

Als kleinen Tip möchte ich eine einfache Anzeige kurz andeuten, die an jeder Maschine vorhanden ist, die kaum als solche erkannt wird: Der Rückspiegel. Lassen Sie die Maschine im Leerlauf tuckern. Bei warmem Motor. Der Spiegel ist an einer recht dünnen Stange aufgehängt, er zittert im Takt der Verbrennungen hin und her. Jetzt drehen Sie die Gasschieber-Anschlagschraube eines Vergasers etwas hinein. Der Motor läuft natürlich schneller, die Spiegelzitterei wird heftiger. Drehen Sie nun die Gasschieber-Anschlagschraube des anderen Vergasers hinein. Der Leerlauf wird noch schneller, die Spiegelzitterei hört aber an einem bestimmten Punkt auf. Und nun brauchen Sie weiter nichts zu tun, als beide Schrauben gleichmäßig stückchenweise wieder herauszudrehen, dabei den Spiegel zu beobachten und möglichst immer in dem Bereich zu bleiben, in dem er am geringsten bewegt wird. So bekommt man im Laufe sehr kurzer Übung das Gefühl dafür, wann ein Zylinder „vor geht" und entsprechend nachreguliert werden muß.

Das bezog sich auf die Gasschieber-Anschlagschraube. Auf dieser sitzt der Gasschieber in Leerlaufstellung auf, er hängt dabei also nie am Seilzug. Also muß die Seilhülle dem Zug etwas Spiel in der Nullstellung geben. Und zwar für beide Vergaser gleichviel. Denn wenn Sie das Gas aufziehen, sollen ja auch beide Gasschieber gleichzeitig hochgezogen werden. Man stellt dazu erst mal den Leerlauf ganz langsam ein, viel langsamer, als man ihn zum Fahren gebrauchen könnte. (Der Motor geht gerade noch nicht aus.) Jetzt dreht man ein winziges Stückchen am Gasgriff und merkt sehr schnell, ob etwa der Spiegel wieder zittert. Dann ist bisher nur ein Gasschieber angehoben worden. Es gilt nun, durch Herausschrauben der Seilhüllen-Verstellschraube auch den anderen Gaszug strammer zu stellen, bis der Rückspiegel wieder still ist. Kontermutter am Seilzug wieder festdrehen, fertig.

Zumindest im Leerlauf und im Übergangsbereich kann ich auf diese Weise nicht über größere Schwierigkeiten bei der Vergasereinstellung klagen. Dumm wird es nur, wenn die Grundeinstellung der Leerlauf-Luftregulierschraube nicht dem Handbuchwert entsprechen sollte. Auch hierbei kommt es aber weitgehend darauf an, daß beide Vergaser ihren Zylindern gleiches Gemisch liefern, also kann wieder die Spiegelzitterei als Behelfsmaßstab genommen werden.

Soviel zu den Schiebervergasern. Bei der R 75/5 wird nun ein Unterdruckvergasertyp verwendet, der als Steuerelement eine Drosselklappe besitzt, deren Stellung vom Gasdrehgriff aus bestimmt wird. Der Gasschieber selbst hängt an einer Gummimembrane und wird durch den oberhalb dieser Membran über Bohrungen an die Mischkammer geführten Unterdruck hochgezogen. Sobald der Druck in der Mischkammer an der „Meßbohrung" gleichgroß ist wie der Druck unterhalb des Gasschiebers, bewegt sich der Schieber nicht mehr. Wegen dieser Balance zwischen zwei an verschiedenen Mischkammerstellen entnommenen Luftdrücken nennt BMW (und Bing) diesen Vergasertyp „Gleichdruckvergaser". Auch hier lasse man sich aber nicht durch die andersartige Funktion beim Einstellen beeinflussen. Düsenbestückung bleibt auch hier nach Handbuchwert bestehen, wichtig ist auch hier vordringlich, daß beide Vergaser gleichlaufen, also synchron eingestellt sind. Und das wiederum merkt man am mehr oder weniger starken Schütteln des Motors recht deutlich.

Die BMW-Vorschrift zum Einstellen der Gleichdruckvergaser sei hier kurz zitiert: Seilzugspiel der Starteinrichtung 0,5 bis 1 mm, beide Züge gleich einstellen.

Bei beiden Vergasern Verstellung der Drosselklappenseilzüge ganz hineinschrauben, so daß Drosselklappenhebel außen an den Anschlagschrauben anliegen und nicht am Seil hängen.

Leerlaufgemisch-Regulierschraube und Drosselklappenanschlagschrauben beider Vergaser in Grundstellung bringen. Leerlaufgemischschraube dazu bis zum Anschlag leicht hineinschrauben, dann eine Umdrehung herausdrehen.

Drosselklappenanschlagschraube soweit eindrehen, daß sie den Anschlag des Drosselklappenhebels gerade eben berührt. Jetzt Drosselklappenanschlagschraube eine volle Umdrehung einschrauben.

Motor (mit Choke) anlaufen und warmlaufen lassen. Leerlaufgemischregulierschraube beider Vergaser nach links oder rechts verdrehen, bis die günstigste Gemischzusammensetzung gefunden ist (schnellste Leerlaufdrehzahl). Jetzt folgt Schritt für Schritt ein Zurückdrehen beider Drosselklappenanschlagschrauben, danach Einstellung des schnellsten Leerlaufs mit den Gemischregulierschrauben. Das wiederholt man so lange, bis ein Zylinder nicht mehr allein weiterläuft, wenn man den Kerzenstecker vom anderen abzieht. Leerlaufdrehzahl ungefähr bei 800 U/min.

Die beiden Seilzüge für die Drosselklappen müssen genau gleich eingestellt werden, so daß beide Klappen gleichmäßig gleichzeitig geöffnet werden. Das halte ich für schwieriger als die Leerlaufsucherei. Deshalb würde ich für den Übergang auf mittlere Drehzahlen die Drosselklappensynchronisation unbedingt mit einem sogenannten Synchrotester prüfen, wie er etwa von der Firma Hans Schubert, Ingolstadt, Unterer Grasweg, geliefert wird. Dabei steckt man auf die Vergaserstutzen zwei Plastikkappen mit Schlauchanschlüssen zu einem Meßgerät, in dem die Druckwerte beider Vergaser miteinander verglichen werden. Ein Zeiger, der auf Mittelstellung gebracht werden muß (durch Einstellen der Drosselklappen beider Vergaser) zeigt recht genau an, wenn eine Drosselklappe weiter als die andere geöffnet ist.

Alle diese Vergasereinstellungen sind aber für die Katz, zum Teil gar nicht durchführbar, wenn der Motor sonst nicht einwandfrei in Schuß ist. Falsche Kerzen, alte Unterbrecherkontakte, defekter Kondensator, verbrannte Ventile, verschmutzte Luftfilter und ungleich verdreckte Auspuffdämpfer usw. machen die Einstellerei an Vergasern zum Lotteriespiel. Eine jetzt gefundene Justierung kann in fünf Minuten schon völlig falsch sein. Deshalb also nicht immer als erstes zum Vergaser greifen, meist liegt die Ursache für irgendwelche Fehlfunktionen ganz woanders.

Wichtig in Sachen Vergaser ist eine Änderung, die nach Serienerfahrungen ab Anfang 1970 eingeführt wurde. Die R 60/5 bekam (wie die R 50/5 schon von Anfang an besaß) eine Beschleunigerpumpe in die Vergaser eingebaut. Das ist ein kleines Kölbchen, das unten gegen die Düsennadel drückt und in einem kleinen Zylinderchen läuft. Dieser Zylinder kann mit Kraftstoff vollaufen. Wenn man den Gasschieber schnell hochreißt, schiebt der Kolben den im Zylinderchen angesammelten Kraftstoff schnell hoch und spritzt ihn zusätzlich als Gemischanreicherung in die Mischkammer. Bei langsamen Aufziehen läuft das Benzin anderweitig ab. Sofern man also mit der Beschleunigung der R 60/5 unzufrieden ist, wenn sich der Motor zum Beispiel beim Gasaufziehen leicht verschluckt, kann diese Beschleunigerpumpe nachträglich eingebaut werden.

Änderung der Vergaserbestückung gegenüber der Tabelle Seite 225.

R 50/5:
Vergaser links 1/26/113, rechts 1/26/114. Hauptdüse 135, Nadeldüse 2,68 mit Beschleunigerpumpe, Düsennadelnummer 4, Nadelstellung 3, Leerlaufdüse 35. Leerlaufluftregulierschraube 0,5 bis 1,5 Umdr. offen, Bypass Bohrung 0,8 ⌀, Schwimmerventil 2,2 mm ⌀, Schwimmergewicht 10 g.

Vergaser R 60/5:
Links Bing 1/26/111, rechts 1/26/112. Hauptdüse 140, Nadeldüse 2,68 mit Beschleunigerpumpe, Düsennadel Nummer 4, Nadelstellung 2, Leerlaufdüse 40. Leerlauf-Luftregulierschraube 1/4 bis 1 1/4 Umdr. offen, Bypass Bohrung 0,5 ⌀, Schwimmerventil 2,2 ⌀, Schwimmergewicht 10 g.

Vergaser R 75/5:
Links 64/32/4, rechts 64/32/3. Hauptdüse 140, Nadeldüse 2,73, Düsennadel Nr. 46-241, Nadelstellung 3, Leerlaufdüse 45, Leerlauf-Luftdüse 1 ⌀, Leerlaufgemischregulierschraube 1 bis 1,5 Umdr. offen, Bypass Bohrung 0,7 ⌀, Schwimmerventil 2,5 ⌀, Schwimmergewicht 10 g. Starterdüse 0,6 ⌀, Starterluftdüse 2,0 ⌀, Gemischbohrung im Starterdrehschieber 2,0 ⌀, Drehschieber Membran Nr. 65-810, Steuerschiebergewicht 102 g.

Zu den Vergasern der R 75/5 bleibt noch nachzutragen, daß die neueren Ausführungen äußerlich durch ein auf dem Blindverschluß des Unterdruckdomes eingeschlagenes „C" gekennzeichnet sind. Diese neueren Modelle haben eine etwas dickere Membran (0,4 statt 0,3 mm), einen Unterdruckkolben aus hartverchromtem Messing und eine verbesserte Abdichtung des Startvergasers. Damit wurden leichte Schwierigkeiten ausgeräumt, die sich im ersten Winter nach Serienanlauf zeigten. Undichtigkeiten sind auch vorgekommen an den beiden Anschlußstellen der Ansaugstutzen an Vergaser und Luftfilteranschluß. Hier sollte man durch Abdichten mit „Hylomar" (Dichtungsmasse, gibt's unter anderem auch bei Dico, Schwieberdingen) für Sicherheit gegen innerliche Verschmutzung des Motors sorgen. Spannbänder immer schön festziehen!

Damit wurde wohl das wichtigste zu den neuen BMW-Modellen nachgetragen. Wie aber auch bereits im Nachwort zur ersten und zweiten Auflage gesagt: Bei BMW wird ständig weiterentwickelt, es fließen Änderungen in die Serie ein, die erst nach etlichen Monaten „öffentlich" bekannt werden, so daß eigentlich jedes Jahr eine neue Auflage mit weiteren Änderungen erscheinen müßte. Das aber scheint mir trotz des sehr großen Anklanges der ersten zwei Auflagen doch etwas zu optimistisch gedacht. So muß ich meine Leser auf die heute wieder möglich gewordene Art des „Dranbleibens" an der technischen Entwicklung verweisen, auf den engen Kontakt mit einem BMW-Motorradhändler. Ich glaube, das lohnt sich in jedem Falle.

Kommentar zur 5. und 6. Auflage

Die Nachfrage nach Motorrädern, speziell nach den neuen Modellen von BMW, hat sich auch auf dieses Buch in einem überraschenden Maße übertragen. So ist nun schon wieder eine Neuauflage notwendig, um den vielen neuen BMW-Freunden eine Hilfestellung zu geben.

Zu meiner Freude hat sich auch der Verleger wiederum bereitgefunden, eine Erweiterung des Umfangs einzuplanen, so daß die bis jetzt vorhandenen Erfahrungen und Ratschläge für die BMW R 60/6, R 75/6 und R 90/6 sowie für die R 90 S weitergegeben werden können.

Das erscheint mir insofern auch entwicklungsgeschichtlich berechtigt, als die „Strich-Sechs-Modelle" nicht nur einfache Überarbeitung der bisherigen Konstruktion darstellen, sondern weil durch die zwei Maschinen mit 900 ccm-Motor der Einbruch in die Phalanx der japanischen „Superbikes" gelungen ist. An etlichen Details wird zu zeigen sein, daß diese beiden Spitzenmodelle mit ihrer hohen Motorleistung typische BMW-Motorräder geblieben sind: handlich und mit besonderem Akzent auf Fahrkomfort und Wartungsfreiheit. Allerdings gilt für beide in hohem Maße, was bereits auf Seite 230 in Verbindung mit der R 75/5 gesagt wurde: sie fordern vom Fahrer Charakterstärke, erst vernünftiger Einsatz der vielen PS (nicht zum Herausquetschen der letzten km/h Spitzengeschwindigkeit) etwa zum Entfliehen aus unfallverdächtigen Situationen, macht heute den „alten Hasen" aus, der sich eine der 900er BMWs leisten sollte. Zum Fahrenlernen sind diese zwei Modelle nur noch wenig geeignet.

Mein besonderer Dank gilt an dieser Stelle den vielen BMW-Fahrern, die es sich seit Erscheinen dieses Buches nicht nehmen ließen, ihre persönlichen Eindrücke an mich weiterzugeben, so daß mein eigener Erfahrungsschatz durch Anregungen aus dem Leserkreis vervollständigt werden konnte.

Grötzingen, Februar 1976

„Strich-Sechs"-Überlegungen

Als auf der Zürcher Motorradausstellung im Frühjahr 1973 die damals neuesten Ausführungen der /5-BMWs gezeigt wurden, war hinter den Kulissen schon längere Zeit zu hören, daß neue Überraschungen in viel umfangreicherem Maße als hier vorgeführt (längere Schwinge, größere Batterie usw.) kurz bevorstünden. Die 900er BMW spukte in vielen Köpfen herum, immerhin war durch die große Kawasaki hinsichtlich der Hubraumgröße ein Maßstab gesetzt worden. BMW sollte nachziehen.

Umfangreiche Versuche, zum Teil mit geänderten Zylindern der R 60/5 (und nicht etwa der R 75/5 — wegen der Dikke der Laufbuchsenummantelung schien die kleinere Version für Versuchszwecke geeigneter) waren bei BMW gelaufen, auch Privatbastler hatten sich an solchen Umbauten versucht, und die in früheren Tagen vorgebrachte Befürchtung, dieser Hubraum mit der dazugehörigen Leistung (um die 60 PS) sei nun mal zu viel für ein Motorrad, konnte inzwischen durch Erfahrungen widerlegt werden. So bedeutete der Entschluß zum Bau der 900er fast so etwas wie eine Kampfansage an die Konkurrenz. Im Export bestanden seitens der dortigen BMW-Kundenbetreuungsorganisation schon längst keine Bedenken mehr gegen viele PS und viele Kubikzentimeter, auch dort wartete man recht sehnsüchtig auf das neue Meisterstück von BMW. Die ersten Erfahrungen in den Händen der Kunden wiesen dann auch aus: der Ruf der BMWs, zwar zuverlässig und solide, aber nicht besonders schnell zu sein, gehört der Vergangenheit an. Erste Messungen an einer R 90/6-Testmaschine ergaben eine Höchstgeschwindigkeit von 188 km/h (der Wert deckte sich recht genau mit den Werksangaben!) und eine spätere Messung mit derselben Maschine, nur 25 000 km älter, brachte 186 km/h, also vernachlässigbar geringes Nachlassen der Leistung (oder ungünstigere Wetterlage... bei so geringen Abweichungen spielt schon der Luftdruck während der Messung eine zu große Rolle, als daß man hier von Leistungseinbuße des Motors reden sollte).

Wenn es darum geht, unbeschwert Urlaubsreisen oder Wochenendtouren zu unternehmen, dürfte die R 90/6 eine der bestgeeigneten Maschinen sein.

Interessant, daß an eben dieser 25 000 km-Dauertestmaschine keine ungewöhnlichen Pannen auftraten, wenn man von einem durch fehlerhafte Montage verursachten Defekt des Kardangelenkes absieht. Ölwechsel, Reifenwechsel, Filterwechsel, Kerzenwechsel, das blieb für lange Zeit einzige schlosserische Betätigung. Die Beläge der Scheibenbremse vorn, ein Seilzug, eine Tachowelle, eine Rücklichtlampe und die Kerzenstecker sind ganz normale Verschleißartikel, die den Eindruck überdurchschnittlicher Zuverlässigkeit nicht trüben können. Etwas enttäuscht haben uns nur die Stoßdämpfer, die nach 20 000 km ausgewechselt werden mußten. Bis zu diesem Zeitpunkt allerdings taten sie ihren Dienst vorbildlich.

Welche „Neue" soll man wählen?

Soviel mag zunächst zur Charakterisierung des Entwicklungsstandes der neuen Modelle ausreichen. Kümmern wir uns erst einmal mehr um die Details der neuen Maschinen, damit wir sie bei Kaufüberlegungen besser einordnen können.

Das Programm besteht jetzt aus R 60/6, R 75/6, R 90/6 und R 90 S. Die schon immer ein wenig im Schatten der stärkeren Schwestern stehende 500er BMW wurde ausgemustert, allein das Behördengeschäft lohnte den Aufwand an Fertigungskapazität im Spandauer BMW-Werk nicht. Rückblickend gesagt: es ist kaum schade um sie, denn die R 50/5 hatte wegen ihrer niedrigen Motorleistung zu schwer gegen die Konkurrenz ihrer Klasse und gegen ihr eigenes Gewicht zu kämpfen.

Die Kleinste ist also jetzt die R 60/6. Mit ihren (wie bisher) 40 PS bietet sie kaum einen anderen Eindruck als die R 60/5, über die ja im vorigen Kapitel ausführlicher geschrieben wurde. Das Fünfganggetriebe steht ihr gut „zu Gesicht", aber nach meinem Eindruck wäre dieses neue Getriebe kein schwerwiegender Grund, auf etwa eine preiswert angebotene R 60/5 zu verzichten. Gewiß, der längere Raum unter der Bank für die größere Batterie ist echter Fortschritt, doch wer sich nicht scheut, auch eine moderne BMW mit dem Kickstarter anzutreten, der wäre mit einer älteren /5 nicht allzu schlecht beraten.

Kleinste BMW ist seit neuestem die R 60/6, äußerlich von den größeren Modellen dadurch zu unterscheiden, daß sie vorn eine Trommelbremse besitzt.

Die R 75/6 bietet mehr, nämlich die vordere Scheibenbremse. Und hier kommt es darauf an, ob der Fahrer „Langstreckencharakter" besitzt oder wettbewerbsmäßig fahren will. Für die ruhigere Gangart (wenn man Tempo um 160 als „ruhig" bezeichnen will) genügt die alte Trommelbremse der /5, die Scheibenbremsanlage ist aber grundsätzlich in vielem überlegen.

Natürlich hat auch die 75/6 das Fünfganggetriebe, auch weist sie den gleichen Rahmen mit der längeren Schwinge und dem Platz für die große Batterie auf.

So kann zunächst der Fahrer mit geringeren Ansprüchen (man muß ja nicht immer das allerneueste Modell besitzen) ohne Zaudern auf gebraucht (oder sogar zum Teil noch neuwertig) angebotene Vormodelle ausweichen, der Spaß an den PS wird nicht so stark geschmälert wie es durch den Preisunterschied zwischen einer „alten" Gebrauchten und einer „neuen" Ladenfrischen erscheinen mag.

Ersatzteilprobleme gibt es bei BMW heutzutage kaum noch. Auch für die /5-Baumuster sind die Ersatzteile innerhalb zumutbarer Frist zu beschaffen. Zumal nur ganz wenige Bauteile der /6-Baumuster so neu sind, daß sie nicht auch in den /5-Modellen verwendet werden könnten.

Die R 75/6 wird mit einer einseitigen Scheibenbremse ausgerüstet, die für sportliches Fahren Vorteile bietet.

Sobald aber Sparsamkeit mitspielen muß, genügt auch heute noch die alte R 75/5 mit vier Gängen und Trommelbremse vorn.

Die Flaggschiffe

Die beiden Maschinen mit 900 ccm müssen, trotz der 7 PS Leistungsunterschied, gemeinsam besprochen werden. Die Differenzen sind nämlich sehr geringfügig ... zumindest was das Fahren angeht. Die R 90/6 fährt sich nicht wesentlich anders als die bisherigen /5-Modelle, nur hat sie eben mehr „Dampf". Auch die „S" sollte man nicht als überzüchtetes Sportgerät ansehen. Sie bietet zwar eine sportliche Lenkerverkleidung, doch damit bleiben die Fahreigenschaften nahezu gleich. Das zusätzliche Gewicht am Lenker macht sich nur bei sehr hohem Tempo stabilisierend bemerkbar, die „S" läßt sich aber genauso leicht im Stadtverkehr schwenken wie die /6.
Gegen Verkleidungen der Lenkerpartie kann man ein Vorurteil haben. Sie wirken, wenn die Scheibe zu dicht an das Gesicht des Fahrers gezogen ist, störend. Bei der BMW-Verkleidung bleibt in normaler Sitzposition genügend freier Raum vor der Stirn, auch kleinere Fahrer fühlen sich nicht beengt.

Haben Sie im übrigen bisher den Eindruck gehabt, daß BMW-Motorräder „schwer" sind, dann lassen Sie sich, speziell was die zwei 900er betrifft, hier ein bißchen korrigieren. Mit 210 bzw. 215 kg sind die BMWs ausgesprochene Leichtgewichte im Vergleich zu den z. T. 230 und mehr kg wiegenden Konkurrenten.
Beispiele: Yamaha TX 750 = 230 kg; Kawasaki 900 = 232 kg; Benelli Tornado 650 = 222 kg; Benelli 750/sei = 241 kg; MV Agusta 750 = 225 kg; Honda 750 = 218 kg; Laverda 750 = 218 kg.
Nur ausgesprochene „Sport"-Maschinen wie etwa die Ducati 750 mit 183 kg liegen gewichtsmäßig erheblich günstiger. Vor diesem Hintergrund an Vergleichszahlen erscheint es dann auch nicht mehr so verwunderlich, daß die BMWs sich nicht nur auf schneller Landstraße, sondern auch im Stadtverkehr sehr handlich benehmen.
Günstige Schwerpunktlage (der Schwerpunkt soll nahe an der Linie zwischen

Hinterreifen-Auflage und Lenkkopfmitte liegen ... und das tut er bei den BMWs), ausreichende Bodenfreiheit und gute, entspannte Sitzposition machen das Fahren selbst mit den vielen PS zum Vergnügen und lassen es nicht in Schwerarbeit ausarten. Hier liegt eine gewisse Gefahr, denn besonders bei den gut liegenden BMW-Fahrwerken täuscht man sich leicht über die tatsächlich gefahrene Geschwindigkeit: man ist meist schneller als man denkt.

Eines muß aber bedacht werden: die hohen Geschwindigkeiten erfordern eine in allen Punkten einwandfreie Maschine. Während sich bis etwa 140 noch keine Schaukelei und kein „schwammiges" Fahrgefühl trotz lockerer Radlager oder Schwingenlager spüren lassen, beginnt ab etwa 160 in solchen Fällen ein richtiggehender Eiertanz. Auch Reifenunwucht (speziell beim Hinterreifen) hat oberhalb 160 sehr starke Auswirkungen.

Und noch etwas ist zu kontrollieren: der Reifen, der natürlich eine Mittelnut im Profil aufweisen muß, darf auch im Profil keine Schlangenlinien zeigen. Die Reifenhersteller haben in den letzten Jahren durch die superschnellen 750er und 900er sehr viel hinzugelernt, eine seitliche Profilverschiebung konnte früher noch in viel größerem Maße toleriert werden als heute.

Selbst der Reifenverschleiß macht seinen Einfluß auf die Fahrstabilität inzwischen deutlich: sobald ein Reifen durch ständige Autobahnfahrten flach abgefahren ist, läßt seine Brauchbarkeit durch das nunmehr kantige Profil sehr stark nach. In Kurven gibt es dann Schaukelbewegungen, weil der Reifen nicht mehr weiß, ob er auf der mittigen Lauffläche oder auf der Kante tragen soll.

Es leuchtet ein, daß die Reifenwahl für schnelle Maschinen ebenfalls besondere Überlegungen erfordert. Es geht nicht mehr an, daß vorn ein reiner Rillenreifen mit nur geringen Unterteilungen gefahren wird, während auf dem Hinterrad ein relativ grobes Blockprofil montiert wird. Feines Blockprofil hinten, gut unterteiltes, längsgerichtetes Blockprofil (Weiterentwicklung aus dem reinen Rillenprofil) auf dem Vorderrad hat sich als beste Kombination erwiesen.

Sollten trotz sauber stramm gestellter Schwingenlager und spielfreier Rad- und Lenkungslager, trotz guter und korrekt montierter Reifen, trotz rund laufender Felgen (maximal 1,7 mm Seitenschlag ... aber wirklich maximal!) immer noch Schwankungen der gesamten Maschine bei hoher Geschwindigkeit auftreten, dann wird's kritisch. Denn jetzt beginnt die Suche nach versteckten Fehlern. Das kann zum Beispiel ein einzelner defekter Stoßdämpfer der Hinterradfederung sein, der die Schwinge geringfügig verbiegt. Ebenso läßt sich ungleiche Füllung der Telegabel mit Dämpfungsöl vorstellen. Schließlich gibt es, speziell bei den Reifen, noch eine Untugend, die hin und wieder vorkommen kann (die aber eigentlich durch die Erfahrungen der Reifenhersteller mit ähnlichen Schwierigkeiten bei Pkw-Reifen längst behoben sein dürfte): Bei hohem Tempo dehnt sich der Reifen-Unterbau infolge der wirkenden Fliehkräfte. Sofern er sich gleichmäßig dehnt, passiert gar nichts. Wehe aber, wenn er sich ungleichmäßig verformt. Dann hat der Reifen keine Kreisform mehr, sondern eher die Form eines Vieleckes. Daß sich damit kein ruhiges Fahrverhalten hinzaubern läßt, braucht sicher nicht laut betont zu werden.

Ein letzter Punkt bleibt noch zu überlegen. Allerdings bietet er keine „wissenschaftlich gesicherte" Erkenntnis, sondern eher einen gefühlsmäßigen Gedankengang. Trotzdem will ich ihn hier erwähnen, möglicherweise findet sich jemand, der das Problem mal durchrechnet (per Computer, denn es ist sehr komplex).

Der Motor liegt (wir sagten es weiter oben) auf der Linie zwischen Hinterradauflage und Lenkungslager. Denken wir uns den Auflagepunkt des Hinterrades als Drehpunkt, dann werden seitliche Kräfte vom Motor versuchen, die gedachte Linie um diesen Drehpunkt zu schwenken. Die Lenkungslagerung bekommt also seitlich wirkende Impulse. Da der Boxermotor jedoch im Normalfall keine seitlichen Schwingungen erzeugt sondern nur schwache um die Hochachse, bleibt eigentlich nur die

Möglichkeit, daß die seitlichen Impulse durch ungleichen Lauf der beiden Zylinder eingeleitet werden können.
Fahrerisch ist folgendes zu beobachten: die Maschine fährt mit einer Geschwindigkeit über 160 km/h. Dabei beginnt eine leichte Schaukelei. Zieht man jetzt sanft die Kupplung und läßt sie etwas schleifen, um die Motordrehzahl zu erhöhen, hört in vielen Fällen bei gleichbleibendem Tempo die Schaukelei ziemlich schnell auf. Man merkt das im Lenker sehr deutlich. Und wenn die Überlegungen stimmen, müßte sich nach Neueinstellung der Vergasersynchronisierung eine Besserung ergeben. Mir scheint dies eine Aufgabe für eine Art Grundlagenversuch zu sein, etwa mit der Forderung nach Feststellung des Punktes, an dem der ungleiche Lauf beider Zylinder im Fahrverhalten spürbar wird.

Weiter oben wurden die „stramm gespannten" Schwingenlager erwähnt. Auch dies ist ein Punkt, der schnell noch geklärt werden kann. Früher wurde die Einstellung der Schwingenlager möglichst leichtgängig gehalten. Bei den 900er-Modellen hat sich im Testbetrieb jedoch bewährt, die Lager regelrecht zu spannen, so daß die Schwinge sich zwar gut bewegen läßt, aber durch ihr eigenes Gewicht nur noch langsam hinuntersinkt. Um die Lebensdauer der Kegelrollenlager braucht deshalb keine Sorge aufzukommen, sie verkraften die leichte Spannung sehr gut ... auch in anderen Anwendungsfällen werden Kegelrollenlager (etwa im Maschinenbau) oft mit derartiger Vorspannung eingebaut. Und speziell bei Werkzeugmaschinen, bei denen es auf genauen Rundlauf und Spielfreiheit ankommt, wird eine sehr hohe Lebensdauer verlangt.

Handwerklich geht man beim Festspannen der Schwingenlager so vor: Zuerst wird mit ca. 2 mkg festgezogen. Dadurch „setzt" sich das Lager. Dann wird wieder gelöst und gleich darauf mit 1 mkg (10 Nm) wieder festgezogen. Mit Drehmomentschlüssel und Stecknuß für den Innensechskant bereitet diese Arbeit keine Schwierigkeiten.

Muß im übrigen noch erwähnt werden, daß auch der Lenkungsdämpfer ein Verschleißteil ist? Selbstverständlich nutzen wir ihn auf der Autobahn und schalten ihn bei Stadtfahrten wieder ab, das wurde bereits früher deutlich gesagt. Wenn aber der Lenkungsdämpfer klapprig geworden ist, werden wir keine Wirkung mehr spüren. Vielleicht sollte der eine oder andere Fahrer, der bisher mit dem Verhalten seiner 900er nicht so ganz zufrieden war, einfach den Lenkungsdämpfer aushaken und probieren, ob etwa die Kolbenstange sich sehr leicht hin- und herziehen läßt. Dann ist der Dämpfer nämlich defekt.

Lassen wir es damit genug sein zum Thema Fahrverhalten und sehen wir uns die Motoren der beiden 900er etwas detaillierter an. Der /6-Motor bezieht sein Kraftstoff-Luftgemisch aus zwei Bing-Gleichdruckvergasern, ihre Einstellung ist nicht anders als bei den R 75/5-Vergasern. Die Düsenbestückung braucht gegenüber den werkseitigen Vorschriften nicht geändert zu werden. Also Durchlaß der Vergaser 64/32/11 und 64/32/12 ist 32 mm. Hauptdüse 150; Nadeldüse 2,68; Düsennadel Nr. 46-241; Nadelstellung 1. Kerbe von oben; Leerlaufdüse 45; Leerlauf-Luftdüse 1 Umdr. offen; Bypass-Bohrung 1 = 0,7 mm ϕ, Bypass Bohrung 2 = 0,65 mm ϕ; Schwimmerventildurchmesser 2,5 mm; Schwimmergewicht 13 g; Starterdüse 60; Starter-Luftdüse 2 mm ϕ; Regelkolben-Membran Nr. 65-810, Regelkolben-Gewicht = 106 g; Gemischbohrungen im Starter-Drehschieber = 2,0; 1,2; 0,7 mm Durchmesser.

Die letzte Zeile dieser Daten ist für den Fahrbetrieb am interessantesten. War die Starthilfe-Einrichtung der früheren Vergaser noch so gebaut, daß der „Choke" entweder ganz oder gar nicht gezogen werden sollte, bei halboffener Stellung zusätzlich Luft einließ, so sind heute Zwischenstellungen möglich. Und diese Zwischenstellungen werden von den drei genannten Bohrungen bestimmt, die den Kraftstoffzulauf je nach Drehschieberstellung begrenzen. Wenn's also nicht allzu kalt ist, kann heute der Starterzug nur zur Hälfte gezogen werden.

Die Vergaser der R 90 S stammen von

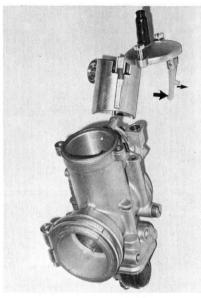

Dellorto. Auch für sie hier die Einstellwerte: Typ PHM 38 BS und PHM 38 BD (das „S" heißt hier sicher „sinistra" = links, das „D" = „destra" = rechts) Durchlaß 38 mm; Hauptdüse 155; Nadeldüse 2,60; Düsennadel Nr. K4; Nadelstellung 3; Leerlaufdüse 60; Leerlauf-Luftdüse 1,2; Leerlauf-Gemischregulierschraube 1½ Umdrehungen offen; Bypass-Bohrung 1,4 mm ⌀; Schwimmerkammer-Belüftungsbohrung 2,5 mm ⌀; Schwimmerventil-Durchmesser 3,0 mm; Schwimmergewicht 10 g; Starterdüse 77 46/70; Gemischkanal 7 mm ⌀; Luftkanal 6 mm ⌀; Beschleunigerpumpendüse 0,35; Einspritzmenge pro Hub 0,4 ccm.

Aus den Daten ist zu ersehen, daß auch der Dellorto-Vergaser nicht die Leerlaufluft, sondern das Leerlauf-Gemisch (also Kraftstoff und Luft) reguliert. Wenn Einstellungen des Leerlaufs vorgenommen werden, sollte man sich an die Werte (Gemischregulierschraube 1½ Umdr. offen) recht genau halten. Größere Abweichungen bedeuten hier, daß entweder die Leerlaufdüse oder die Leerlauf-Luftdüse (beide Durchgänge, sowohl für Kraftstoff als auch für die Luft sind hier kalibriert) verstopft oder gar in falscher Größe verwendet sind.

Die Beschleunigerpumpe des Dellorto-Vergasers funktioniert etwas anders als

Der kleine Pfeil (Bild oben) zeigt Druckrichtung auf den Pumpenkolben (Pfeil Bild Mitte). Rechts oben: So wackelt der Vergaser bei lockerem Stutzen.

die der Bing-Schieber-Vergaser. In den Bildern ist zu erkennen, daß beim Hochziehen des Gasschiebers über einen Kunststoff-Hebel ein seitlicher Druck auf den Pumpenkolben (der in der Wandung der Gasschieberführung liegt) ausgeübt wird. Von diesem Pumpenkolben gelangt der hier geförderte Sprit-Stoß zur Austrittsbohrung. Das Bild zeigt bei abgenommenem Vergaser, wie stark der Kraftstoffstrahl aus dieser Bohrung herausschießt. Er spritzt über einen Meter weit.

Entsprechend wird die Beschleunigerpumpe des Dellorto-Vergasers nicht nur nützlich sein, wenn der Gasgriff schnell aufgezogen wird, um einen Überholvorgang ohne Motorleistungsverlust blitzschnell einzuleiten. Die Pumpe ist auch sehr gut als Starthilfe zu gebrauchen. Denn wenn es kalt ist, zieht man nicht nur den „Choke" seitlich am Motor, sondern gibt auch zweimal schnell Gas (ohne die Zündung eingeschaltet zu haben). Damit fördert die Beschleunigerpumpe immerhin fast einen Kubikzentimeter Benzin ans Einlaßventil, so springt der Motor sofort an. Ähnlich kann auch bei der R 60/6 verfahren werden, auch die hier verwendeten Bing-Schiebervergaser besitzen ja eine Beschleunigerpumpe.

Die Vergaser sind sämtlich über einen eingeschraubten Stutzen an die Zylinderköpfe angeklemmt. Gerade dieser Stutzen ist gegen Losdrehen empfindlich. Wenn Sie also mal den Vergaser abnehmen und ihn dabei hin- und herdrehen (um ihn vom Stutzen herunterzuziehen), dann geschieht es leicht, daß der Stutzen im Kopf gelockert wird. Dagegen gibt es Abhilfe: Stutzen sehr sorgfältig mit Tri oder ähnlichem reinigen, Gewinde im Kopf genauso sauber machen, dann Stutzen mit Loctite, Typ 40 grün (wärmebeständig), beträufeln und fest wieder einschrauben. Anziehdrehmoment 12 mkg (für moderne Techniker, die bereits in Newtonmeter denken, ist der Wert 120 Nm). Außerdem wird der Kopf bei dieser Prozedur auf 240 Grad erhitzt... erfahrungsgemäß

kann man sich das Heizen aber sparen. Wer Schwierigkeiten beim Anziehen mit so hohen Drehmomentwerten hat, sollte diese Arbeit ruhig in der Werkstatt machen lassen. Drehmomentschlüssel und Spannbandschlüssel für den runden Schraubstutzen sind zu teure Werkzeuge, als daß sich für einmaligen Gebrauch die Anschaffung lohnt.

Eine Fummelei kann im übrigen das Ansetzen der Ansaugrohre werden, sofern die Spannbänder nicht weit genug losgeschraubt wurden. Man zieht normalerweise die weiche Gummimuffe mit den beiden Spannbändern über das Kunststoffrohr, schiebt dieses an den Vergaserstutzen und kann jetzt die Gummimuffe wieder bis zum Anschlag über den Vergaserstutzen drücken. Die beiden Spannbänder müssen natürlich genau an ihren Plätzen sitzen, damit sie nicht die Gummimuffe vom Vergaser herunterziehen. Falschluft an dieser Stelle macht nicht nur die Vergasereinstellung zunichte, sie läßt auch Staub in den Motor gelangen, so daß der Zylinder-Kolben-Verschleiß in die Höhe schnellt.

Falsche Luft kann auch dann angesaugt werden, wenn beim Nachziehen der Einschraubstutzen Riefen in die Stutzen-Oberfläche gekratzt wurden. Dann paßt die Isolierbuchse zwischen Vergaser und Stutzen nicht sauber, sie wird meist sogar auch verkratzt, und schon findet unerwünschte Luft einen Weg.

An den Motoren der 900er Modelle sind außer den Vergasern und den Baumaßen keine wesentlichen Unterschiede zu den R 60/6 und R 75/6 zu beachten. Einzig die Kipphebellagerung wurde (wie schon früher bei den Sportmodellen R 50 S, R 68, R 69 und R 69 S) mit Nadellagern versehen, während die Tourenmodelle hier schwimmende Buchsen

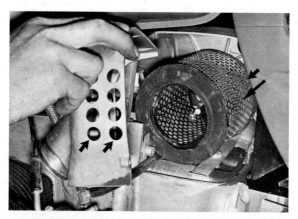

Luftfilter-Wechsel ist bei der R 90 S öfter als bei anderen Modellen angebracht, weil durch die Atmungsöffnungen (Pfeile) Wasser und Schmutz freieren Zugang zum Filter haben.

Die Mutter, auf die die Pfeile zeigen, macht vielleicht Schwierigkeiten, man erreicht sie aber mit dem schlanken Schlüssel aus dem Bordwerkzeug.

Rechte Seite: Die R 90 S bekam nicht nur eine Lenkerverkleidung, sondern auch ein gestyltes Cockpit und leider nicht so griffgünstige elektrische Schalter.

besitzen. Schlosserisch ergibt sich daraus nur eine geringe Änderung, ich bin fast sicher, daß weniger routinierte Leute den Unterschied gar nicht mal bemerken. Seitliche Fixierung der Kipphebel, schon früher eine Möglichkeit zur Klappergeräusch-Entwicklung, ist heute auf leicht geänderte Weise gelöst. Bei der Montage wird das Seitenspiel der Kipphebel auf 0,1 mm eingestellt, die neuen (schon bei den /5-Baumustern eingeführten) geschlitzten Lagerböcke (Schlitze zeigen immer zueinander) werden mit der planen Seite auf die Ständerhülsen des Zylinderkopfs aufgesetzt, und durch Anziehen der Muttern wird jetzt die Kipphebelachse geklemmt, das eingestellte Spiel bleibt also über lange Betriebszeit erhalten.

Vergaser und die Kipphebellagerung sind die fürs Schlossern wichtigsten Unterschiede zwischen den Motoren der Sportmodelle R 90/6 — R 90 S und denen der mehr fürs Tourenfahren gedachten R 60/6 und R 75/6. Die übrigen Änderungen der Motoren sowie das neue Getriebe werden später getrennt beschrieben. Auch die neue Scheibenbremsanlage wird in nahezu gleicher Ausführung für die 900er (einmal als Doppelscheibenbremse, einmal nur einseitig) und für die R 75/6 verwendet. Nur die R 60/6 besitzt noch die Trommelbremse vorn. Deshalb werden wir der Bremshydraulik auch ein eigenes kurzes Kapitel widmen können.

Bleibt zu überlegen, welche von den beiden 900ern nun gewählt werden soll. Bei sehr nüchterner Einstellung sind nur die 7 PS Mehrleistung und die Doppelscheibenbremse Argumente für die „S". Allerdings ist nun mal ein Motorrad kein „Gebrauchsgegenstand", der aus nüchternen Erwägungen angeschafft wird. So läßt sich durchaus denken, daß die fröhliche Farbgebung, die durch die große Farbfläche der Verkleidung erst so richtig zur Geltung kommt, die „S" begehrenswert macht, daß außerdem der Komfort (Zeituhr und Voltmeter im gefällig gestalteten Cockpit der „S") hoch bewertet wird und (natürlich der höhere Prestigewert), so daß die „S" letztlich als die bestgeeignete BMW angesehen wird.

Wer auf Ausstattung und die 7 PS verzichten kann (und ich glaube, daß dies gar nicht so wenige Fahrer sein werden) ist mit der R 90/6 vollauf zufriedenstellend bedient. Er kann sie sich (sofern er irgendwann die 7 PS vermißt und viel Geld hat) sogar umbauen lassen, kann sowohl die zweite Scheibenbremse als auch das Instrumentenbrett mit und ohne Verkleidung anbauen und kann schließlich sogar Kolben und Zylinderköpfe samt Vergasern auswechseln, um dann eine vollständige „S"-Ausführung zu besitzen. Natürlich wird das nachträglich teurer als die „S" gleich neu zu kaufen, ich würde die Umbauereien auch nicht für empfehlenswert halten. Die „S" kann ihre Vorzüge nur dann richtig ausspielen, wenn im Jahr mehr als, sagen wir, 15 000 km gefahren werden, wobei etliche Autobahn-Vollgaskilometer der „S" einige Pluspunkte einbrächten. Aber etwa Stuttgart—Hamburg, mit der /6 oder der „S" gefahren, dürfte ziemlich die gleichen Reiseschnitte ergeben. Die „S" zieht im oberen Drehzahlbereich etwas deutlicher los, beim Überholen oberhalb 150 km/h kann das schon mal die Rettung bringen. Aber wie oft ist das wichtig?

Die Detailverbesserungen

Die Kaufüberlegungen sind durch die eingestreuten speziellen Tips nun doch etwas sehr lang geworden. Wir haben dabei auch gleich die wesentlichen Unterschiede der beiden 900er zu den 600 und 750 ccm-Modellen herausgefunden. An allen Motoren sind jedoch im Laufe der Entwicklung gegenüber den /5-Baumustern etliche Änderungen durchgeführt worden, die hier wenigstens teilweise aufgezählt werden sollen. Sie sind nicht durchweg fürs Schlossern von Wichtigkeit, wer die /5-Modelle kennt, wird sich auch, ohne umdenken zu müssen, mit den /6-Motoren zusammenraufen können. Aber es erscheint mir angebracht, die Änderungen aus einem anderen Grund aufzuführen: an ihnen läßt sich nachweisen, wie tatkräftig bei BMW die Versuchsabteilung und die Fertigung miteinander zusammenarbeiten. Viele Änderungen sind zum Beispiel ohne großes Aufhebens stillschweigend in die Serienfertigung übernommen worden. So ist die verbesserte Klemmung der Kipphebelachsen bereits erwähnt worden. Dafür wurde nicht gleich die Modellbezeichnung geändert.

1) Änderungen am Motor

Der vordere Gehäusedeckel schützt jetzt die neue 280 W Drehstromlichtmaschine. Diese ist übrigens ohne Schwierigkeiten auch bei den /5-Modellen nachträglich zu verwenden. Nur sollte dabei überlegt werden, ob nicht doch auch der neue Gehäusedeckel mit übernommen wird. Zwar paßt die stärkere Lichtmaschine auch unter den alten Deckel, rein handwerkliche Probleme dürften nicht auftreten. Aber die nächste Änderung am sogenannten früheren Räderkastendeckel, jetzt Kettenkastendeckel vor dem Nockenwellenantrieb, könnte uns einen Strich durch die Rechnung machen. Die Belüftungsöffnungen in diesem Deckel sind erheblich größer geworden. Sie liegen direkt hinter der

Unten: Die 280 W Lichtmaschine, man erkennt die „Y"-Klemme (Pfeil). Rechts der neue Kettenkastendeckel mit den größeren Ausbrüchen im oberen Teil.

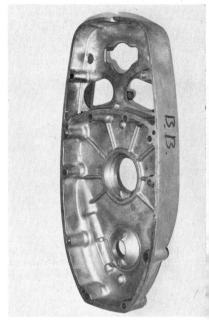

Diodenplatte, und damit liegen die temperaturempfindlichen Dioden besser im Kühlluftstrom. Hier könnte also die Übernahme auch des neuen Kettenkastendeckels von Vorteil sein. BMW läßt aber den Umbau auf die neue 280 W-Drehstromlichtmaschine mit folgenden Neuteilen zu: Generator, Diodenträger, Spannungsregler, Motorschutzhaube und eine zusätzliche Leitung zwischen den „Y"-Kontakten an Generator und Diodenplatte. Die neue Motorschutzhaube ist also vorgesehen, obwohl platzmäßig auch die alte passen würde.
Als nächstes wurde das Kurbelgehäuse geändert. Hier hatten bisher die Gegengewichte der Kurbelwelle eine Aussparung im vorderen Gehäuseausschnitt erfordert. Das ist nun nicht mehr nötig, die vordere Gehäusebohrung ist vollständig rund. Damit ergibt sich größere Steifigkeit, außerdem natürlich eine erhebliche Fertigungsvereinfachung.
Möglich wurde diese Änderung durch einen Trick. Die Kurbelwellen-Gegengewichte auf der Lichtmaschinenseite wurden auf einen Durchmesser unter 130 mm abgedreht. Damit wären sie jetzt zu leicht geworden. Aber durch nachträgliches Einsetzen von sogenannten „Schwermetallstopfen" konnte der vorige Auswuchtgrad wieder hergestellt werden... bei geringerem Durchmesser der Welle. Montagemäßig ergeben sich daraus keine Änderungen. Auch hat sich an Form und Dicke der auch bisher schon angenieteten Zusatzgewichte nichts geändert.
Eigenheiten der 900er-Modelle sind noch die Vierstofflagerschalen für die

Oben das neue Kurbelgehäuse mit runder Öffnung; in der Mitte die Kurbelwelle von der Lichtmaschinenseite, die Pfeile bezeichnen die Schwermetallstopfen. Unten: Auf der Schwungscheibenseite wurden keine Änderungen vorgenommen. Pfeil = angenietetes Gegengewicht.

Oben: der nadelgelagerte Kipphebel der „S", hier noch nicht mit dem beschriebenen geschlitzten Lagerbock. Mitte links: die Ventile bestehen aus vier verschiedenen Materialien. 1 und 2 = unterschiedliches Grundmaterial für Schaft und Teller, 3 = Panzerung aufgeschweißt, 4 = hartverchromter Schaft. Mitte rechts: Die Materialunterschiede an den Pleueln sind ebensowenig sichtbar.

Unten: Leistungs- und Drehmomentkurven (Werksangaben) /6 BMWs.

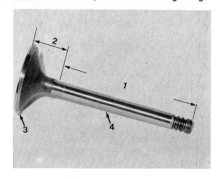

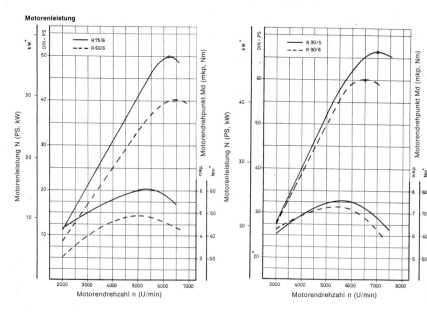

Der linke Pfeil weist auf die Bohrungen in der Seite der neuen Kupplungsdruckscheibe, die zur Auswuchtung dienen. Der rechte Pfeil zeigt die Aussparungen für den Belagabrieb.

Pleuelfüße (bei den zwei kleineren Maschinen sind es Dreistofflager) und die um 2 mm größeren Ventilteller der „S" gegenüber der 75/6. Die Zylinderlaufbahn der R 90/6 ist wie bei der 75/6 normal im Verbundgußverfahren hergestellt: ein Graugußkörper ist mit Leichtmetall-Kühlrippen umgossen. Die Zylinder der R 90 S waren zunächst nikasilbeschichtet. Damit ist eine Oberflächenbehandlung, die sich im Wankelmotor unter dessen wesentlich stärkeren Beanspruchungen bewährt hat, auch für den Hubkolbenmotor eingeführt worden. Das findet man sonst nur bei privat getunten Rennmaschinen. Die Serie läuft jedoch endgültig mit eingegossenen Laufbuchsen.
Die Pleuel aus einem Stahl mit höherer Festigkeit lassen sich von den früheren nicht durch bloßes Hinsehen unterscheiden, ebenso fällt kaum auf, daß die Ventile aus zwei verschiedenen Materialien zusammengesetzt sind. Für den Teller ein anderes Gefüge als für den Ventilschaft. Außerdem sind die Ventilschäfte hartverchromt, ein weiterer Beitrag zur Steigerung der Lebensdauer. Der Ventilteller wird natürlich am Ventilsitz nochmals durch Auftragsschweißung gegen Hitze und Druck widerstandsfähiger gemacht... auch das fällt beim bloßen Hinschauen nicht auf.
Die Nockenwellen schließlich weisen nun sämtlich (bis auf R 60/6) die gleichen Steuerzeiten auf: 10/50/50/10. Bei der R 60/6 lauten sie 0/40/40/0, sind also von der R 50/5 übernommen. Messung jeweils bei 2 mm Ventilspiel.
Vom Motor zum Getriebe führt der Weg der Kraft wie bei allen BMWs über die Einscheiben-Trockenkupplung. Aber auch sie hat Änderungen erfahren. Fürs Schlossern bequemer wurde sie durch eine neue gegossene Druckplatte, an der die Distanzstücke gleich mit angegossen sind. So entfällt die Fummelei, die früher nötig war um die Zwischenscheibchen unter die M 8 x 1 Senkschrauben zu tricksen. Außerdem hat die neue Druckscheibe verstärkende Rippen radial an ihrer Außenseite, sie wird damit steifer, die Kupplungsfunktion eindeutiger.

Als Kupplungs-Drucklager wird jetzt ein Axial-Rollenlager eingebaut, rechts das Druckstück (außen) mit Lippendichtung.

2) Getriebe

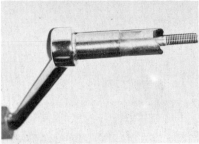

Oben: Nach Anheizen des Getriebes (vorher gründlich Öl ablassen) kann der hintere Deckel abgeklopft werden. Im oberen Teil des Bilds ist der Schaltautomat mit den zwei Kurvenscheiben zu sehen.

Bild Mitte: Der Fußschalthebel wird einfach mit einer M 6 Schraube festgehalten, die Aussparung innen greift in die Schaltwelle für den Hakenhebel am Schaltautomaten ein.

Unten: Zwei Schrauben herausdrehen genügt, um den Träger der Kurvenscheiben auszubauen.

Das neue Fünfganggetriebe, das bei allen /6-BMWs verwendet wird, ist als vollständige Neukonstruktion anzusehen. Während im früheren Getriebe sogenannte Schaltscheiben bewegt wurden, sind heute die Zahnräder selbst mit Schaltklauen und Bohrungen (Aussparungen) versehen, die durch seitliches Verschieben der Zahnräder in Eingriff gebracht werden. So gelang es, auf praktisch gleichgebliebenem Raum einen zusätzlichen Gang unterzubringen. Auf die Schwierigkeiten, die es anfangs mit diesem neuen Getriebe gegeben hat, braucht an dieser Stelle nicht eingegangen zu werden. Denn mit BMW-üblicher Gründlichkeit und dem typischen Bewußtsein, auch den kleinsten Fehler durch Garantieleistung ausmerzen zu müssen, um den Ruf solider Werkmannsarbeit zu wahren, wurden sämtliche Getriebe der mißratenen Serie zurückgezogen... man kann also nicht mal mehr an einem solchen Exemplar nachsehen, was eigentlich falsch war. Der Einbau eines zusätzlichen Ölleitblechs läßt auf Schmierungsprobleme zwischen Zahnrad und Welle schließen... doch das ist Spekulation und inzwischen uninteressant.

Viel interessanter ist, daß das neue Getriebe ein Muster an Einfachheit ist, wenn man daran schlossern muß. Der hintere Getriebegehäusedeckel wird abgenommen. In ihm verbleibt der Kickstartermechanismus. Im Bild ist außerdem noch die Getriebeeingangswelle in diesem Deckel montiert, um zu zeigen, wie der Kickstarter mit seinem Zwischenrad in die Verzahnung auf dieser Welle eingreift, sobald man ihn betä-

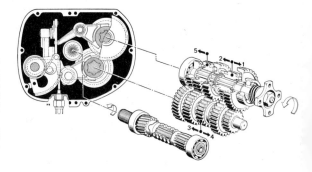

Rechts die Prinzipzeichnung zur Erklärung der Getriebefunktion. Übrigens: Zum Abziehen des Kardanwellenflansches paßt das bei den früheren Modellen benutzte Werkzeug immer noch.
Der BMW-übliche Stoßdämpfer wurde wieder auf der Eingangswelle vorgesehen.

tigt. Bei den neuesten Modellen 1975 ist übrigens der Kickstarter zum Teil vollständig weggelassen worden. Seit die Batterie genügend Kapazität und die Lichtmaschine genügend Leistung haben, traut man auch winters dem Anlasser genügend Kraft zu, um einen unterkühlten Motor durchzudrehen. Im Testbetrieb hat sich gezeigt, daß tatsächlich die noch bei den alten /5-Modellen auftretende Kälteempfindlichkeit nicht mehr so sehr vorhanden ist.

Von den fünf Gängen werden zwei durch Verschieben der Zahnräder auf der Nebenwelle und drei durch Verschieben der Räder der Hauptwelle geschaltet. Als Hauptwelle ist hier die Abtriebswelle bezeichnet. Das erfordert zwei Schaltkurvenscheiben, in deren Nuten die Führungsbolzen der Schaltgabeln geleitet werden. Das Schaltschema gibt darüber Aufschluß, wie der Kraftfluß bei diesem Getriebe in den einzelnen Gängen verläuft. Die Schaltgabeln bewegen sich auf zwei verschiedenen Achsen, die beiden Kurvenscheiben sind durch eine Verzahnung miteinander gekoppelt. Die Schaltkurvenbewegung wird mit einem Hakenhebel bewerkstelligt, das ist ein altes Maico-Patent von Uli Pohl, das heutzutage praktisch auch an allen möglichen japanischen Maschinen verwendet wird. Im Bild sind die eingelassenen Stifte in der Schaltkurvenscheibe zu erkennen, an denen der Hakenhebel angreift.

Einfach ist die Montage deshalb, weil der Lagerblock für die beiden Schaltkurvenscheiben mit zwei Paßschrauben an der Gehäusewand befestigt ist, irgendwelche Einstellungen sind hier nicht nötig. Die Getriebewellen lassen sich durch Anwärmen des Gehäuses aus den Lagersitzen herausziehen, beim Zusammenbau muß nur darauf geachtet werden, daß das seitliche (axiale) Spiel der Wellen nicht über den vorgeschriebenen 0,1 mm liegt. Defekte können auftreten (wie bei jedem anderen Getriebe auch) wenn die Schaltgabeln verbogen sind, das sieht man aber stets deutlich an blau angelaufenen Gabeln, dagegen hilft nur Auswechseln.

Das wäre schon beinahe alles über die neuen Getriebe. Abnehmen der Räder

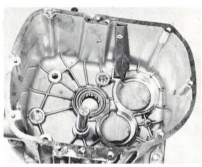

Ganz oben: Pfeile sind an die Stellen gesetzt, an denen zur Demontage ein Dorn zum Schlagen angesetzt werden darf. Mit den Distanzscheiben werden die Wellen ausgeglichen, die Blechteller leiten das Öl in die hohlen Wellen. Im Bild darunter ist das Ölfangblech zu erkennen.

Unten: Abtriebswelle mit Schaltgabeln und ganz unten die Nebenwelle.

von den Wellen ist wegen der einfachen Gestaltung kein Problem, das muß nicht alles in Bildern gezeigt werden. Sonderwerkzeuge sind nicht nötig. Nur eine sogenannte Seegerringzange erleichtert die Arbeit wesentlich. Neu ist in der hohlen Antriebswelle nur die Kupplungsdruckstange, deren Drucklager (früher ein Axial-Kugellager) jetzt ein Axial-Rollenlager geworden ist. Nach außen hin findet ein zweilippiger Wellendichtring Verwendung, nach innen (also zur Kupplung hin) ist wie früher schon ein länglicher Filzdichtring vorgesehen. Ölaustritt durch die Getriebewelle (also an der Druckstange vorbei) in die Kupplung ist fast unmöglich.

Wenn aber die Kupplung verölt, dann sollte die Aufmerksamkeit auf den Wellendichtring der Antriebswelle gerichtet werden. Denn von dieser Welle aus gelangt Lecköl direkt an die Kupplungsbelagscheibe.

Auswechseln des Dichtringes erfordert zwar Ausbau des Getriebes, jedoch kein Zerlegen. Die andere Ursache für ein Verölen der Kupplung könnte ein defekter Wellendichtring am hinteren Kurbelwellen-Ende sein. Doch erscheint es unwahrscheinlicher, daß das Öl erst aus dem Dichtring herausleckt, an der Gehäusewand abwärts läuft (vielleicht auch von der Schwungscheibe herumgeschleudert, und gleichmäßig an den Gehäusewänden verteilt wird) und dann praktisch von unten her durch die Aussparungen der Kupplungsdruckplatte an die Beläge gelangt. Sicher, Spritzöl könnte als Ölnebel durch diese Öffnungen in den Trockenraum eindringen. Aber ich würde bei verölter Kupplung zuerst einmal auf Verdacht den Wellendichtring des Getriebes wechseln, bevor die Schwungscheibe abgebaut und der dahinterliegende Dichtring erneuert würde. Außer diesem Dichtring käme übrigens auch eine defekte Dichtung des Ölpumpengehäuses infrage, auch dieses liegt hinter der Schwungscheibe und könnte Lecköl durchlassen.

**Von oben nach unten: Kugellager mitsamt dem Zahnrad mittels Zweiarmabzieher abnehmen. Scheibe zwischen Lager und Zahnrad nicht verlieren. Die Buchse mit Schmiernut ist gegen die Keilwelle mit Scheibe (Pfeile: Fase zur Verzahnung hin) gesichert.
Unterstes Bild: am anderen Ende der Welle ein C 3-Lager.**

Geschwindigkeit — Motorendrehzahl

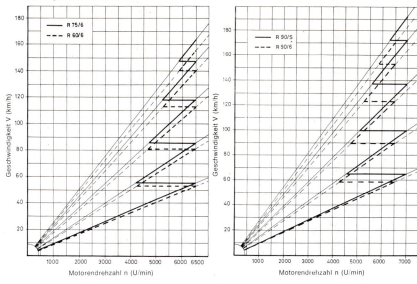

Die Getriebestufung ist für alle Modelle gleich:
1. Gang = 4,4
2. Gang = 2,86
3. Gang = 2,07
4. Gang = 1,67
5. Gang = 1,50

Oben: die Gangdiagramme für alle neuen /6-Modelle, die unterschiedlichen Geschwindigkeiten sind durch die Hinterachsübersetzung bedingt.

Unten: Getriebeabtriebswelle von der Vorderseite: in dieser Reihenfolge müssen die Scheiben neben der Buchse liegen. Auf Flucht der beiden Ölbohrungen in Buchse und Welle achten!

In diesen Zahlenwerten ist bereits die Vorübersetzung von der Getriebeeingangswelle auf die Nebenwelle enthalten, sie beträgt 1:2,07. Das bedeutet, daß die Zahnräder auf den beiden Schaltwellen nur mit etwa halber Kurbelwellendrehzahl laufen. Ein Grund vielleicht für die wesentlich weichere Schaltung des Fünfganggetriebes gegenüber den früheren mit vier Gängen.
Unterschiedliche Motorleistung und Motordrehzahlen werden allein durch die Hinterachsübersetzung angepaßt, hier stehen insgesamt 6 verschiedene Kegel/Tellerradpaarungen zur Wahl, und zwar von 1:2,91 bis 1:3,56. Die dazugehörigen Zähnezahlen sind:
11/32 (2,91 für R 90 S); 11/33 (3,0 für R 90 S); 11/34 (3,09 für R 90/6); 10/32 (3,2 für R 90/6 und R 75/6); 11/37 (3,36 für R 75/6 und R 60/6); sowie schließlich 9/32 für die R 60/6 (3,56).
Für Besitzer der älteren /5-Modelle noch ein Hinweis zwischendurch: es gab ein

Getriebe (sogenannte RS = Rennsportausführung), das mit vier Gängen und einer wesentlich engeren Stufung versehen war. Seine Stufung lautete: 1. Gang 3,24; 2. Gang 2,34; 3. Gang 1,81 und vierter Gang 1,5. Unter der Bestellnummer 23 22 1 231 205 war der komplette Umbausatz zu haben. Wer also heute seine /5 mit längeren ersten bis dritten Gängen ausrüsten will, kann sich den RS-Umbausatz zu beschaffen versuchen. Endgeschwindigkeit bleibt natürlich gleich.

Schlosserisch gleichgeblieben ist der gesamte Hinterachsantrieb. Nur die Kardanwelle mit ihren Anbauteilen (Kupplungsglocke und Kreuzgelenk) mußte wegen der Schwingenverlängerung ebenfalls verlängert werden. Dabei wurde auch gleich die Kegelsteigung an der Gelenkwelle hinten und an der Getriebeausgangswelle von 1:6 auf 1:7 verringert. Das Anzieh-Drehmoment braucht jetzt nur noch 22 mkg zu betragen (also 220 Nm) gegenüber 24 mkg bei der früheren Steigung. Diese Umstellung, die schon bei den letzten Maschinen der /5-Serie vorgenommen wurde, bedingt bei der Ersatzteilbeschaffung, daß man zumindest ein Musterteil mitnimmt, um an Ort und Stelle zu probieren, ob man die Wellen mit 1:6 oder 1:7 Steigung hat.

Der Kickstartermechanismus von innen. Im oberen Bild ist er ausgerückt, der Schwenkarm hat das kleine Zwischenzahnrad aus dem Eingriff mit der Hauptwelle herausgezogen. Im unteren Bild stellt das auf dem Schwenkarm gelagerte Zwischenrad die Verbindung vom Kickstartersegment zur Welle her. Die neuen Modelle werden nur noch auf Wunsch mit Kickstarter ausgerüstet, ich würde auf keinen Fall darauf verzichten. Denn auch wenn die Batterie zum Anlassen voll genug ist, ergibt sich gerade im Winter häufig die Notwendigkeit, den Motor erst mal „freizubrechen", die ersten Umdrehungen per Fuß (ohne Zündung) erleichtern dem Anlasser und der Batterie das Leben. Eine zusätzliche Störungsquelle kann der Kickstartermechanismus nicht sein, weil er die meiste Zeit ja völlig ausgeschaltet, einfach nur im Getriebe „herumliegt".

3) Fahrwerk, Räder und Bremsen

Wer die Technischen Daten der neuen /6-BMWs durchliest, wird feststellen, daß mit der Schwingenverlängerung um 50 mm der Radstand noch einmal um 30 mm gewachsen ist. So haben wir drei verschiedene Radstände: die alten /5-Modelle mit Kurzschwinge lagen bei 1385 mm, mit der Langschwinge wurden es 1435 mm, durch zusätzliche Nachlauf-Änderung 1465 mm. Interessant zu beobachten ist dabei, wie wenige Fahrer diese Änderung tatsächlich bemerken, wie wenig man also davon reden könnte, daß die Verlängerung des Radstandes eine geringere Handlichkeit mit sich gebracht hätte ... was nach der Theorie zu erwarten gewesen wäre.

Diese weitere Verlängerung zeigt aber auch, daß der Rahmen zwar wohl grundsätzlich gleichgeblieben, in seinen Abmessungen jedoch ziemlich stark verändert ist. Da sehen nicht nur die Knotenbleche und die Versteifungen der Schwingenlager etwas anders aus, auch der Hinterbau wurde an die anderen Längenverhältnisse angepaßt. Sogar das Hinterradschutzblech (das anfangs noch durch Zwischenlage von 50 mm Rohrstückchen an die längere Schwinge angepaßt wurde) ist in der Zwischenzeit neu gezeichnet worden.

Wichtigste Änderung am Fahrwerk ist jedoch die Bremshydraulik mit den Scheibenbremsen. Zunächst lief die Serie der 900er mit nur einer Scheibe, dann bekam die „S" die Doppelscheibe, dann wurden schließlich die Bremsscheiben mit einem ausgeklügelten Lochmuster versehen.

Geblieben ist das Prinzip: Die Handkraft wird vom Lenker bis zum Hydraulik-Hauptzylinder unterm Tank mit einem Seilzug übertragen. Von dort führen Hydraulikrohre und -Schläuche zum Radzylinder.

Diese Anordnung hat Vorzüge und Nachteile, die sich in diesem Fall nach meinen Erfahrungen wohl etwa die Waage halten. Als Vorzug kann angeführt werden: der Hauptzylinder ist schwer und würde am Lenker (noch dazu so weit außen) unnötig die Masse um die Lenkachse erhöhen. Und das will man zugunsten besserer Lenkeigenschaften

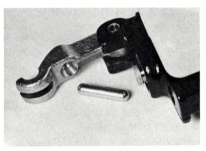

Hydraulik-Hauptzylinder mit Kontrollschalter im Deckel. Der runde Druckbolzen soll bei korrektem Handhebelspiel nur wenig Spiel haben. Einstellen beim Pfeil.

möglichst vermeiden. Bei einem Sturz ist die teure Hydraulik nicht im gefährdeten Bereich. Außerdem wirkt der kurze Seilzug etwas elastisch, die Bremse ist feinfühlig dosierbar. Dieser Vorzug geht aber dann schnell verloren, wenn der Zug auch nur wenig eingerostet oder verschmutzt ist. In diesem Fall steigen die Handkräfte stark an, während an der Bremsscheibe die Kräfte höchstens gleichbleiben. Nächster Nachteil: zum Nachstellen des Handhebelspieles muß der Tank abgenommen werden, damit man die Verstellschraube am Hydraulikzylinder erreicht. Ebenso ist es mit etwas mehr Schrauberei verbunden, wenn die Hydraulikflüssigkeit (wie vorgeschrieben einmal im Jahr) gewechselt werden muß. Dennoch glaube ich, daß man sich mit dieser Lösung abfinden kann, denn so gravierend sind die negativen Punkte nun auch wieder nicht. Zumal die Überwachung des Bremsflüssigkeitsstandes elektrisch mit Kontrolleuchte im „Armaturenbrett" gewährleistet ist. Im Deckel des Hauptzylinders sitzt nämlich ein Schwimmer mit elektrischem Kontaktpaar. Und sobald der Flüssigkeitspegel unter die zulässige Marke gesunken ist, gibt der Schwimmer Kontakt und die Leuchte im Kontrollzentrum brennt. Nachteil vielleicht: sie brennt auch, wenn man mal sehr scharf bremsen muß, weil dann möglicherweise der Schwimmer so stark nach vorn gezogen wird, daß er wieder die Kontakte aneinandertippen läßt. Dann jedoch flackert das Licht bloß. Der hydraulische Druck betätigt an den Radscheiben nur einen Bremskolben, der andere Bremsbelag ist feststehend an der sogenannten Bremszange angelenkt. Und damit etwaige ungleichmäßige Abnutzung der beiden Bremsbeläge ausgeglichen werden kann, ist die gelenkige Lagerung der gesamten Bremszange exzentrisch verstellbar. Das heißt, daß man die Bremszange so einstellen kann, daß beide Beläge auch genau parallel zur Scheibe stehen. Dazu braucht man kein besonderes Werkzeug, auch kaum Geschick. Mit einem einfachen Filzschreiber zieht man radial auf der Bremsscheibe einen Strich. Jetzt läßt man die leicht angezogenen Bremsbeläge über diesen Strich gleiten. Ist nur ein Teil weggewischt, dann stehen die Beläge schräg, bei parallelstehenden Belägen wird der gesamte Strich verwischt.

Ändern der Parallelstellung: von unten wird erst einmal die Abdeckschraube mit Feder für den Lagerbolzen des Bremssattels entfernt, dann gelangt man an den Exzenter. Hier ein bißchen verdrehen, nochmal die Strichprobe machen. Sie haben sicher schnell heraus, wie verstellt werden muß, wenn einseitiger Druck vorliegt. Die richtige Einstellung wird durch die Druckfeder

Oben: Wenn man die Verschlußschraube herausgedreht und die Feder entfernt hat, läßt sich der Lagerbolzen für den Bremssattel durch Eindrehen einer M8 Schraube fassen und herausziehen. Die exzentrische Lagerung des Bolzens ist gut zu erkennen.

Unten: Improvisiertes Werkzeug zum Ausschrauben der Abschlußschraube aus den Standohren der Gabel.

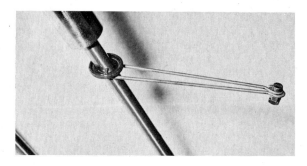

Die zwei Speichen wurden scharf umgebogen und die Enden halbrund angefeilt. Dieses Werkzeug muß also heute anders aussehen als in der Zeichnung weiter vorn für die /5-Modelle angegeben. Speiche mit 3 ⌀ genügt. Die Schlüsselbohrungen liegen jetzt dicht am Umfang des Dämpferrohres, deshalb die halbrunde Nacharbeit der Speichen.

unter der mit 6 mkg anzuziehenden Verschlußkappe sicher festgehalten.

Eine hydraulische Bremsanlage muß luftblasenfrei arbeiten, sonst wird die Bremse „weich", am Handhebel spürt der Fahrer keinen festen Gegendruck. Entlüften ist also ab und zu nötig, vor allem natürlich dann, wenn die gesamte Bremsflüssigkeit ausgewechselt werden mußte. (Sie nimmt aus der Luft Wasser auf, das im Laufe der Zeit zu innerlichen Korrosionsschäden führen könnte. Allein aus diesem Grunde sollte sie auch dann ausgewechselt werden, wenn in einem Jahr nur wenige Kilometer gefahren wurden.) Der Arbeitsgang beim Entlüften ist in der Betriebsanleitung sehr gut erklärt, er unterscheidet sich kaum von den bei Automobilen üblichen Methoden. Grundsätzlich: Man drückt die Bremsflüssigkeit so lange aus der unten am Radzylinder angebrachten verschließbaren Bohrung, bis alle Luft (in Blasenform sichtbar) mit hinausgedrückt ist. Also Hebel anziehen (langsam), dann Entlüftungsventil öffnen und gleich wieder schließen. Jetzt erst Hebel loslassen, sonst saugen wir wieder Luft in die Schläuche hinein. Bei dieser Prozedur muß genau darauf geachtet werden, daß im Hauptzylinder-Vorratsbehälter genügend Flüssigkeit vorhanden ist, sonst saugen wir ja von oben Luft ins System.

Eine andere Methode, bekannt von früheren Ate-Seitenwagenbremsen, geht den umgekehrten Weg. Hier ist die Überlegung folgende: Luftblasen werden sich kaum unten beim Radzylinder sammeln, eher sind sie oben am Hauptzylinder. Also muß man die Flüssigkeit nicht von oben nach unten durch die Schläuche drücken (wie bei der oben beschriebenen Methode) sondern von unten nach oben. Dazu braucht man aber einen Druckbehälter mit Bremsflüssigkeit, den man an die Entlüftungsschraube am Radzylinder anschließen kann. Eine Fahrradluftpumpe, deren Ventilanschluß umgeändert wurde (um einen Schlauch aufstecken zu können) ließe sich als Behelf verwenden. In die Pumpe füllt man Bremsflüssigkeit und schließt den Schlauch an. Nach Öffnen des Entlüfterventils kann die Flüssigkeit nun von unten nach oben durchgedrückt werden. Im Hauptzylinder-Vorratsbehälter sieht man dabei die Luftblasen hochperlen. Aufpassen, daß keine Bremsflüssigkeit oben herausläuft, sie verursacht Lackschäden.

Damit wäre die grundsätzliche Funktion der hydraulischen Scheibenbremse soweit geklärt, bleibt zu fragen, warum denn unbedingt die Löcher in die Scheiben gebohrt werden mußten. Wer die Entwicklung verfolgt hat, weiß sogar, daß das Muster der Bohrungen sorgsam im Versuch ausprobiert wurde.

Zunächst: Die Bohrungen sollen nicht etwa zusätzliche Reibung bringen, wie sich das so mancher bisher vorgestellt hat. Sie haben also keineswegs die Wirkung wie etwa der Hieb in einer Feile. Auch sollen sie nicht (jedenfalls nicht an erster Stelle) die wärmeabführende Oberfläche vergrößern. Auch der Belagabrieb soll durch sie nicht in erster Linie wegbefördert werden. Viel wichtiger ist das Verhalten der gelochten Scheibe bei Nässe. Während die Vollscheibe hier immer eine gewisse Ansprechzeit benötigte, um den Wasserfilm zwischen Scheibe und Bremsbelag wegzuschieben, spricht die gelochte Scheibe sofort an und verzögert sofort mit den von trockenem Wetter gewohnten Werten. Die genannten zwei anderen Vorteile werden gern mitgenommen. Die größere Oberfläche der Scheibe mit Löchern läßt sich leicht rechnerisch nachweisen. Eine Bohrung von 8 mm $\varnothing$ nimmt die Fläche von 100,48 mm^2 ein (Boden und Deckel des ausgebohrten Stücks). Die Mantelfläche der Bohrung beträgt bei 5 mm Bremsscheibendicke 125,6 mm^2. Der Abtransport des Belagabriebs bei gelochter Scheibe macht die früher üblichen kreuzweisen zwei Nuten in den Bremsbelägen unnötig, der Belag hat jetzt eine vollständig glatte Oberfläche. Daß die BMW-Scheibenbremse gegenüber vielen anderen noch einen weiteren, sehr schwerwiegenden Vorzug besitzt, sei kurz am Rande noch erwähnt: die Scheiben bestehen aus nichtrostendem Stahl. Sie sind zwar dadurch teurer, aber weil sich kein Flugrost bilden kann um ein Vielfaches sicherer. Falls jemand Lust zum Rechnen hat, kann er ja sogar die Gewichtseinsparung durch die Scheibenlochung ausrechnen, selbst das allein scheint ein nicht zu schlechtes Argument für die vielen Bohrungen zu sein.

Gesamteindrücke

Wenn mich vor zehn Jahren jemand gefragt hätte, an welchen Punkten die damaligen BMW-Modelle noch zu verbessern seien, hätte ich aus dem Handgelenk mehrere Wünsche gehabt. Heute fällt das Wünschen schwerer. Es erstreckt sich vor allem auf Kleinigkeiten. Zum Beispiel kann ich mich an die neuartigen Schalter für die Elektrik am Lenker nicht gewöhnen. Beim Blinken ist viel zu geringe Rastung der mittleren Stellung vorgesehen, so daß es mir immer wieder passiert, daß ich die Nullstellung des Blinkerschalters überfahre. Auf- und Abblenden sowie Lichthupen sind dagegen auch mit Handschuhen ohne Hinschauen zu schaffen.

Aber diese Kleinigkeiten können das Gesamtbild der neuen BMWs eigentlich kaum stören. Wenn andere Kleinigkeiten dagegen aufgerechnet werden, die Praxisnähe beweisen (Kunststoff-Blinkergehäuse = Korrosionsfestigkeit, schwarz eloxierte Handhebel = saubere Finger), kommt man am Schluß zu dem Ergebnis, daß die neuen Modelle weitestgehend allen Fahrerwünschen gerecht werden. Ihre Zuverlässigkeit übersteigt das von früher gewohnte Maß um etliche Stufen, so daß sogar die Inspektionsintervalle (Ölkontrollen usw.) auf 7500 km verlängert wurden. Dank der hervorragenden Bedienungsanleitung, die jeder neuen BMW beiliegt (und die die meisten „normalen" Wartungs- und Einstellarbeiten sehr ausführlich beschreibt) dank auch der inzwischen gut funktionierenden Betreuung der BMW-Fahrer durch die Händlerschaft konnte das Zusatzkapitel in diesem Buch die neuen BMWs immerhin doch recht oberflächlich streifen. Wenn dennoch bei Benzingesprächen immer wieder die eine oder andere Klage laut wird, dann ist dazu aus meiner Sicht folgendes zu sagen: Die Stückzahlen, in denen die neuen BMWs hier bei uns verkauft werden, sind so erheblich höher als früher, daß sicher schon die eine oder andere Montagsmaschine darunter sein kann. Das Problem der absoluten Fertigungskontrolle läßt sich nun mal nicht lösen, solange die Fertigungszahlen noch nicht japanische Spitzenwerte erreicht haben. Empfehlenswert scheint mir im Falle einer Beanstandung stets (wenn der Händler keinen Rat mehr zu wissen scheint) ein direkter Brief an BMW. Ich weiß aus verschiedenen Erfahrungen, daß man von dort, sofern irgend möglich (und sofern der Fehler nicht nur auf schlampige Einstellungen zurückzuführen ist), weitestgehende und recht preiswerte Hilfe bekommt. Nur verlange man nicht vom Werk zu hören, daß die Konstruktion schlecht sei (auch das scheint mir der eigentliche Wunsch vieler Klagebriefe, nicht nur über BMWs zu sein) und man das ganze Motorrad gern zurücknehmen würde. Wenn Sie viel mehr ein Fahrer für eine Supersport-Ducati sind, dann dürfen Sie sich nicht wundern, wenn Ihnen die BMW an manchen Stellen nicht gefällt. Es bleibt dabei: Motorräder sind nun mal sehr individuelle Fahrzeuge mit eigenem Charakter. Und ich finde, daß der Charakter der BMWs keineswegs der schlechteren einer ist.

Vorwort
zur zehnten, völlig überarbeiteten und erweiterten Auflage.

Die Originalfassung dieses Buches ist inzwischen ein Zeitdokument der frühen 70er Jahre geworden. Was heute darin nicht mehr stimmt, sind nicht die technischen Details, sondern höchstens Namen und Anschriften. Das wird in dieser Überarbeitung am Schluß geradegebogen.

Nicht zuletzt ist wichtig, daß die chronologische Ordnung beibehalten wird. Was mir noch notwendig erscheint: Die technische Mentalität aller BMW-Konstruktionen ist stets weitgehend gleichgeblieben. Und wer die heutigen Modelle verstehen will, hat es leichter, wenn er sich mit den früheren auskennt. Dabei kommt es nicht so sehr darauf an, daß der Interessierte nun jedes Maß, jede Toleranz, aus dem Kopf hersagen kann. Für das Verständnis sind die Zusammenhänge das Wesentliche.

Beispiel: Die BMW-Getriebe. Daran hat sich seit der R 51/3 zwar eine Menge geändert. Das Schalten macht heute keine Geräusche mehr. Aber die Grundlagen sind gleichgeblieben. Ob jetzt die Abtriebswelle andersherum dreht als früher, bleibt nebensächlich.

Was noch ergänzt werden mußte: Nicht nur die Zweizylinder, die Boxermotoren, sind in praktisch allen Klassen neu gebaut worden. Auch die Drei- und Vierzylinder sind dazugekommen.

Schließlich gibt es heute eine ganze Reihe schöner Gespanne mit BMW-Motoren. Und da muß der BMW-Kenner eben den Grundlagen-Wissensschatz haben, er sollte die Gespanne der Zeit bis etwa 1968 kennen, um die Fortschritte der Neuen überhaupt abschätzen zu können.

Alles in allem: Die Substanz des Buchs mußte erhalten bleiben, Neues mußte auf der alten Grundlage aufgebaut werden. Dem Verlag sei Dank, daß mir die Erweiterung so großzügig genehmigt wurde. Und meinen Freunden und Lesern danke ich für die vielen Hinweise, die mir die Arbeit erst möglich machten.

Bühlertann im September 1986

Chronik:
Die einzelnen Jahrgänge

1976 fällt in der Chronik durch eine Neuerung auf. Die bisherigen Modelle mit 900 ccm Hubraum werden aufgestockt. BMW etabliert sich erstmals in der Ein-Liter-Klasse.
Die R 100 RS erscheint als Topmodell mit Verkleidung, die R 100 S ist äußerlich die Weiterentwicklung der R 90 S, und schließlich gibt's als Grundmodell ohne Verkleidung die R 100/7. Mit dem Kürzel »Strich sieben« laufen die R 60/7 und R 75/7 noch ein Jahr weiter, im Grunde nur geringfügig veränderte /6-Modelle.
Die vollverkleidete R 100 RS mausert sich binnen kurzem zum Marktleader der BMW Boxer, obwohl sie bei weitem auch die teuerste BMW ist. Zuerst läuft sie noch auf Drahtspeichenrädern. Leichtmetall-Gußräder können wegen der anfänglichen Fertigungsschwierigkeiten erst im Frühjahr 1977 endgültig in Serie gehen.

1977 geschieht in der Motorrad-Szene ein tiefgreifender Einschnitt. Die Versicherungsklassen werden ab dem 1. Januar leistungsbezogen gestaffelt. Es spielt nun keine Rolle mehr, ob die Maschine 250 oder 500 ccm Hubraum hat, Hauptsache sie bleibt innerhalb der Leistungsgrenzen. Bis 10, bis 17, bis 27, bis 50 und über 50 PS gilt es nun zu berücksichtigen. Naturgemäß liegen die Versicherungsprämien für die Klasse bis 27 PS sehr viel günstiger als die für höhere PS-Klassen.
Dennoch hat BMW in der kleinen Klasse noch nichts Neues zu bieten. Einzig die R 80/7 wird als Nachfolgerin der R 75/7 auf den Markt gebracht.

Das erste serienmäßig vollverkleidete Motorrad der Welt, die R 100 RS. Leistung 70 PS (51,6 kW) bei 7250 U/min, rund 210 kg Leergewicht und 200 km/h Höchstgeschwindigkeit, Beschleunigung von Null auf Hundert in 4,6 Sekunden.

Die R 65 von 1978 gibt es mit Doppelscheibenbremse vorn auf Wunsch, Leistung vorerst nur 45 PS, erst 1980 kommt die 50-PS-Ausführung.
Die R 45 sieht genauso aus, ist praktisch nur durch den Schriftzug am Seitendeckel zu unterscheiden. Leistung 27 oder 35 PS.

Unten links die R 80/7, eine der harmonischsten Maschinen, Fahrwerk und Motor passen bei ihr am besten zusammen. Rechts die R 100 S, hier bereits mit Gußrädern. Beide Modelle mit Doppelscheibenbremse vorn.

1978 wird der Ruf der Kunden nach einer kleinen BMW für Einsteiger erhört. Dann aber gleich mit zwei Modellen. R 45 und R 65. Die erste in zwei Ausführungen, mit 27 und mit 35 PS. Die R 65 hat vorerst mal 45 PS, bleibt also knapp unter der magischen Grenze. Es dauert nochmal zwei Jahre, bis BMW bei der R 65 das Maß der 50 PS vollmacht.

Die Tausender bekommen Zuwachs. Die R 100 RT rangiert als Tourenmaschine mit voller Ausrüstung und einer gegenüber der R 100 RS noch etwas voluminöser erscheinenden Vollverkleidung. Und die R 100 T ersetzt das bisherige Grundmodell R 100/7.

1980 zur IFMA kommt der nächste Innovationsschub. Und diesmal ist's gleich ein Motorrad, das ganz neue Bereiche für BMW öffnet. Die R 80 G/S ist nicht nur eine Enduro mit langen Federwegen, hoch eingebautem Motor und Stollenreifen. Sie erweist sich zunehmend als das ganz tolle Reisemotorrad. Für Straßenbetrieb eignet sie sich blendend, und wer mit den 50 PS zufrieden ist, bekommt hier einen der kultiviertesten Boxermotoren.

Neben der R 80 G/S hat BMW noch eine Neuheit parat. Die R 100 CS. Das Kürzel steht für Classic Sport. Diese Maschine soll mit (zunächst) Drahtspeichenrädern und in schlichtem Dress den typischen BMW-Fahrer früherer Zeiten ansprechen.

Auf Ausstellungen ist noch ein ganz außergewöhnliches Motorrad auf BMW-Basis zu sehen. Futuro ist der Name, Er-

Der große Erfolg bis heute ist die R 80 G/S mit 50 PS, Einarmschwinge, Trockengewicht von 167 kg und immerhin knapp 170 km/h Höchstgeschwindigkeit. Das Kürzel G/S steht für Gelände und Straße, tatsächlich wird sie mit Vorliebe auf der Straße gefahren, leichtes Gelände ist dennoch zu bewältigen.

Für lange Reisen das Ideal: die R 100 RT mit der dickbauchigen Verkleidung mit Ablagefächern für Kleinigkeiten.

Auf Ausstellungen gezeigtes Modell: B & B in Frankfurt entwickelten diese »Futuro« mit Turbolader, Alu-Rahmen, Zentralfederbein.

bauer die Frankfurter Ideenschmiede B+B im Auftrag von BMW. Da ist alles dran, was zukunftsträchtig scheint: Turbolader, Leichtmetall-Rahmen, zentrales Federbein, Vollverkleidung mit eingebauten Gepäckfächern.

1981 ist dagegen ein ruhiges Jahr. Neu kommt nur die R 65 LS. Abgesehen von einigen technischen Änderungen ist sie eine R 65, die für sportlicheres Aussehen eine kleine Cockpitverkleidung bekommen hat.

1982 steht wieder eine IFMA ins Haus, entsprechend hat BMW auch neue Modelle fertig. Insgesamt gibt's jetzt zehn verschiedene BMWs: R 45; R 65; R 65 LS; R 80 G/S; R 80 ST; R 80 RT; R 100; R 100 CS; R 100 RS; R 100 RT. Auf der Basis des 800er Motors entstehen die R 80 ST und die R 80 RT. Die ST gilt dabei als Grundmodell, die RT mit voluminöser Verkleidung als Langstreckentourer. Gemeinsam haben die

1981 kommt die R 65 LS, mit kleiner Lenkerverkleidung und verschiedenen technischen Änderungen aus der R 65 entwickelt.

Bild unten: Stark an die R 80 G/S angelehnt erscheint die R 80 ST mit ebenfalls 50 PS (37 kW), mit 183 kg etwas schwerer als die Geländemaschine.

R 80 G/S und die R 80 ST die schon bewährte Monolever-Einarmschwinge fürs Hinterrad. Die R 80 RT hat das Fahrwerk der R 100.

1983 fängt mit einer Menge Gerüchten an. Schon seit einigen Jahren arbeitet BMW an einer neuen Motorengeneration: Vierzylinder, wassergekühlt, obenliegende Nockenwellen und mindestens ein Liter Hubraum sind allgemein als Technische Daten bekannt.

Im Mai 1983 beginnt im Spandauer BMW-Werk die Nullserie. Mitte September wird die Neue der Presse vorgestellt, nachdem sie vorher bereits ausgewählten BMW-Händlern präsentiert worden ist. Die offizielle Premiere wird auf den im November stattfindenden Pariser Salon gelegt. Das hatte sich schon 60 Jahre vorher mit der R 32 genauso abgespielt. Auch damals war der Pariser Salon die erste Station in Richtung Öffentlichkeit. Aberglauben im modernen Management?

Das Namenskürzel der Neuen wird das K. Die erste ist die K 100 als Grundmodell. Die Tradition erfordert, daß gleich die K 100 RS als schnellste Sportversion danebengestellt wird.

1984: Neu ist vor allem die K 100 RT, der Tourendampfer mit Vollverkleidung und Packtaschen.
Neu sind zur IFMA auch zwei Boxermaschinen der 800er Klasse. Die Namen: R 80 und R 80 RT. Die erste als Motorrad pur gedacht, die zweite als Ablösung für den bisherigen R 80 RT Langstreckentourer. Abgelöst wird die bisherige R 80 ST, die mit kleinem Tank optisch zu sehr der R 80 G/S glich. Die neuen R 80 und R 80 RT haben auch den neuen R 80-Rahmen mit Monolever-Einarmschwinge. Aus dem Programm genommen werden alle R 100 Einliter Boxer.
1985 macht die nächste neue BMW mit Reihenmotor Furore. Zwar war schon anläßlich der Vorstellung der K 100 davon gesprochen worden, daß da noch ein Dreizylinder auf gleicher Basis in der Versuchsküche schmore, aber erst 1985 ist sie fertig. K 75 C ist der Name für das

Oben die K 100 Vierzylinder als Normalversion, darunter die K 100 RS. Beide Motoren leisten 90 PS (66 kW). Bei der RS ist der Motor in Gummiblocks gelagert.

Links die neue R 80 des Baujahres 1984 mit Einarmschwinge und Neuerungen sowohl im Motor als auch im Getriebe.

Die K 100 Basisversion ist durch viel BMW-Zubehör aufzurüsten. Hier sind Windschild, Zusatzscheinwerfer, Sturzbügel, Tankrucksack, Integral-Motokoffer und Gepäckträger montiert.

Nachzügler der K 100-Baureihe ist die K 100 RT nach dem Vorbild der R 100 RT. Sie soll dank großzügiger Unterbringungsmöglichkeiten für Gepäck die ideale Reisemaschine sein.

Unten links die neue K 75 C, rechts die K 75 S. Beide erscheinen 1985 auf dem Markt. Sie sind der Anfang für eine Vielzahl von Modellvarianten mit dem Dreizylindermotor.

Basismodell. Eine K 75 S mit recht zierlich wirkender Verkleidung folgt später.
1986: Das Erscheinen der neuen K 75 S läßt nicht lange auf sich warten. Eine kleine Sensation kommt auf der IFMA im Herbst noch hinzu: Die Baureihe der R 100 wird mit einem neuen Modell wiederbelebt: R 100 RS. Der Motor bleibt weitgehend der alte Bekannte, allerdings mit niedrigerer Verdichtung und nur noch mit 60 bis 65 PS. Damit sollen künftige Geräuschgrenzwerte vorab berücksichtigt werden. Auch bleifreier Kraftstoff kann getankt werden, denn die Zylinderköpfe enthalten die gleichen Ventilsitzringe wie die der R 80 Motoren. Auch R 80-Vergaser sind angebaut.
Die geringere Leistung soll durch günstigeren Drehmomentverlauf und höheres Drehmomentmaximum gut ausgeglichen sein. Von der R 80 stammt im übrigen auch das Fahrwerk mit Monolever-Einarmschwinge. Eine Abstützung des Aufstellmoments durch eine zusätzliche Strebe ist geplant, kommt aber 1986 wohl noch nicht in Serie.
Eindeutig ist aber, daß BMW zur IFMA 1986 wieder einen Meilenstein in der Motorradentwicklung setzen wird. Das von Kugelfischer (FAG in Schweinfurt) und BMW gemeinsame entwickelte Antiblockiersystem wird serienreif sein, und es wird zumindest in die laufenden Modelle auch nachträglich eingebaut werden können.
Die kleinste BMW, die R 45, wird aus dem Programm genommen, ebenso verschwindet die R 65 LS. Dafür gibt es die R 65 jetzt mit dem Fahrwerk der R 80-Modelle mit Monolever Einarmschwinge und zwei Motor-Versionen, einmal mit 48 PS und einmal, nur für den deutschen Markt, mit 27 PS.

Am Ende sind wieder insgesamt zehn Modelle im Programm: R 65; R 80 G/S; R 80; R 80 RT; R 100 RS; K 75 C; K 75 S; K 100; K 100 RS; K 100 RT.

Nahaufnahmen

Die BMW-Modelle nach 1976 waren sicher nicht alle gleichwertig. Zum Beispiel hat die R 75/7 praktisch keine Bedeutung erlangen können. Kein Wunder, sie wurde nur 6264 mal gebaut. Das ist knapp halbsoviel wie andere Baumuster. Dabei brachte sie zunächst recht gute Anlagen mit. Sie hatte den gleichen großen Tank wie die Einlitermaschinen und auch sonst viele Details von den Großen übernommen. Der Fehler lag woanders: Die R 75/7 wurde nur ein Jahr lang gebaut, bevor sie von der R 80/7 abgelöst wurde.

Viel wichtiger sind also die R 100-Versionen. Deshalb von ihnen die ersten Nahaufnahmen. Die R 100/7 ist das Basismodell. Ihr Motor leistet 60 PS bei 6500/min, das höchste Drehmoment liegt mit 75 Nm bei 4000/min sehr günstig. Und mit normal sitzendem Fahrer läuft die Tausender rund 180 km/h. Im Vergleich dazu sind die Daten der beiden anderen R 100 S und R 100 RS nicht so sehr verschieden. Die Leistung der R 100 S beträgt 65 PS bei 6600/min, das höchste Drehmoment von 77 Nm liegt bei 5500/min. Die R 100 RS hat schließlich 70 PS bei 7250/min und 77 Nm bei 5500/min. In den Fahrleistungen bietet nur die R 100 S eine kleine Überraschung. Sie ist nämlich geringfügig schneller als die R 100 RS, die doch nominell mehr PS hat. Aber da macht sich wohl die sehr schlanke kleine Cockpitverkleidung der S, die nur am Lenker befestigt ist, günstig bemerkbar. Die große, rahmenfeste Schale der RS hat zwar nach Messungen im Windkanal hervorragende Windschlüpfigkeit, aber sichtlich größere Hauptspantfläche.

BMW gibt zwar für die R 100 RS eine Höchstgeschwindigkeit von 197 km/h gegenüber den 195 km/h der R 100 S an, aber die Praxis in verschiedenen Tests hat leichte Vorteile für die S ergeben.

Wer also eine verkleidete alte BMW will, der muß nicht unbedingt zur R 100 RS greifen. Die einfachere S bietet zwar nicht soviel Windschutz, erscheint aber im Ganzen handlicher.

Beim Fahren macht sich dieses Plus an Wendigkeit nicht mal so sehr bemerkbar. Mir selbst ist aber die Gewöhnung an die Verkleidung der RS recht schwergefallen. Tatsächlich war die R 100 RS die einzige BMW, die ich mal im Stand auf die Seite gelegt habe. Die Verkleidung behinderte mich seinerzeit beim Vorrollen der Maschine, um sie vom Mittelständer zu heben. Und schon war's passiert, die RS kippte nach rechts weg. Andererseits habe ich mit der RS bisher (falls das als Anhaltspunkt genommen werden kann) die kürzeste Zeit zwischen Wohnung und Arbeitsplatz gefahren (86 km).

Dabei kommt eine leichte Gefahr der Verkleidung zutage: Der Fahrer unterschätzt die Geschwindigkeit. Die große Schale mit der Windschutzscheibe nimmt den Fahrtwind soweit weg, daß der Blick auf den Tacho nötig wird.

Bei anderen Maschinen mit Verkleidung tritt natürlich derselbe Effekt auf. Aber die BMW R 100 RS war immerhin das erste serienmäßig vollverkleidete Motorrad. Damals war's eben noch besonders auffällig.

Inzwischen werden Geschwindigkeiten erreicht, die ein normal muskulöser Fahrer körperlich gar nicht ohne Verkleidung durchhält.

Fahren mit der R 100 RS erfordert etwa ein halbes Jahr Gewöhnung an die Verkleidung, danach geht auch der Durchschnittsfahrer gewaltig zur Sache.

Die Motoren der drei Einlitermodelle waren weitgehend gleich. Selbstverständlich hatten sie gleiche Kurbelwellen und auch die gleichen Werte für die Bohrung. Unterschiede gab's zum Beispiel in der Verdichtung. Mit 9,0 ist der Motor der R 100/7 der zahmste, die beiden anderen haben höhere Kolben, Verdichtung 9,5.
Die Zylinderköpfe sind ebenfalls verschieden. Das Einlaßventil der R 100/7 hat 42 mm Durchmesser, das Auslaßventil 40 mm. Bei den schnelleren Motoren sind die Einlaßventile um 2 mm größer. Die Nockenwellen hingegen haben wieder dieselben Öffnungswinkel.
Die Vergaser stammen inzwischen wieder allesamt von Bing/Nürnberg. Die R 100/7 saugt durch 32 mm Vergaser, die beiden anderen Modelle haben 40er.
Allen drei Baumustern gleich sind die tiefe Ölwanne (bei der R 100 RS mit zusätzlichen Schwallblechen) und die mit mechanischem Unterbrecher arbeitende Batterie-Spulenzündung. Auch die Kupplungen sind gleich.
Die Ähnlichkeiten der Motoren gehen also sehr weit. Grundsätzlich kann von einem aufs andere Baumuster umgerüstet werden. Zum Beispiel kann nachträglich aus einer R 50/5 durch Einbau von Zylindern, Köpfen, Kolben, Nockenwelle und Vergasern plus Kleinteilen eine R 75/7 aufgebaut werden.
Und auf ähnliche Art läßt sich auch aus der R 90 eine R 100 machen. In diesem Falle ist es freilich bequemer, gleich den gesamten Motor zu wechseln. Dabei gibt es laut BMW fast unzählige Kombinationsmöglichkeiten. Etwa R 60/6 mit dem Motor der R 100 RS auszurüsten. Oder der R 90 S den R 100 RS-Motor einzupflanzen. Schließlich ist es ebenso erlaubt, die R 100/7 mit dem Motor der R 100 RS zu versehen.
Alle diese Umbauten sind an einzelne kleine Bedingungen gebunden. Werden diese erfüllt, bekommt der Fahrer von BMW die nötige Unbedenklichkeitsbescheinigung für die Zulassung.
Zu den Bedingungen gehört unter anderem, daß die leistungssteigernden Umbauten erst ab Fahrwerken mit bestimmten Fahrgestellnummern möglich sind. Bei den /6-Modellen sind nämlich ab diesen Nummern in die Oberrohre des Rahmens Verstärkungen eingezogen worden.
Hier die Liste:
R 60/6 ab Nummer 2 920 001 (die Serie begann mit 2 910 001)
R 75/6 ab Nummer 4 020 001 (die Serie begann mit Nummer 4 010 001)
R 90/6 ab Nummer 4 050 001 (die Serie begann mit Nummer 4 040 001)
R 90 S unbeschränkt, hier sind keine Fahrwerksänderungen nötig, wenn ein modernerer, stärkerer Motor eingebaut werden soll.
Berücksichtigt werden muß freilich, daß zu den Auflagen auch recht teure Änderungen gehören. So muß die Zweischeibenbremsanlage in die R 75/6 gebaut werden, wenn der R 100/7 Motor verwendet werden soll. Und die Getriebe sind bei einigen Umbauten ebenfalls zu wechseln, vom Hinterachsgetriebe und der Tachoanpassung ganz abgesehen.
Umbauten sind also möglich, aber nicht gerade billig. Wer zu diesem Komplex ganz spezielle Fragen hat, bekommt von BMW eine ausführliche Liste der genehmigten Umrüstungen. Da steht alles drin, bis hin zu den Bestellnummern der einzelnen Bauteile.
Hier brauchen also diese Details nicht aufgezählt zu werden. Sie können aber

Ab Herbst 1977 sind an der R 100 S die zwei Scheiben vorn serienmäßig, an der R 100 RS kommen die Leichtmetall-Gußräder mit etwas Verspätung wegen Fertigungsproblemen.

Empfehlenswertes Zubehör ist der Ölkühler, den es seit Anfang 1978 als Nachrüstsatz für alle Gleitlagermotoren ab R 50/5 gibt.

als Beweis dafür gelten, daß die BMW-Ingenieure stets das Baukastenprinzip sehr eng beachtet haben. So sind sicher im Notfall auch verschiedene andere Umbauten möglich, weil die Teile untereinander austauschbar sind.
Interessant für Besitzer der älteren BMW-Modelle mit Schwingenfahrwerk (also R 50 bis R 69 S) ist sicher noch, daß sie Motoren bis hin zur R 75/7 einbauen dürfen. Fahrwerksänderungen sind nötig, so muß der Kugelkopf am Rahmen (Seitenwagenanschluß) abgesägt werden. Außerdem ist die Gelenkwelle mit der Kupplungsglocke (im Schwingenarm) zu wechseln, das Getriebe des moderneren Motors wird gebraucht, die Telegabel muß verwendet werden mitsamt der moderneren Bremse. Zum Schluß: Selbstverständlich sind auch die alten Reifen nicht mehr zulässig, es müssen unbedingt S-Reifen sein.
Soweit der kleine Ausflug in die unbegrenzten Möglichkeiten, zu einer ganz individuellen BMW zu kommen. Derart tiefe Eingriffe stehen eigentlich nur dann zur Diskussion, wenn ein kapitaler Motorschaden sowieso viel Geld kosten würde. Dann kann Umrüsten sich wirklich lohnen.
Ein zusätzliches Anbauteil lohnt sich nach meinen Erfahrungen auf jeden Fall: der Ölkühler. Den gibt es seit Anfang 1978 auch als Nachrüstsatz für alle Gleitlagermotoren ab R 50/5. Eine Anbauanleitung wird mitgeliefert. Wichtige Kleinigkeit dabei ist die Entlüftung des Ölkreislaufs. Dazu wird eine spezielle sogenannte Arbeitsschraube (Bestellnummer 11 42 1 335) gebraucht, die im Bordwerkzeug bei verschiedenen Modellen bereits vorhanden ist. Sie öffnet ein Kugelventil und wird anstelle der Sechskantschraube M 6 × 10 in den Deckel des Ölfilterkopfes eingesetzt. Dann

Torsions-Ruckdämpfer der Kardanwelle.
1 = Federstütze, 2 = Feder, 3 = Druckstück, 4 = Kupplungsglocke, 5 = Haltering, 6 = Sprengring, der im Haltering liegen muß.

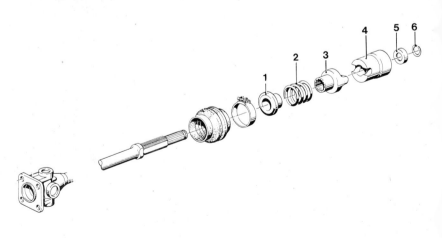

2,5 Liter Öl einfüllen, Kerzenstecker abziehen und etwa mit der Beru-Entstörpatrone kurzschließen, Kerzen herausdrehen, Motor mit Anlasser durchdrehen. Wenn die Ölkontrolle im Cockpit erlischt, ist die Arbeit fertig, die M 6-Originalschraube wird mit Dichtring wieder eingedreht. Die Arbeitsschraube wird auch zum Ölablassen gebraucht, ohne sie läuft das Öl nicht aus dem Kühler.

Neuerungen an den Fahrwerken sind unauffällig. Im Grunde sind alle /7-Fahrwerke gleich, auch später hat sich nichts Grundlegendes geändert.

Erwähnenswert ist nur, daß die R 100 RS als einzige der Gattung noch einen hydraulischen Lenkungsdämpfer hat. Die anderen müssen ohne auskommen, und Probleme gibt's damit entgegen anfänglichen Befürchtungen auch nicht. Erst die R 80 G/S hat mit der Einarmschwinge einen neuen Konstruktionsabschnitt eingeleitet.

Wichtig bleibt vielleicht noch, daß die Kardanwelle ab 1979 mit einem zusätzlichen Torsions-Ruckdämpfer versehen wurde. Das ist auch wieder eine typische BMW-Änderung. Es darf nämlich nachgerüstet werden. Wer eine alte /7 hat (mit der längeren Schwinge), braucht nur die alte Gelenkwelle auszubauen und die neue einzusetzen.

Dazu gibt es eine Montagevorrichtung. Sie arbeitet ähnlich wie die auf Seite 40 beschriebene zum Zusammenspannen der Federbeine.

Die neue Gelenkwelle wird in die Schwinge geschoben, draufzustecken sind von der hinteren Seite dann ein Druckstück, die Feder, das Gegenstück und die Kupplungsglocke. Jetzt wird die Feder mit der Vorrichtung zusammengezogen, damit ein Ring und ein Sprengring in ihre Sitze jongliert werden können. Dabei ist speziell der letzte Sprengring etwas heikel, er sollte unbedingt auf ein konisches Rohrstück gesteckt und mit einem passenden Rohr auf den Sitz geschoben werden.

Die Arbeit geht schnell, bei ausgebauter Schwinge gibt BMW nur drei Arbeitswerte an. So wird sich's sogar lohnen, mit der Schwinge unterm Arm zur BMW-Werkstatt zu gehen und die Schlosserei, die Spezialwerkzeug erfordert, dort machen zu lassen.

Fahrer von älteren /5-Modellen mit kurzer Schwinge brauchen sich nicht zu grämen. Auch hier bietet BMW Umrüstmöglichkeit. Das wird allerdings etwas teuer. Denn benötigt werden der angeschraubte Hinterrahmen, beide Schalldämpfer, die Schwinge komplett mit Kardanwelle, die Sitzbank, Distanzrohre und schließlich noch die Federbeinaugen. Das ist wieder ein Fall, wo sich das Umbauen nur nach einem Unfall mit verbeultem Hinterrahmen lohnt.

In der Chronologie wurde wegen der diversen Änderungen etwas vorgegriffen, darum jetzt zurück zum Baujahr 1977.

Die R 80/7 mit 55 PS und als gedrosselte Version passend zur Versicherungsklasse mit 50 PS kommt. Sie hat verzweifelt viele Ähnlichkeiten mit den R 100-Baumustern, Kurbelwelle gleich, Nockenwelle gleich, Kupplung gleich, Ölwanne gleich, ja sogar der Vergaser ist der gleiche Bing V 64 mit 32 mm Durchlaß, der auch für die R 100/7 vorgesehen ist. Nur das Auslaßventil ist mit 38 mm Durchmesser um 2 mm kleiner als bei der Großen. Also neue Zylinderköpfe.

Wie weit die gleichen Bauteile verwendet werden, macht das Luftfilterelement deutlich: Die R 80/7 mit 55 PS hat das Filter der R 100 S mit 16 Löchern, die 50 PS-Version das Filter ohne Löcher von der R 100/7.

In der Verdichtung unterscheiden sich die zwei 80er. Mit 9,2 Verdichtung bringt es die Schnellere auf ihre 41 kW bei 7000/min, während die Gedrosselte mit 8,0 Verdichtung auf 37 kW bei 7250/min kommt. Drehmomentwerte: 62,5 Nm bei 5500/min und 56,6 Nm bei 5500/min. Da ist der Unterschied doch schon spürbar. Sicher spielt für manchen Besitzer der zahmen Version auch eine Rolle, daß diese als einzige BMW dieser /7-Baureihe mit Normalbenzin auskommt, während alle anderen mindestens 98 Oktan, also Superbenzin verlangen. Aber es hat auch alle anderen Motoren mit geringerer Verdichtung für Normalbenzin gegeben, natürlich dann auch mit anderen Leistungsdaten.

In jenen Jahren waren Leistungsdrosselsätze besonders gefragt. So hat auch BMW eine Vielzahl an Unterlagen für nahezu alle Modelle herausgegeben, für

Die R 80/7 gibt es in zwei Motorversionen, nämlich mit 50 PS (37 kW) für Normalbenzinbetrieb und mit 55 PS für Super.

die man Leistungsminderungen ausprobiert und TÜV-genehmigt hat.
Das beginnt mit den Schwingenmodellen und geht sogar bis hin zur Einzylinder R 27. Sie wird durch Einbau einer 1,2 mm dicken Zylinderfußdichtung (erkennbar am nach außen überstehenden Lappen mit BMW-Zeichen) von 18 auf 17 PS gedrosselt.
Bei der R 50/5 geht zum Beispiel die Drosselung von 32 auf 27 PS durch einen Vergaser-Schraubstutzen zwischen Vergaser und Zylinderkopf. Diese Stutzen sind aus gehärtetem Stahl, haben innen einen Durchlaß von 20 mm und außen am Sechskant ein BMW-Zeichen.
Andere Umrüstteile hält BMW für nahezu alle Modelle bereit, so daß das Thema Drosselung damit abgehakt werden kann. Gelegentlich wird's freilich teuer, wenn etwa Hinterachsgetriebe und Auspuffanlage gebraucht werden. Dann doch lieber vorher überlegen, ob die zahme Version wirklich nötig ist. Meist glaubt der Käufer ja, er sei klug und gebe sich zu Anfang mit der kleineren, schwächeren Maschine zufrieden. Nach spätestens einem halben Jahr wächst dann so langsam der Frust, und es wird übers Schnellermachen nachgedacht. Lieber gleich was Richtiges, man kann auch eine sehr schnelle Maschine mit wenig Gasgeben langsam fahren, sofern der eigene Charakter stimmt.

Zurück zur R 80/7: Fürs Fahren und Schalten wichtig: Der Schalthebel liegt nicht mehr direkt auf der ins Getriebe hineinführenden Schaltwelle, sondern ist getrennt gelagert. Eine kurze Hebelei und ein Gestänge (das macht die Fußhebellage einstellbar) bilden die von BMW so genannte Schaltkinematik. Die zum Schalten aufzuwendenden Fußkräfte sind dadurch wesentlich verringert worden. So kommt deutlich besseres Schalten zustande, es kracht wesentlich seltener als früher.
Prinzipiell hat sich das Getriebe jedoch nicht geändert. Mit einer Ausnahme: Der Kickstarter wird nur noch auf Wunsch eingebaut. Die Anlasserleistung von 0,6 PS soll bequem reichen. Nur winters wird's nach einer Woche Stillstand dann doch gelegentlich heikel. Aber der Trend ist inzwischen wesentlich weitergegangen, Kickstarter hat heutzutage fast gar kein Motorrad mehr (Ausnahmen: Zweitakt-Twins, die man sowieso fast mit der Hand anwerfen kann).
Der Rahmenaufbau ist bei der R 80/7 wieder derselbe wie bei den Einlitermo-

dellen. Vorn Telegabel, Lenkung in Kegelrollenlagern, hinten Schwinge in Kegelrollenlagern. Federbeine dreifach in der Basis verstellbar. Die Bremse vorn ist noch als Einscheibenanlage ausgeführt, die Bauart ist bekannt: Schwenksattelbremse. Ebenso ist die hintere Trommel nichts Neues. Da müssen also keine Worte verloren werden.

Grundlegend Neues geschieht dafür im Jahr 1978. Die Modellreihe beginnt ab sofort weit unten, nämlich bereits bei 473 ccm. Die R 45 kommt mit 20 und mit 26 kW, also 27 und 35 PS.

Neu ist auch die R 65 mit 650 ccm, die auf der gleichen Grundlage wie die Kleine aufgebaut ist.

Basis ist eine völlig neue Kurbelwelle. Sie hat nicht mehr 70,6 Millimeter Hub wie alle anderen Boxer bisher, sondern nurmehr 61,5 Millimeter.

Dennoch herrscht das Baukastensystem. Die Lagerdimensionen sind gleich geblieben. Nachlesen in den Technischen Daten auf Seite 225 bis 230. Die Kurbelwellen-Hauptlager haben 60 Millimeter Durchmesser und 2,5 Millimeter Wanddicke der Lagerschalen. Die Hubzapfenlager (Pleuelfußlager) haben 48 Millimeter Breite. Selbst die Pleuelaugen für die Kolbenbolzen haben Lagerinnendurchmesser 22 Millimeter wie bisher.

Durch den kürzeren Hub sind die beiden kleinen Motoren um 58 Millimeter schmaler als zum Beispiel die 800er. Da stehen immerhin 688 gegen 746 Millimeter. Das macht sich beim Fahren bereits bemerkbar. Und die Fahrwerke sind kompakter als die der großen BMWs. Die ersten Fahrberichte sprechen davon, daß diese Fahrwerke prima handlich sind und mit der Motorleistung spielend fertigwerden. So nimmt es nicht wunder, daß sich die Überlegungen der Bastler schon kurz nach Erscheinen der Neuen mit Tuning befassen. Wenn sich etwa die 800er Motoren in die kleinen Fahrwerke einbauen ließen, dann hätten sie das Leistungsplus, das sich jeder Motorradfahrer wünscht.

Doch zurück zur Technik. Die Motoren haben bei 61,5 mm Hub unterschiedliche Bohrung. Die R 45 = 70 mm, R 65 = 82 mm. Verdichtung der 27-PS-Ausführung ist 8,2; alle anderen sind 9,2 verdichtet.

Leistungsdaten:
Die R 45 bringt gedrosselt 27 PS (20 kW) bei 6500/min. Höchstes Drehmoment 31,3 Nm bei 5000/min.
Die R 45 hat ungedrosselt 35 PS (26 kW) bei 7250/min. Höchstes Drehmoment 37,5 Nm bei 5500/min.
Die R 65 leistet 33 kW (45 PS) bei 7250/min und hat ihr höchstes Drehmoment von 50 Nm bei 5500/min.

Die beiden starken Motoren brauchen Superkraftstoff, die 20 kW-R 45 hingegen kommt mit Normalsprit aus.

Bing Gleichdruckvergaser haben alle drei, die R 45 Normal mit 26 mm Durchlaß, die Schnelle mit 28 mm Durchlaß, und die R 65 hat den 32 mm Durchlaß.

Bei den Zylinderköpfen gibt es nur zwei Versionen. Die R 45 hat jeweils 34 mm Einlaßventile und 32 mm für den Auslaß, während die R 65 38er Einlaß- und 34er Auslaßventile besitzt.

Wie die Drosselung der R 45 auf die versicherungsgünstigen 27 PS (20 kW) geschieht, läßt sich auch einfach aus den Technischen Daten ablesen. Die Nockenwelle ist anders. Sie hat nur 284 Grad Öffnungswinkel, während die Nockenwelle sowohl der schnellen R 45 als auch der R 65 mit 308 Grad Öffnungswinkel läuft.

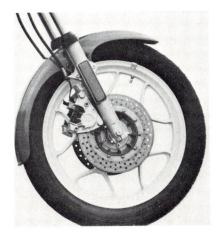

Doppelscheibenbremse zunächst auf Wunsch für die R 65. Wichtiger: die Bauart als Festsattelbremse, Hersteller die italienische Spezialfirma Brembo.

Kleinigkeit am Rande: Die zahme R 45 braucht auch nur zahme Kerzen, sie kommt mit Wärmewert 175 aus. Die beiden anderen müssen mit Wärmewert 225 gefahren werden.

In den Fünfganggetrieben gibt es keine Unterschiede. Alle Übersetzungsstufen sind gleich.

Neu ist aber die Kardanwelle. Sie hat einen Torsionsdämpfer eingebaut. Dieser Dämpfer mit Feder und Knagge ist seit 1978 bei allen anderen Modellen ebenfalls in die Serie gekommen.

Die Hinterachsgetriebe sind konstruktiv gleichgeblieben. Es werden folgende Übersetzungsstufen vorgesehen: 4,25 für die normale R 45, längere 3,89 für die schnelle R 45 und noch längere 3,44 für die R 65.

Die Rahmen sind allesamt gleich. Telegabel mit 175 mm Federweg, sie wurde völlig neu konstruiert und mit Bremssattel-Aufnahme hinterm Gabelholm für die neue Brembo-Festsattelbremse versehen. Die Schwinge samt Kegelrollen-Lagern ist nur für die Aufnahme der neuen Gelenkwelle umgebaut. Federweg hinten mit dreifach in der Basis verstellbaren Federbeinen 110 Millimeter.

Der Radstand ist gegenüber den bisherigen Maschinen deutlich kürzer, statt 1465 mm beträgt er nur noch 1390 mm. Der Nachlauf hingegen ist nur um ganze sechs Millimeter gewachsen.

Der Grund für die besondere Handlichkeit der kleinen BMWs sind aber sicher die anderen Räder. Die Vorderräder sind auf 1,85B × 18 Felgen mit 3,25-18 oder 3,25 S 18 Reifen bestückt, hinten sind auf 2,50B × 18 Felgen die Reifen 4.00-18 oder 4.00 S 18 aufgezogen.

S-Reifen gehören natürlich auf die beiden schnellen Modelle, die 20 kW-R 45 kommt mit Reifen aus, die nur bis 150 km/h zugelassen sind.

Bei den Bremsen wurde ein bißchen gespart. Alle drei Modelle laufen nur mit einer Scheibenbremse im Vorderrad, Zweischeibenanlage gehört zu den ersten Wünschen der damaligen Tester. Dabei geht's ihnen nicht etwa um zu geringe Bremsleistung, sie befürchten vielmehr, daß die einseitige Belastung der Gabel beim Bremsen dazu führt, daß die Maschine aus dem Kurs kommt. Aber die zweite Scheibe fürs Vorderrad gibt's gleich als Sonderausstattung ab Werk. Neu ist an der Scheibenbremse der kleinen BMWs, daß sie nun nicht mehr vom Lenker bis zum Hauptbremszylinder unterm Tank einen Seilzug nutzt. Der Hauptbremszylinder liegt am Handhebel, alles geht hydraulisch. Auf diese Modernisierung müssen die Baumuster ab R 80 aufwärts immerhin noch bis 1981 warten.

Die Trommelbremse hinten mit ihren 200 mm Durchmesser ist vollauf gut. Da läßt die dynamische Radlastverlagerung aufs Vorderrad sowieso nicht allzuviel Bremswirkung zu.

Elektrisch bietet die Reihe der kleinen BMWs noch keine Besonderheiten. Der Drehstromgenerator ist aus den großen Maschinen bekannt. Er leistet 280 Watt bei 12 Volt Nennspannung. Scheinwerferdurchmesser 160 mm ist ebenso normal wie die kontaktgesteuerte Zündung. Neu ist allenfalls der Begriff »Zentralelektrik«. Er bedeutet schlicht, daß im Tank verschiedene Relais auf Grundplatten zusammengefaßt sind und mit genau bemessenen Kabelbäumen und Spezialsteckern angeschlossen werden. So wird das Kabelgewirr ordentlicher. Aus der Automobiltechnik stammende Modulbauweise ist das allerdings erst ganz rudimentär.

Eine kleine Eigenart hat die neue Zündanlage dennoch. Sie läßt sich bei laufendem Motor verstellen. Der Unterbrecher ist nämlich in einem eigenen kleinen Gehäuse gekapselt. Und wenn der Monteur seine Stroboskoplampe angesetzt hat und merkt, daß die Zündeinstellung nicht stimmt, dann braucht er nur die beiden Halteschrauben des Unterbrechergehäuses leicht zu lockern, das Gehäuse kann bei laufendem Motor verdreht werden.

Mit diesem von BMW »Zündauslöser« genannten gekapselten Unterbrechergehäuse ist etlicher Kummer früherer Jahre beseitigt. Als nämlich die Unterbrecherkontakte noch frei zugänglich unter dem großen Lichtmaschinendeckel lagen, fielen sie oft wegen Wasser und Schmutz aus. Außerdem war der Nockenwellenzapfen, auf dem der Fliehkraftversteller lief, recht dünn. Ungeschickte Schlosser verbogen ihn, und dann stimmte die Zündeinstellung für beide Zylinder nicht mehr überein. Das ist jetzt anders. Die

Oben: Zündauslöser mit Unterbrecher. Gute Lösung, wasserdicht, leicht einstellbar.

Rechts: Simplex-Steuerkette, Nockenwelle mit Kupplung für Zündauslöser vorn und Ölpumpenrotor am hinteren Ende.

Unten: Wenn mit dem Stroboskop die Einstellmarke am Schwungrad abgeblitzt wird, kann der gesamte Zündauslöser ganz einfach nach Lösen der zwei Innensechskantschrauben verdreht werden, sogar bei laufendem Motor.

Nockenwelle endet in zwei Klauen, an die das Unterbrechergehäuse angekoppelt ist. Schmutz hat kaum noch eine Chance, und die Zündeinstellung bleibt für beide Zylinder gleich. Wenn dennoch mal Wasser eindringt, genügt es, den O-Ring an dieser Koppelung zu wechseln. Der kleine Blechdeckel vorn hält fast immer dicht.

Nachteil des neuen Zündauslösers: Wenn er mal defekt ist, muß das gesamte kleine Gehäuse ausgewechselt werden. Nur die Unterbrecherkontakte lassen sich getrennt ausbauen.

Beim Reparieren fällt dem Monteur sonst nichts Neues auf. Er zerlegt die Motoren auch der kleinen BMWs wie gewohnt. Besondere Tricks sind nicht nötig. Und die Einstellwerte sind so normal wie bei allen anderen BMW-Modellen.

Das gilt auch für die ab 1978 lieferbare R 100 T und die neue R 100 RT. Die einfache T ist nur Nachfolger der R 100/7. Die RT hingegen sieht richtig wuchtig aus.

Die Verkleidung wirkt noch riesiger als die der R 100 RS, sie hat Stauraum für Gepäck, ein sogenanntes Handschuhfach, und ist auch mit Instrumenten reich bestückt. Zudem ist die große Windschutzscheibe dreifach verstellbar.

Die Technischen Daten des Motors sind gleich wie bei R 100 S und RS. Inzwischen haben diese drei ihre 70 PS, während nur die R 100 T mit 65 PS zufrieden sein muß. Sie hat noch den Vergasersatz 94/40/103 und 104 von Bing, die drei Schnelleren verwenden die 94/40/105 und 106.

Zu den kleinen, aber für den Reparateur wichtigen Änderungen gehört, daß ab Ende 1978 völlig neue Kolben verwendet werden. Nur die R 60/7 behält die bisherige Bauart.

Anders ist die Sicherung des Kolbenbolzens. Nicht mehr innenliegende Draht-Sprengringe halten den Bolzen seitlich

Der neue Kolben mit der Seegerring-Sicherung in der Nut im Bolzen, außerdem neue Kolbenboden-Form.

fest, sondern neuerdings werden außenliegende normale Seegerringe eingesetzt.
Der Kolbenbolzen hat also zwei Einstiche für die Ringe. Daß die Änderung sinnvoll ist, weiß jeder, der sich schon einmal über den kleinen Grat in der Kolben-Bolzenbohrung geärgert hat. Dieser Grat wird durch den wandernden Bolzen verursacht. Er schiebt den innenliegenden Sprengring gegen die Nutkante, und wenn das nur lange genug geschieht, hämmert der Ring dort einen Grat hoch. Wer jetzt den Bolzen ausdrücken will, hat heftig zu kämpfen. Deshalb haben routinierte Monteure vor dem Ausdrücken der Bolzen den winzigen Grat mit einem schmalen, scharfen Taschenmesser abgeschnitten.
Zusätzlich zu der Modifizierung der Bolzensicherung haben die neuen Kolben auch eine neue Form des Kolbenbodens bekommen. Damit soll der Verbrennungsvorgang optimiert werden, zudem soll sich nicht mehr soviel Ölkohle wie bisher ablagern können.
Die neuen Kolben gibt es in zwei Gewichtsklassen, mit + oder – gekennzeichnet. Weil sich die Gewichte der Neuen von den der bisherigen Kolben deutlich unterscheiden, dürfen in einem Motor nur entweder zwei alte oder zwei neue Kolben laufen. Rechts alt und links neu gibt zusätzliche Vibrationen, wird von BMW nicht zugelassen. Und selbstverständlich sollen auch nur Kolben der gleichen Gewichtsklasse in einem Motor laufen.
Die neuen Kolben wurden bei den Modellen R 80/7 mit 40 und mit 37 kW von Serienbeginn an eingesetzt. Bei den R 100-

Die Gelände-BMW von Ingenieur Laszlo Peres.

Modellen begann der Einsatz ab den folgenden Fahrgestellnummern:
R 100/7   ab 6 045 408
R 100 S   ab 6 065 101
R 100 RS   ab 6 085 018
1979 geschieht nur scheinbar nicht viel. Zwar gibt es keine neuen Modelle, aber für den aufmerksamen Beobachter der Motorrad-Szene zeichnen sich Neuerungen ab. Im Geländesport zum Beispiel läßt BMW eine GS 80 laufen, und zwar sowohl in der Deutschen- als auch in der Europa-Meisterschaft. Der Rahmen ist in Zusammenarbeit mit der italienischen Firma Laverda entstanden und auch dort gebaut worden. Besonderheit ist die einarmige Hinterradschwinge, die auf den Fahrer-Ingenieur Laszlo Peres zurückgeht.

Doch für die Serienfertigung ist noch kein neues Modell in diesem Jahr geplant. Aber es gibt viele kleine Änderungen, die fast stillschweigend in die Serie einfließen.

Zum Beispiel werden die Nockenwellen mit anderen Steuerzeiten und der Aufnahme für den neuen Zündauslöser (wie er schon bei den kleinen Baumustern verwendet wird) eingebaut. Statt der Zeiten für Einlaß öffnet/schließt und Auslaß öffnet/schließt von 10/50/50/10 Grad gibt es unsymmetrische Zeiten von 16/44/56/4 Grad. Gemessen wie stets bei 2 mm Ventilspiel. Nockenwellenantrieb vorerst noch mit Duplex-Kette und dem hydraulisch unterstützten Kettenspanner.

Die R 60/7 ist ab Ende 1979 nicht mehr im Programm. Sie hatte ab Fahrgestellnummer 6 007 001 noch leicht verringerte Verdichtung von 9,0 statt 9,2 bekommen. Sicher wegen der recht häufigen Klagen über die Klingelneigung. Und die Steuerzeiten der letzten R 60/7 Modelle lagen bei 6/34/46/6 Grad gegenüber vorher 6/40/40/6 Grad.

Bei den Bremsen ist nach verschiedenen Modifikationen inzwischen ein endgültiger Standard erreicht, und die Schaltung des Scheinwerfers wird von Dauerlicht beim Fahren wieder auf abschaltbares Licht umgestellt. Eine Warnblinkanlage gibt es als nachrüstbares Sonderzubehör, und auch der elektrische Drehzahlmesser wird so geändert, daß seine Platine nicht mehr wasserempfindlich ist.

Einarmschwinge der Peres-BMW, hier liegt das Federbein zentral, während es bei der Werksmaschine seitlich angelenkt ist.

1979 gibt es auch andere Umstellungen, die für den BMW-Fahrer interessant sind. Die Zündkerzen-Wärmewerte werden neu gestaffelt. Statt der früheren Bezeichnungen 175/200/225/230 erscheinen völlig andere Namen. Dazu die folgende Tabelle:

alte Bezeichnung/neue Bezeichnung
Bosch Kerzen:
W 175 T 30	W 7 D
W 200 T 30	W 6 D
W 225 T 30	W 5 D
W 230 T 30	W 5 D 1

Beru Kerzen:
175/14/3A	14-7 D
200/14/3A	14-6 D
225/14/3A	14-5 D
230/14/3A	14-5 D 1

Hinweis am Rande: Die Kerzen werden mit 23 bis 30 Nm (2,3 bis 3 mkp) angezogen, Gewinde am besten mit Molykotefett 1000 geschmiert.

Für die Hinterradfederung gibt es inzwischen verschiedene Feder-Dämpfer Kombinationen. HD-Dämpfer sind etwas härter abgestimmt, passend zu härteren Federn.

Wenn auch 1979 kein neues Modell vorgestellt wird, gibt es später bei Umrüst-Vorschriften immer wieder den Hinweis: »ab Modell 79«. In solchem Fall ist stets ein Modell gemeint, das auf der IFMA 1978 vorgestellt wurde, aber eben erst 1979 zur Auslieferung kam.

1980 ist es dann soweit. Die R 80 G/S hat Premiere. Vielfach wird durch die Optik überdeckt, daß dieses Modell nicht nur den neuen Rahmen mit der Einarmschwinge, den einseitigen Schalldämpfer, den hohen Geländelenker und den schmalen Geländetank hat. Da sind auch im Motor ganz gehörige Neuerungen verwirklicht worden.

Ein kleiner Vergleich: Die Sportmaschine GS 80, die im Wettbewerb eingesetzt wurde, wiegt 130 kg. Die R 80 G/S (186 kg) hat 50 kg mehr dran, gegenüber der normalen Straßen-R 80 (236 kg) immerhin 50 kg weniger. Diese 50 kg mußten irgendwo eingespart werden.

Die Neuerungen: Zylinder jetzt nicht mehr mit Grauguß-Laufbuchsen, sondern Leichtmetall mit einer Laufbahn aus galvanisch aufgetragenem Nickel mit eingelagerten Siliziumkarbid-Kristallen. Galnikal oder Nikasil heißt diese Beschichtung. Und sie ist so hart, daß fast gar kein Verschleiß mehr auftritt. 3,4 kg werden zudem gegenüber den Zylindern mit Gußbuchsen eingespart.

Die Kupplung wurde radikal geändert. Die leichtere Schwungscheibe besteht nur noch aus dem Anlasserzahnkranz und den Speichen dafür. Dahinter liegt die neuerdings übersetzte Tellerfeder, dann folgt der an drei Stahlbändern tangential aufgehängte innere Kupplungs-Druckring. Er bietet Reibfläche für die Kupplungsreibscheibe, die wie üblich innen mit Verzahnung verschiebbar auf der Getriebewelle sitzt. Den Abschluß bildet der äußere Druckring. Allein die Schwungscheibe wiegt vier Kilogramm weniger als die alte.

Auch die Kupplungsbetätigung ist rundum neu. Der Hebel am Getriebe hat eine völlig andere Form, ist zudem niedriger übersetzt. Seine Lagerung geschieht in einer extra Buchse, statt wie bisher nur im Grundmaterial. Drucklager und Druckstange sind ebenfalls neu, auch nicht gegen frühere Teile auswechselbar.

Die nächste wichtige Neuerung betrifft den Ölkreislauf. Von der Ölpumpe am hinteren Ende der Nockenwelle wird das Schmiermittel über den Ölfilter zunächst zu den Kurbelwellenlagern und dann erst zum vorderen Nockenwellenlager geführt. Außerdem gelangt es wie bisher durch die Kanäle der Zylinder-Stehbol-

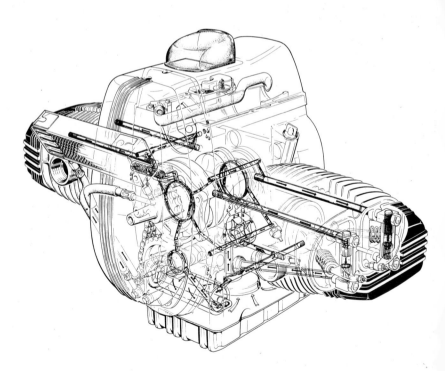

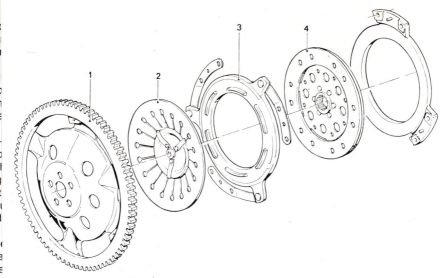

Linke Seite: Das ist der alte Ölkreislauf. Von der Pumpe am hinteren Ende der Nockenwelle wird das Öl durch das Filterelement gedrückt, von dort zum vorderen Nockenwellenlager. Die Versorgung der Zylinderköpfe zweigt von den Kurbelwellenlagern ab.

Oben die neue Kupplung. 1 = Schwungscheibe mit Anlasserverzahnung, 2 = Tellerfeder, 3 = Druckscheibe mit Federstahl-Mitnehmern, 4 = Reibscheibe und äußere Druckscheibe.

Unten der neue Ölkreislauf. Vom Ölfilter führt jetzt eine dicke Leitung erst einmal zum Lagerdeckel der Kurbelwelle und zum dortigen Lager. Die Nockenwelle wird von einer Abzweigleitung versorgt. Die weitere Führung des Schmiermittels bleibt gleich. Aber Kurbelgehäuse und vorderer Lagerdeckel sind neu.

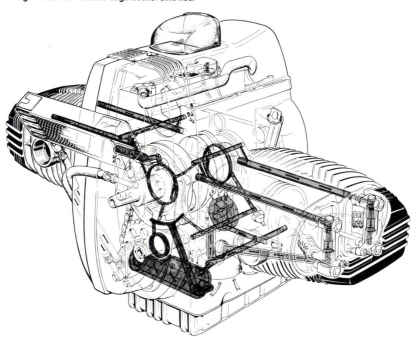

speichenräder mit Leichtmetallfelgen. Die Reifen der ST sind auf Straßenbetrieb abgestimmt, vorn 100/90 H 19, hinten 120/90 H 18. Dazu gehört eine neue Felge fürs Hinterrad, Größe 2.50 B x 18. Diese Felge wird gegenüber der Nabe um 3,3 Millimeter nach links versetzt, damit der Niederquerschnittreifen gut an der Schwinge vorbeiläuft.

Dieselbe Felge bekommt dann auch die R 80 G/S, die vorher nur mit 0,3 mm Linksversatz eingespeichte Felge hatte.

Die R 80 RT hingegen hat das Fahrwerk der R 100-Versionen mit der herkömmlichen Zweiarmschwinge und den beiden Federbeinen. Leichtmetall-Gußräder, vorn Doppelscheibenbremse, hinten Trommel. Reifen 3.25 S 19 vorn und 4.00 S 18 hinten.

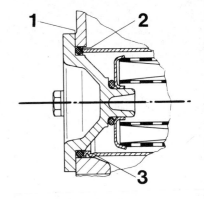

Zwei verschiedene Ölfilter-Versionen in einem Bild. Oberhalb der Mittellinie die alte Ausführung mit Papierdichtung (1) und Stahlscheibe (2), unterhalb die Ausführung ohne die Stahlscheibe, dafür aber mit angebördeltem Rand (3). Sie ist ohne Papierdichtung zu verwenden.

An den Motoren der 800 cm³-Modelle wird nicht mehr viel geändert. In den Werks-Reparaturanleitungen wird nach Jahrgängen unterschieden, die einzelnen Baumuster zählen dagegen eher am Rande. So gelten durchweg dieselben Toleranzen und Abmessungen der R 80 G/S genauso auch für R 80 ST und, soweit es den Motor betrifft, auch für die R 80 RT. Siehe auch die Tabelle der vorgesehenen Werkzeuge am Ende des Kapitels.

Es gibt eine Änderung, die alle Motoren betrifft. Einfließend in die Serienfertigung wird ein neues Ölfilter-Mantelrohr eingepreßt. Es unterscheidet sich vom vorigen dadurch, daß es einen umgebördelten Rand hat. Dieser Rand bildet eine ebene Fläche, gegen die der dicke 4-mm-O-Ring anliegt. Die alten Mantelrohre brauchten unter dem O-Ring noch eine Stahlscheibe, zudem mußte der Deckel des Gehäuses mit einer Papierdichtung angesetzt werden. Stahlscheibe und Papierdichtring fallen jetzt weg.

Das neue Mantelrohr kann nachträglich auch in die Vorläufermotoren eingebaut werden.

Interessant sind die verschiedenen Ölfilter, die es ab sofort gibt. Da ist der alte Filtereinsatz, der am Deckel und am Boden je einen O-Ring verlangte. Der neue Einsatz hat zwei eingeklebte Rechteckringe, deshalb müssen die O-Ringe im Boden und am Deckel vor dem Einbauen des neuen Filters entfernt werden.

Für Maschinen mit RT- oder RS-Verkleidung oder für Sonderfälle, bei denen der Filterwechsel durch das Rahmenrohr erschwert wird, ist ein Filtereinsatz mit Scharniergelenk vorgesehen. Er besteht praktisch aus zwei halblangen Filtern, die in der Mitte gelenkig verbunden sind. Auch der Gelenkfilter wird mit eingeklebten Rechteckringen gebaut, die O-Ringe aus Deckel und Mantelrohrgrund müssen also vorher herausgezogen werden.

Weil sich übrigens die neuen Mantelrohre gelegentlich setzen, ist beim Filterwechsel (falls zu niedriger Öldruck beanstandet wurde) darauf zu achten, daß das Maß zwischen der Gehäusefläche und dem Mantelrohr (Auflage des O-Ringes) zwischen 3,1 und 3,8 mm liegt.

Wenn das Maß stimmt, aber immer noch zu niedriger Öldruck angezeigt wird, kann es zum Beispiel daran liegen, daß die Kurbelwellenlager zuviel Spiel haben. Das ist der schlimmste Fall.

Aber auch winzige Kleinigkeiten können zu niedrigen Öldruck verursachen. Zum Beispiel saugt die Ölpumpe Luft, wenn das Ölsieb in der Ölwanne nicht fest angeschraubt ist. Und wenn das Sieb schmutzig ist, kommt auch kein rechter Öldruck auf. Oder die Kugel des Bypassventils innen im Ölfiltergehäuse hängt. Mit einer Nadel läßt sich feststellen, ob die Kugel unter Federdruck steht und richtig zurückschnappt. Schließlich ist auch möglich, daß sich am Kolben des Überdruckventils (beim Kettenspanne

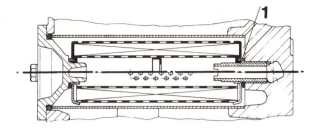

Obere Bildhälfte die neuere Ausführung, sie hat bei (1) eingeklebte Rechteck-Dichtringe. Wird diese neue Ausführung verwendet, muß der innenliegende runde vorher herausgeholt werden.

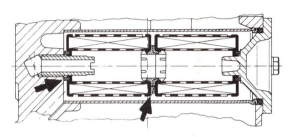

Ölfilter mit Gelenk in der Mitte (Pfeil). Er wird für R 100 RS und R 100 RT vorgesehen, weil er sich durch das Gelenk leichter montieren läßt.

der Steuerkette) ein Grat aufgeworfen hat. Der Kolben ist dann einfach auszuwechseln.
Großes Pech ist es, wenn sich der Ölpumpenrotor ins Gehäuse eingelaufen hat. Dann kann die Pumpe nicht mehr genug Druck erzeugen. Der Schaden kostet ein neues Motorgehäuse.
Weniger schwerwiegend sind Probleme, die bei unregelmäßigem Motor-Leerlauf eintreten. Überprüft wird zunächst die Grundeinstellung. Also Ventilspiel bei kaltem Motor auf 0,1 für Einlaß und 0,15 mm für Auslaß einstellen. Für die Modelle R 45 bis R 65 LS werden 0,1 und 0,2 mm vorgeschrieben. Und wenn es sich um ganz neue Motoren handelt, die weniger als 1000 km auf dem Buckel haben, dann soll grundsätzlich um fünf Hundertstel weiteres Spiel reguliert werden.
Die Zündung muß auch stimmen. Erst danach wird der Motor angewärmt. Möglichst nicht mit Standgas brummen lassen, sondern warmfahren. Wenn jetzt die Vergasereinstellung immer noch keinen gleichmäßigen Leerlauf ergibt, dann heißt es suchen.
Zuerst die Leerlaufdüse herausschrauben. Dort sitzt ein O-Ring. Ist der noch rundum ohne Schnitte und Risse? Am besten einen neuen spendieren.

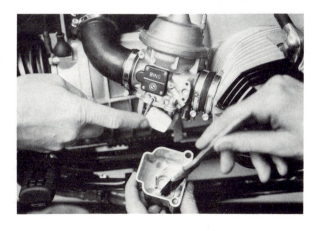

Sauberkeit ist die Grundlage ordentlicher Vergasereinstellung. Nicht nur die Schwimmerkammer wird sorgsam vom Schmutz befreit. Auch das Schwimmerventilchen kann durch Dreck verklemmen. Schwimmerstand mit zartem Fingerspitzendruck kontrollieren. Dabei darf ruhig ein bißchen Benzin ablaufen.

Als nächstes die Gemischregulierschraube herausdrehen. Sie hat eine feine Spitze. Wenn sie irgendwann einmal zu fest eingedreht wurde, kann diese Spitze abgebrochen sein.
Beim Herausschrauben der Leerlaufdüse ist sicher die Schwimmerkammer gleich gereinigt worden. Ist auch das Schwimmerventil sauber? Stimmt der Schwimmerstand? Diesen kurz nachprüfen: Ohne den Vergaser abzunehmen muß die obere gerade Fläche des Schwimmers in einer Flucht mit der Unterkante Vergaser stehen, wenn der Schwimmer, zart nach oben gedrückt, gerade schließt. Benzin darf dann keines mehr ausfließen.
Das heißt also, den Schwimmer zuerst nach oben drücken, bis auch der zarte Federwiderstand des Schwimmerventils überwunden ist. Benzinhahn öffnen. Dann den Schwimmer langsam absenken. In dem Augenblick, in dem die Schwimmeroberkante mit der Dichtfläche fluchtet, soll das Benzin auszulaufen beginnen. Klappt das nicht, dann die Zunge am Schwimmer vorsichtig nachbiegen.
Wer den Vergaser zum Prüfen des Schwimmerstandes abbauen will, hält ihn senkrecht (was hinten war, kommt nach oben) und beobachtet, ob der lose hängende Schwimmer bereits gegen das Schwimmerventilchen drückt.
In der Werkstatt wird meist eine ganz einfache Vergasereinstellung vorgenommen: Der Leerlauf wird mit Drosselklappen-Anschlagschraube und Gemischregulierschraube auf fünf Prozent CO im Abgas einjustiert, dann stimmen alle anderen Werte fast immer automatisch.
Gibt es danach immer noch Probleme, dann ist es möglich, daß der Motor irgendwo Nebenluft zieht. Also die Anschlüsse der Vergaser kontrollieren. Sind Schlauchschellen lose? Sind Schläuche brüchig? Sitzen die Schrauben, die die Bohrungen für die Unterdruck-Messung verschließen, auch alle eingesetzt und dicht?
Schließlich kann Nebenluft auch durch eine gerissene Membrane im Vergaserdom angesaugt werden. Wer Pech hat, muß eben sehr genau alle Teile prüfen.
Bei den Modellen R 65 und R 65 LS sind einige Änderungen im Ansaugsystem für bessere Motorcharakteristik im Teillastbereich vorgenommen worden. Ein Ansaugrohr im Luftfiltergehäusedeckel wird durch ein größeres ersetzt, das jetzt lichte Weite von 30 x 19 mm hat. Die Hauptdüsen der Vergaser werden auf 135 oder 138 oder 140 umgerüstet. Die Düsennadel wird in die dritte Kerbe von oben gehängt.
Diese Änderungen sind ab den Modellen des Baujahres 1981 nachrüstbar. Weil sie leistungsbestimmende Bauteile betreffen, muß der TÜV seinen Segen dazu geben. BMW hält eine Unbedenklichkeitsbescheinigung bereit, wenn Fahrername und Fahrgestellnummer angegeben werden. Maschinen ab Baujahr Ende 1982 brauchen natürlich diese Bescheinigung nicht, da gehört der Umbau zur Serienfertigung.
Im Getriebe wurde der Schaltautomat ein wenig verändert. Den Bausatz von zwei Kurvenscheiben, einer Schaltklinke und einer Schenkelfeder gibt es als Umrüstkit für alle Getriebe ab Baujahr 1981. 1982 wurde auch der Eingriffswinkel der Zahnräder vom Primärtrieb und vom fünften Gang auf 17,5 Grad geändert. Und der Wellendichtring der Abtriebswelle ist künftig nicht mehr schwarz, sondern blaugrün. Er hat den Herstellernamen »KACO« aufgestempelt, auf dem alten stand »cfw«.
Diese neuen Getriebe halten sich bis 1985, dann kommen ja die neuen Ausführungen heraus.
Eine Kleinigkeit noch: Die Verschraubung des Kreuzgelenks mit der Getriebewelle trägt ab sofort keinen Federring mehr. Die Schrauben werden von M 10 x 1 x 14,5 auf M 10 x 1 x 13 mm verkürzt. Sie sind übrigens stets auszuwechseln, wenn sie einmal gelöst wurden.
Am Fahrwerk der R 100 RT wird serienmäßig der Boge Nivomat als Hinterradfederbein eingebaut. Seit seiner Einführung als Sonderausstattung ist dieses Spezialbein einige Male überarbeitet worden, zuletzt bekam es eine dritte Anschlagfeder unterm Faltenbalg, damit es schnell genug auf Belastungsänderungen reagiert.
Die Form des Hinterachsgetriebes wurde geändert. Das neue Gehäuse hat eine Verrippung. Bei Maschinen mit Scheibenbremsen ist eine Umrüstung auf das neue Hinterachsgetriebe möglich, indem

die 12 Angüsse an der Nabe des Rades abgefräst werden, allerdings ohne die Wandung zu schwächen, sie muß mindestens 4 mm dick bleiben. Bei Maschinen mit Trommelbremsen müssen im Ersatzfall außer dem Hinterachsgetriebe auch noch Bremsschlüssel, Bremsbacken und vier Runddichtringe gewechselt werden. Außerdem wird ein Besuch beim TÜV zur Begutachtung des Umbaus fällig.
Schwierigkeiten können übrigens an den Bremsscheiben auftreten. Wenn sie sich lockern, muß schlimmstenfalls das komplette Rad ausgewechselt werden. Das kommt allerdings nur dann infrage, wenn die lockere Scheibe bereits die Auflagefläche an der Nabe beschädigt hat. Sonst genügen neue Schrauben mit neuen Unterlegscheiben.
1983 kommt die Vierzylinder K 100, die später noch getrennt besprochen wird. Dennoch wurde an den Boxern weitergearbeitet. Das wichtigste ist eine neue Kupplungs-Reibscheibe. Sie ist allerdings ohne Änderung auch in ältere Modelle einzubauen. Besondere Vorschrift: Schmieren mit hitzebeständigem Fett Staburags NBU 30 PTM (von Klüber Lubrication, München) an der Stelle, an der die Tellerfeder aufliegt und natürlich an der Kerbverzahnung. Bei der Montage darauf achten, daß die mit Farbpunkten versehenen drei Scheiben so eingebaut werden, daß diese Farbpunkte zueinander um 120 Grad versetzt sind. Das ist wegen der Auswuchtung der Scheiben nötig.
Etwas tiefgreifender ist eine Neuerung am Fahrwerk. Alle Rahmen werden mit anderen Mittelkippständern ausgerüstet. Und die Seitenstützen werden ebenfalls anders angebaut. Diese neuen Seitenstützen haben kein Kugelgelenk mehr, eine geänderte Federkinematik und einen anderen Anschweißbock am Rahmen. Umrüstung ist ab Baujahr 1981 möglich, außer bei R 80 G/S und R 80 ST. Die Kippständer sind genauso umrüstbar.
In der Telegabel traten bei den vorhergehenden Maschinen gelegentlich Klappergeräusche auf. Die sind jetzt nach verschiedenen kleinen Änderungen endgültig aus der Welt. Ein anderes Ventilgehäuse unter Federbelastung wird in allen Stoßdämpfern eingebaut. Nur die Gabeln der R 45 und R 65 brauchen das nicht.

Die Ölfüllmengen für die Gabeln werden endgültig neu festgelegt, da lohnt sich die Tabelle:

Modell	Ölmenge in cm^3
R 45, R 65, R 65 LS	190
R 80 G/S	220
R 80 ST	190
R 50/5 bis R 100 RS vor 1981	250
R 80 RT, R 100, R 100 CS ab 1981	220
R 100 RT, R 100 RS ab 1981	220

Diese Ölfüllmengen sind jeweils mit +/− 10 cm^3 genau einzuhalten.
1984 wird ebenfalls Feinarbeit gemacht. Aber wichtiger ist, daß jetzt keine BMW der großen Klasse mehr mit der Zweiarmschwinge ausgerüstet ist. Die R 80 löst die bisherige R 80 ST ab, die R 80 RT bekommt das Fahrwerk der 800er mit Monolever. Schließlich gibt es noch die R 80 G/S in Paris-Dakar-Ausrüstung.
Die Neuerungen sind im einzelnen sehr umfangreich. Da ist zunächst der 22-Liter-Tank für alle, dann die Sitzbank mit geräumiger Ablage, dann die Auspuffanlage mit Vorschalldämpfer unterm Getriebe und zwei Endschalldämpfern.
Der Rahmen wird vorn und hinten verstärkt, und das Monolever-Federbein stützt sich jetzt direkt am Hinterachsgetriebegehäuse ab. In diesem Getriebe ist das Nadellager für das große Tellerrad durch ein Kegelrollenlager ersetzt worden. Die Einstellung des Radsatzes bleibt im Grunde gleich. Zuerst wird das Zahnflankenspiel durch die Dicke einer Unterlagscheibe vor dem Kegelrollenlager justiert. Dann wird das Tragbild kontrolliert und durch mehr oder weniger Beilagen am Ritzel korrigiert. Mit Ausgleichsscheiben zwischen dem Deckel des Getriebes und dem großen Kugellager wird schließlich die Vorspannung des Kegelrollenlagers eingestellt. Alle Montageschritte zum Aus- und Einbauen von Lagern und zum Abnehmen des Deckels werden bei angewärmtem Hinterachsgetriebe getan. Zwischen 80 und 100 Grad gibt BMW an, das läßt sich übrigens auch mit einem der neuartigen Heißluftgebläse erzielen.
Neu sind die Leichtmetall-Gußräder, neu die Bremsen mit Festsattel, vor dem Gabelrohr montiert. Jeweils nur eine Scheibe wird spendiert. So wird das Rad leich-

ter, das ist gut fürs Federn. Damit die Bremse dennoch gut zieht, erhält sie eine Scheibe mit 285 mm Durchmesser statt bisher 260. Doppelscheibe ist aber auf Wunsch trotzdem lieferbar.
Die Gabel ist neu, hat jetzt dickere Standrohre mit 38,5 mm Durchmesser statt 36 mm. Zwischen den Gleitrohren ist ein Stabilisator montiert, der das Schutzblech trägt. Außerdem wird eine dickere 25 mm Achse eingebaut.
Federwege vorn 175 und hinten 121 mm, das ist genug für hohen Fahrkomfort und nicht zuviel für sichere Straßenlage. Für die Telegabel werden neue Ölfüllmengen nötig. Die R 80 bekommt 290 bis 300 cm³ pro Holm, bei der R 80 RT sind es 310 bis 320 cm³. Das obere Federlager muß übrigens bei der Montage mit Loctite abgedichtet werden, weil das Luftpolster zum Anschlagdämpfen erhalten bleiben muß. Wenn wieder das berüchtigte Klappern in der Gabel auftritt, dann gibt es ein neues Ventilsystem, das wieder rückwirkend nachrüstbar ist.
Traurig für Fans: Die Einliter-Boxermotoren werden aus dem Programm genommen.
1985 steht die neue K 75 im Laden. Auch über die kommt später getrennt mehr.
Bei den Boxern gibt es nur wieder neue Ausfälle zu berichten. Zwar kommt die R 65 nun auch in einer 27-PS-Ausführung, dafür aber werden R 45 und R 65 LS 1986 aus dem Programm genommen.
Die neue R 65 hat inzwischen auch den Monolever-Rahmen der 800er bekommen. Außer der 27-PS-Version gibt es noch eine zweite mit 48 PS, aber sonderlich neu sind beide nicht. Die Drosselung auf 27 PS hat sich BMW nicht einfach gemacht. Die Zylinderköpfe sind aus der R 45 übernommen, nur am Sitz geändert, damit sie auf den Zylinder passen. Verdichtung für 27 PS 8,4. die Nockenwelle hat nur noch 256 Grad Öffnung, die alte hatte immerhin 284 Grad. Die Vergaser kommen aus der R 45, sie haben 26 mm Durchlaß.
So hat BMW hier wieder nach dem Grundsatz gehandelt, daß sich Hubraum durch nichts ersetzen läßt, die 27 PS Version ist in allen Belangen besser als die vorige mit nur 450er Motor.
Und das Baukastensystem ist inzwischen soweit perfektioniert, daß alle Modelle der Boxer denselben Rahmen und die gleiche Telegabel haben.
Innerlich haben alle Boxer einige kleine Neuerungen bekommen. So ist zum Beispiel die Kipphebellagerung mit Kunststoff-Anlaufscheibe versehen. Das seitliche Spiel wird auf 0,02 bis 0,05 mm mit Stahlscheiben ausdistanziert. Das Klappern des Ventiltriebs, wegen der Leichtmetallzylinder und deren guter Schall-Leitung speziell hinter Verkleidungen oft nervend, ist künftig leiser. Dazu tragen auch die Silicongummi-Stopfen zwischen den Kopfrippen bei. Komplette Umrüstung von alten Maschinen bis zurück zu Baujahr 1976 ist möglich.
An den Getrieben wird noch einmal etwas verbessert, und zwar die Anfahr-Ruckdämpfung auf der Antriebswelle. Die neue Welle ist komplett in Getriebe bis zurück zum Baujahr 1981 einzubauen, wenn der Eingriffswinkel der Zahnräder des Primärtriebs schon 17,5 Grad beträgt. Die richtigen Zahnräder sind an

Das ist die neueste R 65 mit Einarmschwinge, den Zylinderköpfen der früheren R 45 und dem gleichen Rahmen wie die R 80. Sie wird mit 27 PS (20 kW) und 48 PS (35 kW) geliefert. Sehr handlich und viel mehr als nur ein Einsteigermodell.

ihrer Stirnseite mit einem Kreuz gekennzeichnet, so daß kein Nachmessen des Eingriffswinkels nötig ist.
Eine neue Schaltklinke für den Schaltautomaten ist außerdem in die Serie übernommen worden, auch sie ist in alte Getriebe einzubauen. Dazu gibt es einen fertigen Umrüstsatz, der auch eine neue Kurvenscheibe enthält. Wer also mit seinem alten Getriebe bis heute nicht zufrieden ist, der kann entweder vielfältig umrüsten, oder aber gleich eines der beiden neuen Getriebe (es gibt ja nur noch zwei) mit oder ohne Kickstarter einbauen.
Einige kleine Hilfen für den Monteur sind jetzt nötig. Zum Beispiel mußten trotz weitgehender Rationalisierung verschieden lange Schrauben für die Hinterradbefestigung eingesetzt werden. Bei den 1985er R 80-Baumustern sind diese Schrauben 50 mm lang, bei der K 75 um 5 mm länger, und bei der K 100 bereits 60 mm lang. Damit der Monteur nicht ständig messen muß, sind die Schraubenlängen mitten auf dem Schraubenkopf aufgestempelt.
Wie sehr sich BMW immer noch um die Besitzer der ältesten Maschinen kümmert, wird an einem anderen Beispiel deutlich. Es ist möglich, alle Maschinen ab der alten R 50/5 mit modernen Gußrädern zu versehen. Die haben dann statt der Felgen 1.85 B x 19 die Größe 2.15 B x 19 und dürfen mit Niederquerschnittreifen der Größe 100/90 H 19 gefahren werden. Eines ist zu beachten: der Reifen darf nicht zu eng am Gabelbügel laufen. Das könnte bei einem Teil der /6 und /7 Modelle zutreffen. Abhilfe: Gabelbügel neuerer Bauart einbauen.
Das war's, was an Erfahrungen und Hinweisen zu den Boxern der letzten zehn Jahre hinzugefügt werden mußte.
Zu den Spezialwerkzeugen ist noch etliches zu sagen. Die gut ausgerüstete BMW-Werkstatt sollte insgesamt etwa 160 verschiedene Werkzeuge mit den dazugehörigen Zubehörteilen haben. Das ist für den Privatmann natürlich viel zuviel. Selbst wer nur ein Drittel davon rechnet, wäre mit dem Kauf völlig überfordert. Denn erfahrungsgemäß sind Reparaturen an BMWs äußerst selten nötig. Und im schlimmsten Fall habe ich die Erkenntnis gewonnen, daß der Selbst-Reparateur bei einem guten BMW-Händler auch dann Hilfe bekommt, wenn er mit den zerlegten Teilen in der Hand ankommt und die Arbeiten, die Spezialwerkzeug erfordern, in Auftrag gibt.
Es ist ja durchaus üblich, daß der Fahrer mit zwei Zylindern unterm Arm zum Ausschleifen zur Kurbelwellen- und Zylinderschleiferei geht. Oder daß zum Beispiel Kurbelwelle und Kurbelgehäuse zum Neulagern der Welle zum Spezialisten gebracht werden. Genauso geht's doch auch, wenn beim Zerlegen des Getriebes einzelne Zahnräder oder Lager gewechselt und neu ausdistanziert werden müssen.
So ist gut Geld sparen, und die Werkstatt des Händlers muß sich nicht mit Mengen von Nebenarbeiten langweilen. Wer sich Spezialwerkzeuge anschaffen will, muß aber bescheid wissen, zu welcher Baureihe seine Maschine gehört. Dazu ist nützlich zu wissen, wie BMW seine Spezialwerkzeuge einteilt. Die Tabelle zeigt es:

Gemeinsame Werkzeuge haben:
R 50/5 bis R 75/5
R 60/6 bis R 90 S
R 60/6 bis R 90 S ab Modelljahr 1975
R 60/7 bis R 100 RS
R 60/7 bis R 100 RS ab Modelljahr 1979
R 100/7 bis R 100 RS ab Modelljahr 1981
R 80 G/S
R 80 ST
R 80 RT
R 80 und R 80 RT ab Modelljahr 1985
R 45 bis R 65
R 45 bis R 65 ab Modelljahr 1981
R 65 LS
K 100 bis K 100 RT
K 75 C und K 75 S

Rund 40 von den 160 Werkzeugen sind für alle Boxer zu verwenden, rund 20 gar für alle BMWs. Dabei sind zum Beispiel auch Universal-Abzieher, mit denen etwa Lageraußenringe aus Gehäusen herausgezogen werden. Derartige Werkzeuge hat häufig sogar ein gut sortierter Laien-Reparateur, weil sie sich praktisch mit geringen Ergänzungen auch für alle anderen Motorräder eignen.

Die Drei- und Vierzylinder ab 1983

Die neuen BMW-Baumuster sind inzwischen sehr erfolgreich und auch berühmt geworden. Ihre Entwicklungsgeschichte ist eine eigene Dokumentation wert. Für den Fahrer hingegen, vor allem für den, der seine Maschine selbst in Ordnung halten will, haben die Maschinen einen recht merkwürdigen Ruf bekommen.
Es heißt, die viele Elektronik mache das Selberpflegen fast unmöglich, die neuen Motoren zum Beispiel seien zwar angeblich pflegeleicht, aber man könne auch nicht mehr viel selbermachen.
Dem muß widersprochen werden. Nach meinen eigenen Erfahrungen beim Zerlegen eines Motors, der immerhin rund 50 000 Kilometer gelaufen war, ist das Schrauben an den K-Modellen keineswegs schwieriger als von den Boxern gewohnt.
Vor allem: Es werden deutlich weniger Spezialwerkzeuge benötigt, die Motoren selbst lassen sich mit einer Handvoll Schlüsseln zerlegen und instandsetzen. Wo es Probleme geben kann, das sind dieselben Stellen wie bei den Boxern. Wer etwa die Kurbelwelle selbst neu lagern will, braucht Meßwerkzeuge, die sehr teuer sind.
Im Einzelnen: Bei den Boxern sind die Zylinderköpfe und die Kolben sehr leicht zugänglich. Auspuffe weg, Vergaser weg, ein paar Schrauben lösen und schon kann zum Beispiel der Zylinderkopf abgenommen werden. Der Zylinder kommt gelegentlich gleich mit.
Beim Reihenmotor sind die Nockenwellen zum Ventileinstellen nach Lösen von wenigen Schrauben frei. Wer den Kopf für alle vier Zylinder abnehmen will, muß freilich vorher das Kühlwasser ablassen, den Tank und die Kühlerverkleidung abbauen und kann erst dann tiefer dringen. Auspuffe, Zündungsgeber und Einspritz-Leitungen abnehmen. Jetzt nur noch den Steuertrieb freilegen, Kette und Nockenwellen abbauen, und alle vier Köpfe sind in einem Block abnehmbar.
Mit der Kurbelwelle geht's ähnlich simpel. Der Motor kann im Fahrwerk bleiben, Kurbelgehäusedeckel abnehmen, und schon liegen die Pleuellager und die Hauptlager frei. Pleuellager lösen und abnehmen, die Kolben können sogar in den Zylindern bleiben. Die Kurbelwellenlager selbst sind mit ihren Lagerböcken schnell freigelegt. Soll die Welle heraus, muß nur noch die Steuerkette abgenommen werden.
Wer mit den Boxermotoren klarkommt, der hat auch mit den Reihenmotoren keine Schwierigkeiten.
Vor den schlosserischen Hinweisen geht es aber erst mal ums Kennenlernen. Motor, Getriebe und Fahrwerk sind allesamt zwar völlig neu, aber dennoch typisch BMW. Das ist an verschiedenen Details zu beweisen.
Die Grunddaten: Wassergekühlter Vierzylinder Reihenmotor. Zylinder ohne Laufbuchsen, dafür mit Beschichtung aus Nickel-Silizium-Karbid (Scanimet). Kurbelwelle längs zur Fahrtrichtung eingebaut. Ventilsteuerung durch zwei kettengetriebene, obenliegende Nockenwellen und Tassenstößel. Elektronische Benzineinspritzung, Bosch LE-Jetronik. Elektronische Digitalzündung mit Mikroprozessor und Steuerung durch Hall-Geber.
Einscheiben-Trockenkupplung, klauengeschaltetes Fünfganggetriebe, Kraftübertragung durch Kardanwelle mit Torsionsdämpfer zum Hinterachsgetriebe. Tachoantrieb übrigens durch elektrischen Geber am Hinterachsgetriebe.
Das Fahrwerk besteht aus einem unten offenen Gitterrohr-Brückenrahmen. Vorn Telegabel mit 41,4 mm Standrohrdurchmesser (die 800er haben 38,5 mm), zwei Festsattel-Scheibenbremsen vorn. Einarmschwinge aus Leichtmetall, ein Federbein, rechts am Hinterachsgetriebe angelenkt. Einzelne Festsattel-Scheibenbremse fürs Hinterrad.
Der Motor ist bei der K 100 starr mit dem Rahmen verschraubt. Bei den verkleideten Modellen K 100 RT und K 100 RS sind dort Gummilager. Beim Einbauen des Motors darauf achten, daß er spannungsfrei im Rahmen hängt. Dazu wird

Motor der K 100 im Querschnitt, Ansicht von hinten. Folgende Punkte verdienen Aufmerksamkeit: Unterhalb der Kurbelwelle ist der Raum der Zwischenwelle, die bei dieser Baureihe kein Gegengewicht trägt, sondern einen dicken Topf mit Gummi-Ruckdämpfern. Der Ölfilter in der Ölwanne liegt sehr großflächig an der Auflagefläche an, deshalb gibt es gelegentlich Schwierigkeiten, ihn ohne Beschädigung herauszudrehen. BMW bietet ein nützliches Spezialwerkzeug an. Gut zu sehen der Benzin-Strahl, der in den Ansaugkanal gespritzt wird. Die Ventile stehen in engem Winkel zueinander, gute Voraussetzung für kompakten Brennraum.

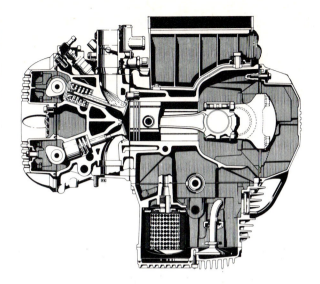

Querschnitt durch den K 75-Motor, diesmal von vorn gesehen. So kann die Ausgleichswelle unter der Kurbelwelle erkennbar gemacht werden. Diese Ausgleichswelle ist über ein Zahnrad starr mit der Kurbelwelle verbunden, ein Gummi-Ruckdämpfer hat sich bei den Dreizylindermotoren nicht bewährt. Diese Ausgleichswelle wird übrigens von dem Zahnrad über eine schlichte Klauenkupplung mitgenommen, sie sitzt mit deutlich fühlbarem Spiel darin. Das hält erfahrungsgemäß aber ohne zu klappern weit über die üblichen 25000 Kilometer eines Langstreckentests.

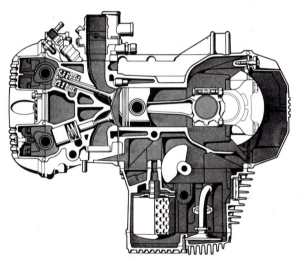

er erst mal mit dem Wagenheber von unten in den Rahmen hineingehoben, so daß der Spalt an den vorderen Befestigungspunkten mit der Fühlerlehre ausgemessen werden kann. Distanzscheiben gibt es in Dicken zwischen 1 und 3 mm, um 0,25 mm steigend.

Die Gummilagerung ist nur für die verkleideten Modelle vorgesehen, deshalb darf auch zunächst noch an die normale K 100 keine Verkleidung nachträglich angeschraubt werden. Ein Rahmen, der sowohl für die verkleidete als auch für die unverkleidete Maschine taugt, wird zwar entwickelt, ist aber bis zum jetzigen Zeitpunkt noch nicht in Serie.

Herzstück des Motors ist die fünffach gelagerte geschmiedete Kurbelwelle. An sieben der Kurbelwangen trägt sie Ausgleichsgewichte. Die hinterste, die achte Wange ist als schrägverzahntes Zahnrad ausgebildet. Von ihr wird die Drehbewegung auf eine Zwischenwelle übertragen.

Diese Zwischenwelle liegt schräg unterhalb der Kurbelwelle. Sie trägt einen dik-

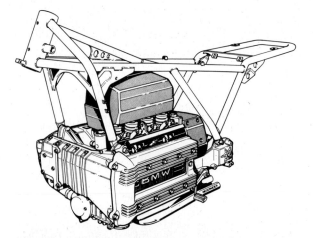

Der Motor ist von unten in den Brückenrahmen gehängt. Hier der Aufbau der K 100, bei der K 75 sind die beiden vorderen Rohre etwas nach hinten gebogen, weil der Motorblock ja kürzer ist. Beim Ausbau des Motors muß er nach unten abgesenkt werden, oder der Rahmen wird nach oben weggehoben. Grundsätzlich wird mit dem Zerlegen von hinten begonnen: Rad und Schwinge ausbauen, Getriebe abnehmen und dann den Motor lösen.

An Kolben und Zylinderkopf kann repariert werden, ohne daß der Motor aus dem Rahmen genommen werden muß. Auch die Kurbelwelle kann ausgebaut werden. Das wird sicher die übliche Reparaturmethode sein, denn die Zylinder mit der Scanimet-Beschichtung dürften nur höchst selten eine Überholung nötig haben.

ken Topf, in dem Gummielemente zur Ruckdämpfung untergebracht sind. Damit die Zahnradübertragung von der Kurbelwelle auf die Zwischenwelle nicht lärmt, wurde das Stirnrad der Zwischenwelle mit einem schmalen Verspann-Zahnrad versehen. Durch Federdruck wird dieses Rad ein wenig auf der Welle verdreht, so daß die Kraftübertragung ohne Zahnspiel geschieht.
Auf der Zwischenwelle sitzt vorn ein Zahnrad, von dem die kombinierte Wasser- und Ölpumpe angetrieben wird. Hinten ist die Kupplung aufgebaut. Die Kupplungsbauart ist von den Boxern bekannt, sie hat keine Besonderheiten.
Zurück zur Kurbelwelle. Auf ihrem vorderen Hauptzapfen sind das Zahnrad für die Steuerkette und der Geber für die Zündung montiert. Die Kette läuft mit einem automatischen Spanner am unbelasteten Trumm und einer recht starren U-förmigen Führungsschiene am Last-Trumm. Zwischen den beiden Nockenwellenzahnrädern ist noch eine weitere kurze Führung angebaut.
Die Zündung ist eine mikroprozessorgesteuerte Digitalzündung. Das klingt ultramodern. Für den Monteur heißt das aber zunächst nur, daß er um Himmelswillen keine spannungsführenden Teile bei laufendem Motor anfaßt. Die erzeugten Spannungen sind so hoch, daß sie lebensgefährlich werden.
Wie der Zündfunke entsteht, braucht uns hier nicht zu interessieren. Wichtig ist nur, daß die Einstellung am Geber recht einfach ist. Der Geber selbst ist ein simp-

Nach einem Langstreckenlauf von 50000 Kilometern zerlegt: Motor der K 100. Die Zylinder spiegeln nicht nur auf dem Bild, sie sind einwandfrei. Vorn links die Zwischenwelle mit dem Mitnehmer für die im darüberliegenden Topf eingesetzten Gummi-Ruckdämpfer. Dieser Motor konnte ohne Ersatzteilbedarf wieder zusammengebaut werden.

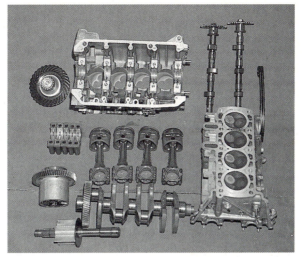

Auf diesem Phantombild ist die Lage der einzelnen Bauteile sehr gut dargestellt. Der Anlasser (rechts) ist einfach eingesteckt, nach Lösen der Halteschrauben wird er mit etwas Gewalt herausgezogen. Auf der Zwischenwelle mit den Ausgleichsgewichten sitzt ein Verspann-Zahnrad, das Zahnspiel und daraus resultierende Geräusche verhindert. Ganz links die Öl- und Wasserpumpe, die von der Zwischenwelle direkt angetrieben wird.

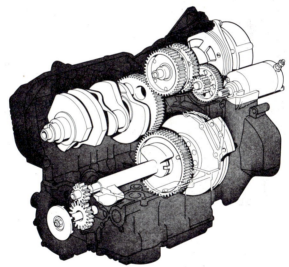

der Topf, wir kennen ihn bereits von den Boxermotoren. Er sitzt fest auf der Welle. Die Magnetschranke hingegen ist am Kurbelhaus verschraubt, sie kann ein wenig vor und zurück verdreht werden.
BMW hat für die Einstellung der Zündung ein Anzeigegerät mit Leuchtdioden entwickelt. Das sollte der Reparateur haben, denn mit der simplen Prüflampe ist nichts zu machen.
Die Arbeitsschritte: Das Unterteil vom Ansaugschnorchel wird abgebaut, die Leitung vom Hall-Geber zur Zündbox getrennt und das Einstellgerät an den Ge-

ber angeschlossen. Durch ganz einfaches Suchen mit der Meßuhr durchs Kerzenloch wird der OT festgestellt. Dann brauchen nur die Kurbelwelle auf 0,24 mm vor OT gedreht und die Magnetschranke so justiert zu werden, daß die Leuchtdiode erlischt. Magnetschranke festziehen, fertig.
Im Grunde ist das also genauso einfach wie bei der alten Unterbrecherzündung. Nur daß die Magnetschranke, einmal eingestellt, sich nicht mehr verändert. Weggefallen ist hingegen die Möglichkeit, mit dem Stroboskop etwa an der Schwung-

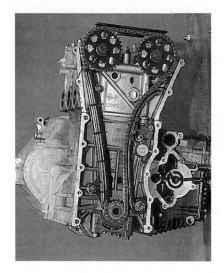

Steuerseite des K 100-Motors (hier aus Platzgründen senkrecht gestellt). Die Kette wird durch zwei Schienen sehr eng geführt.

BMW ist zu teuer, die Anschaffung lohnt sich bestimmt nicht. Ein Weg zum BMW-Händler ist sicher allemal billiger.
Die zweite direkte Beziehung zur Elektronik stellt die Einspritzanlage her. Sie spielt mit dem Ansaugstutzen zusammen, in dem die vier Drosselklappen sitzen. Hier werden sowohl Leerlaufdrehzahl als auch Synchronisation eingestellt. Wie üblich natürlich stets bei betriebswarmem Motor, also vorher mindestens 10 Kilometer zügig fahren.
Auch hier ist wieder ein Meßgerät fällig, das den Unterdruck in den vier Ansaugkanälen anzeigt. Außer dem BMW-Spezialwerkzeug, das mit vier Quecksilbersäulen arbeitet, sind auch spezielle Unterdruckuhren anschließbar, wie sie im Handel erhältlich sind. An den vorderen drei Ansaugstutzen sind die Anschlußstopfen abzuziehen, die Meßgerät-Schläuche können, notfalls mit Zwischenröhrchen, direkt angeschlossen werden. Der hinterste Stutzen hat keinen getrennten Unterdruckanschluß. Hier mündet eine Leitung zum Druckregler. Diese Leitung wird abgezogen und mit einem T-Stück wieder angeschlossen.
Die Einstellung geschieht an den vier Umluftschrauben oberhalb der schwarzen Leiste mit den Leitungen zu den Einspritzdüsen. Sie werden vorsichtig soweit verdreht, bis alle Meßuhren den gleichen Unterdruck anzeigen.
Für die Leerlaufeinstellung gibt es in der Mitte des Ansaugstutzens eine einzelne Schraube. Hier wird durch Verdrehen die Leerlaufdrehzahl auf 950 bis 1000/min reguliert. Nicht zu weit hineindrehen. Bei leichtem Gasgeben muß am Leerlaufschalter noch ein leises Knacken zu hören sein.
An der Leerlaufeinstellschraube ist auch abzumessen, ob die Kaltstartanhebung richtig funktioniert. Denn in der ersten Stufe des Chokehebels muß die Leerlaufeinstellschraube sich um einen Millimeter anheben, in der zweiten dann um 2,5 Millimeter.
Das waren schon die wichtigsten Einstellungen am Vierzylinder. Genauso geht's

Steuerseite des K 75-Motors: Die linke Spannschiene ist noch kräftiger ausgebildet als bei der K 100. Sonst kein Unterschied.

scheibe eine Markierung anzublitzen, einfach weil es keine regelrechte Schwungscheibe mehr gibt. Man könnte sich helfen, indem eine Gradscheibe auf den Geber geschraubt würde, die sich dann mit einem normalen Stroboskop anblitzen läßt. Das Zündeinstellgerät von beim Dreizylinder, er ist ja gleichartig aufgebaut und bietet überhaupt kein Neuland aus der Sicht des Monteurs. Auch das Einstellen des Ventilspiels bereitet keine Schwierigkeiten. Die Zylinderkopfhaube links wird abgehoben, dann wird jedes Ventilspiel erst mal gemessen und aufgeschrieben. Das Ventilspiel soll bei kaltem Motor 0,15 bis 0,20 mm für die Einlaßventile und 0,25 bis 0,30 mm für die Auslaßventile betragen.

Zum Auswechseln der Distanzscheibchen, die es in Stufen von 0,05 mm Dicke gibt, hat BMW zwei einfache Werkzeuge vorgesehen. Einen Niederhalter, der den Stößel hinunterdrückt, und ein Distanzstück, das an den Rand des Stößels gesetzt wird, damit das Plättchen zugänglich bleibt.

Ein Trick: Den Tassenstößel so in seiner Führung verdrehen, daß der Schlitz im Rand unter rund 45 Grad nach innen, also zu den Kerzen zeigt. Dann läßt sich das Distanzplättchen mit einer abgewinkelten, schlanken Spitzzange heraushebeln.

Nachdem das Ventilspiel neu eingestellt wurde, wenn also einige Spielwerte nicht stimmten, muß auch die Vergasersynchronisation wieder neu justiert werden. Deshalb erst Ventilspiel kontrollieren, dann an der Vergasereinstellung manipulieren.

An der Elektronik kann der Laie nichts reparieren. Es gibt im Normalfall auch keine Defekte. Allerdings kamen in der Anfangszeit ein paar Probleme mit der Leiterplatte des Zündsteuergeräts vor. Dort trat Korrosion auf. Inzwischen ist das längst behoben, eine neue Dichtung und ein neuer Deckel schufen Abhilfe. Wer dennoch die Elektronik im Verdacht hat, an irgendwelchen Unregelmäßigkeiten schuld zu sein, der sollte wirklich zum BMW-Händler gehen. Dieser hat nämlich Prüflisten für seine elektronische Prüfausrüstung. Da sind dann 27 Punkte für die Zündanlage durchzuchecken, für die Einspritzelektronik sind es 12 Prüfschritte.

Wenn freilich bei diesen Prüfungen ein Defekt erkannt wird, kann auch der Händler nichts anderes tun als die Elektronikkästchen komplett austauschen. Es sei denn, der Kunde hat Glück, und nur das Zündspulenpaar oder nur der Hall-Geber ist defekt. Diese Teile können zwar auch nur ausgewechselt werden, sie sind aber billiger als die Elektronikbox.

Wenn jemand beim normalen Ölfilterwechsel mal an seinen handwerklichen Fähigkeiten zweifeln sollte, weil er die Filterpatrone nicht herausbringt, der sei getröstet. Das ist mir selbst beim Zerlegen des Langstreckenmotors ebenso ergangen. Und viele andere Monteure müssen hierbei auch Probleme gehabt haben, denn BMW hat nach dem Betriebsurlaub 1985 die Anlagefläche des Gehäuses und den Dichtungsring geändert. Und es gibt einen Spezialschlüssel, der die Arbeit erleichtert.

Gehen wir jetzt aber einmal die Arbeiten zum Ausbauen und Zerlegen des Motors der Reihe nach durch. Wenn der Motor so deftig beschädigt ist, daß er aus dem Rahmen heraus muß, dann ist sicher am ehesten viel Eigenarbeit angebracht, um die insgesamt anfallenden Werkstattkosten niedrig zu halten.

Am Anfang gleich Öl und Wasser ablassen. Dann Verkleidung abbauen, Tank abnehmen. Dabei aufpassen, wenn die Druckleitung fürs Benzin gelöst wird, tritt dort Benzin aus. Stopfen bereithalten. Ansauglüftleitung am Kühler lösen und aus dem Luftfiltergehäuse-Unterteil herausziehen. Alle Kühlwasserschläuche abziehen und alle Kabelverbindungen trennen. Die Leitungen an den Zündspulen nicht vergessen. Auch der Mehrfachstecker am Einspritzgerät muß gezogen werden. Gaszug aushängen, Auspuffanlage abschrauben.

Der sorgfältige Monteur macht sich schon jetzt den späteren Zusammenbau einfacher. Er schreibt auf, was er wo abgebaut hat. Bei den elektrischen Leitungen hat sich bewährt, ein Stück Tesakrepp mit Fahne herumzuwickeln. Auf die Fahne wird geschrieben, wo die Leitung hingehört.

Ab jetzt wird ein Wagenheber gebraucht, der den Motor unten stützt. Denn das Getriebe muß abgenommen werden. Die Maschine muß dazu praktisch von hinten gestrippt werden. Also Batterie abklemmen und aus der Halterung heben. Hinterrad und Hinterschwinge ausbauen, Schutzblech wegbauen, Bremsflüssigkeitsbehälter lösen, Bremsleitung abzie-

Montagehilfe: Festhalten der Kurbelwelle mit einfachem Stahlstück (Pfeil), zum Lösen der Zentralmutter.

hen. Kupplungshebel am Getriebeausgang wegbauen. Den Ausgleichsbehälter fürs Kühlwasser aus seiner Halterung heben und am Rahmen festbinden.
Der Kippständer muß ebenfalls abgeschraubt werden. Das ist etwas umständlich, denn erst mal muß das Fahrzeug mit dem Wagenheber unterm Motor soweit angehoben werden, daß der Ständer frei hängt. Vier Schrauben mit Innensechskantköpfen halten den Ständer.
Nur wenig ist noch zu tun: Kupplungszug aus seiner Führung herausziehen und die Leitung für die Ganganzeige abklemmen. Schon können die Getriebe-Halteschrauben am Rahmen, die Anlasserhalteschrauben und die Innensechskantschrauben, die das Getriebe am Motor halten, herausgedreht werden.
Ab sofort wird entweder eine Vorrichtung oder ein zweiter Mann nötig, der den Rahmen festhält und mit dem Vorderrad wegschiebt. Denn der Motor liegt nach dem Lösen der Halteschrauben ganz frei auf dem Wagenheber.
Ein Tip für die Vorbereitung des Wagenhebers: Normalerweise hat der nur eine ganz kleine Auflage oben. Mit einem angeschraubten Brett, mindestens 22 mm dick, möglichst aus Tischlerplatte, die Auflagefläche vergrößern, so daß praktisch die gesamte Ölwanne unterstützt wird. Es ist auch zu empfehlen, diese Platte mit stabilen Seitenrändern zu versehen, damit der Motor nicht seitlich wegrutschen kann.
Fürs Zerlegen des Motors hat BMW einen wunderschönen Montagebock, allerdings preislich ein reines Werkstattgerät. Und weil ein solcher Bock stets speziell nur für eine Motorradmarke gut ist, ich selbst aber bereits ziemlich viele verschiedene Motoren von Langstreckenmaschinen zerlegen konnte, habe ich mir zur Arbeitserleichterung an ein dickes Spanplattenbrett (22 mm dick, 800 mm lang und 500 mm breit) handelsübliche Laufrollen angeschraubt.
Die Höhe überm Boden läßt sich nach Geschmack des Einzelnen durch Unterlegen von Brettern vor dem Anschrauben der Rollen einrichten. Mir genügt ein sehr tief liegendes Brett, dann muß ich mit dem Fotoapparat für die Dokumentationsbilder nicht zu hoch. Nachteil: Ich muß gebückt arbeiten
Ein solches Rollbrett hat den Vorteil, daß der Motor darauf rundherum freiliegt, der Monteur also von allen Seiten an die Schrauben herankommt. Und wenn der Motor mal gekippt werden muß, hilft Unterlegen von Kanthölzern gegen etwa labile Motorlage.
Wer den Motor zerlegen will, der braucht jetzt keine weitere Anleitung mehr. Der Rest ist nämlich ganz normale Schlosserarbeit, Tricks sind nicht nötig. Kleine Hinweise vielleicht, zum Beispiel daß die Einspritzdüsen nur eingesteckt sind und nach Lösen der Leitungen und der Halterung einfach herausgehebelt werden können. Oder daß der Anlassermotor mit einem O-Ring ins Gehäuse eingesteckt ist, einfach herausgezogen werden muß, notfalls mit etwas Gewaltanwendung.
Hinter dem Anlasser sitzen nämlich spezielle Halteschrauben, die das Zwischengehäuse zwischen Getriebe und Motor festhalten. Das sind Torx-Schrauben, hier wird ein besonderer Steckschlüssel nötig, der etwa so aussieht wie ein Sechskant-Stiftschlüssel für Schrauben mit Innensechskantkopf. Nur hat der Torx-Schlüssel eine andere Art Verzahnung. Mit Tricks und Schraubenzieher ist nichts zu machen, auch Kreuzschlitzschraubenzieher passen nicht.
Aus meinen Erfahrungen weiß ich, daß vor dem endgültigen Zerlegen eine nochmalige Motorwäsche vernünftig ist. Denn in Ecken und Winkeln steckt immer viel Sand und Schmutz. Wenn dann die Wasser- und Ölpumpe abgeschraubt wird,

kommt der Dreck bestimmt an die falschen Stellen. Also Waschpause, Motor auf dem Brett nach draußen schieben und abspritzen. Motorreiniger tun gut, aber nicht zu lange wirken lassen.
Noch ein Tip: Wenn die Nockenwellen abgebaut werden, dann ganz vorn beginnen. Dort gleich neben den Kettenritzeln sind die Lager, die das seitliche Spiel festlegen. Sie dürfen nicht durch Verkanten der Welle beschädigt werden. Die Kette wird durch Drehen der kleinen Einstellschraube am Kettenspanner bis zum Anschlag im Uhrzeigersinn gelockert. Kettenspanner und Gleitschienen abnehmen, dann läßt sich die Kette auch über die Zahnräder heben.
Einlaß- und Auslaßnockenwelle kennzeichnen und die Zahnräder genau ansehen. Dort sind Marken neben den Zähnen angebracht. Diese Marken werden beim Zusammenbau gebraucht. Denn wenn der erste Kolben (das ist der vorderste) genau im OT steht, müssen die beiden Marken der Nockenwellenzahnräder zueinander weisen, also bündig mit der Dichtfläche des Kopfes liegen. Dabei muß das Kettentrumm auf der Zugseite straff gespannt sein. Die Zugseite ist die, an der die Führungsschiene anliegt, nicht die Spannschiene.
Zu den normalen Hinweisen bei allen Mehrzylindermotoren gehört auch, daß der Monteur gefälligst alle Teile, die er irgendwo abbaut, irgendwie kennzeichnet. Das gilt ganz besonders für alle Lagerböcke, sei es von Kurbelwelle, Pleuel oder Nockenwelle. Das Teil wird saubergewischt und mit einem Filzschreiber beschriftet, natürlich mit einem wasserfesten.
Im Grunde ist das eine Selbstverständlichkeit, denn beim Abnehmen der Kolben ritzt der erfahrene Monteur ja auch in den Kolbenboden die Zylindernummer. Und die Ventile steckt er samt Federn in einen vorher gebohrten Holzklotz. Das gibt dann beim Zusammenbauen keine Verwechslungen.
Die Kolben werden bei den Reihenmotoren von der Kurbelwellenseite zur Zylinderkopfseite mitsamt den Pleueln durchgeschoben. Das klappt nicht immer spielend leicht. Denn oberhalb vom OT hat sich an der Zylinderwand Ölkohle angesetzt. Die muß erst einmal zart weggekratzt weden, dann den Zylinder sauberwischen.
Vorsichtig die Pleuel durchschieben, die Zylinder haben unten sehr scharfe Kanten, da ist schnell die Haut von den Fingerknöcheln abgeschabt.
Lagerspiele werden bei den Reihenmotoren durch die Lagerschalen und die Kurbelwellenmaße bestimmt. Da ist der Amateurschrauber etwas hilflos ohne hochfeines Meßwerkzeug. Also Werkstattarbeit. Selbst die Überprüfung der Spielwerte mit den dünnen Plastikschnüren namens Plastigauge bringt dem Selbstschrauber kaum nennenswerten Nutzen. Wenn zuviel Spiel vorhanden ist, muß sowieso die Werkstatt ran.
Beim Zusammenbau können auch kaum Fehler vorkommen. Die Lagerspiele sind durch Lagerschalenmaße festgelegt. Die Pleuelfußschrauben werden, weil es Dehnschrauben sind, selbstverständlich automatisch ausgetauscht.
Spezielle Dichtungsmittel sind nötig. Zum Beispiel empfiehlt BMW als universelles Dichtmittel (durch den BMW-Händler zu beziehen) die Dichtmasse „Three Bond 1207 B". Das Mittel wird dünn auf eine Dichtfläche aufgetragen, sofort die zweite Dichtfläche montiert. Nach einer Aushärtezeit von rund einer Stunde ist diese Dichtung betriebsfähig.
An verschiedenen Stellen werden Schrauben und Lager mit Loctite befestigt. Zum Beispiel:
Loctite 574 Dichtung. Hiermit wird die Dichtfläche vom Zwischenflansch zum Kurbelgehäuse und die Verbindung von Kurbelgehäuse zum Unterteil bestrichen.
Loctite 273 Befestigungsmittel. Der Lagersitz des Kugellagers der Zwischenwelle wird damit festgelegt, außerdem die Schrauben des Anlasserfreilaufs.
Three Bond 1207 zum Abdichten der Wasserpumpengehäuseteile, der Ölwanne und des Kettenkastendeckels.
Als hochtemperaturfestes Schmiermittel wird Staburags NBU 30 PTM zum Schmieren der Keilverzahnung an der Kupplung eingesetzt, auch die Kardanwelle wird damit an den Verzahnungen geschmiert.
Dieses Schmiermittel ist auch geeignet für die gleichen Stellen an den Boxermotoren. Außerdem können damit anstelle des früher empfohlenen Klüber ZB 91 GG

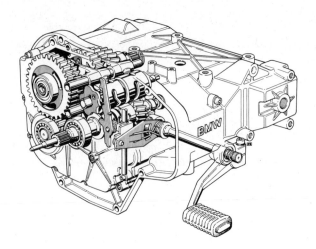

Hakenhebel-Mechanik des Schaltautomaten ist neu bei den K-Modellen. Die Anordnung der Getriebewellen aber ist BMW-üblich. An den Schaltgabelstiften sitzen Gleitrollen für leichten Lauf in den Schaltwalzen-Nuten. Immer noch wichtig beim Zusammenbau: Seitlicher Spielausgleich der Getriebewellen. Und für gutes Schalten muß die Kupplung korrekt eingestellt sein.

die Bremsschlüssel der Trommelbremsen hauchfein eingerieben werden.
Einfaches Motorenöl wird grundsätzlich zum Einbauen von Wellendichtringen benötigt. Die trockenen Dichtringe werden entweder kurze Zeit in Öl regelrecht gebadet oder nur mit Öl eingerieben.
Gegen Ende des Zusammenbaus zeigt sich, wer beim Zerlegen gut gearbeitet hat. Die diversen elektrischen Anschlüsse, die Kraftstoff- und Unterdruckleitungen sind wieder richtig festzulegen.
Etwas schwieriger als der Motor ist für viele das Getriebe. Doch auch hier genügen ein paar Hinweise. Zuerst werden die Schrauben des Getriebedeckels ausgedreht, auch die Schraube für das Federlager (neben der dunklen Abdeck-Kappe).
Deckel auf rund 100 Grad anheizen und mit Schraubenziehern an den dafür vorgesehenen Gehäusenasen abdrücken. Die verschiedenen Wellen liegen frei. Eine Kugel und die Feder von der Leerlaufarretierung müssen auch frei sein, auffangen.
Wer jetzt weitermacht, muß sich darüber klar sein, daß er ohne Spezialwerkzeug nicht mehr richtig zusammenbauen kann, wenn zum Beispiel Lager gewechselt wurden. Denn das Einstellen des Spiels für die Wellen erfordert eine Platte, die die Lager fixiert und das Spielmessen erst möglich macht. Wenn also der erste Augenschein schon den Defekt zeigt, dann weiter zerlegen. Reine Neugierde lohnt sich nicht.

Die Wellen sind wie bei BMW üblich. Die Antriebswelle mit dem Ruckdämpfer, die Zwischenwelle und die Abtriebswelle. Dann ist statt der früher von BMW-Getrieben bekannten Schaltkurvenscheibe neuerdings eine Schaltwalze für die Bewegung der Schaltgabeln zuständig. Und die Schaltwalze wird über einen Hakenhebel schrittweise gedreht.
Beim Ausbauen der Wellen gibt es sicher keine Schwierigkeiten. Als erstes werden die Achsen der Schaltgabeln herausgezogen. Dann die Radsätze so schwenken, daß auch die unterste Schaltgabel mit ihrem Führungsstift aus der Schaltwalzennut herausgedrückt werden kann. Die Schaltklinke (den Hakenhebel) etwas zur Seite drücken, damit die Schaltwalze frei ist. Walze herausziehen. Jetzt die Schaltgabeln herausholen.
Vor dem Weitermachen muß erst wieder das Getriebegehäuse auf 100 Grad angewärmt werden. An den heißen Gehäuseteilen nicht die Finger verbrennen. Die Getriebewellen lassen sich mitsamt den Lagern leicht herausnehmen, zuerst die Abtriebswelle mit der Zwischenwelle, dann die Antriebswelle.
Die Zwischenwelle sollte in Ordnung sein, denn wenn sie einen Defekt zeigt, muß sie komplett ausgewechselt werden. Die beiden anderen Wellen können mit einem schönen Universalabzieher auseinandergenommen werden. Den gibt es bei BMW unter der Nummer 007 500. Der Ruckdämpfer wird frei, wenn zuerst der Seegerring und dann das Kegelrol-

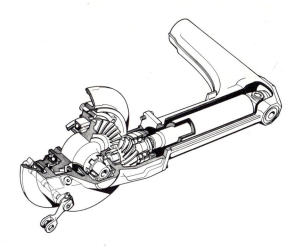

Die Ruckdämpfung der Kardanwelle geschieht bei den K-Modellen durch eine Gummischicht, die zwischen dem äußeren Rohr und der getrennten innenliegenden Welle einvulkanisiert ist.

lenlager abgezogen sind. Beim Zusammenbau kann der Abzieher dann andersherum zum Spannen der Feder verwendet werden.

In der Abtriebswelle ist im übrigen ein geteiltes Nadellager verwendet, also nicht wegwerfen, das muß so sein.

Beim Zusammenbau zuerst wieder die Radsätze einbauen. Dann die Schaltgabeln für den ersten und zweiten, sowie für den dritten und vierten Gang mit den kurzen Enden zueinander einsetzen, die Schaltgabel für den fünften Gang mit dem kurzen Führungsende nach unten. Walze in Stellung 5. Gang bringen und die untere Schaltgabel als erste in die Führungsnut der Walze einreihen. Aufpassen auf die Rollen der Schaltgabel-Führungsstifte.

Das Einstellen des Seitenspiels der Wellen würde ich wegen des nötigen Meßwerkzeuges beim Händler machen lassen.

Der Getriebedeckel wird wieder angewärmt und aufgesetzt. Das geht nicht so einfach, denn der Arretierungshebel muß erst durch ein Loch im Deckel etwas zur Seite gedrückt werden. Ein Schraubenzieher genügt. Das Loch wird normalerweise durch einen Stopfen verschlossen, diesen Stopfen vor dem Ansetzen des Deckels herausschlagen. Nachdem der Deckel festsitzt, wird ein neuer Stopfen von außen eingeschlagen.

Das Hinterachsgetriebe bietet gegenüber den Modellen der Boxer-Baureihe keine Neuigkeiten. Auch hier ist das große Tel-

Mittleres Bild: Hinterachsgetriebe anwärmen, Buchse der Bremswellenlagerung herausschlagen (Dorn 15,5 mm Durchmesser mit Absatz von rund 13 mm), auseinandernehmen.

Unterm Kegelrollenlager der Impulsgeberring für den Tacho. Er ist nur angeklebt.

lerrad einmal mit einem Kegelrollenlager und einmal mit einem großen Kugellager geführt. Einstellung des Zahnflankenspiels und des Tragbildes hat sich dadurch aber immer noch nicht wesentlich geändert. Wichtig ist auch hier, daß alle Lager nur aus dem angewärmten Ge-

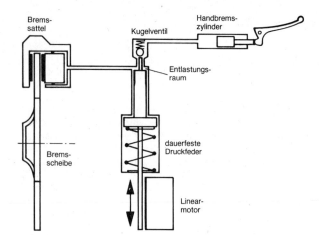

Links: Die BMW-Kugelfischer Antiblockiervorrichtung schematisch. Der Linearmotor ist stark und schnell genug für sichere Funktion. Er wird durch Elektronik, die sich ununterbrochen selbst überwacht, angesteuert, sobald das Rad zu stark verzögert wird.

Bild unten: BMW ist weltweit die erste Motorradfabrik, die ein Antiblockiersystem anbietet. Rechts das Geberzahnrad an der Nabe, links der Linearmotor. Einziger ABS-Nachteil: Es kann in der Kurve nicht funktionieren.

häuse herausgezogen werden. Und wenn sich der Geber für den Tacho lokkert, muß er mit Loctite 638 wieder angeklebt werden.
Für diese Arbeit ist kein großer Aufwand nötig. Das Hinterachsgetriebe wird abgebaut, der Deckel heruntergenommen mitsamt dem Tellerrand. Dann wird die Klebfläche sehr sauber geputzt, auch Roststellen müssen weggeschmirgelt werden. Vorsicht, daß beim Schmirgeln der Staub nicht an die Zähne oder gar ans Lager kommt. Loctite 638 auftragen, Geberrad aufsetzen und mit Kunststoffhammer fest auf den Sitz drücken, ganz zarte Schläge müßten reichen. Nach vier Stunden ist der Kleber hart, der Deckel mit Tellerrad kann wieder aufgesetzt werden.

Die Kardanwelle ist übrigens nicht mehr zerlegbar. Sie hat ja im Gegensatz zu der Welle der Boxer keinen mechanischen Ruckdämpfer mit Feder und Knagge, sondern eine Art Silentbloc, also eine Gummilage zwischen der inneren Welle und dem äußeren Rohrstück.
Soviel kurz und knapp zu den neuen Reihenmotoren. Die K 75-Baumuster unterscheiden sich nur wenig von den K 100, so daß nicht gesondert darauf eingegangen werden muß. Einzig vielleicht die Zwischenwelle vom Motor zur Kupplung ist erwähnenswert. Sie trägt keinen Ruckdämpfer, dafür aber zwei Gegengewichte. Diese Welle dient auch als Ausgleichswelle gegen Vibrationen, die sonst beim Dreizylinder ja wesentlich härter als beim Vierzylinder sind.

Schlußwort zur zehnten Auflage

Die BMW-Technik entwickelt sich nahezu täglich weiter. Das ist sicher am besten an der ziemlich langen Erklärung der Änderungen der letzten zehn Jahre Boxer zu erkennen. So hat auch die K 100 inzwischen etliche kleinere Änderungen über sich ergehen lassen müssen, die aber meist nur Dinge betrafen, die als Kinderkrankheiten angesehen werden können. Nahezu sämtliche jetzt in Kundenhand befindlichen Fahrzeuge dürften daher auf dem neuesten Stand sein, ein Änderungskatalog ist also nicht nötig.

Außerdem hat sich das BMW-Servicenetz inzwischen sogar mit mobilen Servicestationen soweit dem Idealzustand genähert, daß Reklamationen des Kunden durch Werks-Ingenieure recht schnell und in den meisten Fällen sehr kulant geregelt werden. Da macht sich eben auch bemerkbar, daß der Verkauf von BMW-Motorrädern in den letzten zehn Jahren sehr beachtlich angestiegen ist, daß Fertigungs-Stückzahlen erreicht werden, die insgesamt gesehen für BMW Rekorde sind. Man stelle sich vor: 37 000 Maschinen haben 1985 das Spandauer Werk verlassen. Soviele BMWs wurden meines Wissens noch nie in einem Jahr gebaut.

Der BMW-Fahrer ist also keineswegs mehr so allein oder gar alleingelassen wie 1971, als dieses Buch gerade die erste Auflage erlebte.

Mit den K-Modellen lassen sich heute Traumgespanne bauen, hier von Carrell.

DIE STORY DER BMW MOTORRÄDER
ROBERT CROUCHER

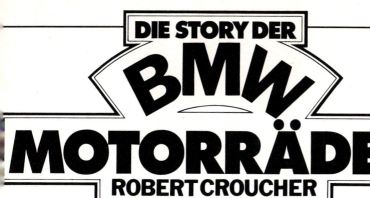

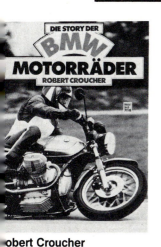

Robert Croucher
Die Story der BMW-Motorräder
128 Seiten,
124 Abbildungen,
Format 185 × 250 mm
gebunden, DM 29,80

BMW-Motorräder – dies ist ihre Entwicklungs-, Technik- und Renngeschichte. Plastisch und mit reichen Detailkenntnissen von Robert Croucher nachgezeichnet.

Die Konzeption der BMW ist bis heute einmalig: Der unverwüstliche Zweizylinder-Viertakt-Boxermotor, schon 1919 in München entstanden und dann von Konstrukteur Max Friz im Rahmen quergestellt, mit dem Getriebe zu einem Block vereinigt und das Hinterrad automobilmäßig über die Kardanwelle antreibend.

Die Maschinen werden unter dem Gesichtspunkt ihrer Verwendung als Freizeit- und Reisemaschine ebenso wie als Sportgerät gründlich analysiert. Und weil BMW auf eine schier endlose Reihe sportlicher Erfolge seiner Maschinen zurückblicken kann, errungen bei nationalen – wie internationalen Meisterschaften, auf Geschwindigkeitsweltrekorde und auch auf überlegene Erfolge im Zuverlässigkeits- und Geländewettbewerb, wird in dieser BMW-Story selbstverständlich auch die sportliche Seite ausführlich geschildert. Alles in allem: Ein Buch das ein BMW-Fan haben muß! Technisch hochinteressant, spannend und mit vielen wissenswerten Einzelheiten.

Der führende Verlag für Motorradbücher
Postfach 1370 · 7 Stgt. 1

Insider lesen

MOTORRAD

Europas größte Motorrad-Zeitschrift